HEYNE BÜCHER

D1997102

ESOTERISCHES WISSEN

Anita Furdek

DIE ELEMENTE DER HEILUNG

Praxis und geistiger Hintergrund ganzheitlicher Heilkunst

Vorgestellt von Stephanie Faber

Originalausgabe

WILHELM HEYNE VERLAG
MÜNCHEN

HEYNE ESOTERISCHES WISSEN
Herausgegeben von Michael Görden
08/9667

Aus dem Amerikanischen übertragen
von Stephanie Faber
unter Mitwirkung
von Angelika Rinderle-Reichl

Printed in Germany 1995
Umschlaggestaltung: Atelier Adolf Bachmann, Reischach
Umschlagillustration: Kaz Mori/The Image Bank, München
Satz: Schaber Satz- und Datentechnik, Wels
Druck und Bindung: Ebner Ulm

ISBN 3-453-08749-6

GEWIDMET

meiner Tochter Lorraine, die das Göttliche im Großen
und im Kleinen zu sehen vermochte
und getragen von ihrer Sicht der Dinge ihr Leben
mit Freude, bemerkenswertem Mut und nie
nachlassender Hoffnung lebte.
Was sie durch ihre Kreativität meinem Leben schenkte,
läßt sich mit Worten nicht beschreiben.

1968–1992

Inhalt

II. TEIL

III. TEIL

Einführung

Die Idee zu einem gemeinsamen Buchprojekt reifte ganz allmählich, während ich im Laufe von 5 Jahren zahlreiche Gespräche mit der amerikanischen Physiopsychotherapeutin, Seherin und Heilerin Dr. Anita Furdek führte. Auf Drängen vieler Patienten und Freunde, die mehr über ihre Ansichten und Ziele erfahren wollten, erklärte sich die Seherin bereit, über ihre Arbeit und ihre theo-wissenschaftliche Philosophie zu schreiben und ihre neuen wirkungsvollen Diagnose- und Therapiemethoden vorzustellen. Unsere Absicht war es, mit diesem Buch nicht nur Ärzte und Therapeuten anzusprechen, sondern uns vor allem an den Laien zu wenden. In zahlreichen Lehrtexten beschreibt uns die hellsichtige Ärztin die Grundlagen ihrer ungewöhnlich interessanten Arbeit. Die zahlreichen Fragen, auf die ihre Patienten und auch ich eine Antwort suchten, ergaben schließlich ein umfangreiches Manuskript mit einer großen Fülle von philosophischen und naturmedizinischen Informationen, deren wesentliche Inhalte in diesem Buch zusammengefaßt sind. Um den Fluß ihrer Darstellung nicht zu stören, habe ich den meisten Kapiteln ein Vorsatzblatt vorangestellt, das die Fragen, deren Antworten sie im darauffolgenden Kapitel behandelt, kurz erläutert. Diese Vorsatzseiten sollen Sie als Leser durch die Welt des Buches führen, in dem die Seherin ihre Philosophie und Praxis ganzheitlicher Heilung vorstellt und beweist, daß Naturphilosophie und physische Existenz in einem untrennbaren Miteinander existieren.

Bevor ich Sie mit den wesentlichen Aussagen des Buches vertraut mache, möchte ich gerne etwas über meine erste Begegnung mit der Seherin erzählen. Ich lernte Dr. Furdek 1987 kennen, und der Anlaß unserer Begegnung war ein kranker Hund, den ich ihr in die Praxis brachte. Der Hund war von Tierfreunden aus einer tierquälerischen Situation befreit und mir anvertraut worden. Von einem Auto angefahren, hatten die Besitzer nicht für tierärztliche Hilfe gesorgt, sondern den Hund, eingesperrt in einem Verschlag, seinem Schicksal überlassen. Nun litt er an einer Verkrüppelung des Vorderlaufs und offenen Wunden an der Pfote. Die Tierklinik schlug vor, das Bein zu amputieren. Doch bevor ich diesem ärztlichen Rat zustimmte, wollte ich versuchen, mit Hilfe der unorthodoxen Medizin etwas zu erreichen. In dieser Zeit hatte ich den Namen von Dr. Furdek gehört, und ich wußte, daß sie in vielen sogenannten aussichtslosen Fällen um Hilfe gefragt wurde. Obwohl sie keine veterinärmedizinische Praxis unterhielt, packte ich das kranke Findelkind unter den Arm und brachte es zu ihr in Behandlung. Sie untersuchte den Vorderlauf des Hundes ohne diagnostische Apparate, indem sie lediglich ihre Hände benutzte. Dabei bewegten sich ihre Handflächen prüfend über dem verletzten Hundebein auf und nieder, und sie erklärte mir, daß sie auf diese Weise feststellt, wieviel Lebensenergie das kranke Körperteil noch hat. Schließlich betrachtete sie den Vorderlauf und legte auf ihrem Diagnoseformblatt eine Zeichnung an, in welcher die kranken Stellen exakt, wie vom Röntgenbild, markiert waren. Während dieser Untersuchung hob der Hund den Kopf und schaute sie auf eine Weise an, die mir unvergeßlich geblieben ist, denn ich hatte noch nie in einem Tierblick ein so großes Erstaunen und eine solche Überraschung gesehen. Im Spiegel der Tieraugen wurde mir deutlich, daß der Hund eine Ungewöhnlichkeit wahrnahm, die ihm an Menschen bisher wahrscheinlich fremd war, und die auch ich nicht sehen konnte. Es ist möglich, daß mir dieser Tierblick den allerersten Impuls gab, mich mit der Arbeit der Heilerin auseinanderzusetzen. Das Hundebein wurde jedenfalls nicht amputiert. Eine langandauernde Therapie mit Eisbeuteln und Massagen konnte im Laufe der Zeit zwar nicht die Heilung des verkrümmten Vorderlaufs erwirken, doch eine so große Besserung, daß der Hund wieder auftreten und schmerzfrei laufen konnte.

Natürlich gab es neben dem richtungsweisend tiefsinnigen Hundeblick noch weitere Gründe, weshalb mich die Arbeit von Dr. Furdek interessierte. Ich hatte mich mit dem Gebiet der sogenannten Alternativmedizin beschäftigt und die Thematik interessierte mich, da ich mich, wie so viele andere Menschen, mit den Methoden der orthodoxen Medizin und ihrer mechanistischen Auffassung des menschlichen Körpers nicht zufriedengeben wollte. Viele Jahre war ich in der Tierrechtsbewegung tätig und dem grausamen Szenario aus ethischen Gründen zu widersprechen, fand nur wenig Gehör bei den Vertretern der medizinischen Forschung. Nachdem ich an unzähligen Diskussionen zu diesem Thema teilgenommen hatte und die Sinnlosigkeit der kämpferischen Auseinandersetzungen, die nur zur Frontverhärtung führten, einsah, bemühte ich mich um die Verbreitung des Schrifttums der sanften Medizin, wie der Homöopathie, Ayurveda, der tibetischen und chinesischen Medizin. Eingedenk der chinesischen Weisheit: »Das Böse wird am erfolgreichsten durch die Stärkung des Guten bekämpft«, wollte ich aktiv daran mitarbeiten, weisere und ältere Erkenntnisse als die der orthodoxen Medizin in Erinnerung zu bringen, damit diese seit Jahrhunderten bekannten Methoden mehr und mehr Eingang in die allgemeinen Anschauungen fänden. Statt die verhärtete Front der festgefahrenen schulmedizinischen Ablehnung zu kritisieren, so hoffte ich, könnte sie auch langsam aufgeweicht werden, so daß eines Tages womöglich die partnerschaftliche Ergänzung zwischen orthodoxer Medizin und sanfter Naturmedizin möglich wird.

Um meine Kenntnisse über die Zusammenhänge zwischen Mensch und Natur zu erweitern, beschäftigte ich mich mit dem naturphilosophischen und theologischen Werk der deutschen Mystikerin Hildegard von Bingen (1098–1179). Das Originalschrifttum der Naturphilosophin interessierte mich, da ich in ihrem Denken die langgesuchte Vernetztheit fand, die Mensch, Natur, Kosmos und Sein ineinander bindet und miteinander erhält. In der interdisziplinären Klugheit ihrer ganzheitlichen Weltsicht stellte ich die Verwandtschaft im Denken zwischen West und Ost, zwischen asiatischer und mittelalterlicher Heilkunst und Naturweisheit fest. Das alte Wissen, das wurde mir bei diesen Studien deutlich, stand in beiden Welten auf einem gemeinsamen Fundament, das nur mit dem Auge der Weisheit und nicht durch Apparate oder Tierversuche gefunden wird. Wir wurden daran gewöhnt zu glauben, daß Wissen durch die Jahrhunderte nur wachsen, aber nicht schrumpfen kann. Den Alten wird zwar ein gewisser Respekt entgegengebracht, doch kaum eine medizinische Fakultät wird versuchen, die alten Lehren der Naturphilosophie, Theologie, Harmonielehre und Mystik in das moderne Medizinstudium einzubinden. Doch wenn wir der Ansicht sind, daß Krankheit durch eine Störung des Gleichgewichts entsteht und nicht wissen, auf welche Weise die Natur an der Wiederherstellung des Gleichgewichts arbeitet, wird uns ein wesentlicher Aspekt des Wissens fehlen. Wenn wir heute statt dem interdisziplinären Wissen, das immer nach ganzheitlichem Verstehen sucht, die Universitätslehre in abgegrenzte Fachgebiete aufteilen, und dem Studierenden nicht mehr ermöglichen allumfassend zu lernen, werden wir die Bedeutung der Vernetzung aus den Augen verlieren, indem wir der Getrenntheit und Abgrenzung Vorschub leisten. Ein Problem, mit dem wir uns heute auseinanderzusetzen haben, da die akademische Fachaufteilung zur Abgrenzung der Natur und ihre weisen Lehren in der medizinischen Forschung zu jener mechanistischen Körperauffassung geführt hat, die der natürlichen, sowohl körperlichen als auch geistigen Sicht der Krankheit den Weg nicht ebnet, sondern versperrt.

Auf dem Hintergrund dieser Themen war mir also die Begegnung mit Dr. Furdek sehr wichtig. Ihre geistige und physische Annäherung an die Wurzeln der Erkrankung, ihre prophylaktischen Maßnahmen und ganzheitlichen Heilmethoden entsprachen am meisten meiner Vorstellung einer interdisziplinären Sicht. Da ich hier den richtigen Ansatz sah, altes und modernes Wissen fruchtbar miteinander zu verbinden, begleitete ich in den darauffolgenden Jahren ihre Arbeit. Ich beobachtete den Krankheitsverlauf und den Heilprozeß vieler Patienten, besuchte Patienten in Krankenhäusern und nahm an den Seminaren von Dr. Furdek teil, in denen sie Ärzten und Therapeuten zusätzliches medizinisches Wissen zu vermitteln suchte.

Nachdem ich mich sehr intensiv mit der Elementelehre der alten Heilkundigen und Naturphilosophen beschäftigt hatte, überraschte es mich, daß eine moderne Therapeutin heutzutage mit den alten Grundlagen der Elementelehre in der Diagnostik arbeitet, die Naturgesetzlichkeit der Elemente in die Behandlung einschließt, und das Gleichgewicht in der Natur des Menschen nicht von der äußeren Natur trennt. Die weitere Beschäftigung mit ihrer Arbeitsweise zeigte mir, daß sie den Ausdruck der menschlichen physischen und psychischen Existenz als Lebensenergie wahrninmt, die, obwohl sie den Augen nicht sichtbar ist, mit dem inneren Sehen wahrgenommen werden kann. Wie dieses jedem Menschen angeborene Sehen zu schulen ist und wie wir unsere Wahrnehmungen des Nichtsichtbaren aufzeichnen, erläutern die nachfolgenden Texte. Daß Energie, Lebenskraft und Ausdruck des Individuums nicht nur gesehen, sondern auch aufgezeichnet werden kann, war den alten Kulturen nicht fremd. Wir sollten nicht vergessen, daß unser Zeitgeist uns dazu erzogen hat, nur im Sichtbaren, Meß- und Wiegbaren die Realität zu sehen, und nicht auch die Wirklichkeit, die im Nichtsichtbaren zu Hause ist. Ganz natürliche Erscheinungen sollten uns jedoch erinnern, dem Unsichtbaren die Wirklichkeit nicht abzusprechen, denken wir an die Luft, den Atem, die Wörter, die Musik, oder ganz einfach an die Elektrizität oder an die atmosphärische Energie von Menschen, Räumen und Orten.

Die Vorstellung, daß Energie konstruktiv oder destruktiv sein kann, wird uns nicht fremd sein. Im Umgang mit Menschen haben wir die Erfahrung gemacht, wie ermutigende oder entmutigende Anschauungen auf uns einwirken. Doch nicht nur die Ansichten anderer verbreiten bestimmte Energie, sondern auch unsere eigenen, insbesondere im Umgang mit der eigenen Person. Durch unser Denken schaffen wir Bedingungen, die unser Leben formen. Wir können uns in Projektionen und Täuschungen aufhalten wie in einer Wüste oder die Magie unserer Illusionen entzaubern, um an den Quell in der Oase unserer Innenwelt zu gelangen. Unser Ego mag vernichtende Vorstellungen schaffen, doch der alte weise Meister in uns, überlassen wir ihm die Führung, wird das Ego belehren, der Naturgesetzlichkeit des Meisterhaften das Feld zu räumen. Die Qualität und der Wert unserer Gedanken, das ist eine der wichtigsten Grundlagen in Dr. Furdeks Arbeit, wirkt, indem es entweder aufbaut und errichtet oder zerstört: Daher sieht sie die allererste Wurzel jeder Störung, sei sie physisch oder psychisch, in der Art und Weise, *wie* wir denken. Und das beinhaltet nicht etwa die Quantität unseres Denkens, sondern die Qualität unserer Gedanken.

So ist also nach ihrer Theorie der Verstand ein Instrument, das Zerstörung und Aufbau *erschaffen* kann. Dieses Instrument Verstand gleicht in seiner Funktionalität einem Computer, wobei der Intellekt ein Werkzeug des Verstandes darstellt, das aber nicht der Verstand an sich ist. Mit dieser Theorie erhebt sich natürlich die Frage, auf welche Weise und von welcher Instanz der Verstandcomputer programmiert und gefüttert wird? Führt der Computer ein separates Eigenleben, weil die Ego-Persönlichkeit der Programmierer ist, empfängt er kein ganzheitliches Programm, da er sich der Weisheit des inneren Meisters, der Seele, widersetzt. Die Abspaltung des egozentrierten Denkens vom Ganzheitsdenken, das dem Terrain der Seele angehört, stellt auf diese Weise den ersten Schritt ins Ungleichgewicht, das heißt also in die Vorausbedingung physischer und verstandesmäßiger Krankheit dar.

In der Ganzheitsperson herrscht Einheit zwischen Seele und Verstand. Der Verstand ist nicht von den isolierenden Vorstellungen der Ego-Persönlichkeit programmierbar, da er sich als Teil eines voneinander abhängigen Korrelationssystems erkennt. Gewinnt in diesem

Grabenkrieg zwischen Ego-Persönlichkeit und innerem weisen Meister die Seelenklugheit die Oberhand, setzt sie den Verstand in der holistischen Rolle des Miteinander ein.

Nun wird er auf erhaltende und gesunde Weise dem Selbst und damit der Präsenz der Ganzheitsperson in der Welt Ausdruck geben und dazu beitragen, das naturgesetzliche Gleichgewicht zu erhalten.

Bleiben wir auf diesem Pfad der Theorie, kann die Seele, die weise Meisterin, nicht krank werden, sondern nur der Verstand, der sich nicht bereiterklären will, die Allwissenheit der Seele zu akzeptieren. Mit diesem Grundverständnis schließt Dr. Furdek nicht aus, daß die Seele nicht unter dem Druck des von der Ego-Persönlichkeit beherrschten Verstandes, der ihr zuwenig Gehör schenkt, zu leiden hätte. Doch gilt die praktische Therapie nicht allein der Seele, die zwar leidet, aber nicht krank ist, sondern dem Verstand, der nicht leidet, obwohl er krank ist, So kommen wir also zu dem Ergebnis, daß das sogenannte ›seelische Leiden‹ ein Verstandesleiden ist, dessen Wurzeln in der Verleugnung der seelischen Wirklichkeit liegt. Wie die Nichtbeachtung dieser Seelenwirklichkeit schließlich zur Selbst-Verleugnung führt, da wesentliche Teile der Ganzheitsperson nicht mit Leben erfüllt sind, beschreiben die nachfolgenden Texte. Wir werden auch viele Übungsmethoden finden, die uns helfen, die weise Meisterin wiederzuentdecken und mit ihrer Führung zu einem gesünderen Denken zu kommen, das uns in der Entwicklung des Selbst unterstützen wird.

Unsere Kultur definiert das Gesamtsystem Mensch, soll es ganzheitlich erfaßt werden, als Einheit von Körper, Geist und Psyche. Als Geist bezeichnen wir auch den Verstand. Sogar unter der Voraussetzung eines geistlosen Verstandes, halten wir sprachlich daran fest, über geistige Anschauungen zu reden, obwohl sie möglicherweise beschränkte Verstandesansichten der Ego-Persönlichkeit zum Inhalt haben. Ein geistdurchdrungener Mensch kann durchaus ohne akademische Bildung existieren, und ein geistloser, wenn auch scharfer Intellekt mit hohen akademischen Graden dekoriert sein. Geist ist auf Universitäten nicht erlernbar, sondern Bildung und Ausbildung, was im günstigsten Fall den Weg zu einem geistigen Leben öffnen kann. Deutlicher und präziser definiert daher Dr. Furdek die Ganzheit Mensch als Einheit von Körper, Verstand und Seele, die, befindet sie sich im Gleichgewicht, vom Geist berührt, erfaßt und erfüllt werden kann. Sind die körperlichen, verstandlichen und seelischen Aspekte in harmonischem Gleichgewicht, ähnelt die menschliche Natur einem empfangsbereiten Gefäß, das den Geist aufzunehmen in der Lage ist. Verstand und Geist sind also nicht identisch, vielmehr wird erst der gesunde Verstand bereit sein, sich dem Geist zu öffnen. Um diesen bemerkenswerten Unterschied immer wieder zu verdeutlichen, habe ich das englische Adjektiv ›mentally‹ mit dem Begriff ›verstandlich‹ und das Wort ›spiritually‹ mit dem deutschen Wort ›geistig‹ übersetzt. Der vielstrapazierte Begriff spirituell, mit dem im Deutschen heute der Sinn für geistige Dimensionen angedeutet werden soll, entspringt einer gewissen sprachlichen Hilflosigkeit. Da wir in der deutschen Sprache die Begriffe ›verstandlich‹ und ›geistig‹ nicht voneinander trennen, wird im allgemeinen geglaubt, vom Geist zu reden sei nicht genug, da eigentlich der Verstand damit gemeint ist. Doch wie gesagt, sind Geist und Verstand nicht unbedingt bei allen Menschen vereint und ein und dasselbe.

Zurückkommend auf die Arbeit von Dr. Furdek, umfaßt die Sicht ihrer Diagnostik den Blick auf den Körper, Verstand, auf Seele und den Geist, beziehungsweise seine Möglichkeiten, sich zu entfalten. Dieser Eintritt des Geistes in die menschliche Natur ist in ihren Augen ein sakrosanktes Geschehen. Die sichtbaren wie die nicht sichtbaren Teile des gesunden menschlichen Gesamtsystems betrachtet sie als eine harmonisch miteinander wirkende Einheit, die untrennbar mit der Ganzheit allen Lebens verbunden ist. In ihrer praktischen Arbeit bezeichnet sie die nicht sichtbaren Teile des menschlichen Körpers ebenfalls als Körper und arbeitet neben dem physischen Körper mit dem Verstandkörper, der Seele und dem Geistkörper. Auf der Grundlage dieser Sicht wird der Mensch nun als Einheit von vier Körpern gesehen und im Zustand der Krankheit auf der Ebene von vier Körpern diagnostiziert und behandelt. Diese ausgedehnte Perspektive ermöglicht eine breitere Sicht auf die Ursachen der Krankheit, liefert Informationen für die Prophylaxe und gibt dem Patienten die Möglichkeit, durch neues Verstehen das Selbst-Heilungspotential zu wecken, um aktiv im Heilprozeß mitzuwirken.

In Dr. Furdeks Arbeit wird dem Thema der Selbstverleugnung große Bedeutung beigemessen, und sie sieht den Zeitpunkt der Entstehung dieses Nein zum Selbst bereits im frühen Kindesalter. Immer wieder kommt sie auf das neugeborene weise Kind, als das jeder Mensch geboren wird, zu sprechen. Diesem Kind ist die seherische Fähigkeit angeboren, es ist eine alte Seele, die sehen, hören und verstehen kann. Doch die Wahrheit des Kindes wird von der Erwachsenenwelt nicht mitgetragen und sogar verurteilt. Aus Furcht, nicht akzeptiert und geliebt zu werden, unterdrückt das Kind die innere Wahrheit zugunsten einer anpassungsbereiten Mimikry. Die demütigenden Erfahrungen lehrten es, daß nicht sein kann, was nicht sein darf, und das Kind vertraut immer weniger den allwissenden Botschaften der Seele, die in seinem sozialen Umfeld so wenig Zustimmung finden, und drängt die Seelenweisheit ins Unbewußte ab. Das Kind überläßt nun nicht mehr der Seele, die den Verstand anleiten sollte, die Führung. Der von der Seelenweisheit sich entfernende Verstand, die Ego-Persönlichkeit und das ›kleine Selbst‹ werden die Meister. Der vermeintliche Erfolg der Anpassung des heranwachsenden Kindes an die von der jeweiligen Gesellschaft propagierten Ideale und der Ehrgeiz, ihnen zu entsprechen, vollzieht sich nun auf der Ebene der Verleugnung der inneren Stimme. Doch das Ziel der menschlichen Existenz besteht nicht darin, das Spielfeld der Ego-Persönlichkeit und die beschränkte Sicht des ›kleinen Selbst‹ zu stärken, sondern der Entwicklung des höheren Selbst Raum zu geben. Die Entfaltungsmöglichkeit des höheren Selbst allerdings wird behindert, wenn die weise Meisterin, die Seele, ungehört bleibt. Das verleugnete Selbst gleicht unter diesen Bedingungen einem latenten Krankheitsherd, sowohl für die Entstehung physischer wie auch verstandlicher Leiden. Auf dem trockenen Boden der Selbstverleugnung kann kein gesunder Same wachsen. Die von Dr. Furdek angestrebte ganzheitliche Gesundung hat daher zum Ziel, durch die bewußte Selbstwahrnehmung das Miteinander aller vier Körper in Harmonie und Gleichgewicht zu bringen, fruchtbares Land zu kultivieren, damit die Entfaltung des Selbst ungehindert wachsen und die Stimme der Seele wieder gehört werden kann. Einige der im Anhang beschriebenen Übungsmethoden, beispielsweise Atmen, Meditation und Erdung, helfen die Selbstwahrnehmungsfähigkeit wiederherzustellen und die Wahrheit der Ganzheitsperson, die sich vom ›kleinen Selbst‹ erlöst, zu erneuern.

Wer bin ich? Woher komme ich? Warum bin ich hier? Wohin werde ich gehen? Fragen, die jeden nachdenklichen Menschen beschäftigen, münden in Dr. Furdeks Arbeit nicht in eine Heiltheorie, die sich in esoterisch-diffusen Diesseits- und Jenseitsspekulationen verirrt. Die Frage nach dem *Warum* derzeitiger physischer, verstandlicher oder geistiger Probleme werden von ihr äußerst präzise und im einzelnen Menschen, das heißt in seiner Präsenz und realen Individualität, gesehen. Sie kennt keine Pauschalbeurteilung und folgt auch keiner psychoanalytischen Richtung, wie etwa Freud oder Jung. Sie betrachtet das Individuum in seiner einmaligen Existenz. Dieses eine, derzeitige Leben steht allerdings nicht isoliert da, sondern ist eingebunden in ein Kontinuum vieler vorausgegangener Leben, von denen das jetzige ein Teil ist. So ist also der einzelne in seiner derzeitigen Existenz das Ganze dessen, was er war und ist, und das schließt alles Erleben, jede Erkenntnis und Erfahrung aller vorausgegangenen Leben ein. Aus diesem Ganzen aller vergangenen Leben denkt, handelt und wirkt er, und warum er auf diese Weise agiert oder reagiert, und nicht auf eine andere, hat seinen Ursprung in der Vernetztheit aller vorausgegangenen Leben.

Alles in der Natur strebt nach Gleichgewicht, und auch der Mensch, bewußt oder unbewußt, sucht nach dem Punkt in der Mitte, der die Balance hält. Das Einzelwesen ist nicht getrennt von der Natur, da es selbst Natur ist und sich mit allem Lebendigen in gegenseitiger Abhängigkeit befindet. Es ist ein sowohl individuelles als auch koexistentielles Wesen. Auf die beschränkte Sicht des ›kleinen Selbst‹ zurückkommend, ist sich das Einzelwesen häufig seiner koexistentiellen Natur und Mitverantwortung für die Erhaltung der Ganzheit allen Lebens nicht bewußt. Im zarten Netzwerk der Zusammengehörigkeit benimmt sich das ›kleine Selbst‹ wie ein Reißwolf, der durch seine egozentrischen Handlungen, seinen ewigen Hunger und seine Fehleinschätzung viel Ungleichgewicht in die Welt bringt. Doch leider manövriert er sich auch selbst ins Ungleichgewicht, da er sich vom Punkt der Mitte wegbewegt. Der Mensch wirft durch die Erschaffung von Ungleichgewicht sozusagen einen Schatten auf das Ganze alles Lebendigen, das schließt auch Tiere, Pflanzen, Steine und die Elemente ein. Die Schatten seiner Natur bilden in künftigen Leben sein Verlangen, wieder ins Gleichgewicht zu bringen, was von ihm aus der Naturbalance gebracht worden war. Das karmische Gesetz beinhaltet die Naturgesetzlichkeit der Wiederherstellung des Gleichgewichts, und das schließt auch die Sehnsucht des Individuums ein, mit dem Gesetz eins zu werden, statt gegen seine Natur zu leben. So umfaßt also die seherische Arbeit Dr. Furdeks die Kenntnis der Umstände vergangener Leben, die schattenwerfend oder lichtspendend gewesen sein mögen, um auf diesem Hintergrund zu den Ursachen derzeitiger Konflikte vorzudringen. Wie die aufgrund karmischer Ursachen entstandenen Krankheiten zu heilen und transformativ zu wandeln sein können, zeigen uns einige Fallbeispiele im nachfolgenden Text.

Noch bevor der Mensch geboren wird und in die Welt der Materie eintritt, hat er einen Lebensplan entworfen, der einem detaillierten architektonischen Entwurf gleicht, und der es ihm ermöglicht, den karmischen Herausforderungen zu begegnen. Mit der Geburt, bei der sich der Schleier des Vergessens über seine Augen legt, begibt er sich, bewußt oder unbewußt, auf den Pfad, um seinen Plan zu erfüllen. Helfer auf seinem Weg sind die Elemente und Planeten, die, wie er selbst, Teil des Kosmos sind. Der Wanderer wählt die planetarischen Konstellationen für seine Geburt, da sie ihn in bestimmte Richtungen führen. Die durch ihn und alles wirkende Planetenaktivität wird ihn vor viele Herausforderungen stellen und den Transformationsprozeß seiner Existenz fördern, wenn er in sich selbst die planetarische Aufgabe zur Wandlung gefühlt hat. Vom Wirkungsfeld der Planeten ist er nicht getrennt. Doch ist auch die Zerstörung und Vernichtung ein Instrument der planetarischen und elementaren Naturordnung, die Gleichgewicht sucht und das Mittel der Auflösung verwendet, um transmutativ Neues zu erschaffen. So wird der Weg des Wanderers durch viele Leben zu einer Reise, die seiner Erziehung zum Menschsein dient, und deren Ziel die Vollkommenheit der Menschwerdung ist, wie sie die Schöpfungsidee verlangt.

Im alten Wissen über die Zusammenhänge zwischen Mensch, Natur und Kosmos war das Horoskop ein vielgebrauchtes Hilfsinstrument in der Diagnostik und Heilung. Die Astrologie, eine in Europa bis ins späte Mittelalter anerkannte Wissenschaft, lieferte den Naturheilkundigen ein breites Bild der Schöpfung als Einheit allen Lebens in und mit Gott. Bei Hildegard von Bingen und Paracelsus finden wir viele Lehrtexte, die uns mit den Planeten als Werkzeuge göttlicher Vorstellungen vertraut machen. Die in der tibetischen Medizin praktizierenden Ärzte verwenden noch heute in der Diagnostik, Therapie und Chirurgie das astrologische Bild des einzelnen, um eine ganzheitliche Behandlung zu gewährleisten. Doch in unserem Kulturkreis hören wir von seiten der modernen medizinischen Forschung selten ein Bedauern, daß uns womöglich seit dem Spätmittelalter ein großer Wissensschatz verlorengegangen ist, mit dessen Weiterentwicklung der heutigen Medizin die ganzheitliche Behandlung der Patienten nicht so fremd wäre.

In Dr. Furdeks Arbeit spielt die Astrologie insofern eine Rolle, als sie versucht, im Horoskop den vorgeburtlichen Lebensplan zu erkennen, dem Patienten bewußt zu machen, um ihm dadurch die Möglichkeit zu eröffnen, den Wahrheitsgehalt der Aussagen in sich selbst zu erforschen. Den vorgeburtlichen Plan genauer kennenzulernen, vermittelt Einsichten aus ganzheitlicher Perspektive und unterstützt die Schulung des Erkenntnisvermögens. Da die durch karmische Umstände hervorgerufenen Konflikte dieses Lebens im Horoskop detailliert ablesbar sind, gewinnt der Patient eine Betrachtung, die ihm hilft, scheinbar unerklärliche Leiden oder fehlinterpretierte Diagnosen aus der Sicht der Ganzheit vorausgegangener Ursachen zu begutachten.

Wir sehen, daß die Therapeutin zahlreiche Hilfsmittel verwendet, um zu einer ganzheitlichen Diagnose zu kommen. Ein weiterer Aspekt ihrer Diagnostik ist die Begutachtung des Chakrensystems. Das Wort Chakra stammt aus dem Sanskrit und bedeutet Rad. Chakren werden die zahlreichen, sich drehenden Energiepunkte des Körpers genannt, von denen sechs als Hauptpunkte des Energieumlaufs des physischen und geistigen, seelischen und verstandlichen Körpers angesehen werden. Das Bild der Chakren gibt daher sowohl über das körperliche als auch über das verstandliche, seelische und geistige Wohlbefinden Aufschluß. Alle Dinge senden energetische Strahlung aus, die wahrgenommen und aufgezeichnet werden kann. Drehen sich die Chakrenräder, je nach Art des jeweiligen Chakras, entweder nach links oder nach rechts, sind sie in sich geschlossen und ihr Umfang wohlproportioniert, zeigen sie das Abbild einer natürlichen gesunden Ganzheit. Jede Abweichung von der naturgesunden Proportion, Öffnung, ungewöhnliche Vergrößerung, Verkleinerung oder disharmonische Drehung der Chakren gibt Hinweise auf gestörte Verhältnisse, die auf den Ebenen aller vier Körper ablaufen können. Beispielsweise werden wir am Bild eines außergewöhnlich vergrößerten ersten Chakras, das am untersten Ende der Wirbelsäule lokalisiert wird, den Ausdruck des überdrehten ›kleinen Selbst‹, des Egos, erkennen. Dagegen zeigt uns ein bemerkenswert großes Herzchakra, dessen Drehung interessanterweise sowohl nach rechts als auch nach links verläuft, einen mit dem Herzen denkenden Menschen an.

Die körperliche Präsenz des Menschen auf der Erde, und das bedeutet auch seine Standfestigkeit auf dem Boden der Erde, wird nicht nur an den Chakren festgemacht, sondern auch an der Energie, die ihn mit dem Erdboden verbindet. Daß wir mit den Füßen auf dem Boden laufen oder stehen, bedeutet nicht immer fest mit den Füßen auf dem Boden verankert zu sein. Insbesondere Menschen mit flacher Atmung, ängstliche oder sehr kopflastige Menschen können den energetischen Kontakt zwischen Füßen und Erdboden verlieren, so daß ihre Stabilität nicht gewährleistet ist. Sie gleichen einem wurzellosen Baum, den der erste kräftige Wind umblasen könnte. Ist der Erdkontakt nicht gesichert, und der Mensch leicht umzuwerfen, kann er auch in seinem Wesen wankelmütig, ziellos und labil werden. Eine der hilfreichsten Methoden, den Kontakt mit der Erde wiederherzustellen, hat Dr. Furdek mit ihrer ›Erdungsübung‹ entwickelt. Mit dieser Übung, die im Anhang vorgestellt wird, wird mit Hilfe des Atems der energetische Kontakt zwischen Körper und Erde erneuert. Ich habe viele Patienten erlebt, die in Krisenzeiten des Lebens mit der ›Erdungsübung‹ zu neuer Kraft, mehr Elan, Vitalität und mutigerer Konfrontationsfähigkeit gefunden haben. Ist der Erdkontakt stabil, verleiht die wiedergefundene Energie mehr Kraft und daher auch guten Abwehrschutz gegen Leiden vieler Art.

Da Energie gesehen und aufgezeichnet werden kann, sind wir auch in der Lage, die Energielinie, welche Füße und Erde verbindet, auszumachen. Das Kapitel ›Diagnoseformblatt der Ganzheitsperson‹ erläutert, wie wir die Energiebilder festhalten. Die den Menschen mit dem Boden verbindende Linie nennt Dr. Furdek die ›Himmel-und-Erde-Linie‹, denn sie zeigt nicht nur die Erdungskraft des einzelnen, sondern auch seine Verwurzelung in den Himmeln. Die Linie, zeichnen wir sie auf dem Diagnoseformblatt auf, reicht vom obersten Rand des Papiers, führt durch den im Formblatt aufgezeichneten Körper hindurch und endet am untersten Papierrand, wobei die im oberen Teil ablesbare Himmelslinie und die Erdlinie eine einzige, durchgehende Linie bilden. Im körperlich, verstandlich, seelisch und geistig harmonischen Zustand ist der Mensch im Denken und Fühlen mit den Himmeln verbunden und auf dem Boden der Welt standfest verankert. Es mag uns dieses Bild an den im Mittelalter als ideal angesehenen ›Kosmosmenschen‹ erinnern, der in der Welt sowohl ›gehimmelt‹ als auch ›geerdet‹ ist, in dem sich die kosmische Natur etablieren und durch das Sein in der Welt manifestieren und ausdrücken kann.

Im Laufe meiner Zusammenarbeit mit Dr. Furdek wurde mir mehr und mehr deutlich, daß das Gesamtbild des ineinander wirkenden

Netzwerks der vier Körper der menschlichen Natur sowohl einfach wie komplex ist. Einfach, weil der Sinn einer Ganzheit, die in gegenseitiger Abhängigkeit arbeitet, nur verstanden wird, wenn wir die Details zwar kennen und sie wieder zusammenfügen, nachdem wir sie in ihrer Einzelbedeutung gesehen haben, und komplex, weil die Natur offensichtlich intelligenter ist, als der analytische Verstand zu begreifen in der Lage ist. Wenden wir uns der Frage zu, wer diese Schöpfernatur ist, die das Gleichgewicht will und uns quasi zwingt, es zu suchen und zu erhalten, kommen wir in Dr. Furdeks Arbeit auf die göttliche Uridee zurück, aus der alles kommt und in die alles zurückkehren wird. Das Gottwesen suchte im ursprünglichen und ständig weiterwirkenden Schöpfungsgedanken durch die Erschaffung aller Dinge einen Spiegel, in dem sich alle Aspekte des eigenen Seins abbilden. In ihrem visionären Text ›Gottes Reise und der Seele Zweck‹ stellt uns die Seherin ein Gottwesen vor, das sich, aus tiefem Schlaf erwachend, Fragen stellt: »*Wer bin Ich? Woher stamme Ich? Was ist der Sinn?*« Das aus dem Schlaf sich erhebende Gottwesen, weder Mann noch Frau, sondern Mann-und-Frau, erkennt die eigene Schöpfungsfähigkeit, indem es beobachtet, wie Seine/Ihre Vorstellungen und Gedanken die Macht haben, sich zu kristallisieren, zu materialisieren und zu erschaffen. Der göttliche Atem, ins Wort strömend, beginnt in einem grandiosen Schöpfungsrausch das göttliche Potential auszudehnen. Die kreative Lust bringt in ihrer Ordnung absolute Intelligenz zum Ausdruck, die vom göttlichen ICH BIN getragen wird. Die Erde und alles, was auf und in ihr lebt, ist Teil des Kosmos und gehört zum Spiegelbild der göttlichen Manifestation. Aus dem göttlichen Atem und den ihn begleitenden Vorstellungen ist auch der Mensch erschaffen. In der ursprünglichen Vorstellung des Gottwesens ist jedem einzelnen Wesen vom Uranfang an ein individuelles Bild, sozusagen das Ur-Selbst gegeben. Die Aufgabe des Menschseins und der Menschwerdung besteht darin, dieses Bild des Selbst zu bewahrheiten, um das zu werden, was es von Anfang an war. Die durch viele Leben führende Reise des Wanderers auf der Erde hat kein anderes Ziel, als das Selbst zu finden, eins zu werden mit der göttlichen Schöpfungsidee, um in die Ewigkeit göttlichen Seins heimkehren zu können. Die Seele, die das Urbild kennt, begleitet diese Reise und führt nicht nur die göttliche Weisheit im Menschen, sondern auch sein naturgegebenes, ererbtes Gottwesen. Das Gottwesen ist überall zu Hause, in Menschen, Tieren, Pflanzen, Steinen und allem geschaffenen Leben. Gott reist nicht, sondern Gott IST. Nicht Gott, sondern der Wanderer Mensch vollzieht die Reise auf der Bühne vieler Leben, bis er sich im Gott-Selbst erwachend erkennt und im ICH BIN seine göttliche Natur begreift. Dem Ur-Bild des Selbst ähnlicher werdend, streift er die Illusionen des schattenwerfenden ›kleinen Selbst‹ ab: Er sieht sich nun in Zusammenhang und in gegenseitiger Abhängigkeit mit allem Leben, erkennt sich im Einssein und begreift die Göttlichkeit seiner eigenen Natur. Die Trennung zwischen Gott und Mensch im eigenen Wesen überwindend, erwacht er aus dem trügerischen Schlaf, der auch Gottes Schlaf war, bevor er/sie sich als ICH BIN erkannte. Die evolutionäre Erziehungsreise des Wanderers durch die Welt der Materie ist beendet, wenn der Mensch das Gott-Selbst IST und der Wanderer das Ziel erreicht.

Herbst 1993 *Stephanie Faber*

I. TEIL

1. Kapitel

Modernes Leben

Formt der Inhalt unserer Gedanken den Wert unseres Lebens?

Die dem folgenden Kapitel zugrunde liegenden Fragen beschäftigen sich mit dem inhaltlichen Wert unserer Gedanken und seinen Auswirkungen auf die Gestaltung des Lebens. Ich wollte mehr darüber erfahren, in welcher Weise der qualitative Wert unseres Denkens das Leben formt. Die einfache Beobachtung, daß sich unser Denken Ausdruck über den Körper verschafft, indem es Materie wird und die Essenz unserer Gedanken in der Körpersprache und in den Gesichtszügen sichtbar wird, hat mich stets fasziniert. Der zweite Teil des Kapitels über das moderne Leben geht zurück auf Fragen, die sich nach einem Vortrag des englischen Biologen Rupert Sheldrake eingestellt hatten. Sheldrakes wissenschaftliche Studien über die sogenannten morphogenetischen Felder haben zum Inhalt, daß über das Kollektivbewußtsein Wissen und auch praktische Kenntnisse unbewußt erfaßt werden können. Arbeitet beispielsweise eine Studentengruppe in Italien an einer neuen wissenschaftlichen Theorie und findet bisher unbekannte Antworten auf bestimmte Fragen, wird Studenten in den USA oder irgendeinem anderen Teil der Welt, die sich mit dem gleichen Fragenkomplex befassen, die Antwort sehr viel rascher zufallen, weil sie bereits von anderen gedacht worden ist. Die Botschaft ist ins Kollektivbewußtsein gedrungen und wird daher leichter zugänglich.

Sheldrakes Ausführungen regten die Frage an, welcher unbewußte Lernprozeß im Kollektivbewußtsein stattfindet, wenn Menschen, vielleicht auf der anderen Seite der Erde, Prozesse durchleben, die ein Lernen anderer Art sind, z. B. die Lehren des Leids durch den Hungertod, durch Krieg und Demütigung. Nimmt unser Unbewußtes ihr ›Lernen‹, ihre Erfahrungen wahr?

Das tägliche Leben gibt uns ausreichend Zeit, Wirklichkeiten zu erkennen und herauszufinden, daß die Wahrheit in jedem harmonisch zugebrachten Tag zu finden ist. Es wird sehr wenig nachgedacht über den Zusammenhang zwischen dem Wert des Lebens und der Bewahrung einer *Vorstellung* des Erhalts der Harmonie der Natur. Dies ist jedoch ein unvermeidliches Thema hinsichtlich der gesunden Existenz des Verstandkörpers, des physischen und des Seele- und Geistkörpers. Eine Notwendigkeit unseres täglichen Lebens ist die Kontemplation, unsere innere Einkehr, die es uns ermöglicht, uns mit den eigenen Augen zu *sehen*. Es sind die Gedanken und Handlungen des Alltags, welche heute die Grundsteine der Gesunderhaltung für morgen legen. *Alles beginnt im Verstand:* Unsere Körper sind nach Gottes Vorstellungen gebildet. Meine Forschungsarbeit nach Herkunft und Ursache von Krankheiten haben mir gezeigt, daß die Ursache von etwa fünf Prozent aller Krankheiten in einem Todeswunsch wurzelt, der in den meisten Fällen im Laufe der Zeit längst vergessen worden war. Todeswünsche sind ein gutes Beispiel dafür, wie mächtig unsere Gedanken und Worte sind. Obwohl der Wunsch zu sterben den Verstand vielleicht vor fünf, zehn oder sogar zwanzig Jahren beschäftigt haben mag und längst vergessen ist, wurde er von Körper und Verstand nicht vergessen. Gedanken erschaffen. So war es auch Gottes Vorstellung, sich selbst zu manifestieren, um sich genau betrachten zu können. Gott hat die Schöpfung mit einer Vorstellung begonnen; als Gott uns nach Seinem/Ihrem Bild erschuf, wurde die Macht der Gedanken unser Geburtsrecht. Mit dieser Macht können wir auch unsere Schöpferfähigkeit als Instrument der Erschaffung nutzen. Wenn wir auf irgend jemanden warten, der unser Schicksal gestalten soll, hindern wir uns daran, ein Schicksal unserer Wahl zu entwerfen und zu erschaffen. Viele kennen den Ausspruch: »So innen wie außen, so außen wie innen.« Diese Analogie zeigt uns, wie sehr die Funktionsebenen der Energie in unserer Existenz in dieser Welt der Materie und in den subtilen Reichen, die wir Himmel nennen, verwoben sind. Wenn wir häufig in einer ganz bestimmten Weise denken, wird sich das Muster allmählich auf der Erde manifestieren, sei es im Körper, im Verstand, in unserer Geisteshaltung oder in unserem Verhalten. Grübeln wir beispielsweise ständig über ein bestimmtes Leiden nach, könnte dieses Leiden im Körper auftreten. Geben wir einer Vorstellung Form, bauen wir so viel Willenskraft auf, daß wir sie erschaffen. Damit erschaffen wir, was wir fürchten; unsere Gedanken werden Energie, die sich schließlich durch die Ängste, mit denen wir bei ihnen verweilen, kristallisieren und manifestieren. Ich erinnere mich an eine Patientin, die sich sehr aufregte als sie erfuhr, daß ihre beste Freundin an einer Lungenentzündung lebensgefährlich erkrankt war, denn ihre Freundin, siebenunddreißig Jahre alt, galt als Musterbeispiel der Gesundheit und Vitalität. Nun begann meine Patientin über die Zerbrechlichkeit ihres eigenen Lebens nachzudenken. Ihre Freundin war etwa im gleichen Alter wie sie, und die Tatsache, daß die Krankheit der Freundin nichts mit ihr zu tun hatte, konnte sie kaum beruhigen. Sie fragte sich, wenn ihre Freundin so krank werden konnte, daß sie womöglich an ihrer Erkrankung sterben würde, und sie die einzige Person war, von der sie glaubte, sie könne niemals krank werden, wie würde es dann um die Sicherheit ihrer eigenen Gesundheit bestellt sein? Die Ängste meiner Patientin beeinträchtigten ihr Leben; ihr Immunsystem hatte zu kämpfen, damit es mit der Bedrohung fertig wurde, welche die Angst in ihrem Körper erschaffen hatte. Dieser Mechanismus, der nun in ihrem Körper wirksam wurde, produzierte eine Armee von Antikörpern, die nach der Krankheit Ausschau hielten, um sie zu bekämpfen. Gibt es keine Erkrankung, zieht sich die Armee der Antikörper zurück. Nun stimulierten die ungelösten Ängste meiner Patientin weiterhin das Immunsystem, das erneut Antikörper aussandte, die nach der Krankheit suchten, ohne daß es zu einem Einsatz für sie kam. Es ist wie mit der Geschichte des Schafhüters, der zu oft: »Rettet mich vor dem Wolf!« schrie, um die Dorfbewohner herbeizuholen, die ihn retten sollten. Er mißbrauchte die Hilfsbereitschaft der anderen, und als der Wolf dann tatsächlich kam und der Hirte um Hilfe schrie, glaubten die Dorfbewohner, dies sei wieder einmal falscher Alarm, und sie kamen nicht mehr herbeigeeilt. Das Immunsystem meiner Patientin vertraute den ausgesandten Signalen des Fehlalarms nicht mehr und antwortete nicht mehr auf den Hilferuf. Die Angst ließ den Zustand meiner Patientin immer schlechter werden, und da sie nun auch unter Schlafstörungen litt, wurde ihr ohnehin schon schwacher Körper immer anfälliger. Schließlich war sie von ihrer Schlaflosigkeit erschöpft und ihr Verteidigungssystem so reduziert, daß sie sich eine

Erkältung zuzog, die sich zur Lungenentzündung ausweitete. Das Immunsystem, an falschen Alarm gewöhnt, blieb in der Rückzugsposition und gab ihr nicht die Unterstützung, die der Körper normalerweise bereithält. Die Patientin konnte sich erst wieder erholen, als ihr klarwurde, in welcher Weise destruktive Mechanismen den Raum ihrer natürlichen optimistischen Haltung eingenommen hatten.

Das gleiche trifft zu, wenn wir positive oder negative Gedanken haben. Sind wir von unserer Gesunderhaltung überzeugt, nimmt der Körper die Blaupause dieser Vorstellung an, und wir erschaffen mit unserem Denken ein Gesundheitsprogramm, das sich in Körper und Verstand ausbreitet. Unsere Körperzellen werden vom Verstand kontrolliert. Positive Einstellung und Selbst-Gewißheit regen die Körperzellen an, die Vitalität zu aktivieren, und dies ist immer ein wichtiger Teil des Erneuerungs- und Selbstheilungsprozesses.

Gott hat uns nicht nur den Verstand und die Verstandeskraft gegeben, sondern auch die freie Wahl, das zu denken und zu erschaffen, was wir wollen. Denken wir über uns, die anderen und die Erde in gesunder Weise, werden wir in einem gesunden Körper auf einer gesunden Erde leben und umgekehrt. Alle Umstände entstammen dem Denken; unser Denken entstammt unseren Ansichten. Ein Grund dafür, warum alle Menschen verschieden sind, sowohl im Aussehen, ihrem Gesundheitszustand, ihren Fähigkeiten und Neigungen, besteht darin, daß jeder von uns unterschiedlich denkt und, was immer wir lange genug gedacht haben, kristallin und manifest wird. Von Gedankenmustern wird das Massenbewußtsein, das kollektive Bewußtsein, beeinflußt. Ist das Denken der Masse negativ, eher zerstörerisch als aufbauend, erschafft es Chaos und Verheerungen in der Natur und wirkt sich auch auf das Weltgeschehen aus. Negative Ansichten limitieren uns in allem, was wir tun möchten. Negative Gedanken, wie etwa: »Was geht mich das an?« oder: »Das ist nun mal mein Schicksal, ich kann es nicht ändern« oder: »Ich kann nichts dafür, ich habe den Krieg schließlich nicht begonnen«, sind im Sinne ihrer unkonstruktiven Aussage düster, und sie stärken unser Programm der Selbst-Verleugnung. Hinsichtlich ihrer Energie tragen sich solche Gedanken schwer auf dem Rücken, da sie unser Selbst-Verleugnungsprogramm erfüllen. Das Gewicht läßt uns verzagen, es verankert unseren Kummer und macht uns unfähig, mit unseren Problemen umzugehen. Die Selbstverleugnung unterbindet unsere natürlichen Heilkräfte; zu verleugnen heißt, sich fernzuhalten. Sich fernzuhalten von was? Von der Gesundheit? Vom Erfolg? Sind wir überzeugt, eine Situation nicht ändern zu können, werden wir träge und erschaffen mit unseren Anschauungen immer weitere Schwierigkeiten. Wir können unser Schicksal verändern, und unser Beitrag besteht lediglich darin, unsere Anschauungen und unser Denken zu ändern. Wir denken im Laufe der Jahre Millionen Gedanken, die sich manifestieren und unsere bedeutendste Schöpfung, nämlich unser Leben und die Qualität des Lebens, bestimmen.

Alles, was wir denken, dringt in die subtilen Bereiche als kollektive Gedankenform ein, die für das bloße Auge nicht sichtbar sind. Gedanken kommen von uns und von allen anderen auf der ganzen Welt, sie fügen sich zusammen nach den allgemeinen Tendenzen, wie etwa die des Verlangens oder die unerfüllter Fantasien. Alles Denken emaniert als Strömung oder in Wellen; die Gedanken verweilen, solange sie unerfüllt sind, miteinander und unerlöst im Kollektiv. Abhängig von der Art unserer Gedanken beeinflussen wir das Kollektiv und die Welt, sei es positiv oder negativ.

Wunschdenken, Verlangen und Fantasterei, die andere an sich wahrnehmen, könnten ursprünglich deinen Wünschen entstammen, deinem Verlangen und deinen Fantasien, die sich bereits im Kollektiv aufhalten. Solange deine Gedanken nicht transformiert sind oder erfüllt werden, bleiben sie im Gesamtkollektiv und sind für jedermann vorhanden. Gedanken oder Gedankenketten können einem Suchenden zufallen, der ratlos ist. Empfindsame, ungeschützte oder leicht verletzbare Menschen könnten Opfer *deiner* Gedanken, *deiner* Fantasien sein. Ein schwacher Mensch ist unfähig, die eigene innere Stimme von der Stimme unausgesprochener Wünsche eines anderen zu unterscheiden, die im Kollektiv lebt und jedem verfügbar ist. Im Glauben, jener Gedanke, ein Wunsch, eine Fantasie, diese oder jene Wörter seien die eigenen, lebt dieser Mensch nun *deine* Wünsche, Illusionen und Vorstellungen. Wir können unsere Zeitgenossen auf viele Arten schädigen. Von unseren Gedanken und den Worten, die wir sprechen, werden andere beeinflußt. Jeder von uns gedachte Gedanke bleibt im Kollektiv, bis die Vorstellung von einer gefestigten Form in eine nichtfeste Form transformiert ist, was bedeutet, sie wird leer und frei von Absichten. Die Umwandlung der Energie ist keine Theorie, sondern Wirklichkeit, und wenn ich diese Umstände meinen Patienten und Schülern auf befriedigende Weise erklären will, muß ich ihnen nur einige Fragen stellen: »Kennst du die Erfahrung, dich plötzlich, nachdem du einen Raum betreten hast, deprimiert zu fühlen, Kopfschmerzen oder Rückenweh zu haben? Hast du dich je gefragt, woher die Schmerzen und die Depression so plötzlich kamen? Hast du geglaubt, es seien deine eigenen Schmerzen? Ist es möglich, daß du das Kopfweh oder die Rückenschmerzen von anderen aufgelesen hast?« Die Antwort lautet meist: »Ja, das kenne ich, aber niemals habe ich daran gedacht, der Schmerz könnte von anderen kommen.« Hier finden wir stets Beweise, daß Energie transferierbar ist und daß wir die Energie eines anderen annehmen und sie als unsere eigene interpretieren können. Auf die gleiche Weise mögen Wunschvorstellungen und Verlangen, die von deinen Gedanken geschaffen sind, von anderen aufgelesen und durchlebt werden. Als mir dieses Energiegesetz klar wurde, fragte ich mich, wie ungesund es wohl sein mag, wenn meine Wunschvorstellungen von mir oder anderen ausgelebt werden müssen. Und in der Erkenntnis, daß sie weder mir noch anderen dienlich sind, verbannte ich sie aus meinem Denken.

Wir stellen uns immerzu Fragen, die ehrenhaft sein mögen oder sogar nobel. Die Fragen mögen durchaus der wahrhaftigen Suche entstammen, die Wahrheit herauszufinden, doch es ist möglich, daß unser Unterscheidungsvermögen nicht so klar ist und wir nicht sicher genug im Herzen verankert sind, um über das Geplauder des Ego oder über das eines anderen im Kollektiv hinauszugelangen. Um Antworten auf unsere Fragen zu bekommen, die nicht von anderen oder aus dem Kollektiv, sondern von unserer eigenen Seele stammen, müssen wir still genug geworden sein, damit wir die Stimme unseres Herzens sprechen hören. Sind wir von Streß und Krankheit geschwächt, haben wir ein unstabiles Energiefeld – wir können das Energiefeld vorläufig Aura nennen –, sind wir zu durchlässig, womit wir allzu leicht mit dem Kollektiv und dem Kollektivbewußtsein in Berührung kommen. Die Gedanken finden Eingang ins Kollektiv und vermischen sich dort. Es wandern sogar an Gott gerichtete Fragen oft ins Kollektiv und werden aus dem Kollektiv, wenn nicht sogar von unserem eigenen Ego beantwortet. Sind die Menschen weise, trauen sie den Gedanken, Visionen und Worten nur dann, wenn sie im eigenen Herzen für sich selbst eine Wahrheit als vollkommen erkannt haben. Alle Fragen können aus dem Herzen an das Herz gerichtet werden, an diesen Kraftpunkt des Inneren, den wir als Herzchakra bezeichnen, was nicht das physische Herz oder das emotionale Herz ist, sondern eher das subtile Herz, das dann, wenn es geöffnet ist, die eigene Wahrheit für uns bereitstellt. In einem späteren Kapitel wollen wir uns noch mit den subtilen Kräften der Chakren beschäftigen.

Ob überwinternde Tiere ihre Nahrung für magere Zeiten rechtzeitig lagern oder nicht - die Natur wird trotzdem die Uhr von Frühling und Sommer in die bittere Winterkälte drehen. Die heute gelagerte Ernte bewahrt und schützt die Tiere vor künftiger Hungersnot und sinnlosem Leid. Die Tiere verstehen die Gesetze der Natur, und instinktiv bereiten sie sich auf den Winter vor. Und wie viele glauben, Tiere seien dumm und behandeln sie entsprechend! Wir leben in einem Land der Fülle, und die Natur erschafft genug, damit alle im Wohlstand leben können. Es gibt keine Lebensmittelknappheit, es gibt nur die Habgier, die das Wachstum des Getreides stört, denn der Preis für menschliche Gier ist hoch. Hungernde Menschen in der ganzen Welt werden ihrer Nahrung beraubt, während die Köpfe der verantwortlichen Machtinhaber mit Profitdenken beschäftigt sind. Die Gesetze der Fairneß deformieren sich auch in unseren Köpfen, und deformiert ist auch die Art und Weise, wie dies in unseren Handlungen zum Ausdruck kommt. Es ist unmöglich, die Zukunft ohne ausreichende Ernährungsversorgung für alle Menschen aufzubauen, und wenn wir uns die Konsequenzen heutiger Handlungen, nämlich die Not anderer zu mißachten, nicht bewußt machen, werden alle Not leiden und die Menschheit sich selbst zugrunde richten.

Es gab eine Zeit, in der die Menschen mit ihren natürlichen, gesunden Sinnen das tägliche Leben und die Anforderungen der Jahreszeiten meisterten. Ihre Gedanken und ihr Verhalten, geführt von ihrem unverdorbenen und unverfälschten *Natursinn,* halfen ihnen, den Erfordernissen der Jahreszeiten und aller Bedingungen gerecht zu werden; sie achteten darauf, welche Nahrungsmittel im Sommer ihre Körpertemperatur kühl hielten und welche sie im Winter wärmten. Ein Zeitzyklus wie die Jahreszeiten verläßt das Alte, um dem Neuen Leben zu schenken, der Zyklus von Leben und Tod. Mit jedem neuen Zyklus haben wir Gelegenheit, altes Denken und alte Programme hinter uns zurückzulassen, wir schaffen für unsere *natürlichen Sinne* die Möglichkeit, sich zu entfalten, um ganzheitlichen Vorstellungen Raum zu geben, und ohne daß wir ihnen nachjagen, entwickeln sie sich ganz von alleine.

In jedem Wesen sind Adam und Eva präsent. Wenn wir annehmen

ein Wesen zu sein, das die Adam und Eva versprochene Ernte, im Garten Eden zu leben, erhält, wird sich das Versprechen in allen unseren Handlungen entfalten. Das versprochene Land ist kein Ort, weder in der Geographie noch in der Geschichte. Das Land heißt ethische Verpflichtung. Entweiht wird das Land, wenn es in Parzellen aufgeteilt und abgetrennt wird, damit einige ihren Profit daraus schlagen und ihre Herzen für Perlen vermarkten, die sie um den Hals tragen, um ihre Prosperität vorzuführen. Der Reichtum des Landes, wie Gottes Versprechen zu verstehen gab, ist der Reichtum der Zuckerseele, die das süße Verstehen hat und den Duft, der vom Herzen aller Menschen kommt, die falsche Befriedigungen und ihre Besitzgier überwunden hat. Ihnen wird *Das Land* gegeben, das Gott am liebsten und nächsten ist, und diese Entwicklung wird begleitet von einer reichen Ernte.

Jedes menschliche Wesen wird mit dem ihm zustehenden Anteil an diesem von Gott versprochenen Land geboren. Der Anteil am Ganzen kennt keine Selbstsucht. Wir haben die freie Wahl, die Reichtümer unseres Anteils zu verschleudern, um mit ihnen materielle Güter zu ergattern und Handel zu treiben, was unser Leben in große Verantwortlichkeiten zieht. Mit den Geschäftigkeiten des Handels und den Hypotheken der Zeitverschwendung belastet, taucht unsere Seele in den Frostbiß des Lebens, und die düsteren Schatten tragen wir mit uns in die Zukunft. Die richtige Zeit, darüber bekümmert zu sein, wäre jetzt, wenn wir erst einmal erkennen, mit was wir da Handel getrieben haben, wenn uns klar wird, was wir für Eitelkeiten, unser Äußeres oder für Besitztümer verschleudert haben, mit denen wir Tölpel aus den göttlichen Wesen gemacht haben, die wir sein sollten, die wir sind und die wir beschützen müßten. Die Verluste aus unserem vergangenen Handel werden nicht in jedem unserer künftigen Leben zurückerstattet oder erneuert, aber die Schulden und Aktivposten werden als karmische Kette von Ereignissen weitergetragen, die wir geschaffen haben. Ich sehe das Leben als Kontinuum, in dem unser vergangener Tod und künftige Leben aus der Fortsetzung unseres vorausgegangen physischen Daseins besteht. Kein menschliches Wesen betritt die erste Inkarnation mit leeren Händen. In jedem neuen Leben haben wir diesen angeborenen Sinn, einen Anteil vom All zu erhalten, die Vorstellung breitet sich in unserem Ego aus, und wir halten fest an dem Glauben, unser Anteil vom Ganzen werde stets erneuert. Doch das Verdienst- und Schuldenbuch befindet sich stets bei uns. Suche in allen Taschen danach. Der Kapitalzuwachs von gestern ist auch heute darin verzeichnet. Haben wir gute Taten angesammelt, gleichen sie das Konto mit Sondervergütungen aus. Diese Extras setzen uns wieder in die rechtmäßigen Eigentumsrechte und in unser göttliches Erbe ein. Der Drang, haben zu wollen und festzuhalten, bindet uns an grobes Konsumententum. Wenn wir unseren Reichtum, unseren Anteil am Ganzen verschleudern, besitzen wir nicht genug, um nach Hause ins Grenzenlose zu reisen, woher wir gekommen sind. Die Anhäufung unseres Kapitals aus Verdiensten des bewußten Handelns oder die Verluste, die uns das Verspielen der angesammelten Reichtümer gebracht haben, sind ausschlaggebend für die künftigen Leben, für kommendes Fehlverhalten und Unglück oder für eine reiche Fülle, sowohl für den Verstandeskörper, den physischen, als auch den Seelen- und Geistkörper. Von welchem Wert die von uns zurückgewonnenen Kredite sind, hängt von unserer Haltung ab, mit der wir die anstehenden Aufgaben vertreten. Befinden wir uns wieder im Interim zwischen Geburt und Tod, bestimmen die Waagschalen des Schicksals, ob wir genug auf unserem Konto haben, um die Reisekosten nach Hause zu bezahlen, oder ob wir erneut inkarnieren, in der Hoffnung, soviel *inneren* Reichtum zu gewinnen, daß wir uns die Heimreise leisten können.

Durch Analogien können wir oft Tatsachen in einfacherer Weise darstellen, als durch die kalte Präsentation von Bildern über die Qualen der Menschen. Alles, was es für uns zu tun gäbe, besteht darin, uns nach rechts und links umzublicken oder einen Blick über die Schulter zu werfen, damit wir das Leid um uns sehen. Vielleicht das deiner Mutter, deines Bruders, deiner Schwester, vielleicht das der unterpriviligierten ›dritten‹ Welt und ihrer hungernden Bevölkerung, und wenn du fähig bist, das zu sehen, dann wirf einen Blick auf dich selbst. Deine Verdienste werden nicht sehr bedeutend sein, wenn du lediglich traurige Augen bekommst, weil deine Gefühle zu Scham werden beim Zuhören von Geschichten über Sterbende, die ihren Tod nicht selbst verschuldet haben. In den Armen der Mutter liegt ein Kind mit gequältem, nach innen gerichteten Blick, so sehr leidet sein Gehirn unter Ernährungsmangel, daß es nicht einmal mehr die Tränen der Trauer über die eigene Not hervorbringen kann.

Wer da leidet, das bist DU. Es existiert keine Getrenntheit, und kein Mensch lebt unabhängig vom Gesamtgeschehen des Kosmos. In unseren Taschen klimpert das Geld, und unsere Kreditkarten haben wir dabei. Gibt uns das ein Gefühl der Sicherheit? Wir sind nicht sicher. Der Hunger, der in den Mägen der Menschen auf der anderen Seite der Welt nagt, beeinflußt jeden von uns. Hast du dir je die Frage gestellt, ob Krankheiten oder Störungen, wie beispielsweise Krebs, Erkältungen, Kopfweh oder emotionale Leiden, ursächlich der Tatsache entstammen könnten, daß DU dich auf der anderen Seite der Welt verleugnest? Kannst du dir mit materiellem Reichtum Unsterblichkeit kaufen? Werden die Masken, die du über dein Gesicht gezogen hast, und die Vorstellung, du könntest im Leben für dich allein sorgen, deine Sicht tatsächlich abschirmen vom Häßlichen und Schwierigen? Berührt dich, was auf der anderen Seite der Erde vor sich geht? Betrifft es dich auch hier, wenn auf Japan eine Atombombe fällt? Kannst du wirklich sagen, es ginge dich nichts an, wenn die gewaltigen Regenstürme auf der Welt himmelhohe Wellen schlagen, auch wenn sie Abertausende Kilometer von dir entfernt sind?

Niemand ist für sich allein auf der Erde und unabhängig vom Ganzen. Bekommt die Hälfte der Weltbevölkerung keine Nahrung mehr, sind wir dann tatsächlich der Ansicht, es ließe uns hier, auf der anderen Seite der Erde, unbeeinflußt? Wären wir dabei zu verhungern, würden wir uns etwa bequem zurücklehnen und abwarten, bis der Tod uns den Atem aus den Gliedern saugt, oder würden wir etwas unternehmen, um das Leben zu retten? Wie weit würden wir wohl gehen, wenn unser Leben durch den Hungertod bedroht wäre? Gingen wir zum Angriff über? Würden wir einen Krieg beginnen? Natürlich würden wir angreifen. Tausende von Kilometern entfernt kämpfen hungernde Menschen ums Überleben. Sollten wir wirklich glauben, daß wir die Erfahrung des Hungertodes und den Kampf gegen den Tod nicht auch in uns, bewußt oder unbewußt, auf diese oder jene Weise wahrnehmen? Selbstschutz ist der Hauptwächter des physischen Körpers. Unser Überlebensinstinkt, der Eros in uns, wird uns beschützen und alles tun, damit wir überleben. Unser Gehirngewebe wird anschwellen, und unsere zornigen Gedanken werden sich in unseren Gliedmaßen in Schmerz verwandeln; die Hormone und chemische Substanzen produzierenden Drüsen werden uns nicht ermahnen, der Not mit Nachdenklichkeit zu begegnen, sondern lediglich mit dem Verlangen zu leben. Damit haben wir den Krieg begonnen!

Unsere Brüder und Schwestern sterben qualvoll, doch wir weinen nicht mehr. Warum? Haben wir unser Empfinden dafür verloren, daß unser eigenes Fleisch von den Maschinengewehren niedergemäht wird, und unsere Körper auf der anderen Seite der Erde, abertausend Kilometer entfernt, in einem anderen Land verbrennen und zerschmelzen? Der Krieg ist niemals weit entfernt von uns. Er ist immer gleichzeitig mit uns, sogar dann, wenn das von uns vergessene Selbst in weiter Entfernung von uns verrottet. Vernichtend wie Granatwerfersplitter, die sich irgendwo auf der Welt in das menschliche Fleisch einbohren, sind die im heutigen modernen Leben verwendeten Instrumente. Wir machen uns selbst und andere zum Subjekt des Leids. Die Schmerzen, die wir einander zufügen, sei es bewußt oder unbewußt, kehren wieder zu uns zurück. Wir bekommen, was wir gegeben haben, dies ist das ewige Gesetz der karmischen Verknüpfung. Karma, das Gesetz des Gleichgewichts, läßt die Auswirkungen vergangener physischer oder verstandlicher Handlungen, ob sie aus dem jetzigen oder einem vorausgegangenen Leben stammen, immer wieder zu uns zurückkehren.

Mit der in den alten Tagen der Menschheit bekannten Kommunikationsform der Telepathie konnte jeder, der sich von der Herzensmitte führen ließ, Gedanken durch den drahtlosen Raum schicken, überall hin und jederzeit, und es gab keine Notwendigkeit, Kabel zu legen, die den Blick auf die Landschaft stören, was wir mit unserem technologischen Verstand als ›Fortschritt‹ bezeichnen. Wenn wir den Telefonhörer abnehmen und wählen, ist es trotzdem nicht sicher, ob wir dem anderen, dem unsere Botschaft gilt, tatsächlich begegnen. Und was ist, wenn derjenige, den wir anrufen wollten, nicht zu Hause ist? Indem wir ein technisches System statt unserer eigenen Naturinstinkte benutzen, vergessen wir unsere Befähigung und beschränken uns selbst, denn zu *sehen,* zu *hören* und zu *verstehen* sind unsere natürlichen Fähigkeiten. Was haben wir erhalten für das, was wir aufgegeben haben? Hat uns die Technologie wirklich genützt? Ist das Telefon so leistungsfähig wie wir? Wäre es nicht sinnvoller, mit unserem bereits vorhandenen Potential telekommunikativ zu verkehren, den drahtlosen Raum zu erforschen? Das natürliche Vermögen dafür haben wir jedenfalls. Vergiß nicht, daß uns Gott nach Seinem/Ihrem Bild erschaffen hat. Warum sollten wir uns noch mehr Programme aufbürden, die von begrenzten Vorstellungen ausgedacht wurden, die uns lediglich zu erklären suchen, wie begrenzt wir sind? Befreie dich von allem, was dir nicht mehr dient, und kehre in deinen Naturzustand zurück: All-sehend, Allwissend, All-seiend. Wir sind göttliche Wesen und stehen über jeder Begrenztheit.

Es stellt sich die Frage, ob wir das auch von Apparaten und Maschinen sagen können. Dazu eine Begebenheit, die meine Bedenken, unser Schicksal in die Hand der mechanistischen Kontrolle der Technologie zu legen, unterstreicht. Die Geschichte hat sich tatsächlich zugetragen, sie ereignete sich in einer bekannten Bank, die in ihren Welthandelsgeschäften dem internationalen Aktienmarkt angeschlossen war. In dieser Bank machten sich eines Tages die Computer selbständig. Unbemerkt von der Bank, ihren Computerspezialisten und Technikern, legten sie Programme fest, indem sie Aktien kauften und verkauften, obwohl sie nicht dafür programmiert waren. Die Computer trafen selbsttätig völlig logische, doch verantwortungslose Entscheidungen. Die Bankcomputer sind durch ein sehr differenziertes und komplex arbeitendes Netzwerksystem mit den Auslandscomputern auf dem Aktienmarkt verbunden. Zunächst entdeckte niemand diese Verkaufs- und Einkaufstransaktionen, bis die Ökonomen sich fragten, warum der Dollar auf dem Aktienmarkt immer mehr fiel. Die Ursache wurde erst bekannt, als einer der Hauptverantwortlichen der Bank bemerkte, daß die Computer ihre eigenen Kauf- und Verkaufskalkulationen errechneten. Die Computerfachleute und die Verantwortlichen der Bank versuchten die Vorgänge zu bremsen, sie korrigierten und manipulierten die Programme, doch blieben ihre Bemühungen ohne Erfolg. Die Computer setzten, ihrer eigenen Logik folgend, die Kauf- und Verkaufstätigkeit fort. Nun wurden bedeutende Experten der großen Computerfirmen und die Technische Universität zu Rate gezogen. Die Untersuchung des Dilemmas brachte jedoch keine Lösung, denn es fand sich kein Defekt oder Fehler im Programm der Computer. Die Spezialisten konnten beweisen, daß das Netzwerksystem in Ordnung war und sahen keine Störung. Es wurde alles getan, um die Vorgänge zu stoppen, doch auch zusätzlich eingebaute Software und hochtechnische Programmierungen brachte die Tätigkeit der Computer nicht zum Erliegen. Es ging sogar so weit, daß die Computer, fanden sie einen Empfängercomputer abgeschaltet oder nicht in Betrieb, die Aufgabe einem anderen Computer übertrugen, selbst wenn er sich in New York oder Tokio befand. Die Experten stellten fest, daß das System selbstätig arbeitend starr war und es sich schützte, indem es weniger und weniger angreifbar und undurchdringlich wurde. Je mehr die Experten versuchten, in das System vorzudringen, desto größer wurden die Schwierigkeiten. Ähnlich dem Immunsystem, das jeden Angreifer und Grenzgänger in die Flucht schlägt, hielten die Computer ihr Terrain fest, und auf diesem Boden kämpften Mensch und Computer um die Übermacht. Die Experten konnten die Sache nicht ändern oder beenden, bis jemand - übrigens kein Experte, sondern ein Laie - auf den Gedanken kam, den Elektrostecker herauszuziehen und den Computern den Strom abzustellen. Nachdem die Stromzufuhr abgestellt war, brach das ganze Computersystem zusammen und kollabierte, was weltweite Schäden auf dem Aktienmarkt zur Folge hatte. Trotzdem waren diese Schäden geringer als jene, welche die Computer, wäre es so weitergegangen, angerichtet hätten. Womöglich hätten sie die ganze Welt an interessierte Käufer verkauft.

Jederzeit ist die richtige Zeit, unseren ›Gesichtspunkt‹ zu verändern, um ohne Begrenzungen zu ›sehen‹ und mit dem Herzen zu erkennen, was ist. Wenn wir uns nicht mehr verführen lassen, törichte Ansichten zu vertreten und uns den nächstliegenden Aufgaben zuwenden, mag es uns gelingen, die verlorenen Werte wieder zurückzugewinnen. Erweise dich als Meister, verwirkliche und verhalte dich wie ein Meister, eine Meisterin. Gestalte eine Welt, in der sich leben läßt, eine Welt, in der die Glocken deines Herzens in Freude und Zufriedenheit darüber läuten, daß du die Wahrheit bist, und zu dieser Wahrheit gehört die Erkenntnis, ein Bild Gottes zu sein.

Eigne dir keine Lügen an, die andere aussprechen, und lerne in deinem Herzen die Wahrheit als Gott und Gott als die Wahrheit zu erkennen. Im Herzen ist der Punkt, wo gefragt, gehört und verstanden wird. Damit meine ich nicht das physische Herz, das in seiner Gestaltung und Funktion so außergewöhnliche Organ, sondern den Lichtpunkt, der im Herzen aller Lebewesen wohnt, den wir auch ›Herzchakra‹, ›Herzensmitte‹, ›Licht der Morgenröte‹, ›Zelle der Wahrheit‹, den ›Versteckten Ort‹ oder den ›Garten Eden‹ nennen. Die gesamte Schöpfung ist in deinem Herzenslicht aufgezeichnet, geboren und verstanden, hier wo jedes Kind, Mann und Frau und das All der Schöpfung ewig leben. Der die ausgesprochenen Worte tragende Atem ist unser Vertrag und unser Gelübde an die gesamte Schöpfung. Es verpflichtet uns nicht das Papier, auf das Wörter geschrieben werden, sondern unsere Worte. Die Verantwortung für eine zivilisierte Welt sollten wir nicht an andere abtreten. Wenn wir unser Wort geben, reist es durch den Raum, es lebt fort und wird SEIN.

Ich möchte mit meinen Gedanken über das moderne Leben verdeutlichen, wie wichtig unser Verständnis dafür ist, daß nur das *Jetzt* besteht. Ist unsere Sicht verengt, sehen wir die Sonne aufgehen und wieder untergehen, doch zerteilen wir die Zeit in aufeinanderfolgende Morgen. Dieses Mißverstehen des Morgen schafft die Fehler von heute. Der Tag endet nicht mit dem Schlaf, der die Zeit in Tag und Nacht, in heute und morgen zerlegt. Er ist die Rast zur rechten Zeit, um die ermüdeten Körper der Menschen, Tiere und Pflanzen zu nähren, eine Pause, die uns ermöglicht, den ewigen Traum zu leben. Im Schlaf bekommt das unbewußte Wissen über die Träume die Gelegenheit, mit dem Wissen des Wachbewußtseins zu kommunizieren.

In der Alten Zeit stellten sich die Menschen den Tag und die Nacht als Zyklus vor, ähnlich den Sternenkonstellationen, die sich am Firmament bewegen. Die aufgehende Sonne bedeutete für sie die Potentialisierung des Selbst, sei es für Arbeit oder Spiel, der Sonnenuntergang die Ruhe. Die Menschen dieser Zeit hielten keine Ausschau nach der Zukunft, denn ihr Tag-Nacht war ohne Ende. In der Nacht lebten sie durch ihre Träume, sie verstanden und erfüllten ihre Botschaft bei Tageslicht. Waren die Menschen von gestern etwa unehrlich und töricht, oder sind wir es?

Erreicht die unbeschmutzte Herzenswahrheit unser Bewußtsein, werden unsere negativen und unehrlichen Gedankenformen vom strahlenden Licht unserer inneren Wahrheit in lautere Energie transformiert, und wir bekommen mehr Kraft für unser künftiges Lernen. Das bewußte Leben führt uns zu den Tagen ohne Ende und kann uns Wege weisen, die unseren größten Möglichkeiten dienen. Das Losungswort durch das Labyrinth des menschlichen Herzens und des Bewußtseins besteht darin, bewußt im Heute zu leben. Dann wird der Wert des Lebens nicht zum Gegenstand der Not, sondern der Tat und des Handelns. Der Natur wird ermöglicht, harmonischer durch unsere Körper zu wirken, damit wir unser größtes Potential verwirklichen können.

2. Kapitel

Die Entstehung von Krankheit

Ist unser Geist der wahre Heiler?

Die Suche nach der Ursache von Krankheiten läßt uns in die Bereiche der Psyche vordringen, und daher beschäftigen sich die dem folgenden Kapitel zugrundeliegenden Fragen mit der natürlichen Vernetztheit von Körper, Verstand, Seele und Geist und mit der Untrennbarkeit der Einheit des Gesamtsystems Mensch und Natur.

Meine Fragen gingen zurück auf die Geschichte der Medizin, auf den Sinn und Wert der alten Weisheitslehren der Ärzte der Antike, des Mittelalters und der Heiler indigener Kulturen, die meist auch Priester, Seher und Naturphilosophen waren. Ihre ganzheitliche Sicht schloß Mensch, Natur und kosmische Gesetze bei der Beurteilung von Krankheit und Gesundheit ein. Das Verhängnis, den Körper aus dem Naturverbund und seiner sinnvollen Ordnung zu lösen, hatte insofern dramatische Folgen, da es die medizinische Wissenschaft zu einer mechanistischen Körperauffassung und schließlich in eine Apparatemedizin geführt hat, deren Heilerfolge heute viele Patienten und Ärzte in Frage stellen.

Es gibt keine gesundheitliche Störung ohne Ursache. Alle Erkrankungen, seien sie verstandlicher oder physischer Herkunft, haben ihren Ursprung in einer Grundursache. Diesen Beginn nenne ich den Samen der Störung. Ein solcher Same ist die Ursache für die Entstehung des Mißklangs in der ›realen‹ Welt, sei es im Menschen, in Tieren, Pflanzen oder in der Gesellschaft. Der Same geht auf, wenn das Vertrauen in das höhere Selbst zugunsten des kleinen Selbst aufgegeben wurde, und auf das kleine Selbst des Ego, von dem wir im allgemeinen annehmen, es sei die Verstandesintelligenz des Menschen, gebaut wird. Was wir einst als Wahrheit in unseren Herzen kannten, die schon bei der Empfängnis im Mutterleib in uns geboren war, wird maskiert von Vorstellungen, die wir angesichts der Welt der Materie zu sehen und zu verstehen glauben. Den Degenerationsprozeß der Verstandeslogik können wir in unserer heutigen Gesellschaft beobachten. Diese Logik hat uns keine gesündere, glücklichere Welt beschert, und auch kein gesünderes und glücklicheres Leben. Das ist unschwer festzustellen, wenn wir die Tageszeitungen lesen oder Nachrichten hören. Der die Erde schützend umgebende Ozonmantel ist gestört, und statt sich vorrangig der Lösung dieses Problems zu widmen, beschäftigen sich die verantwortlichen Köpfe weiterhin mit der Ausbeutung der Erde, um Öl, Gas und Uranium feilzubieten, oder sie stellen Überlegungen an, wie sie die Herren im Weltraum werden, damit sie die ›Auslandspolitik‹ und die ›Bodenschätze der Welt‹ unter ihrer Kontrolle behalten. Die Machtinteressen der Welt bestehen hauptsächlich darin, den Reichtum der Erde auf dem Markt zu veräußern. Doch wird die Lösung des Ozonproblems nicht auf morgen warten, nur weil heute keine Zeit dafür ist, sich damit auseinanderzusetzen. Unser ›Sinn‹ für Prioritäten hat sich von der natürlichen Befriedigung der Ansprüche des Selbst in falsche Bedürfnisse und Gier verlagert. Wir alle leiden morgen an den Konsequenzen heutigen Denkens und Handelns.

Gesundheitliche Störungen werden manifestiert, wenn die Harmonie zwischen den Menschen und ihrer Mitwelt aus der Balance gerät. Nichts und niemand auf der Erde kann ungeschädigt weitergehen, jeder hat an den Folgeschäden der verseuchten Erde zu leiden. Auf der ganzen Welt rufen hungernde Menschen um Hilfe – vielleicht ruft dich ein Freund, ein Verwandter, ein Nachbar? Es gibt viele Arten des Leids, es kennt alle Varianten. Sei es das Leid von Menschen, von Tieren oder das der Erde. Dem Leid ein Ende zu setzen, liegt in der Verantwortung jedes einzelnen, denn es ist eine Illusion, die zu einem unglücklichen Erwachen führen kann, wenn wir glauben, unabhängig und allein auf der Welt zu sein. Es ist gerade die gegenseitige Abhängigkeit zwischen Natur und Mensch, die eine ausgewogene Welt, eine Welt der Fülle erschafft und erhält. Niemand steht außerhalb dieses Gesetzes, und jeder ist in dieses Gesetz eingebunden.

Die Störungen zehren den menschlichen Verstand auf, und der verseuchte, unbewußte Verstand vergiftet den Körper. Die Haltung einer mißverstandenen Unabhängigkeit, welche die Mitverantwortung für die Zusammengehörigkeit aller Menschen nicht übernehmen will, was jedoch der menschlichen Natur entspräche, verursacht scheinbar freiheitliches Handeln, was uns mehr und mehr von dem, was wir wirklich sind, abtrennt. Damit verursachen wir Schizophrenie. So intensiv beschäftigen wir uns mit den Belangen des *kleinen Selbst*, daß wir keine Zeit mehr haben, an unser wahres Selbst zu denken. Diese Haltung kommt dann in falschen Bedürfnissen und Habgier zum Ausdruck: »Meine Belange sind wichtig und die anderer liegen nicht in meinem Verantwortungsbereich!« oder: »Warum sollte ich mich um meinen Nachbarn kümmern, wenn ich nicht einmal weiß, wie ich mit mir zurechtkommen soll?« Solche Anschauungen sind heute üblich geworden. »Zuerst komme ich, und wenn ich Zeit dafür habe, kann ich mich auch um meine Brüder und Schwestern kümmern.«

Unglücklicherweise nimmt der Körper diese Wirklichkeiten als negative Kraft wahr, er erfährt sie selbst-destruktiv, da sie der Selbstverleugnung entstammen. Die Trennung vom Selbst verbietet ein Gesetz. Die Gesetzesbrüche rufen schwerwiegende Folgen auf den Plan, mit denen wir uns auseinandersetzen müssen, damit wir lernen zu verstehen und wir das Ego aufwecken, damit es die Existenz des Selbst erkennt. Verleugnen wir in unseren Brüdern und Schwestern Teile von uns, zerlegen wir unser eigenes Selbst in Stücke und schneiden, ähnlich einem chirurgischen Eingriff, Teile von uns ab. Jede Operation verursacht in unterschiedlichen Graden Trauma sowohl für den physischen Körper als auch für den Verstand- und Seelenkörper. Auch nur den geringsten Teil des Selbst zu verleugnen, bedeutet diesen Teil aufzugeben, und das ist der Inhalt der Selbstverleugnung. Wenn wir unser Selbst als Ganzheit erkennen, und das schließt die Erde und alle ihre Bewohner ein, kann der Heilungsprozeß beginnen und die Entwicklung geistiger Einsicht erreicht werden.

Die Krankheit ist ein Signal, das uns zeigt, daß in unserem Leben etwas nicht in Ordnung und aus dem Gleichgewicht geraten ist. Das Krankheitssignal ist weder ein Unglück noch die Ursache der Krankheit. Es ist ein Hinweis, wenn wir feststellen, wir sind nicht gesund, der uns zeigt, mit dem Schema der Ganzheit der Welt nicht im Gleichgewicht zu sein. Dieses hilfreiche Signal ermöglicht uns, in Ordnung zu bringen, was nicht in Ordnung ist, und hilft uns, Bewußtheit darüber zu finden, daß Teile von uns abgespalten sind. *Krankheit lehrt uns Verantwortung.* Jede Störung ist gleichzeitig im Körper und im Verstand präsent. Es ist nicht möglich, ausschließlich körperlich erkrankt zu sein, ohne daß der Verstand zuvor eine Tragödie durchlebt hat, und jedes psychische Problem verweilt nicht nur im Verstand allein.

Der Geist, der Wille des Schöpfers, führt die Wahrheit in uns an und ruft die Seele auf, diese Wahrheit zu unterstützen. Wenn der Verstandkörper sich widersetzt und die Wahrheit nicht annehmen will, verirrt er sich und wird durch Erfahrungen des Lebens gezwungen, die zu Desastern dieser oder jener Art führen, bis ein Verstehen erreicht worden ist. Will der physische Körper die Wahrheit des Geistes und der Seele nicht zur Kenntnis nehmen, durchläuft der physische und der Verstandkörper eine Transformation, eine Wandlung. Nicht jede Transformation ist angenehm, doch alle Transformationen dienen uns. Jene Teile des Körpers, die an einem nicht universellen Glaubenssystem festhalten und Wahrheiten folgen, die der Persönlichkeit des kleinen Selbst entstammen, bauen Blockaden auf. Sie wirken sich im Körper als Reibung aus, die allmählich Schmerzen verursacht und Störungen herbeiführt. Die Reibung entsteht, wenn die Wahrheiten der Ego-Persönlichkeit Vorstellungen aufbauen, die in ihrem Zusammentreffen mit der universellen Wahrheit irritierend sind. Die Reibung bringt Blockaden hervor, die in jeder einzelnen Zelle unseres Körpers lebendig werden. Sie verursacht Feuer, das im Laufe der Zeit immer die Wahrheit oder die Lügen manifestiert, damit sie hervortreten und von uns erkannt und erforscht werden. Das Feuer ist fähig, das Ungewußte allmählich in Wissen zu wandeln oder die Krankheit in Gesundheit, die Gesundheit in Krankheit. Das

Feuer brennt durch die fortgesetzte Reibung des Widerstandes, der zwischen den Wahrheiten des Ego gegenüber der ganzheitlichen Wahrheit entsteht.

Unsere Evolution der Selbstverwirklichung vollzieht sich nicht immer rasch. Die Verwirklichung des Selbst durch Erziehung vollzieht sich als Prozeß, der im Plan der Schöpfung enthalten ist. Es ist das Ziel des Geistes und der Seele, unsere Aufmerksamkeit gegenüber der unmittelbaren Aufgabe des bewußten Seins wachzuhalten, und die Verantwortung für die Ganzheit mit dem Ganzen durch jeden Gedanken und jede Handlung ständig vor Augen zu haben. Die Folgen verantwortungslosen Handelns sind zahlreich, wie wir an unserer Welt der Verwirrung und der Konflikte feststellen können. Kriege sind nicht mehr ungewöhnlich; es gehört zu unserem Alltag, das Kriegsszenario im Radio, Fernsehen und in der Presse mitzuverfolgen. Gibt es Krieg in unserer äußeren, unserer Mitwelt, können wir sicher sein, daß auch in unserer Innenwelt, in Verstand und Körper, Kriegszustand herrscht.

Leiden wir an einer Krankheit, sei sie verstandlich oder physisch, finden wir es ganz normal, bei anderen oder in den Lebensumständen die Schuld dafür zu suchen. Doch die mangelnde Verantwortung für das Selbst ist nie ein Fehler, den wir anderen vorwerfen können. Jeden Tag wären wir in der Lage, damit zu beginnen, die alten Programme der Vergangenheit zu wandeln. Die Verantwortung für das Selbst sollten wir wieder in unsere eigene, ganz bewußte Obhut nehmen. Weder von der Medizin noch von den Ärzten wird *das* Heilmittel gegen Disharmonie der Menschheit zu erwarten sein. Wir betrachten in unserer Zeit im allgemeinen die Spezialisierung im ärztlichen Beruf als die erfolgversprechendste medizinische Ausbildungsmethode. Ich würde lieber die ganzheitliche Sicht statt des Spezialistentums als Ansatz eines gesunden Denkens unserer Zeit vorschlagen. Wir sind nicht aus Teilstücken zusammengesetzt, um in Teilstücken unter den mechanistischen Wissenschaften und ihrer Forschung verteilt zu werden. Wir sind kein Puzzle, das Stück für Stück auseinandergelegt und von den vielen Spezialisten, die heute nötig sind, um einen einzigen kranken Menschen wieder ›ganz‹ zu machen, zusammengesetzt wird. Heute wird experimentelle Chirurgie häufig an ratlosen Patienten von ratlosen Ärzten durchgeführt, die selber nicht wissen, wie sie die Menschen ganzheitlich behandeln sollen, die alternative Methoden nicht kennen, durch welche sie die Krankheitsursachen *verstehen* würden. Die heutige Medizin gibt sich zu wenig Mühe, Einsicht in die Ursachen der Krankheit zu gewinnen. Psychiater und Psychotherapeuten beschäftigen sich ausschließlich mit dem Verstand, während die Mediziner sich auf den Körper konzentrieren. Die Ärzteschaft sieht in der Krankheit normalerweise eine Plage, die dem Opfer, dem betroffenen Körper, zu entreißen ist. Wer oder was ist das Opfer? Die Krankheit wegzuschneiden, ohne sich mit dem Versuch, die Ursache herauszufinden, auseinandergesetzt zu haben, bringt nur karmische Gesetze von Verstehen und Gleichgewicht in Gang, und die Lösung des Problems muß auf andere Weise gefunden werden.

Krank zu sein, ist schwer genug. Das Signal wegzuschneiden, das uns auf eine Störung aufmerksam macht, gleicht einem Verrat. Ich will damit nicht sagen, es sei immer verkehrt zu operieren, denn in manchen Fällen ist der chirurgische Eingriff wirklich zu empfehlen und auch nötig. In diesen Fällen kann er die richtige Therapie sein, wenn die Störung auf der psychischen Ebene durch Denken und Handeln karmisch aufgearbeitet wurde, oder auch dann, wenn spezielle Atemtechniken den Heilvorgang, den Befreiungsprozeß des Körpers, die Krankheit loszulassen, nicht erfolgreich waren; und natürlich auch in Notfällen, wie nach einem Unfall, wo die Chirurgie die einzige Möglichkeit bietet, das Leben zu retten. Ist die Krankheitsursache jedoch noch nicht aufgearbeitet, könnte zunächst der Eindruck entstehen, die Operation sei die richtige Heilmethode gewesen, bis... bis eine andere Krankheit sich aus der vorherigen entwickelt, die in Wahrheit niemals geheilt war. In manchen Fällen ist der operative Eingriff das richtige Vorgehen, doch in welchem Fall ist er richtig und in welchem kann er noch mehr Disharmonie schaffen, die zu weiteren Komplikationen führt? Es sollte uns klar sein, daß die üblicherweise angewendeten Diagnoseverfahren nicht jede Ursache einer Störung sichtbar werden lassen. Kam beispielsweise die Erkrankung durch karmische Einflüsse zustande, oder durch äußere Bedingungen, wie etwa Chemiegifte, oder durch innere Einflüsse, wie einen alten Todeswunsch, der virulent wurde, in all diesen Fällen könnten wir von den richtigen Atemtechniken als Therapie effektivere, natürlichere und dauerhaftere Hilfe erwarten. Die Kosten der medizinischen Versorgung sind unabhängig von der Qualität ihrer Leistung. In *vielen* Fällen ermöglichen spezielle Atemtechniken dem Körper all das *loszulassen,* was ihm nicht mehr dient, wie vergangene Traumata,

Programme und Krankheiten. Mit bestimmten Atemtechniken ist es möglich, die Störungen ohne operativen Eingriff zu beseitigen und die Gesundheit des Körpers und Verstandes wiederherzustellen Der Körper muß die im Verstand angesammelten Gifte oder die Gifte, die vergangenen Handlungen entstammen, auf diese oder jene Weise loswerden. Unnötige operative Eingriffe und Therapien, mit denen die Symptome der Erkrankung statt der Krankheit behandelt werden, berauben uns unserer Rechte, das Warum der Krankheit zu begreifen, und hindern uns daran, die Verantwortung für die richtige Heilung zu übernehmen. Wir brauchen die Gewißheit, daß die Krankheitsursache ausgeheilt wird, damit sie sich nicht mehr auf andere Weise manifestiert, um später in Form einer neuen Erkrankung wiederzukehren.

Alternativmethoden in der Medizin sind von zunehmendem Erfolg begleitet, da sich die Menschen dagegen wehren, wie Objekte oder Statistiken behandelt zu werden. Immer mehr Patienten artikulieren heute die sie bewegenden Fragen ihrer Erkrankung, sie wählen die für sie geeignete Therapie und übernehmen die Verantwortung für ihr Wohlbefinden. Sie praktizieren ihr Recht, die Hintergründe der Erkrankung kennenzulernen, sie nehmen selbstverantwortlich an ihrem eigenen Heilungsprozeß teil, weil ihnen klar wird, daß ihre eigene Bewußtheit rascher wächst als die mancher Ärzte und sich nicht alle Ärzte wirklich Gedanken über den einzelnen Menschen und seine lebensbedrohende Erkrankung machen. Viele Patienten sind nicht mehr bereit, demütigende Therapien und Versuche zu dulden, die sie zum Gegenstand werden lassen, die sie in Teile zerlegen, statt den Menschen als Ganzheit zu verstehen, und das schließt Verstand, Körper, Seele und Geist ein.

Um die Ursache einer Störung zu finden, müssen wir die Ganzheitsperson diagnostizieren. Es gibt Möglichkeiten in der Diagnostik, die nicht nur den behandelnden Arzt, sondern auch den Patienten zufriedenstellen. Jeder Patient hat ein Recht, die Umstände der Erkrankung zu *sehen,* das Warum der Krankheit kennenzulernen, damit er fähig wird, eine ganz bewußte Entscheidung über die Therapieform zu treffen, und sich ein Bild davon zu machen, aus welchen Gründen diese oder jene Therapie hilfreich ist.

Im Heilungsprozeß kommt der wichtigste Beitrag zur Gesundung von uns selbst. Zunächst hilft es uns, wenn wir die Heilmechanismen in uns verstehen, damit wir unser Selbstheilungspotential aktivieren können. Jeder Mensch ist ein Heiler. Im Heilungsverlauf ist der Arzt nur der unterstützende Partner, doch der Heiler ist er nicht. Einen Menschen oder eine Sache zu heilen, ist nicht möglich, ohne daß wir von der Seele des anderen die Erlaubnis dafür eingeholt haben. Die Erlaubnis, von der ich hier spreche, wird vom Geist und der Seele bestimmt. Erteilt die Seele eines anderen die Erlaubnis, im Heilungsprozeß zu helfen, oder gibt unsere Seele einem anderen diese Genehmigung, nur dann kann unser Wille die notwendigen Mechanismen in Verstand und Körper in Bewegung bringen. Sieht die Seele keinen *wahren* Grund, jetzt eine Veränderung durchzuführen, und vertritt sie die Ansicht, daß es in diesem Leben keinen Wechsel geben kann, für den voranzugehen sich lohnte - ausgenommen natürlich die mechanistische Unterstützung des Lebens, zu atmen und die Aufrechterhaltung eines relativ begrenzten Bewußtseins -, mag die Seele eine andere Schulung wählen, damit die notwendigen Lektionen für weiterreichendes Verstehen und Verantwortung erlernt werden. Diese Schulung könnte beispielsweise durch eine lang andauernde Erkrankung zustande kommen, oder durch Tod und Wiedergeburt, Reinkarnation in ein neues Leben, oder durch ein längeres Intervall zwischen den Leben, das der Neuorientierung und Wiederherstellung dient. Wir sollten nicht vergessen, unsere Existenz auf der Erde als Schulung oder Erziehung zu sehen. Die Seele hat ein Ziel und mehr Macht als der menschliche Verstand. Zwar kann der Verstand die Seele herausfordern und sogar das Leben verlängern, doch niemals kann mit dem Verstand allein die Qualität des Lebens beständig transformiert werden, es sei denn, es findet eine Bewußtseinsveränderung statt. Nimmt die Seele unsere Anstrengungen, dieses Ziel zu erreichen, wahr, wird dem Verstand mehr und mehr Freiheit erteilt, Kräfte gegen die Krankheit zu mobilisieren. Die Seele allein ist die bestimmende Instanz.

Meine Suche nach Wegen für eine Diagnostik, die dem Patienten ganzheitlich den Spiegel seines Zustandes darstellt und ihm ermöglicht, das Warum zu sehen, gaben den Anlaß, eine Formvorlage zu entwickeln, die von Ärzten und Laien als Bestandteil der Diagnose verwendet werden kann. Das Formblatt schließt das Bild der ganzen Person, Verstand, Körper, Seele und Geist ein. Mit Hilfe dieser einfachen Formvorlage wird die Aura, das Energiefeld, porträtiert, so daß Arzt und Patient ein Abbild davon bekommen. Die Aura ist ein Reflektor, sowohl des Selbst als auch des kleinen Selbst, sie beleuchtet den Raum in uns und um uns. Sie ist die von uns ausgehende Abstrahlung, die uns abbildet, und die jedem, der sie sehen kann, vollkommen sichtbar macht, wer und was wir sind. Dies schließt natürlich unsere verstandliche, physische und geistige Haltung sowie unsere Neigungen ein. Indem wir nun die Tendenzen *ansehen* können, sind wir auch in der Lage, künftige Krankheiten oder Krankheiten im Manifestationsprozeß festzustellen und sie zu verhindern, womit wir auf die Ebene der Präventivmedizin kommen. Um die Gesundheit zu bewahren, sollten wir uns bewußt um Krankheitsvorbeugung bemühen. Warum sollten wir abwarten, bis wir krank sind, bevor wir unser Selbstheilungsvermögen entdecken? Warum nutzen wir nicht schon jetzt unsere großartige Fähigkeit, Krankheit zu vermeiden? Mit meiner Formvorlage haben wir die Möglichkeit, das interne und externe Selbst des Menschen wiederzugeben. Wird die Vorlage richtig gebraucht, können wir damit unsere vier Körper gleichzeitig diagnostizieren und erhalten einen detaillierten Überblick der Ganzheitsperson. Jeder kann lernen, diese einfache Formvorlage zu verwenden, um festzustellen, ob die Gesamtverfassung in Ordnung ist, ob wir harmonisch sind, ob unsere verstandliche und physische Konstitution stark genug ist, damit wir Gefahren entgehen, wie beispielsweise einem Autounfall oder einer Störung, die der Selbstverleugnung entstammt. Jede Art von Störung ist zweifellos ein Ergebnis oder ein Ausdruck dieser oder jener Art der Selbstverleugnung.

Bei der Verwendung der in diesem Buch abgebildeten Formvorlage, die heraustrennbar ist, läßt sich mit einiger Übung *sehen,* wo und warum in den vier Körpern und den Elementen Störungen aufgetreten sind. Wir können feststellen, ob wir geerdet sind, das heißt, ob unsere Füße Bodenkontakt haben, oder ob wir uns ›abgehoben‹ fühlen. Von der Formvorlage lassen sich Fotokopien machen, damit genug Vorrat zum Üben da ist. Wie die Form verwendet wird, welchen Nutzen wir davon haben, mit ihr zu arbeiten, wie wir damit umgehen und wie wir sie interpretieren, wird im 7. Kapitel genau erläutert.

Es gibt, wie wir aus den Abbildungen der Formvorlagen in den nächsten Kapiteln sehen, drei Hauptursachen für Erkrankungen. Die abgebildeten Diagramme stellen die Energieform des Patienten dar, es sind Bilder des Verstandkörpers, des physischen und geistigen Körpers. Die Krankheitsursachen erscheinen auf den Bildern und können von jedem geübten Menschen, nicht nur von Ärzten, abgelesen werden. Jeder, der bereit ist, die Ruhe und Stille des Verstandes zu üben, ermöglicht der Seele, sich zu offenbaren und bewußt integrierter Teil des Ganzheitssystems zu sein, das den Menschen ausmacht. Gewähren wir der Seele die Freiheit des Ausdrucks, wird sie uns mit Verständnis führen. Erlauben wir der Seele, unsere Lehrmeisterin zu sein! Ich spreche von der Seele nicht wie über ein fremdes Wesen, das getrennt von uns existiert, sondern von der Seele als Teil von uns, der aus unserem Inneren zu uns spricht. Die Seele ist die durch uns wirkende Persönlichkeit Gottes.

Kummer und Leid kommen aus dem Nichtwissen. Das Wissen erst ermöglicht uns, bewußt zu wählen. Wir haben stets die freie Wahl. Mit Hilfe des Diagnoseformblatts zu arbeiten mag uns dabei helfen, jene Fragen zu beantworten, die wir uns wahrscheinlich alle schon einmal zu diesem oder jenem Zeitpunkt gestellt haben.

3. Kapitel

Drei Grundursachen gesundheitlicher Störungen

*Gehen wir lieber komplizierte Wege,
weil wir die Einfachheit
der Wahrheit nicht glauben wollen?*

Mehrere Jahre habe ich Anita Furdek bei ihrer Forschungsarbeit begleitet, ich saß mit ihr an Krankenbetten, in Sterbezimmern und studierte ihre tägliche Praxisarbeit. Ich konnte immer wieder beobachten, daß die einfache Klarheit ihrer Sicht in der Diagnostik auf ihrer Fähigkeit beruht, jeder Frage nach der Krankheitsursache so nachzugehen, als würde sie zum allerersten Mal gestellt. Weil sie dieses Warum vorurteilslos und frei von festgefahrenen Vorstellungen fragte, öffnete sie der Individualität des Patienten den Raum für den eigenen Ausdruck, den sie nur wahrnehmen kann, wenn sie ihm sozusagen mit unschuldigem Auge begegnet. Es wurde mir immer klarer, daß die medizinische Ausbildung an unseren Universitäten diesen wissenden Blick der unschuldigen Sicht nicht lehrt und die Stätten des Lernens heute vielmehr Stätten des Verlernens geworden sind.

Daß in der Natur biologische Vorgänge sowohl einfach wie komplex sind, fällt uns schwer zu glauben. Wir neigen zu der Ansicht, etwas Einfaches sei einfach, und etwas Kompliziertes sei kompliziert. Unser Bildungswissen hat uns daran gewöhnt, das Entweder-Oder für gültig zu halten, und der Wahrheitsgehalt des Sowohl-Als-Auch ist uns nicht geläufig. Im nachfolgenden Kapitel wird deutlich, daß der Wert, die Qualität, und weniger die Quantität unseres Denkens die wesentlichen Grundlagen der Krankheitsentstehung bilden. Alles in der Natur strebt nach Gleichgewicht, so auch wir, die wir Natur sind. Haben wir in der Forschung und in unserem eigenen Leben den Richtlinien der Naturgesetzlichkeit zu wenig Aufmerksamkeit geschenkt?

Für die Entstehung von Disharmonie und allmählicher Erkrankung können wir drei Grundursachen verantwortlich machen. Wir könnten Opfer einer dieser Ursachen oder einer Kombination dieser Ursachen, ja sogar Opfer aller drei Ursachen sein, die gleichzeitig in und um uns auftreten. Um zu verdeutlichen, was eine gesundheitliche Störung tatsächlich ist, können wir sagen, sie ist in ihrer Wirklichkeit ein Mangel an Wohlsein - ein pathologischer Zustand des Körpers oder Verstandes, der eine Reihe ihm zuzuordnender Symptome aufweist, welche das Befinden stören, gleich einer regelwidrigen Erscheinung, die sich von anderen, normalen oder krankhaften Zuständen des Körpers unterscheidet. Das bedeutet, die Krankheit ist das Ergebnis verstandlichen, physischen - oder verstandlichen und physischen - Ungleichgewichts. Aus einer von drei Möglichkeiten beginnen die Krankheitsursachen zu wachsen, doch in allen Fällen könnten wir schrittweise Störungen vorbeugend vermeiden, wäre unser bewußter und unbewußter, unser wissender und unwissender Verstand zu einem vereint. Der nachfolgende Text beschreibt die drei Grundursachen von Erkrankungen und zeigt auf, wie sich Störungen langsam zur Krankheit entwickeln. Dazu geben uns auch die Illustrationen weiteren Einblick. Sehen wir uns die Grundursachen genauer an, werden wir auch den Nutzen vorbeugender Medizin besser verstehen.

Drei Ursachen gesundheitlicher Störungen

Äußere Einflüsse:
Die zuerst erwähnte Grundstörung wird von äußeren Einflüssen verursacht. Sie können unserem *unmittelbaren, körpernahen* Umfeld entstammen, beispielsweise von einem chemieverseuchten Ausgangspunkt kommen oder von einer chemieverseuchten Gegend oder von einem Haus, das auf eine problematische Wasserader oder andere störende Energiefelder gebaut ist. Auch gegenüber anderen Umständen der Umgebung können wir empfindlich sein. Wer nahe einem Gefängnis, einer Nervenheilanstalt oder einem Krankenhaus wohnt,

könnte die Gedanken und Gefühle des Leids und der Verzweiflung anderer, die durch viele Nöte gehen, auffangen. Ich will damit natürlich nicht sagen, daß jeder Mensch in Gefahr ist, der nahe einem Krankenhaus, einer Polizeistation oder einem Gefängnis lebt. Doch bei jenen Menschen, deren natürlicher aurischer Schutzschild sehr schwach ist, sind die *angsterfüllten Gedanken und Nöte* anderer durchaus fähig, den eigenen Schutzschild zu durchdringen, sie können auf diese Weise Teil unserer Gedanken, Gefühle und Leiden werden. Empfindungen der Zurückweisung könnten ursächlich daher stammen, daß wir in der Nähe eines Waisenhauses wohnen. Die auf Adoption wartenden Kinder fühlen sich immer verlassen und sind angsterfüllt. Auch könnten wir anfällig dafür sein, Gedanken *aus dem Kollektiv* aufzulesen, die zwar nicht unsere eigenen sind, doch die wir adaptieren wie unsere eigenen, da wir der Ansicht sind, was immer und wo auch immer wir etwas empfinden, *gehöre es zu uns* und stamme von uns.

Äußere Einflüsse können auch durch den Druck anderer kommen, etwa der Eltern, Schwiegereltern, der Angehörigen und Freunde, die Forderungen an uns stellen, die wir nicht erfüllen können oder wollen. Der Widerspruch zwischen uns und ihren Forderungen bildet einen Nährboden für die Entstehung von Krankheit. Denn solange wir unser Wissen an andere abtreten, ihren Forderungen nachkommen, bereiten wir uns darauf vor, Opfer ihrer Wahrheiten und Wünsche zu werden, und legen damit den Samen künftiger Erkrankung. Ängste und Widerstände stehen auf gleicher Stufe wie Krankheit. Niemand kann von uns etwas fordern, es sei denn, wir sind damit einverstanden. Wir alle müssen den Umgang mit unserer eigenen Person lernen, unsere eigene Wahrheit, unsere Motivationen, unsere Integrität erforschen und uns damit auseinandersetzen. Wird uns diese Haltung richtungsweisend für künftige Handlungen, stellen wir den Frieden in Verstand und Körper wieder her.

Planeten: Als Planeten im Transit bezeichnen wir jene Planeten, die in den Himmeln unserer Welt fortwährend in Bewegung sind. Alle Planeten haben eine Schwingung, ein magnetisches Feld, und sie beeinflussen in unterschiedlichen Graden unsere Stimmungen und Vorstellungen, unsere Kreativität, Richtung und Neigungen, unsere Motivationen. Die kommende und gehende Bewegung der Planeten beeinflußt unsere vier Körper, hinzu kommt die Bewegung der in uns lebendigen Planeten unseres Geburtshoroskops. Der Planetenstand bei unserer Geburt wirkt das ganze Leben auf uns ein. Die Planeten an sich sind weder gut noch böse, sie existieren, so wie wir. Wie sie wechselwirksam mit unserer Gesamtschwingung aktiv sind, ist eine andere Sache. Der Einfluß eines Planeten im Transit kann positiv auf uns wirken und unsere Vitalität steigern, oder auch negativ, indem er unsere Vitalität reduziert, Krankheit und Störungen fördert. In welcher Weise sich dies auswirkt, wird von der Alchemie unserer Schwingung entsprechend dem Geburtshoroskop und der der Planeten im Transit bestimmt. Haben wir entsprechende Kenntnisse über die Planeteneinflüsse, werden wir sie bewußt anwenden und zu unserem Vorteil nutzen. Wir können lernen, die Einflüsse zu filtern oder sie zu intensivieren, wenn wir uns des schöpferischen Potentials, mit dem wir das eigene Schicksal gestalten können, bewußt werden. Wir sind in der Lage, diese Einflüsse genau kennenzulernen, sie zu nutzen, um mit Bewußtheit an unseren Zielen zu arbeiten. Liebe und Verstehen machen alle Dinge möglich.

Es ist wichtig zu wissen, auf welche Weise die Planeten uns dienen. Wir haben das eigene Schicksal gewählt, wir sind die Architekten unserer Erfahrungen. Unser Geburtshoroskop ist als architektonischer Entwurf unseres Lebens ein Meisterplan. Wir selbst haben ihn mit Hilfe unserer Lehrer entworfen, damit dieser Plan unserer Erziehung auf Erden dienen möge. Unser Geburtshoroskop ist unser Plan und unsere Hoffnung für unser künftiges Leben auf der Erde. Das Geburtshoroskop jedes Menschen enthält die Antworten der Fragen: »Wer bin ich? Was bin ich? Woher bin ich gekommen? Wohin werde ich gehen? Was ist mein Sinn?« Die Analyse des Horoskops kann uns etwas lehren und uns auf den richtigen Weg führen, dessen Ziel die Verwirklichung des Selbst ist. Durch das Horoskop können wir herausfinden, welche Planeten das Selbst fördern und welche die Persönlichkeit repräsentieren, und auf welch trickreichen Wegen die Persönlichkeit versucht, Macht über das Selbst zu gewinnen. Jeder Planet unseres Horoskops wurde mit einem Zweck positioniert, der unserer Entwicklung dient. Es ist sehr empfehlenswert, das Horoskop als Instrument zu benutzen. Es liegt in unserer Verantwortung, uns selbst mit mehr Klarheit zu *sehen,* unsere besten Möglichkeiten zu aktivieren, die Makel vergangener Gedanken und Handlungen zu erkennen und sie in Ordnung zu bringen. Dies wäre das rechte Vorgehen, mit dem wir Störungen jeder Art verhindern. Bewußtes Gewahrsein ist die Perle, nach der die Mystiker suchen. Jeder Mensch ist von Natur aus ein Mystiker. Jeder hat Fragen und sucht bei dieser oder jener

Quelle nach Antworten. Die Mystik ist eine geistige Disziplin, welche die unmittelbare Vereinigung mit Gott und mit der letzten Realität durch tiefe Kontemplation oder Tiefenmeditation anstrebt. Durch Mutmaßungen und Annahmen sollten wir unser Leben nicht mystifizieren. Es gibt keine Mysterien, keine Fragen, für die es keine Antwort gibt. Wie die Schalen der Zwiebeln sollten wir unsere Illusionen und Verblendungen ablösen, um zur Perle der Weisheit vorzudringen, die niemals weit von uns entfernt war, sondern immer bei uns, in uns und um uns zu finden ist.

Angriffe durch Gedankenkraft: Ein weiterer Grund für Störungen, die von äußerem Geschehen verursacht werden, kann der Gedankenkraft anderer entstammen. Nehmen wir an, andere denken haßerfüllt an uns oder schicken uns absichtlich destruktive Energie, ihren Haß. Normalerweise sind sie sich der für andere gefährlichen Auswirkung ihrer Gedanken nicht bewußt. Es gibt allerdings Menschen die ihre Konzentrationsfähigkeit derartig trainiert haben, daß sie in der Lage sind, ihre destruktiven Absichten auf einen bestimmten Punkt oder einen Menschen zu richten. Selbst ohne ein solches Training kann unsere negative Konzentration auf einen Punkt, beispielsweise auf das Herz eines Menschen, heftige Herzschmerzen oder sogar den allmählichen Tod herbeiführen. *Jeder* Gedanke, mit dem wir das Denken und Verhalten anderer zu manipulieren suchen, ist ein Angriff, eine Form Schwarzer Magie. Unter Schwarzer Magie verstehe ich jede Art der Manipulation, die in der Absicht geschieht, andere zu beeinflussen oder eine Angelegenheit auf bestimmte Weise mit dem Einsatz von Energie so zu verändern, daß das Recht und der Wille anderer übertreten wird. Diese Art der Grenzüberschreitung mögen wir als bedrohlich empfinden, wird sie etwa ausgedrückt in den Worten: »Wenn du nicht machst, was ich dir sage, dann ...« Benutzen wir hingegen die Kräfte des Verstandes und die Konzentrationsfähigkeit, um das Selbst zu unterstützen, richten wir unsere gezielte Aufmerksamkeit in der Meditation oder Visualisierung auf das Selbst, erfahren wir, wie sich unser Programm der Selbstverleugnung in Selbstverwirklichung wandelt.

Nehmen wir beispielsweise an, wir befinden uns auf Stellungssuche und konzentrieren uns vor Beginn des Bewerbungsgesprächs auf unseren Gesprächspartner, indem wir ihm autosuggestiv einreden, er solle uns die Stellung geben. Damit hätten wir ihm unseren Willen aufgezwungen und seine Rechte, seinen freien Willen verletzt, indem wir eine Energie angewendet hätten, die wir durchaus Schwarze Magie nennen können, Es gibt auch Leute, die negative Kräfte, sei es gegen Bezahlung oder aus Rache, zu anderen schicken, was ihnen durchaus gelingen kann. Wir sollten dabei zwei Dinge nicht vergessen: Ist unser Schutzschild, unser aurisches Feld, gesund und ausgewogen, verbrennt unser Licht jede Art des Angriffs durch die Gedanken anderer. Der zweite Punkt ist, daß wir ernten, was wir säen und auf uns zurückkommt, was wir ausgeschickt haben. Tragen unsere Gedanken boshafte Absichten, erschaffen wir Karma und Schuld, die wir bezahlen müssen. Ein haßerfüllter Gedanke oder eine bösartige Handlung *muß* zehnfach zurückbezahlt werden. Das gleiche trifft auf positive, gesunde Gedanken zu. Dies ist das Gesetz. Was immer wir auch aussenden, ob gute oder üble Gedanken und Handlungen, kommt immer auf uns zurück. Auch das ist Gesetz. Die Gesetze haben Sinn, sie sind nicht zur Bestrafung, sondern zur Erziehung gemacht.

Wie Energie für die Durchsetzung eigener Interessen mißbraucht werden kann, kennen wir auch aus manchen Kulten, wie beispielsweise dem der Voodoos. Voodoo ist ein religiöser Kult, der von Zauberei, Vielgötterei und Fetischen bestimmt ist, und er beschränkt sich nicht allein auf bestimmte Kulturen oder Gebiete. Die Voodoomagier kennen die Praktiken, mit welchen Zauberei oder Verfluchungen mit magischen Kräften weitergetragen werden, und sie wissen, wie sie auf eine Person oder Sache zu lenken ist. Die Voodookräfte wirken ähnlich wie fokussierende Verstandeskonzentration; es sind die gleichen Zauberkräfte, die wir in unserer Kultur als Schwarze Magie bezeichnen. Der die Zauberkraft ausübende Magier richtet den eigenen Willen auf Dinge, so daß sie, wie durch einen verlängerten Arm, für ihn erreichbar werden. Nicht jeder kann von einer solchen Attacke getroffen werden. Das ist dem Magier bewußt, und deshalb setzt er, wie auf Zielscheiben, auf die schwachen Punkte und verletzbaren Stellen des Opfers. Die Schwarzmagier wissen, wie man mit Nadeln und Widerhaken im Wesen, im Herzen der Menschen bohrt. Sie glauben, wenn sie an den Schwachpunkten der Gefühle arbeiten, ihr Opfer zu beherrschen. Tief in den unbewußten Ängsten des Opfers grabend legt der Schwarzmagier den Finger der Verachtung auf einen wunden Punkt, in den er solange vordringen wird, bis eine offene Wunde entsteht. Der versierte Schwarzmagier braucht dazu kein Messer, keine greifbaren Kampfmittel. Weder wird er sichtbare Waffen verwenden, noch kann ihm die Gewaltausübung gegenüber dem Opfer je nachgewiesen werden. Die Magier durchschauen die Geheimnisse anderer durch ihre unmittelbare Intuition, indem sie in die emotionale Gefühlswelt spähen und die Gedanken ihrer Opfer aus den geheimsten Verstecken stehlen. Mit dieser Information vermischen sie noch weitere Zweifel im Herzen ihrer Opfer und warten ab. Es kommt dann ein Zeitpunkt, an dem die Verwundung des Opfers ihren Höhepunkt erreicht und auch das physische Herz mit großer Anstrengung daran arbeiten muß, mit dem auftretenden Streß fertigzuwerden. Wie wir wissen, ist der Streß ein Instrument, das blind macht, die Fähigkeit klar zu sehen herabsetzt und das Verteidigungssystem des Körpers schwächt. Während nun der Verstand des Opfers intensiv damit beschäftigt ist, mit dem Gefühlsstreß fertigzuwerden, lenkt der Schwarzmagier, der sein Opfer stets aufmerksam beobachtet, die Gefühle in die von ihm gewünschte Richtung. Blitzschnell, mit einem einzigen Dreh ihres Handgelenks, wirbeln sie den Gedankendolch durch den Raum und stoßen ihn tief in das Herz ihres Opfers. Ihr Wille zu morden geht auf eine tödliche Reise, wie kein anderer Gedanke es könnte. Die blitzartige Gedankengeschwindigkeit leuchtet dem Dolch ihrer Absicht den Weg, und durch die unsichtbare, nicht manifeste Welt eilt er unbarmherzig voran, um das Ziel, zu töten oder krank zu machen, zu erreichen. Lang andauernde Krankheit des Opfers ist der Lohn des Schwarzmagiers, der einen Racheakt vollzogen hat oder für seine Zauberkünste bezahlt wurde. Es gibt nur ein Entkommen vor dem Schrecken und Grauen schwarzmagischer Mächte: die Liebe für alle Dinge in unseren Herzen zu tragen. Nur dann, wenn wir alles wahrhaftig lieben, emanieren unsere bewußt gewordenen Körper Lichtströme in alle Richtungen. Sonnenstrahlen gehen von uns aus, wenn wir lieben, die ihr Licht durch den ganzen Kosmos, von dem wir ein Teil sind, tragen. Doch lieben wir nur Bestimmtes, anderes aber nicht, ist unser aurisches Umfeld, unser Ozonschild, geöffnet und ungeschützt. Wir alle hätten die Fähigkeit, Schwarzmagier zu sein, wir könnten die Macht, anderen unseren Willen aufzuzwingen, ausüben oder unserer Primitivnatur folgen, um zu töten. Wir erkennen die Aufgaben unseres inneren Magiers darin, unsere eigenen verletzbaren Punkte zu enthüllen und sie auszuheilen. Wie im Krieg des Himmels und auf Erden umgarnen die Höllenengel unsere Schwächen, sie greifen danach und versuchen die Zerstörung des Selbst voranzutreiben, indem sie die vielen kleinen Selbste in uns fördern, was uns in eine Art schizophrenen Zustand bringen kann. Die Schwarzmagier beten die Macht an. Auch das kleine Selbst, der Teufel in uns, verehrt die Macht. Die Transmutation der Macht in Liebesfähigkeit läßt Mächte wachsen, die stark genug sind, den gefährdeten Planeten Erde und seine Bewohner wieder zu erneuern.

Die Beschreibung schwarzmagischer Fähigkeiten wäre nicht vollständig, ohne jene Magier zu erwähnen, die durch Geisteskraft chirurgische Eingriffe vornehmen oder medizinische Hilfe leisten. Über Magier und Voodooisten sollten wir wissen, daß sie beide manipulativ und vorsätzlich bestimmte Techniken anwenden, und obwohl ihre Dienste manchmal den *Anschein* erwecken, aus dem ›Licht‹ zu stammen, was einem guten Dienst an der Menschheit entspräche, erschaffen sie doch Karma. Sie brechen mit dem Gesetz. Der einzig rechtmäßige Gebrauch von Macht besteht darin, unsere Willenskraft für uns selbst einzusetzen. Doch Willenskraft über andere oder eine Sache auszuüben, auch wenn es den Anschein hat, dienlich zu sein, bedeutet Grenzübertretung. Selbst wenn diese Magier keine Schäden anrichten und den Eindruck hinterlassen, ein bemerkenswertes Leben zu führen, werden sie doch in künftigen Leben immer wieder in ähnliche Umstände hineingeboren, bis ihre Erziehung sie zu verstehen gelehrt hat, wer und was sie sind und welchen Inhalt die Lehre und Unterweisung ihrer vorherigen Leben hatte. Und jene, die einem anderen Lebewesen absichtlich Leid zugefügt haben, müssen ihre Schuld in voller Höhe an ihre Opfer zurückbezahlen.

Eine weitere Art des Angriffs von außen kann durch Geistwesen hervorgerufen werden. Als Geistwesen bezeichne ich eine Person, die den physischen Körper verlassen hat. Sie hat einmal in einem normalen Körper, wie dem unseren, auf der Erde gelebt und ist physisch verstorben. Es ist unser Geburtsrecht, den freien Willen zu besitzen und zu gebrauchen, das uns durch den Tod des physischen Körpers nicht entzogen wird. Hat eine Person in den subtilen Bereichen des Lebens nach dem Tod die Wahl getroffen, nicht weiterzugehen und die Erziehung des Lebens nicht in den feinstofflichen Bereichen fortzusetzen, gibt es kein Gesetz, das den Willen daran hindert. Es sei denn, bestimmte Vorkommnisse haben die ehemaligen Reichtümer des karmischen Kontos derartig aufgezehrt, daß das Recht, weitere Ausgaben vom Karmakonto zu machen, nicht mehr verfügbar ist. (Was das karmische Gesetz zum Inhalt hat, wie es sich auswirkt und durch uns arbeitet, beschreibe ich ausführlich im 13. Kapitel.) Der einzige Unterschied zwischen einem Geistwesen und uns besteht darin, daß wir uns in einem physischen Körper befinden und ihn betätigen, während das Geistwesen keinen physischen Körper mehr hat. Unser Körper ist wie ein Gefährt, das wir während unserer Interimszeit auf dem dreidimensionalen, körperhaften Planeten Erde gebrauchen. Hier, in der dreidimensionalen Welt, ist unser Charakter nicht anders als nach dem Tod, wenn wir uns auf anderen Ebenen und Dimensionen bewegen. Wir bleiben immer die Gesamtheit all unseres Erlebens. Sind wir hier auf der Erde liebevoll und verantwortungsbewußt, werden wir das auch auf anderen Ebenen und Dimensionen sein. War unser Wesen während der Zeit im Körpergefährt manipulativ und besitzergreifend, wird es das auch nach unserem Tod sein. Der Charakter bleibt auch auf anderen Ebenen und Dimensionen gleich. Wenn ein voll bewußtes menschliches Wesen stirbt, so wird es auch nach dem Tod voll bewußt bleiben. Ein Meister, ebenso wie ein Guru, bleibt auch nach dem Verlassen des physischen Körpers ein Weiser.

Es gibt zahlreiche Gründe, weshalb Geistwesen angreifen. Die häufigste Ursache liegt darin, daß unser Schutzschild, unser Ozon, schwach ist oder Lücken und Durchbrüche hat, die jedem äußeren Einfluß, und insbesondere dem von Geistwesen, den Eintritt ermöglichen. Vergleichen wir das uns umgebende Ozonfeld mit der erdumgebenden Ozonschicht, verstehen wir um so deutlicher die Notwendigkeit, unser Ozonfeld zu beschützen. Wir wissen, die Ozonschicht der Erde ist gefährdet. Die Öffnungen der Ozonschicht, die Ozonlöcher, ermöglichen beispielsweise kosmischen Strahlen und bestimmten Partikeln in unseren Lebensraum vorzudringen, und damit wurden Probleme geschaffen, welche die gesicherte Fortdauer der Existenz der Erde und ihrer Lebewesen in Frage stellen. Unser Ozonschild hat die gleichen Funktionen wie die erdumgebende Ozonschicht. Der beschützende Ring filtriert unerwünschte Partikel und Körper, wie z. B. Geistwesen, die unser physisches, verstandliches und geistiges Wohlbefinden unterwandern oder zerstören können.

Nicht alle Geistwesen sind ›gut‹, nicht alle sind ›böse‹. So wie es schwierige Menschen in unserer Erddimension gibt, so existieren auch Störenfriede in anderen Dimensionen. Nach dem Tod werden wir nicht mehr als Person bezeichnet, wir werden zum Wesen oder zur Wesenheit – einem Geistwesen. Waren wir während unserer Inkarnation als Menschen weise und mitfühlend, sind wir das auch nach dem Tod, und wir würden verstehen, weshalb der Eingriff in die Entwicklung eines anderen Menschen schädigend ist. Es gibt Geistwesen, die nach Schwächen in anderen Ausschau halten, denen sie nachjagen, sei es zu ihrem Vergnügen oder aus Rachsucht. Diese törichten Geistwesen sind erkennbar an ihren charakteristisch schwebenden Fangarmen, die eine Mißgestaltung ätherartiger Herkunft ist, mit welchen sie sich um eine Form winden, von der sie sich angezogen fühlen. Alkoholabhängige, die auch nach dem Tod an ihrer Sucht festhalten, und denen der bittere Alkoholgeschmack im Tod im Mund geronnen ist, fühlen sich geblendet vom Licht, das jedem Menschen nach dem Tod begegnet. Ihr Bewußtsein, im Alkohol ertränkt, vermag die veränderte Situation nicht als Realität zu erkennen, es spürt nur den Durst der alten Alkoholabhängigkeit. Durch den Raum taumelnd erreicht die bittere Gesinnung der Selbstverleugnung, ihre Alkoholsucht, den Höhepunkt. Nun, da sie kein Glas mehr in der Hand halten können, suchen sie sich in der Nähe anderer einzunisten, beispielsweise in einer Bar, um den Geschmack und Geruch ihres Exilpartners Alkohol wahrzunehmen. Ein Trinker kennt kein schöneres Erlebnis als das oberflächliche Lustgefühl, das sich einstellt, wenn der Alkohol durch die Kehle läuft, dann scheint der Sturm der Zeit kein Ende zu haben - in diesen Augenblicken glauben sie ewig zu leben. Die Lust am nächsten Schluck ist unstillbar. Und selbst wenn der Alkohol sie nicht mehr blendet, trinken sie trotzdem weiter, um die aufkommenden Ängste und ihr unerfülltes Verlangen ruhigzustellen. Sie empfinden es als Bedürfnis auf ihrem Weg weiterzumachen, sie ertränken das Licht eines neuen Verstehens und eilen in die nächste Bar oder zu einem Trinkgenossen. In der Nähe von Trinkern und in Bars finden wir stets die Anwesenheit durstiger Geistwesen, die in den leeren Köpfen der Trinker stöbern. Das Geistwesen mag ein Opfer finden, das ihm ähnlich ist und das keine Einwände hat, den Verstand und sogar den Körper mit einem Trinkkumpan zu teilen. Als Possession, als Besitzergreifung, bezeichnen wir diesen Vorgang, wenn ein Geistwesen in den Körper eines anderen vordringt und in ihm lebt. Das Ergebnis des Angriffs von Geistwesen und ihrer Besitzergreifung besteht darin, daß der Körper und auch der Verstand des Opfers von lähmenden Störungen heimgesucht wird. In Fällen extremer Alkoholsucht, bei starkem Rauchen, zwanghaften Eßgewohnheiten, abwegigem Sexualverhalten und weiteren zwanghaften Abhängigkeiten wollen die Geistwesen ihre eigene Sucht befriedigen und suchen sich dafür, sogar nach ihrem physischen Tod, noch Kumpane.

In unserem Energiefeld, unserer Aura, trifft die Unbewußtheit auf die Dunkelheit, und wo keine Bewußtheit existiert, kann das Licht nicht strahlen. Der aufgewachte Verstand öffnet dem bewußten Gewahrsein die Pforte, und dann kann die Sonne, der *Sohn,* immerfort in uns, um uns und für uns leuchten. Das Sanskritwort für Sonne, *sūnu,* hat in der englischen und deutschen Sprache einen ähnlichen Klang wie das Wort *Sohn.* Die Wurzelbedeutung su heißt im Sanskrit *erzeugen, hervorbringen.*

Nicht jede Sucht führt nach dem Tod in die gleiche Sackgasse der alten Erinnerungen. Viele Menschen, festgehalten in den Ketten ihres Elends der Abhängigkeit, fühlen sich als Suchtopfer, und es wird ihnen klar, daß die Freiheit nur darin bestehen kann, die Sucht abzustreifen. Während ihres Daseins im physischen Körper leiden sie, denn sie wissen sehr genau, was den Lebensfluß hindert und sie *sehnen* sich nach Hilfe. Ein Wunsch hat eine mächtige Kraft im Kosmos. Wünsche werden stets erfüllt, wenn auch nicht immer im jetzigen Leben. Solange wir Anhaftungen haben, verewigen wir die Zeit und werden wiedergeboren. Sind wir frei von Anhaftungen, nimmt die Zeit ihre natürliche Form der Formlosigkeit an, und nichts ist mehr an sie oder durch sie gebunden. Dann ist die Zeit nicht mehr vorübergehend oder eine Brücke in die Zukunft, sie wird frei durch die Loslösung unserer Anhaftungen.

Die häufigsten Opfer der Raubzüge von Geistwesen sind neben jenen, die zu viel trinken, rauchen oder übertriebene Sexfantasien ausleben, solche Menschen, die eine traumatische Geburt hatten. Alles Extreme übt Druck auf unseren Ozonschild aus und kann ihn stellenweise öffnen, so daß er für jede Art äußerer Einflüsse durchgängig wird. Auch Streß zähle ich zu den Extremen. Befindet sich in unserem Ozonfeld eine durchlässige Stelle, ist das wie ein geöffnetes Fenster. Diese Öffnung kann zur Einladung für Dinge werden, die durchaus nicht wünschenswert sind. Es wäre so, als parkten wir unser Auto mit offenen Fenstern, während die Handtasche und andere für Diebe verlockende Dinge auf den Sitzen liegen. Es könnte einem anderen zur Versuchung werden, uns zum Opfer zu machen. Übernehmen wir also die Selbstverantwortung und stellen sicher, daß die Fenster unseres Schutzschildes in Ordnung und geschlossen sind, damit wir nicht in ein Desaster geraten. Unsere Verantwortung besteht darin aufzuwachen und uns selbst zu behüten. Die Eigenverantwortung für dein Wohlergehen solltest du nicht in fremde Hände legen und den Vorstellungswelten anderer überlassen. Die Selbstverantwortung befreit uns von der Selbstverleugnung. Um klarzustellen, daß nicht alle Geistwesen absichtlich Unfrieden stiften, möchte ich folgendes Beispiel erwähnen: Wenn ein Elternteil stirbt und auch nach dem Tod noch besorgt ist um das Wohl eines Kindes oder der Kinder, ist es möglich, daß dieser Vater oder die Mutter den Kindern in Träumen begegnet oder ihnen plötzlich im Zimmer erscheint oder die Kinder fühlen, daß der Elternteil ihnen über die Schulter sieht. Diese Eltern sind nicht bösartig, sie sind nur besorgt um ihre Kinder. Oft wollen diese Eltern nach dem Tod ihre elterliche Fürsorge fortsetzen, sie passen einige Zeit auf ihre Kinder auf, bevor sie sich von der Anhaftung an ihr vergangenes Leben loslösen. Sie müssen ihre natürliche Reise fortsetzen. Wenn wir nach dem Tod unserer Eltern an ihnen festhalten, ist es für die Eltern und auch für uns nicht gesund, uns allzu sehr danach zu sehnen, sie noch immer bei uns zu haben. Wir sollten ihnen gute Wünsche für ihre Weiterreise schicken und sie weiterziehen lassen. Das wäre für sie und für uns die gesündeste Haltung. Wenn wir unseren verstorbenen Eltern unentwegt nachtrauern, fühlen sie sich daran gebunden hierzubleiben, damit sie uns mit all ihren Möglichkeiten unterstützen. Unglücklicherweise können sie gar nichts für uns tun. Sie sehen sich unser Leid an, sie sehen, wie sehr wir sie vermissen; sie sind nun Geistwesen.

Auf welche Weise kann ein Geistwesen unser Leben tatsächlich beeinträchtigen? Befindet sich ein Geistwesen innerhalb des körperumgebenden Ozonfeldes oder sitzt es auf dem Körper, ist es möglich, daß wir zunächst keinen Unterschied an uns feststellen. Und erst nach einiger Zeit werden die anderen Stimmungsveränderungen an uns bemerken, wir könnten launisch, depressiv und argwöhnisch werden. Eine weitere häufig zu beobachtende Veränderung ist das Auftreten psychischer Störungen. Die Harmonie unseres Energiefeldes ist immer gestört, wenn irgendwelche anderen Kräfte, wie die eines Geistwesens, versuchen, sich einzumischen oder uns zu beeinflussen, womit sie das Gleichgewicht des Energiefeldes stören. Weitere Veränderungen, die ich beobachtet habe, sind gesundheitliche Störungen. Das Gleichgewicht unseres Energiefeldes ist immer beeinträchtigt, wenn eine fremde Macht, wie es die eines Geistwesens ist, versucht sich mit uns zu verbinden oder Einfluß auf uns zu nehmen. Auch erschaffen unsere eigenen Unsicherheiten und Zweifel Kräfte, welche auf die Harmonie und Ausgewogenheit unseres Energiefeldes einwirken. Ob nun diese Kräfte von innen oder von außen kommen mögen, stets wird ein starkes Ozonfeld die Angriffsmöglichkeiten negativer Einwirkungen unmittelbar ausschalten.

In allen Fällen äußerer Einflüsse ist es wichtig zu wissen, daß unser starkes Ozonfeld von nichts durchdrungen werden kann, das weniger subtil ist als unsere Eigenschwingung. Dies bedeutet, unser Schutzschild kann nur von Dingen durchdrungen werden, die uns gleichen oder die, im Hinblick auf unsere Eigenschaften, ›besser‹ sind als wir. Stellen wir uns vor, wir seien die Sonne, und unsere Aura, unser Ozonfeld, wären die Sonnenstrahlen. Je heller unsere Strahlen, desto subtiler und stärker ist ihre Kraft. Kommt irgend etwas zu nahe an uns heran, muß es durch unsere Strahlen gehen, bevor es uns berühren kann. Wir wissen, daß nichts nahe an die Sonne herankommen kann. Alles und jedes würde schon lange vorher verbrennen, noch ehe es den Stern Sonne erreicht hätte. Die Wärme und das Licht der Sonne erhalten das Leben auf der Erde. Unser aurisches Ozonfeld erhält das Leben in uns. Von unseren Strahlen wird alles um uns durchdrungen. Sind unsere Strahlen rein, fördern wir nicht nur das eigene Leben, sondern auch den Kosmos, in welchem wir leben. Ist die Leuchtkraft unserer Strahlen vergiftet, tragen wir Gift in den Kosmos all dessen, was uns umgibt.

Innere Einflüsse:
Als innere Einflüsse bezeichnen wir jene, die von uns selbst erschaffen werden. Niemand sollte unser Leben, unsere Bedürfnisse, unsere Vorlieben und Abneigungen für uns bestimmen können. Doch stets werden wir von anderen, den Eltern, der Gesellschaft, Lehrern und Freunden darüber belehrt, wie die Dinge sein sollten oder wie sie nicht sein sollen. Wir, als Gott-Selbst, sind unfähig geworden, unsere wahre Natur auszudrücken, um auf intelligente Weise den Ausdruck Eines Gottes zu entfalten. Wir lassen uns von unseren Emotionen, anderen zu gefallen, festnageln und erlauben ihnen, uns mit ihren Wünschen und Forderungen zu bombardieren. Niedergeschmettert von der Verwirrung des kleinen Selbst, das sich mit den Belangen der äußeren Welt herumschlägt und das die Wahrheit nicht durch inneres Wissen reflektiert, entscheiden wir uns unbewußt für die anderen,

damit sie uns weiterhin mit ihren Wahrheiten und ihrem Argwohn *füttern.* Schließlich eskalieren die Unterlegenheitsgefühle, und mehr und mehr werden wir von anderen abhängig, immer weniger sind wir uns unseres Selbst gewahr, immer weniger sind wir Selbst-verstehend und Selbst-verwirklichend. Niemand und nichts kann uns krank machen, es sei denn, wir sind damit einverstanden. Niemand und nichts kann uns heilen, es sei denn, wir sind damit einverstanden. Wir allein gestalten unser Schicksal. Entweder werden wir Opfer der Umstände, oder wir verändern uns. Erst morgen damit anzufangen, verspricht uns keine bessere Zukunft. Nur im Jetzt liegt der richtige Zeitpunkt, auf unser Schicksal einzuwirken. Unser Erkenntnisvermögen beschränkend, blicken wir durch den schmalen Ausschnitt des Zeitgeistes, und aus Angst vor anderen nehmen wir die Chance zur Veränderung nicht wahr, denn wir glauben uns von ihnen beobachtet und fürchten ihre Mißbilligung. Wir nehmen zuviel Rücksicht, aber auf was nehmen wir eigentlich Rücksicht? Sorgen wir uns um das Selbst? Ich glaube kaum! Der Ausdruck unseres Wesens läßt augenscheinlich werden, um was wir uns sorgen. Wir suchen die Zustimmung unserer Gesinnungsgenossen, bestimmter Autoritäten, wir leihen unser Selbst der Umgarnung des Augenscheinlichen und dem von anderen für unsere Bequemlichkeit erdachten Wissen. Wir sind faul geworden, unser Verstand ist faul, und wir sind zu faul, uns selbst zu helfen. Niemals jedoch sollte eine Wahrheit von anderen erwartet oder versprochen werden. Die Wahrheit kann sich nur durch uns den Weg bahnen und sich ausdrücken. Wir sind die Träger der Wahrheit, nicht unsere Schwestern und Brüder. Wir, das heißt ICH. ICH kenne meine Wahrheit. ICH erschaffe selber meine Wirklichkeit.

Die einfache Wahrheit finden wir niemals in den Köpfen und den Herzen anderer. Jede Wahrheit verfügt über den Reichtum der selbsterlebten Erfahrung. Unsere Pilgerreise durch die derzeitige Existenz im Kosmos ist ein lebendes Beispiel für Wahrheit. Wer die Wahrheit erkennt, besitzt auch alle Antworten. Aus dem erlebten Erfahrungsschatz schöpfend, werden die Schlußfolgerungen gezogen, die Wahrheit zum Inhalt haben. Das Wahre wird uns keine Beeinträchtigung unserer eigenen Anschauungen bringen, wenn es so deutlich erkennbar wird wie ein Monument der Wahrheit, das ganz klar für sich dasteht. Gott erkennt keine andere Wahrheit als die des Selbst, wenn sie sich in der ewiggültigen Weisheit unseres erkennenden Erlebens ausdrückt. Unsere erkennenden Erfahrungen drücken Gottes Wahrheit aus. Wir sind nicht das Ziel Gottes – das Ziel Gottes ist die Verwirklichung des Selbst. In unserem Erkennen mögen wir stille Beobachter, in unserer Erfahrung Teilnehmende sein. Doch bewegen wir uns damit beide Male in Extremen. Wir errichten, sind wir nur beobachtend oder nur Erfahrung sammelnd, im Hinblick auf die Balance, auf das Zentrum, die Mitte, zwei Extrempunkte polarer Natur. Erst das SEIN in der Mitte, das der aufrichtige Sucher findet, bedeutet vollkommenes Gewahrsein und Gegenwärtigkeit, die sich in der Stille manifestieren, und dem bewußt Beobachtenden und bewußt Teilnehmenden offenbar werden. Im SEIN sind wir Ausdruck der Wahrheit.

Was der Sucher will, wird im allgemeinen wenig verstanden. Das Bildungswissen, welches wir durch unsere Erziehung erlangen, wäre vergeudet, führte es uns nur zu der Vorstellung, ein Land oder ein Mensch könne uns Unsterblichkeit *verheißen*. Die Totalität des Wissens jedoch, die ein Ergebnis unserer inneren und äußeren Schulung des Gewahrseins ist, manifestiert sich als Liebe in unserem Leben und Sein. Aus der Liebe wächst die Weisheit. Weder die Wahrheit noch die Weisheit sind versteckt oder verschlossen, noch sind sie zu mindern. Zwei Gesichter allerdings hat die Wahrheit durch den Blickwinkel der jeweiligen Extreme zweier Gesichtspunkte, denn die Kehrseite der Wahrheit ist nicht Wahrheit, sie geht an ihr vorbei. Die Wahrheit liegt in der Mitte, denn nur aus dieser Position sind wir fähig, das Ganze aus der Perspektive eines 360 Grad Rundumblicks zu erkennen. Aus allen anderen Blickwinkeln sehen wir die Dinge entweder zu nah: »Ich kann den Wald vor lauter Bäumen nicht sehen!« oder zu fern: »Gott wohnt im Himmel!« Das Leben hilft uns, Grundlagen zu schaffen, mit denen wir die Wahrheit in der Mitte unseres Lebens zentrieren, in der Mitte des Geschehens und in der Mitte der Erfahrungen, die wir Leben nennen. Wird die Mitte nicht gefunden, erwachsen aus der rechten und linken Seite Zweifel. Die Mitte *suchend* stürzen wir uns im Angesicht verschiedener Gesichtspunkte in die Rechthaberei, bis wir eine Anschauung entdecken, die uns paßt, und die wir dann die richtige Einstellung nennen. Ist diese richtige Einstellung tatsächlich der Gesichtspunkt, der die Gottheit in uns zufriedenstellt? Das ist die Frage. Wir müssen uns alle vor geistigem Hochmut in acht nehmen. Als Opfer unseres eigenen Mißverstehens könnten wir noch tiefer in Verblendung fallen, denn im Denken allein liegt noch nicht die rechte Handlung. Beachten wir nicht das Ganze, bevor wir handeln, fördern wir Abtrennung, und das führt uns erneut in schizoides Verhalten und schließlich zur Schizophrenie der menschlichen Gesellschaft. Zu handeln ist ein Teil des Ganzen und im Ganzen entdecken wir die Wahrheit. Zu denken, ohne das Denken in die richtige Handlung zu führen, ist töricht, es brächte uns nur Gedankenverschwendung. Zu handeln, ohne über die Konsequenzen nachzudenken, wäre ebenso fragwürdig, denn es bescherte uns nur fehlgeleitetes Verhalten. In der Mitte ist das Sein: Sind Denken und Handeln bewußt, bewegen wir uns im All-Seienden. In den durch uns lebenden Vorstellungen ist Gottes Gegenwärtigkeit lebendig, und doch verweilt Gott in der Stille, während wir durch unsere expressive Dingwelt streifen, durch die Welt der Geschäftigkeit, der Bedürfnisse und Begierden. Es wäre unser Fehlverhalten, und nicht das rechte Leben, wäre nicht der richtige Gedanke die Initiation der nachfolgenden Handlung.

Der Streit im Bewußtsein des Menschen führt zum Chaos, das später zur Krankheit wird. Unsere eigene innere Verwirrung über unsere Vorstellungen, wie die Dinge sein sollten, führt uns in Versuchung und in die Flucht. Finden wir keinen Sinn, der uns lohnend scheint, an den wir uns halten können, quälen wir uns damit, Grund und Zweck unserer Existenz zu suchen. Indem wir glauben, es sei unser Lebenszweck für unsere Eltern, den Ehepartner, die Kinder oder für die Karriere zu leben, plündern wir das Selbstbewußtsein und treiben uns in Verzweiflung. Sie bringt uns noch mehr in Verwirrung, in noch mehr falsches Denken und Handeln. Für jeden Menschen liegt der Sinn darin, die Mitte zu finden. Nicht in fehlgeleitetem Denken und entfremdeten Handeln, sondern in der Mitte finden wir die Wahrheit. Unser Leben wird von Programmen bestimmt, und die Angst vor Veränderungen kerkert unser Leben und Wohlbefinden ein. Lebt eine Lüge in uns, ich sehe das als Teil eines Alarmsystems, das uns aufweckt, werden wir krank. Oft ist die Krankheit die einzige Möglichkeit, damit wir aufwachen. Wir erschaffen die Krankheit, weil wir Hilfe suchen. Die Krankheit ist ein Weg, der sagt: »Es ist etwas nicht in Ordnung mit mir, ich brauche Hilfe!«

Eine weitere Hauptursache für gesundheitliche Störungen durch innere Einflüsse sind alte, ungelöste Ängste. Wer als Kind einen Schock erlebt und keine Gelegenheit hatte, die dadurch ausgelösten Ängste zu artikulieren und zu verarbeiten, könnte in späteren Jahren an Asthma leiden, oder es kann zu emotionalen Konflikten, wie Verfolgungswahn und Unterlegenheitsgefühlen, kommen. Sowohl verstandliche als auch körperliche Störungen mögen aus diesen Ängsten die im Körper zurückgeblieben, oft vergessen und unterdrückt sind, hervortreten.

Der Wunsch zu sterben, der unerfüllt blieb und nicht transformiert wurde, ist oft die schwerwiegende Ursache von Krankheiten. Hast du dir je in einer schweren Lebenslage, sei es als Kind oder Erwachsener, gewünscht, tot zu sein? Der Körper ist wie ein Computer, der *jeden* Gedanken speichert. Die Hintergründe für deinen ehemaligen Todeswunsch mögen gelöst worden sein. Doch der Körper hat sein eigenes Arbeitssystem, und dies hält Erinnerungen so lange fest, bis wiederholt erklärt wurde, sie loszulassen. Der Todeswunsch setzt subtile und gleichzeitig profunde Kräfte in Bewegung, die tiefgreifend auf den physischen Körper einwirken. Sie können in die Zukunft hineinwirken und entsprechende Veränderungen auslösen. Ein unerlöster Todeswunsch drückt sich dann unvermeidlich in Krankheiten aus oder im Tod, da der Körper den ehemaligen Wunsch zu sterben erfüllt. Dieser Wunsch könnte auch durch bestimmte Vorfälle, beispielsweise einen überraschenden Verkehrsunfall oder eine langandauernde Krankheit, erfüllt und ausgeführt werden.

Karmische Einflüsse:

Ein weiterer Same für gesundheitliche Störungen heißt Karma, Karma ist jene gesetzesausführende Kraft, die uns an die Gesetzlichkeit der Selbstentwicklung und des Gleichgewichts bindet. Schon während dieser jetzigen Lebenszeit werden karmische Gesetze in Bewegung gebracht, die uns ins nächste Leben begleiten. Warum uns das in früheren Leben geschaffene Ungleichgewicht in diesem Leben verpflichtet, durch bestimmte Erfahrungen und Erkenntnisse zu gehen, werden wir hieraus verstehen, und wir erkennen darin den tieferen Sinn unserer Bemühungen, Gleichgewicht und Verstehen zu suchen. Die uns bindenden Gesetze werden durch unsere Gedanken und Handlungen in Bewegung gesetzt. Stößt der Körper in seinem Gesundungsprozeß auf Widerstand, wird er niedergezogen, etwa durch die Bedingungen eines schwachen Immunsystems, weil ihn alte Bindungen belasten, können wir darin eine Warnung sehen, daß wir über die Folgen unserer Handlungen früherer Leben nur wenig oder gar kein Bewußtsein hinzugewonnen haben. Karma wird nicht nur in vorausgegangenen Leben geschaffen. Wir erschaffen ständig neues Karma, gutes oder schlechtes, mit jedem Gedanken und jeder Handlung. Das in unserer

Vergangenheit angesammelte gute Karma können wir täglich genießen, beispielsweise ist es gutes Karma, gute Freunde zu haben oder genug zu essen auf dem Tisch. All dies ist Ausdrucks positiven Karmas. Manchmal ist es sehr schwierig, die durch karmische Ursachen entstandenen Krankheiten zu überwinden, da die Handlungen, in die wir in früheren Leben verstrickt waren, unbewußt sind. Je störender sich die Handlungsfolgen auf das Selbst und andere auswirkte, desto gewichtiger ist die karmisch verursachte Störung, mit der wir uns beschäftigen müssen, und desto schwieriger ist es auch, sie zu überwinden. In Fällen schwerwiegender karmischer Konsequenzen, beispielsweise bei neurologischen Leiden, erweist sich das Geburtshoroskop als ein brauchbares Instrument, das uns verstehen hilft, warum diese oder jene Krankheit aufgetreten ist. Auch kann das Horoskop Aufschluß darüber geben, in welcher Weise die Krankheit behandelt werden sollte, damit ein Heilprozeß eingeleitet wird. Doch heißt das nicht in jedem Fall, daß die Krankheit in diesem Leben ›kuriert‹ wird. Wenn wir das Warum einer Krankheit und ihrer Ursache verstehen, festigen wir unsere Erkenntnis und geben dem Leben einen neuen Sinn. Die Einsicht, verbunden mit der richtigen Behandlung, gewährleistet den richtigen Heilungsprozeß. Es ist möglich, daß der Patient in diesem Leben nicht ›geheilt‹ wird und auf ein Heilverfahren warten muß, das während der Interimszeit zwischen Tod und Neugeburt stattfindet. Wir sollten nicht vergessen, daß wir in unserem Geburtshoroskop die Richtung dieses Lebens und Schicksals selbst entworfen haben. Mit großer Besonnenheit haben wir unser kommendes Leben vorbereitet. Die Überlegung, wie wir das Selbst am besten verwirklichen können, hat uns dabei geführt. Nach dem physischen Tod, wenn uns keine begrenzte Sicht mehr hindert, überblicken wir das Ganze mit mehr Klarheit, und aus dieser Perspektive entwerfen wir unser Schicksal und unsere astrologische Vorbedingung, das Geburtshoroskop des kommenden Lebens. Aus diesem Grund ist das Horoskop ein gutes Hilfsmittel, mit dem wir an der Verwirklichung des Selbst arbeiten können. Das Geburtshoroskop führt uns auf den Ursprungsplan unseres Lebensentwurfs zurück, und wir können aus den von uns aufgestellten Strukturen ablesen, in welcher Weise sie uns in diesem Leben unterstützen. In dieser Struktur mag auch Krankheit als Erziehung eingeplant sein, damit die Verwirklichung des Selbst gefördert wird und unser Leben Sinn und Zweck erhält. Im Geburtshoroskop können bestimmte Planetenkonstellationen auftreten, das ist unschwer festzustellen, die eine völlige Heilung des Patienten blockieren werden. Da unser gegenwärtiger Bewußtseinszustand relativ begrenzt ist, sind wir kaum in der Lage, die Gesamtsituation der Umstände zu überblicken, wir sind auch nicht bereit, die Einfachheit der Wahrheit zu akzeptieren und mit ihr umzugehen. Und selbst wenn wir durch magische Mittel oder durch die Anwendung von Willenskraft versuchten, andere aus ihrem karmischen Gefängnis zu holen, hätten wir ihnen damit keinen Dienst erwiesen. Nicht nur für ihr weiteres Befinden, ihre Erkenntnisse und ihre Entwicklung müßten wir dann die Mitverantwortung übernehmen, sondern wir hätten auch die schwerwiegenden Folgen der Übertretung des göttlichen Willens, der DAS GESETZ ist, zu tragen. Zudem wäre der Patient von uns in der Illusion, seine Krankheit sei geheilt, zurückgelassen worden. Es könnten zwar die Krankheitssymptome verschwinden, obwohl die Krankheit nicht durch Erkenntnis karmisch aufgearbeitet wurde, doch die Krankheit an sich befände sich noch immer im Patienten und manifestierte sich später auf diese oder jene Weise, sei es in diesem oder im nächsten Leben. Es liegt immer in unserer Selbstverantwortung, die karmische Verantwortlichkeit im Auge zu behalten. Sie besteht darin, die Gesetze der Gleichgewichts in unserer Zugehörigkeit mit dem Ganzen zu erfüllen und den Wert allen Lebens aufrecht zu erhalten und zu erhöhen, unabhängig davon, ob das Leben eines anderen karmisch verknüpft ist oder nicht. Bewußt zu erkennen, weshalb manche Erkrankung ›unheilbar‹ bleibt, gibt uns den wahren Schlüssel der Liebe in die Hand, mit dem einzig und allein wir die Möglichkeit haben, die Mysterien der sogenannten ›unbekannten Ursache‹ und die des ›unheilbar‹ erkrankten Patienten aufzuschließen. Daß nur die Medizin die richtigen Antworten für die Heilung bereithält, glaube ich nicht, denn ich bin der Ansicht, die wirkliche Heilung wird nur möglich gemacht, wenn die rechten Handlungen den richtigen Vorstellungen folgen – oder mit anderen Worten, wenn die richtige Diagnose die rechte Behandlung ermöglicht. Wir brauchen Zeit und entsprechende Forschung, damit wir künftig die Ganzheit der Person, also den ganzen Menschen begreifen. Unser Wissen über die Gesetze des Naturgleichgewichts würde die Erkenntnisse der Patienten sinnvoll unterstützen. Mit Liebe könnten wir den Patienten helfen, die karmische Verantwortung durchzuarbeiten, damit ihr Leben Wert bekommt, den ihr karmisches Konto sich leisten kann. Es ist wichtig sich klarzumachen, daß das Leben ein Kontinuum ist, das uns zu

Vollkommenheit und Selbstverwirklichung führt, und jedes Leben, das mit Liebe und Achtsamkeit gestaltet wird, fördert unsere Bemühungen, dieses Ziel zu erreichen.

Auf welche Weise Karma ausgelebt wird, mag dem Therapeuten, der nach der Krankheitsursache forscht, mysteriös und obskur vorkommen. Häufig wird den karmisch bedingten Erkrankungen das Etikett ›unbekannte Ursache‹ aufgedrückt, und sie werden als ›unheilbar‹ eingeordnet. Doch es geschieht nie etwas per Zufall. Es gibt keine Mysterien, sondern nur unsere Unfähigkeit zu *sehen* und zu *verstehen*. Die kosmischen Gesetze haben eine Ordnung. In der Wissenschaft wird häufig etwas für unmöglich erklärt, nur weil es nicht gesehen oder verstanden werden kann. Es gibt aber nichts Unmögliches. Wo Besonnenheit herrscht, entsteht Kreativität. Wo eine Störung auftritt, gibt es eine Ursache. Ob karmisch bedingte Leiden geheilt werden können, ist von einem der beiden folgenden Faktoren abhängig: Der erste ist, ob die Lektion, die es zu lernen galt, gelernt worden ist. Im zweiten Fall wird die karmische Störung zum Gefängnis. Es könnte ein Patient die Strafe des karmischen Gefängnisses durchzumachen haben, die darin besteht, als Körper eine dürftige Existenz weiter fortsetzen zu müssen, die scheinbar unbewußt ist, wie beispielsweise in einem langandauernden Komazustand. Doch können wir sicher sein, daß die Seele sehr genau weiß, was vor sich geht. Doch sie kann die äußeren Bedingungen auf keine Weise beeinflussen oder kontrollieren. In manchen Fällen wird der Patient in einem solchen Gefängnis festgehalten, damit sich ein Verbrechen nicht noch einmal wiederholt. Die Hoffnung besteht immer darin, daß das Wissen der Seele und ihre Reise wiederaufgenommen werden und die Tugend den Platz der Verwirrung und der verlockenden Versuchung, wie beispielsweise das Leben anderer zu beherrschen, neu besetzen kann. Solange es noch einen Funken von Licht gibt, einen Hauch von Zartheit und Mitempfinden, wird die Seele den Kampf, auf der physischen Ebene die verlorenen Tugenden zurückzuerobern und sie zu hegen, nicht aufgeben.

Unsere Seelen sind hochentwickelt, da wir alle schon viele Leben gelebt haben. Es gibt keine neuen Seelen, doch es kann junge Seelen geben, die noch nicht oft auf der Erde inkarniert waren, oder solche, die noch nicht erwachsen geworden sind. Viele Seelen haben auf anderen Planeten gelebt, damit sie andere Erziehungsformen kennenlernen. Das Leben auf der Erde unterstützt die Bildung der Intelligenz und des Verstehens, indem es uns durch die unbequemen Erfahrungen der Atmosphäre der Emotionen, mit denen wir lernen umzugehen, führt. Die Menschen sind sehr emotional. Unsere Lektion besteht darin, uns von Emotionen zu befreien, damit wir mit dem ›Gefühl‹, dem Gewahrsein der Sinne, wirken. Wir haben zahlreiche Sinne, nicht nur unsere fünf faßbaren, sondern auch die ungreifbaren Sinne. Sie befähigen uns, über die Begrenzungen des physischen Auges hinausgehend zu *sehen,* und die Frequenzaufnahme unserer physischen Ohren überschreitend zu *hören,* damit wir den Sinn aufnehmen, der unserem Verstand das All des Verstandes, Körpers, der Seele und des Geistes mitteilt. Christus sagte: »Ihr seht, und ihr sehet nicht, ihr hört, doch ihr höret nicht, wie wenig habt ihr verstanden.« Ich glaube, Christus sprach hier über die Beschränktheit der physischen Aufnahmefähigkeit des Menschen und bezog sich auf das unbegrenzte Sehen, Hören und Verstehen, diese Sinne, die wir alle zu gebrauchen fähig sind, denn die Natur unseres Seins ist göttlich. Mitempfinden ist das Gewahrsein der Nöte anderer. Ein neugeborenes Kind nimmt durch seine Seele alles, was geschieht, bewußt wahr. Das mag für die Seele, die kein Baby, sondern ein Erwachsener ist, traumatisch sein. Ob wir uns das wohl vorstellen können? Ein alter Weiser, der in einem Babykörper wohnt und unfähig ist, die Weisheit auszusprechen oder dementsprechend zu handeln? Die Seele ist Zeuge, wenn das Baby lebhaft mit Armen und Beinen strampelt, und sie hat keine Kontrolle über diese Aktivität. Die Seele hört die Geräusche des Körpers, das Gebrabbel des Babys, sie kann das weder kontrollieren noch sich bemerkbar oder verständlich machen. Für die Seele kann es eine schwierige Zeitspanne sein, in der sie gewährend bleiben muß, um diesem Prozeß, den wir das Aufwachsen nennen, Zeit zu geben. Das Kind, diese erwachsene Seele, vernimmt die unsichtbaren Gedanken und die Reden anderer, es kann hören, sehen und verstehen, und es beobachtet viele Lügen in seiner Welt, in die es hineingeboren wurde. Sagen wir immer, was wir denken? Oder ist, was wir denken, sehr verschieden von dem, was wir sagen? Das sind die Lügen, welche eine alte Seele als Zeugin mitansehen muß. Manchmal kann die Seele die Demütigung, wie eine Idiotin behandelt zu werden, nicht ertragen, und sie willigt ein, der sich neu entwickelnden Persönlichkeit das Feld zu überlassen. Die Seele ist nicht fähig zu lügen oder so zu tun als ob, sie kann es nicht einmal für das Wohl anderer, denn auch das wäre verratene Tugend. Die Persönlichkeit wird entwickelt, weil sie die angeborene Fähigkeit hat, alles zu tun, was unser physisches Überleben schützt und sicherstellt. Die Persönlichkeit wird bewußt lügen, wenn sie der Ansicht ist, daß wir in irgendeiner Gefahr schweben. Im Laufe der Entwicklung der Persönlichkeit nimmt sie neue Kennzeichen an, die sich etwa folgendermaßen ausdrücken: »Ich will! Ich brauche mehr! Mein! Gib mir!« Sind die Eltern unbewußt und erkennen nicht die sich herausbildenden Charakteristika, unterstützen sie das Wachstum der Ego-Persönlichkeit und tragen dazu bei, die Seele zu verhüllen und sie zu unterjochen. Es ist in unserer Zeit *normal,* bei der Geburt und Fürsorge für das sich entwickelnde menschliche Wesen den Zustand der Seele unbeachtet zu lassen. Die Seele wird dazu gezwungen, sich den Wahrheiten der Eltern anzupassen, sie soll ihre Lügen nachsprechen, aber das wird sie nicht tun. Die wohlentwickelte Seele zieht sich dann tief in eine Gegend zurück, die wir das Unbewußte nennen. Kannst du dir vorstellen, ein Weiser in einem kleinen, verteidigungsunfähigen Körper zu sein? Während dieser Zeit bleibt der Körper teilnahmslos gegenüber den Wünschen der Seele, er ist sozusagen auf automorphe Weise gleichgültig. Die weise Seele hört zu, wie der Körper und Verstand des Kindes ihre Babygeräusche machen, wie die Erwachsenen mit diesem Weisen reden, als verstünde er überhaupt nichts. Ohne Unterlaß spricht die Seele durch uns. Doch unglücklicherweise wächst in vielen Menschen die Statur und Bedeutung der Ego-Persönlichkeit, die sich als Nummer Eins im System der Ganzheitsperson sieht. Über alles, was von der Seele an sie herangetragen wird, geht sie hinweg, denn sie glaubt fest daran, es besser zu wissen. Es entstehen Illusionen, Verblendung, und schließlich geht der Sinn verloren. Die Persönlichkeit kümmert sich nur um eine einzige Sache, um das Überleben, und sie wird alles sagen und tun, um diesem Zweck zu dienen. Die von der Persönlichkeit ausgesprochenen Lügen, durch falsche Anschauungen und Nützlichkeitsdenken erschaffen, verursachen Mißklang in der Ganzheitsperson, und das bedeutet Karma. Dieses Karma, die Disharmonie, kann möglicherweise durch Krankheit aufgearbeitet werden. Wir sollten nicht vergessen, in der Krankheit ein Alarmsignal zu sehen, das uns ankündigt, wenn etwas aus dem Gleichgewicht geraten ist. In einer Lebenskrise, in der die Persönlichkeit überwältigt wird und mit der problematischen Lage des Lebens nicht mehr zurechtkommt, hat die Seele eine Chance, den verlorenen Zustand ihres Seins zurückzuerobern. Die

Seele hilft der Persönlichkeit, indem sie den Verstand auf seiner Suche nach Hilfe leitet. Sie arbeitet unermüdlich daran, uns in den Naturzustand unseres Seins zurückzuführen, damit wir lernen, nicht nur mit den faßbaren Sinnen, sondern auch mit den ungreifbaren zu sehen, zu hören und zu verstehen.

Ich habe häufig die Ursachen von Nervenleiden beobachtet und komme zu der Ansicht, sie führen auf karmische Bindungen früherer Leben zurück, in denen der Patient entweder Arzt war, der wissentlich oder unwissentlich durch Experimente oder Manipulation das Nervensystem anderer geschädigt hat oder auf diese oder jene Weise mit Folter zu tun hatte, in der Teile des Körpers, die das Nervensystem regulieren, vernichtet wurden. Wir wären naiv, wenn wir glaubten, in früheren Leben seien wir immer ehrbare Leute mit freundlicher Denkungsart und ebenso liebenswürdigen Handlungen gewesen. Wäre das so, hätten wir keine Gründe hier zu sein, es gäbe keine Notwendigkeit, auf dem Planeten Erde geboren zu werden, denn wir hätten kein Karma. Ist das Selbst einmal verwirklicht, besteht keine Notwendigkeit mehr, auf der Erde wiedergeboren zu werden, da uns die Erziehung auf der Erde nicht mehr dient. Doch wir könnten uns vielleicht freiwillig dafür entscheiden zurückzukehren, um anderen zu helfen. Dies bliebe unsere freie Wahl.

Das Nervenleiden sucht, wie wir, nach einem Ziel. Es will dem Patienten raten, sich mit den zu überwindenden Aufgaben auseinanderzusetzen, und es lehrt ihn still zu sein. Im Schweigen der Stille kann das Ungewußte zu Wissen werden. Bleibt die Einstellung des nervenkranken Patienten weiterhin unbewußt, werden sie für spätere Leben ähnliche Umstände schaffen, bis das Verstehen erreicht ist. Hier ist es wichtig, das ›Warum ich?‹ zu verstehen, damit sichergestellt wird, daß in künftigen Leben nicht das gleiche Gebrechen auftritt. Es trägt zur Aufhellung des zu untersuchenden Sachverhaltes der gegenwärtigen Probleme bei, die Macht des Ego zu entschärfen, die weisen Anschauungen der Seele wieder in die rechtmäßige Position einzusetzen, damit sie sich durch unser Bewußtsein ausdrücken kann. Die Heilung wird nur erzielt, wenn der Ausdruck der Seele mit unserem Gesamtausdruck eins geworden ist. Es sind keine zwei Menschen gleich, und auch nicht zwei Patienten, die an Nervenkrankheiten leiden. Jeden Patienten, da gibt es keine Ausnahme, müssen wir in seiner individuellen Ganzheit ansehen, damit wir seine Verdienste oder seine Vergehen richtig abwägen. Nicht immer sind Menschen von einem Leiden dieser Art nur aus einem einzigen Grund betroffen. Eine weitere Ursache ihrer Erkrankung könnte beispielsweise darin bestehen, daß sie ihre Liebe für das Selbst erfüllen oder ihr Potential, in einem künftigen Leben als Heiler oder Arzt zu wirken, in diesem Leben erwecken. Viele der an Nervenleiden erkrankten Patienten waren in früheren Leben Mediziner oder Wissenschaftler. Warum sollte die ihnen damals zuteil gewordene Ausbildung verlorengehen? Das Ergebnis ihres Leidens könnte sie zur rechten Einsicht und dementsprechenden Handeln führen und sie in künftigen Leben motivieren, das Leben anderer zu retten. Ich will damit nicht sagen, daß wir angesichts dieser Krankheit kapitulieren, uns aufgeben oder die Hoffnung auf Heilung verabschieden sollten. Es gibt Fälle, bei denen die Erkrankung zurückgegangen ist oder geheilt wurde, weil die notwendige Erfahrung verstanden worden ist und keine weiteren Bande, die an dem früheren karmischen Erleben festhalten, mehr bestehen. Ich bin der Ansicht, daß uns solange keine Heilung gelingt, bis die Gründe, weshalb wir uns mit dieser Krankheit auf der Reise des Lebens eingeschifft haben, nicht ihre maximalen Möglichkeiten, nämlich die Verwirklichung der dahinterstehenden Aufgabe, erfüllt ist. Karma ist das Gesetz und ein Erziehungsweg. Die Krankheit sollten wir als Reise zum Verstehen begreifen, und die Heilung setzt ein, wenn unsere Erkenntnis, warum wir diese oder jene Krankheit haben, realisiert worden ist.

Durch die Erkrankung wird das Leben des Kranken und das der ihm nahestehenden Menschen verändert. Bevor wir dieses Leben auswählten, wußten wir, welche Konflikte auftreten würden, und trotzdem haben wir uns entschieden, sie durchzuarbeiten. Wird unsere Krankheit geheilt, bevor wir noch zur Reife gekommen sind und Verstehen erlangt haben, würde sich nichts Wesentliches im Leben verändern. Es ist denkbar, daß wir den alten Lebensstil, als wäre nichts geschehen, fortsetzen. Die ehemaligen Fehler wiederholten sich, unser Unverständnis, unsere Jagd nach Sensationen, die uns einen Kitzel versprechen, und bald vergäßen wir das schreckliche Erlebnis, wir würden es hinter uns begraben und nie wieder daran denken wollen. »Aus den Augen aus dem Sinn«, diesen Ausspruch kennen wir alle, oder den der ›Leiche im Keller‹, das ›Skelett im Schrank‹. Der Schrank, das ist der Körper. Die im Schrank zurückbleibenden Reste entwickeln sich *immer* zur Krankheit und machen die Notwendigkeit zu lernen akut.

Die Erkrankung kann aber auch viele positive Ergebnisse bringen, sie mag zum Quell neuartiger Denkbilder werden, die zu erfolgreichen Therapiemethoden und neuer Erkenntnis in der Wissenschaft führen. Wir hören manchmal die erstaunliche Lebensgeschichte von Menschen, die Selbstheilungsmethoden herausgefunden haben, welche nicht nur sie gesund gemacht haben, sondern die sich allgemein als erfolgreich erwiesen und im Laufe der Zeit unzählbar vielen Menschen halfen. In solchen Fällen wird karmischer Ausgleich hergestellt, werden Schulden zurückbezahlt, das Bewußtsein, unser aktives Potential, wird erhöht. Der Lohn ist immerwährend. Unsere Einsicht, das Leben zu unterstützen, statt mit dem Grundvermögen anderer zu spielen, schafft gutes Karma.

Ein weiteres Resultat der Wiederherstellung karmischen Gleichgewichts in einer anscheinend aussichtslosen Lage ist die Verwirklichung, die Erkenntnis, daß ICH BIN was ICH BIN. ICH BIN was ICH denke. ICH BIN was ICH tue. ICH BIN alleinverantwortlich für meine Gedanken, meine Handlungen, mein Schicksal.

Aus dem großen Kessel des Lebens werden nicht wahllos oder zufällig einige herausgefischt, aus denen Engel werden, und andere, die von Qualen heimgesucht sind. Wir erbauen und erschaffen die Welt, in der wir leben, als eine *gute* oder *schlechte* Welt. Die Ichsucht ist eine weitere Ursache für die sogenannten unheilbaren Krankheiten. Wenn die Balance im Geben und Nehmen über viele Leben hinweg gestört war, wird unser eigenes Gleichgewicht in diesem Leben ebenfalls gestört sein. Damit ist unser Selbst-Heilungspotential, das Immunsystem, geschwächt. Das Immunsystem ist ein Schutzsystem, welches im physischen Körper das gesunde Gleichgewicht aufrechterhält, indem es durch Antikörper eindringende Feinde transformativ vernichtet. Haben wir immer nur genommen, ohne zu geben, wurde die Bereitstellung unterstützender Kräfte von uns selbst geschwächt, und wir könnten Opfer einer Erkrankung werden, die auf ein schwaches Immunsystem zurückgeht. Wenn wir immerzu ›Hilfe!‹ rufen und selbst sorglos und unbewußt in unserer Hilfsbereitschaft gegenüber anderen sind, entsteht ein Mißverhältnis im Geben und Nehmen, dem ein rascher Zerfall des Immunsystems folgt. Wir sind untrennbar mit unserer Vergangenheit verbunden. Wir bleiben die Gesamtsumme aller von uns angesammelten Handlungen, seien sie vergangen oder gegenwärtig. Es reicht nicht aus zu sagen, in diesem Leben bin ich nachdenklicher geworden. Wir bleiben trotzdem die Gesamtsumme all unserer Erkenntnisse vergangener Leben. Es hilft uns ganz sicher, wenn wir mehr Gebende statt Nehmende sind, doch sagt uns das nicht, ob unser karmisches Konto noch im Defizit ist.

Je mehr wir verstehen, desto toleranter werden wir gegenüber den Dingen, die wir nicht ändern können, und mehr und mehr erlangen wir Besonnenheit, das zu ändern, wozu wir in der Lage sind. Niemand kann den Sinn unseres Lebens herabsetzen oder anklagen. Wir allein sind Zeuge unserer eigenen Gegenwart, und den Wert dieses und der künftigen Leben müssen wir selbst initiieren.

4. Kapitel

Körper, Verstand, Seele und Geist: Vier Körper und die Prinzipien ihres Wirkens

Welche Teile bilden ein Ganzes, und welches Ganze bildet einen Teil?

Den Fragen dieses Kapitels lag eine notwendige Begriffserläuterung zugrunde, denn die herkömmliche Definition des menschlichen Organismus als Einheit von ›Körper, Geist und Psyche‹ verlangte im Hinblick auf die Rolle des Verstandes nach mehr Klarheit. Daß dem Verstand nicht der gleiche Rang wie dem Geist eingeräumt werden kann und das bemerkenswert logische Denkvermögen durchaus ein Eigenleben ohne Geist zu führen in der Lage ist, muß zu einer Verdeutlichung der Position des Verstandes und des Geistes führen. Daß auch das Wort Seele aus unserem Sprachgebrauch mehr oder weniger durch den unverfänglicheren Begriff Psyche ersetzt worden ist und jede Störung im Bereich des Verhaltens, des Emotionsbereichs oder des Denkens als ›psychische Störung‹ klassifiziert wird, scheint doch etwas ungenau. Die Seele, einstmals als göttlicher Hauch verehrt, heute psychomodifiziert und zur Anfälligkeit bestimmt, kann sie überhaupt krank werden? Oder ist unser Denken kränkelnd, weil wir die Seele vergessen haben?

Wie verhängnisvoll die Trennung und Aufteilung in Fachbereiche bei der medizinischen und psychotherapeutischen Behandlung ist, wird in diesem Kapitel deutlich. Da der Mensch als Ganzheit zu verstehen ist, sollte auch die ärztliche Behandlung von ganzheitlichem Wissen getragen sein, und es wäre eine schöne Hoffnung, wenn künftig den Studenten der Medizin die Ausbildung zum psychosomatischen Ganzheitsarzt ermöglicht würde.

Wenn wir den menschlichen Körper, um seine Natur zu verstehen, aus ganzheitlicher Sicht betrachten, werden wir nicht allein den physischen Körper beachten, sondern auch den Körper des Verstandes, den Geist und den Körper der Seele. Jeder der Körper ist Teil der ganzen Person, jeder ist zwar unabhängig und selbsttätig, doch in der Ganzheit des Menschen sind die Körper voneinander abhängig. Diese sowohl selbständigen wie auch voneinander abhängigen Bedingungen der Körper nicht als Ganzheit zu verstehen, beschränkt die medizinische Diagnostik und Therapie und begrenzt auch unser normales Dasein. Wenn wir den Selbstwert fehleinschätzen, behindern wir die Entwicklung von Harmonie und Wohlbefinden der menschlichen physischen und verstandlichen Anatomie, wie auch die des geistigen Wachstums. Von ›vier Körpern‹ zu sprechen, dient der bildhaften Vorstellung. Doch der tiefere Einblick in das ineinander verwobene Netzwerk der Körper-Seele-Geist-Aktivitäten zeigt uns, daß es noch weitere formlose Körper gibt außer denen, die wir Verstandkörper, Seele- und Geistkörper nennen. Manche Experten sprechen von sieben Körpern. Die vier Körper, von denen hier hauptsächlich die Rede ist, sind in erster Linie für die Gesunderhaltung des Körpers und Verstandes zuständig, das schließt das Wesen der Emotionen mit ein. Diese vier Körper bestimmen vor allem den Wert des Lebens und auch die Entwicklung des menschlichen Potentials in den physischen und nichtphysischen Dimensionen. Von ›vier Körpern‹ im laufenden Text zu sprechen, hilft dem Verständnis. Obwohl wir den Geist als Körper bezeichnen, kann in ihm doch eher ein Wesen gesehen werden und weniger ein Körper. Um den Sinn und Zweck des Geistes auf einfache Weise zu veranschaulichen, wird er hier ebenfalls Körper genannt,

Vier Körper bilden die Natur unseres Seins. Wir können sogar sagen, der einzige Zweck unserer Existenz besteht darin zu begreifen, wer wir sind, was wir sind, woher wir kamen und wohin wir gehen. Wäre uns klar, wieviel Weisheit uns angeboren ist, befähigte uns diese Erkenntnis, die Welt, in der wir leben, bewußter zu gestalten, Verstand, Körper und Seele zu gesunden und den Geist auszudrücken. Könnten sich die Menschen so annehmen, wie sie wirklich sind, körperlich, verstandlich und geistig, wären sie auch fähig, in Wissenschaft und Religion tieferes Verstehen zu erlangen, denn alle Weisheit der Wissenschaft und Religion ist bereits in uns. Die Wissenschaft könnte als absolutes Wissen, die Religion als absolute Liebe geboren werden. Es gäbe keine ›Vielleicht-Theorien‹, die es zu beweisen gilt, denn der Beweis ist bereits in uns erbracht. Kein Computer kann so exakt arbeiten wie unser eigenes Selbst, wenn es sich in der vollkommenen Ausgewogenheit von Körper, Verstand, Seele und Geist befindet.

Die vier Körper sind eine Organisationsform, die der Präsenz des ganzheitlichen Menschen dient, und ohne die wahre Natur der Körper zu begreifen, werden wir weder körperliche, noch verstandliche noch geistige Gesundheit aufrechterhalten können. Der Verstand ist ein Instrument, mit dem wir die mechanistischen Strukturen unserer Welt der faßbaren Dinge und die Dimensionen des Körperhaften verstehen. Der physische Körper ist eine Form, ein Vehikel, das dem freien Willen des Geistes ermöglicht, sich in unserer manifesten Dingwelt zu bewegen. Auch der Geistkörper ist eine Form, und doch ist er formlos; er ist ein Aspekt oder eine Konzentration dessen, was wir göttlich nennen oder als Gott kennen. Der Körper des Geistes ist durch eine Schnur, ähnlich einer Nabelschnur (oft wird sie Silberschnur genannt), mit dem Körper des göttlichen Schöpfers, dem Allkörper der Gottheit, verbunden.

Wir sollten nicht vergessen, daß wir alle nach Seinem/Ihrem Bild gemacht sind. Das Gottwesen ist in der geschaffenen Welt manifestiert und wirkt als Körper, Verstand, Seele und Geist; das schließt auch die Natur ein. Der Sohn ist die Präsenz, ein Aspekt des lebendigen Gottwesens, das in uns lebt. Der Geist, der Heilige Geist, bewegt sich auf und in unserem Planeten Erde. Verstehen wir unsere wirkliche Natur, verstehen wir also, wer wir sind, bringen wir Klarheit und Wohlbefinden in unser Leben. Den göttlichen Plan nicht zu begreifen, wird die vier Körper stets in Metamorphosen führen, sei dies gut oder schlecht, und in Zerfall auf vielen Ebenen, sei es körperlich, verstandlich, seelisch oder geistig. Ist die menschliche Existenz und Kommunikation disharmonisch und mißverständlich, so führt das zu Behinderungen in Wissenschaft und Forschung, zu mangelnder Ethik und Selbstverantwortung, was nicht nur das Individuum schädigt, sondern auch den gesamten Planeten Erde und sogar den Kosmos. Der Gleichklang der vier Körper ist absolut notwendig, um in vielen Dimensionen für jeden und alles gesundes Sein zu schaffen. Wir koexistieren als Zusammengehörige, und wenn es gelingt, die Symmetrie und den Gleichklang der vier Körper zu finden, werden wir sehen, wie unsere eigene Gesundheit das Überleben der Menschen, der Natur und der Erde unterstützen kann.

Bei der sorgfältigen Diagnose aller Krankheiten, seien sie verstandlich, körperlich oder geistig, wird sich immer Mißklang zwischen den vier Körpern finden. In ihren Details haben die vier Körper ein ebenso kompliziertes System wie andere, deutlicher zu erkennende Teile der Anatomie, und würden nur die Symptome einer Krankheit behandelt, könnte der Gleichklang der vier Körper nicht hergestellt werden, und auch die Grundursache der Erkrankung wäre nicht ausgeheilt.

Viele Menschen sterben an Krankheiten unerkannter Ursache durch falsche Diagnose oder Medikation, weil das Symptom behandelt wurde, aber nicht die Krankheit. Unsere Körper sind vielfachen ›Behinderungen‹ ausgesetzt, die sich aus dem Mißklang zwischen Körper, Verstand, Seele und Geist ergeben, weil wir die Verantwortung für unser Selbst abgegeben haben und ein System medizinischen Spezialistentums tolerieren, das mehr der Symptombehandlung und weniger der Ursachenforschung zugewandt ist. Wir vertrauen darauf, daß uns medizinische Apparaturen die Arbeit abnehmen, es erscheint uns leichter, den bequemen Weg einzuschlagen, wenn er auch nicht unbedingt sicherer und effektiver ist. Je mehr unsere Gesellschaft technisiert wird, desto mehr verlieren wir unsere Selbstsicherheit. Im allgemeinen vergeben die Menschen ihre Macht, sie verleihen allem Autorität, was außerhalb ihres Selbst liegt. Das Individuum unterscheidet nicht mehr mit dem inneren Erkenntnisvermögen göttlichen Bewußtseins, das allwissend ist, es wirkt nicht mehr auf der Ebene der Prämisse, daß in uns etwas Bedeutendes ist, daß es eine Kraft gibt, eine unsichtbare Struktur, die unteilbar ist, und die weder vom physischen Auge noch vom Auge medizinischer Apparate gesehen werden kann. Wir wollen es nicht sehen und nicht glauben, wir wollen auch nicht nachforschen, weshalb in manchen alten Kulturen die Menschen soviel älter wurden als wir heute. Wir verlassen uns weiterhin auf die von den Gesundheitsbehörden herausgegebenen Statistiken wie auf eine Obrigkeit, die uns erklärt, wie gesund wir sind, statt unserer eigenen inneren Weisheit zu vertrauen. Und weil wir körperlich nicht jünger sterben als zu den Zeiten der Seuchen, wie der Pest, fühlen wir uns zufriedengestellt, wenn andere uns erzählen, daß wir gesund sind. Vielleicht leben wir einige Jahre länger als in den Epidemieepochen unserer Geschichte. Sind wir aber gesünder? Sind wir glücklichere und zufriedenere Menschen? Heute sehnen sich viele Menschen den Tod herbei. In einer unmenschlich gewordenen Gesellschaft gibt es viele Arten, den Hungertod zu sterben. Zuviele Menschen sind heute selbstsüchtig geworden. Ihr Anspruch auf Konsum hat sie aus dem Gleichgewicht gebracht. Steine, Pflanzen und Tiere, jedes göttliche Lebewesen nimmt nur das, was es braucht, es kennt keine Vorstellung, mehr zu ergattern, daran festzuhalten oder Reichtümer anzuhäufen. Welche Reichtümer können wir nach dem Tod mit uns nehmen? Unser Festhalten an den Dingen, unsere Obsessionen, mehr zu kaufen und zu besitzen, als wir brauchen, zeigt die Unsicherheiten unseres Egos, das uns verleitet, die Zusammengehörigkeit aller Menschen zu vergessen, statt mit allem so im Gleichgewicht zu leben, daß genug für jeden da ist. Steine, Pflanzen, Tiere und jene Menschen, die ein bewußtes Leben leben, sind frei von Hochmut und falschem Stolz. Doch haben sich viele ein übertriebenes Sicherheitsdenken errichtet, diese Untugenden verinnerlicht und sie zu ihrer zweiten Natur gemacht. Sie sind habgierig geworden. Viele haben in dieser Existenz die Grundwerte des Lebens aus den Augen verloren, sie haben Chaos auf der Erde angerichtet, aus diesem Grund sind wir in unseren eigenen Leben mit soviel Chaos konfrontiert. Harmonie und Ganzheitlichkeit brauchen wir als Ansatzpunkt, damit wir unsere vier Körper und die vier Körper aller Lebewesen wieder in Gleichklang bringen. Die Zusammengehörigkeit und Co-Abhängigkeit aller Lebewesen auf der Erde zu mißachten, führt zur Rücksichtslosigkeit und mangelndem Kommunikationsvermögen mit dem eigenen Selbst und allen Lebewesen, es führt zum Verlust eines Teils von dir, dieser Verlust wiederum verursacht Krankheit und Zerrüttung des Selbst und schließlich der Welt, in der und mit der wir leben.

Der Mißklang innerhalb des kooperativen Systems der vier Körper beginnt, wenn wir unsere eigene Natur zu wenig verstehen. Wirken die vier Körper über einen längeren Zeitraum hinweg nicht kooperierend miteinander, sondern jeder selbsttätig für sich, wird ein Aspekt, ein Teil von dir hungern. Es ist der Hunger nach Ganzheit, nach ganzheitlichem Verstehen des Lebens, nach Liebe und schöpferischer Kreativität, Hunger, weil wir in unserer jetzigen Welt nicht mehr vorfinden, was wir brauchen.

Der Urplan der Schöpfung hat uns liebend und freiheitlich zugeteilt, was wir brauchen. Im Anfang war ein Verstehen da für das Gleichgewicht, und den Sinn des Austauschs im Geben und Nehmen. Sehen wir uns als Beispiel des wechselseitigen Austauschs zwischen Erde und Nahrung an! Früher haben die Menschen ihre Felder bestellt, das Land urbar gemacht, Nahrung angebaut und die Ernte gesegnet. Im Einklang mit der Natur lebend, ist dies ein Geben, Teilen, ein Austauschen mit der Erde, ein bewußtes Gewahrsein der Segnungen der Erde. In vielen Kulturen wurde die Nahrung gepriesen und vor dem Essen Dankgebete gesprochen. Auch dies war ein Geben, eine Huldigung an das Göttliche, die im Gebet ausgedrückt wurde. Im Dankgebet liegt der Ausdruck des Verstehens der Zusammengehörigkeit aller Dinge. Wir haben den Dank vergessen, weder danken wir unserer Erde noch unserer Nahrung. Wir denken nicht einmal mehr daran. Wir gehen in die Supermärkte, bezahlen die Nahrungsmittel und meinen, sie gehörten uns. Wir sind unbewußte Konsumenten geworden. Wenn wir damit weitermachen, die Erde zu bedrohen und zu plündern, wird sie uns nicht mehr versorgen, weil wir sie vergewaltigt haben. Es ist ein großer Unterschied, ob wir nehmen, geben und austauschen oder vergewaltigen. Auch die Erde hat vier Körper, doch hat sie keinen freien Willen. Die Erde, gebunden an die Gesetze von Ursache und Wirkung, verhält sich entsprechend, und wenn wir sie geplündert haben, kann sie nichts mehr geben. Unterstützen wir die Erde, schenkt sie uns Überfluß. Wird die Erde mißhandelt und bekommt nicht die Achtsamkeit und Zuwendung, die sie für ihr Überleben benötigt, wird das Gleichgewicht in der Natur verletzt, und alles wird hungern, die Ströme und Flüsse, die Wälder und Wüsten, das Tierreich, wir alle. Die für das Wohlbefinden des Erdkörpers geltenden Naturgesetze zu manipulieren, zerstört die Harmonie der Menschen untereinander, die der Tiere und der Natur, und keinem wird mehr Unterstützung zuteil. Die Evolutionszyklen sind immer verwoben in gegenseitig abhängige Zusammengehörigkeit aller Körper: Erde, Mensch und Tier. Wir handeln mit der Bewußtheit des Geistes, wenn wir die Ganzheit und alles auf der Erde mit Liebe und Dankbarkeit behandeln und den natürlichen Austausch im Geben und Nehmen pflegen: Ich unterstütze dich, du unterstützt mich, das ist vollständige Ganzheitlichkeit, die vollkommen ist.

Der Geist ist liebend. Das Wesen des Geistes ermöglicht uns zu empfangen, der Geist unterstützt die Erde. Dies ist das Wirkungsfeld des Heiligen Geistes. In der gesunden Ganzheit von Verstand, Körper, Seele und Geist gibt es keine Trennung. Menschen, die sich ganzheitlich entfalten, deren vier Körper harmonisch ausgewogen sind, aktivieren ihr höchstes Potential und Erkenntnisvermögen des Verstandes, Körpers, der Seele und des Geistes, damit sie ein Ziel erreichen, und das ist das SEIN.

Denkprozesse sind funktional, sie haben Zweck und Ordnung. Unser Verstandkörper wird von Gedankenformen organisiert, er ist mechanistisch in seiner Annäherung zu verstehen und zu überleben. Die Struktur seiner Glaubenssysteme und Programme ist aus vergangenen Gedanken und Erfahrungen zusammengesetzt und aus den Gedanken, die dem Kollektiv der Welt entnommen wurden. Es gibt Gedanken, die im Weltkollektiv seit Anbeginn der Welt existieren, das schließt auch Gottes ersten Gedanken ein: Er ist die Manifestation des Gott-Selbst in ganzheitlicher Weise, auf und in einer physischen und nichtphysischen dreidimensionalen Welt, in welche wir die Erde als Teil einschließen. Diese Manifestation spiegelt der Gottheit die eigene Existenz wider.

Jeder unserer vier Körper hat eine spezifische, eindeutige und klare Zweckgebundenheit. Doch wirken die Körper nicht miteinander, nehmen sie einander nicht wahr und akzeptieren einander nicht, ist der physische Körper, der Verstand- und Seelenkörper von den Gesetzen, welche die Schöpfung lenken, zur Auflösung bestimmt. Ist der Zweck der Weiterentwicklung der Seele, der Grund, hier auf der Erde zu sein, der von Geburt an bestehende Plan nicht erfüllt, verlieren der Geistkörper und der Seelenkörper die notwendige Verbindung mit den übrigen Körpern, und die Folge davon wird der verstandliche, physische und/oder geistige Zerfall sein. Wenn der Sinn, hier auf der Erde zu sein, nicht gefunden wird und der physische Körper vom Ganzen des Selbst nicht mehr gefördert wird, setzt das Sterben ein.

Der Geist ist die Lebenskraft, eine Essenz, ein Wesen, das alle Körper, alle Träger des Lebens und alle Lebensformen, in denen Gott sich bewegt, Steine und Pflanzen, Tiere und Menschen durchdringt. Der Geist ist Gottes Wille. Wenn Gott eine Absicht hat, wird sie durch den Geist *ausgeführt*. Unser Verstand hat einen Zweck und eine Absicht, nämlich die Zweckmäßigkeit des Lebens zu aktivieren; unser Körper hat den Zweck und die Absicht, die Seele durch den Aufenthaltsort des Daseins in der Materie zu tragen, und die Seele hat den Zweck und die Absicht, die in ihr festverankerte Ursprungsvorstellung, Gott vollkommen auszudrücken und mit Gott EINS zu werden. Der Geist ist omnipräsent und wirkt aktiv durch die Seele. Er durchdringt jede einzelne Zelle, jedes Atom, jedes Partikel. Der Geist ist die Macht, die Gottes Wille austrägt. In der Welt der Schöpfung, wie wir Schöpfung verstehen, gibt es kein Ding, das ohne göttlichen Geist ist. Als Gott das Wort sprach, war das Wort das Gesetz, und das Gesetz ist Gott. Als Gott die Welt durch das Wort befruchtete, erschuf das Wort mit Gottes Atem Wesen in allen Dingen, und dieses Wesen nennen wir Geist. Es ist wahr, wenn wir sagen, Gott ist in allen Dingen lebendig. Gott lebt, omnipotent und omnipräsent. Der Geist ist Wesen: Gottes Lebenskraft, Gottes Atem in und mit dem Wort, gegenwärtig als Geist. So können wir also sagen, der Geist ist eher ein Wesen als ein Körper. Was gewöhnlich als Geist bezeichnet wird, trifft mehr auf die Seele, die Persönlichkeit Gottes, zu. Die Seele, als Trägerin und Vermittlerin der erhabenste unserer Körper, läßt uns Gott im Innern wahrnehmen als Eins mit uns, und uns als Eins mit dem Ganzen. Verdeutlichend kann gesagt werden, die Seele hat einen Körper und der Geist durchdringt alles, auch den Seelenkörper. Die Seele ist Gottes Persönlichkeit, und durch den Geist wird sie beflügelt, Gottes Wille durch alle Träger, den Verstand, den Körper und durch sie selbst in harmonischer Weise zum Ausdruck zu bringen. Es entspricht Gottes Plan, den Entwurf sowohl als Ganzheit zu fördern, wie auch die Ganzheit durch das Einzelne zu unterstützen - Ein Gott. Es ist das Ziel der Seele, uns für den göttlichen Plan zu entflammen, damit wir das göttliche Vermögen *in* uns verwirklichen. Die Seele ist Gottes aktive Kriegerin. Durch unseren mehr oder weniger vollkommenen Verstand arbeitet sie an der Entwicklung der Vollendung. Wie jeder unserer Körper wirkt auch die Seele an einem Evolutionsprogramm, das uns lehrt, in uns Raum zu bereiten, unsere Innenwelt, den Verstandkörper und physischen Körper zu reinigen, damit Gottes Vorstellungen in uns Platz finden. Wir können das vollbringen, wenn wir loslassen, was nicht mehr dienlich ist, beispielsweise alte Programme, Ängste, Gifte, alles, was uns davon abhält, als Ganzheitsperson unteilbar zu sein: eine Einheit, ein Mikro-Makro-Kosmos.

Auf dem Weg, das bewußte und unbewußte Verstehen des göttlichen Plans in uns zu vereinigen, wirkt die Seele als die treibende Kraft. Sie ist die Wirkkraft, die uns entweder der Auflösung entgegenführt, wenn wir uns dem Sinn widersetzen, oder sie leitet uns unserem tiefsten Verstehen entgegen, und das bedeutet Selbst-Verantwortung und Einheit zu lernen und zu begreifen. Die an der Vollendung der Ganzheitsperson wirkende Seele sammelt in vielen Leben Erkenntnisse und Erfahrungen, die uns dieses Ziel – unser aller Ziel – wahrnehmen lassen.

Den Verstand und den Körper erinnert die Seele an ihren Ursprung und ihre Herkunft. Sanft leitet die Seele vorwärts, sie ist wie eine Stimmungsmacherin: »Komm, du wirst es schon schaffen!« Die Seele verleiht Motivation, sie ist der Teil oder Körper, der stets der Freude einen vorrangigen Platz einräumt. Für die Seele ist die Freude Nahrung, Nährstoff für die Erhaltung des Lebens und der Gesundllheit. Wird sie daran erinnert und dazu aufgerufen, regt sie die Körperzellen an, sie erweckt sie zur Freude, was wir im Heilungsprozeß unbedingt brauchen. Doch kann die Seele auch eine negative Haltung einnehmen. Hat sie in vorausgegangenen Leben zuviele destruktive Erfahrungen gesammelt, mag sie deformiert und blind geworden sein und den Ersten Ursprung vergessen haben. Immer weiter wird sie wiedergeboren werden, doch wenn unter dem Einfluß der Ego-Persönlichkeit der Körper und der Verstand sehr viel gelitten haben, wenn viel Argwohn angehäuft wurde, werden diese Erinnerungen den derzeitigen Körper und Verstandkörper beeinflussen und die Haltung der Seele prägen. Hält unser Verstand an seinem Leidensprogramm fest, übertönt seine Geschwätzigkeit die sanften und subtil gesprochenen Worte der Seele. Nicht alle Seelen bewahren die reinste Absicht. Der schwatzhafte Verstand und der überaktive Körper mögen das Erinnerungsvermögen der Seele übertönen. Auf dem Weg durch viele Erfahrungen kann die Seele ihren Sinn und Zweck vergessen haben und sich ähnlich verhalten wie unsere Ego-Persönlichkeit, nämlich mit Überdruß und Saturiertheit gegenüber dem Schönen reagieren. Doch *niemals lügt die Seele.* Sie sagt die Wahrheit so, wie sie die Wahrheit nach dem gegenwärtigen Stand der Dinge versteht. Rasch aufeinanderfolgende und häufige Inkarnationen auf der Erde steigern nicht unbedingt den Wert des künftigen Lebens, sie garantieren auch keine Sicherheit für Vollkommenheit und Glück. Nur die Sinnfindung der Seele ist dazu fähig.

Wirken unser Verstand, Körper, Seele und Geist harmonisch miteinander, fühlen wir den Geist des Verstehens, den Geist des Heiligen Geistes. Es öffnen sich die inneren Türen, und Gottes Wille und Bewußtsein werden eins mit unserem Willen und Bewußtsein, es gibt keine Trennung mehr. Veranschaulichen wir das Geschehen durch ein Beispiel: Stellen wir uns einen Menschen in drei Teile geteilt vor, in den physischen Körper, Verstand- und Seelenkörper. Gnadengüte, die Essenz oder das Wesen des Heiligen Geistes, ist der vierte Körper, der alle anderen durchdringt. Die Körper sind zwar immer präsent, jedoch ist unsere Aufnahmefähigkeit begrenzt, da wir meist den physischen Körper und den Verstandkörper reflektieren. Die GANZHEIT wird erst ganzheitlich und vollkommen werden, wenn die einzelnen Körper die Wichtigkeit der Ganzheit erkennen und integrieren. Sind die vier Körper vereinigt, ist der Heilige Geist in uns erwacht, und wenn dies geschieht, erkennen wir Gottes Gnade in uns, die göttliche Omnipotenz und Omnipräsenz. Nur dann kann Gott sich vollkommen als Selbst in uns verwirklichen, nur dann sind wir fähig, uns Selbst als göttlich zu bewahrheiten. Befinden sich Verstand, Körper und Seele in vollkommener Harmonie und Ausgewogenheit, empfangen sie Gottes Gnadengüte, den Heiligen Geist, und wir erkennen Gottes Wille in uns. Die Taube kommt hernieder. Wenn wir nicht ganz sind, können wir das Ganze nicht empfangen.

5. Kapitel

Erde, Luft, Feuer, Wasser: Die Wirkungsweise der vier Elemente

Bilden die Elemente zweckgebundene Ordnungen im menschlichen Sein?

Wie uns aus dem Heilwissen der Naturvölker und aus den Schriften der großen Heilkundigen wie Hippokrates, Hildegard von Bingen oder Paracelsus bekannt ist, war das Wissen über die Wirkungsweisen der Elemente ein bedeutendes Gebiet ihrer Lehre. Ihre Untersuchungen über das Leben der Elemente geht über die physikalische und chemische Qualifizierung hinaus und beschäftigt sich mit der Wirkung der Elemente im leibseelischen Gleichgewicht des Menschen und seiner Natur, seiner Konstitution, seinen Anlagen und der Motivation und Tragweite seiner Handlungen.

Heute die Frage nach der Wirkung der Elementarkräfte zu stellen, schien mir wichtig, da für die alten Weisen der Naturheilkunde zwar viel Verehrung, doch wenig Bereitschaft, ihr Wissen zu erneuern und wieder anzuwenden, besteht. Unser Zeitgeist zwingt uns in die Vorstellung, die Alten seien zwar verehrenswürdig, aber überholt, da Wissen nur wachsen, doch niemals schrumpfen kann, und was die früheren Seher im Nichtsichtbaren wahrgenommen haben, sei schließlich nicht beweisbar, da es nicht faßbar, meßbar, wiegbar und zählbar ist. Und auch Goethe beschäftigt sich in seinen ›Naturwissenschaftlichen Schriften‹, die wohl auch unserer Zeit noch voraus sind, mit den Erscheinungen der Elemente, mit ihren transformativen und transmutativen Kräften, die dem Geist den Weg bahnen. Daß wir heute in der

Philosophie, Physik und Medizin viele Ansätze finden, interdisziplinäre Vernetzungen herzustellen, um wieder zu einem ganzheitlichen Naturverständnis zu kommen, uns selbst als Natur zu begreifen, können wir als hoffnungsvollen Brückenschlag begrüßen, mit dem das Wissen der Vergangenheit durch das Gegenwärtige ins Zukünftige verbunden werden mag.

In jeder Substanz der Schöpfung sind die vier Elemente – Erde, Luft, Feuer und Wasser – gegenwärtig. Ohne das Leben der vier Elemente, die ›außen‹ und ›innen‹ tätig sind, kann kein Geschaffenes bestehen, und alle Dinge haben das Vermögen, die vier Elemente zu gebrauchen. Jeder Mensch hat die vier Elemente als wirkende Kräfte in sich, im Körper und Verstand, in der Seele und im Geist.

In ihrer Natur sind die Elemente göttlich, und jedes Element hat vier Körper. Feuer beispielsweise hat einen Verstandkörper, einen physischen Körper, Seele und Geist, doch hat es nicht die Macht, seine Ursprungsbestimmung zu brennen zu verändern. Das Feuer wird immer brennen, da es keine Befähigung hat, kalt zu sein. Wie wirkt sich das Feuerelement im menschlichen Körper aus? Was ist das Feuer des Verstandes? Im physischen Körper wirkt das Feuer transmutativ, es ist eine umwandelnde Kraft, beispielsweise bei Krankheit. Das Feuer des Verstandes verbrennt, woran wir nicht mehr festhalten, wie beispielsweise Wünsche, Schmerzen, Gram oder alte Todeswünsche. Im Wandlungsprozeß der Ganzheitsperson ist das Feuer immer Agens der Transformation, da es der Ganzheitlichkeit der Welt angehört. Feuer ist ein Werkzeug der Schöpfung, es ist nicht der Schöpfer. Vom Geist wird das Feuer benutzt, um zu transformieren, doch ist der Geist nicht das Feuer.

Jedes der Elemente hat das Potential zu transformieren, sei es in Verstand und Körper, in der Seele und durch den Geist, und in kooperativer Zusammenarbeit wirken die Elemente im Transformationsprozeß miteinander. Die Aktivität der vier Elemente im Körper ist für unser Überleben unerläßlich.

Die Körper der Elemente und wie sie lebendig durch uns wirken

So subtil ist das Wirken der Elemente und ihrer Körper, daß die Beschreibung ihrer Tätigkeit und Bedeutung nicht leichtfällt, denn die Sprache ist immer ein Hindernis, wenn wir die Feinheiten des sublimen Naturgeschehens in allen Dingen wiedergeben wollen. Was uns anfangs wie Teile eines Puzzle erscheint, gestaltet sich nach und nach im Verlauf des Textes zu einem Bild. Es zeigt unserem Blick das allgemeine wie auch das innerste der Elemente, den Wert jedes Körpers der Elemente und wie diese Körper lebendig durch uns wirken, wie sie durch uns leitend und manifestierend tätig sind und wie sie sich durch uns als Element und Symbol bewahrheiten. Wirken wir innerlich und äußerlich bewußt mit der Elementarkraft, bringt uns das große Vorteile für die Aufrechterhaltung der Gesundheit auf vielen Ebenen.

ERDE

Der Verstandkörper der Erde: Vom Geist wird der Erdverstandkörper zu seiner Evolution geleitet. Alles, was auf der Erde wächst und ihr zugehörig ist, wird vom Verstandkörper der Erde geführt.

Der physische Körper der Erde: Der physische Körper der Erde erstellt die Menge aller dreidimensionalen Formgebung, wie beispielsweise unsere Haut und jede einzelne Zelle unseres Organismus, die schließlich die Form des menschlichen Körpers bilden. Der physische Körper der Erde ist eine uns vertraute Form, die, innerhalb und außerhalb ihres eigenen Existenzbereichs, Harmonie und Langlebigkeit sucht.

Der Seelenkörper der Erde: Der Seelenkörper der Erde ist der Behüter des Segens und vollkommenen Wissens, mit dem Gott sie betraut hat.

Der geistige Körper der Erde: Er ist die Meisterhand, die jene Gesetze anführt und vollzieht, welche die Erde an das gesamte Universum bindet.

LUFT

Der Verstandkörper der Luft: Unsichtbar ist der Verstandkörper der Luft, und doch ist er fest. Er lebt und durchweht alle Dinge in der göttlichen Schöpfung und wirkt richtunggebend auf ihrer Reise. Begrenzt ist der Verstandkörper der Luft in seiner Kapazität, die Gedankenwanderungen unseres Verstandes zu unterbinden, doch entwickelt er in uns das starke Verlangen, uns vor Gott zu offenbaren.

Der physische Körper der Luft: Der physische Luftkörper ist eine Substanz, die sich wissenschaftlich qualifizieren läßt, und doch bleibt sie dem bloßen Auge unsichtbar. Es gibt noch weitere Fähigkeiten des physischen Luftkörpers: Er kann sich selbst transzendieren, um zu einer körperhaften Substanz zu werden, zu einem eigenständigen Organismus, der Nahrung für die Pflanzen und Pflanze für die Ernährung wird. Er vermag die Ketten zu durchbrechen, die uns an religiöse Dogmen binden und uns ermöglichen, das Selbst zu entwickeln, was uns befreit und erleichtert, da wir uns nicht mehr mit fremden Ansichten über die Welt herumschlagen und nicht länger an den Vorstellungen anderer festklammern. Der physische Körper der Luft hat die Tendenz, Wechsel und Bewegung voranzutreiben. In und durch sich selbst treibt der Verstandkörper der Luft die Dinge zum Geschehen an. Ohne den Enthusiasmus des Luftkörpers kann keine Bewegung stattfinden. Obwohl wir den physischen Körper der Luft nicht sehen können, fühlen wir seine Bewegungen, wenn der Wind stark bläst und Reibung verursacht, wenn er mit seiner Naturbewegung unseren Körper berührt, uns ins Gesicht bläst und seine Wirbel uns durch das Haar fahren.

Der Seelenkörper der Luft: Der Seelenkörper der Luft überspringt die physischen Grenzen. Seine Bewegung kann ans Herz stoßen, was durchaus einen Herzanfall oder den Tod herbeiführen kann. Sei es das sinnbildliche oder das physische Herz, stets sucht der Seelenkörper der Luft nach ›dem Herz der Dinge‹. Während wir DEN WEG gehen, der, da wir durch ihn das karmische Gesetz erfüllen, ganzheitlich ist, wirkt der Seelenkörper der Luft durch unsere Emotionen. Das physische Herz wird von ihm entsprechend des Wertes, Zwecks und WEGS, unseres Gebrauchs des Herzens entweder angeregt und stimuliert oder gemindert. Für den Seelenkörper der Luft ist der jetzige Zustand unserer Zivilisation unbefriedigend. Er folgt nur der einen Bestimmung, die darin besteht, für die Ursache, die Erste und Einzige Ursache, dazusein, damit allen Lebewesen und Dingen jene Veränderungen gebracht werden, die sie ihrem rechtmäßigen Status, ihrer Göttlichkeit in lebender Präsenz, zuführt. An der Entwicklung der Vorstellungen Gottes durch die Menschen arbeitet der Seelenkörper der Luft, er bewirkt Veränderungen, die unsere Ideen über den Wert des Lebens und aller Dinge, auch unsere Neigungen, aufwirbeln.

Der geistige Körper der Luft: Der geistige Körper der Luft umarmt die Liebe Gottes, er trägt eine Botschaft in alle Herzen, die den Gedanken bewegt, daß es jenseits des höheren Selbst nichts gibt und die Wahrheit jenseits des kleinen Selbst zu suchen ist. Der Geistkörper der Luft ist von solcher Göttlichkeit, daß er zum Boten und Propheten der Worte Gottes werden kann. Er ist ein Lebewesen.

FEUER

Der Verstandkörper des Feuers: Er ist eine Lichteinheit oder Lichtsphäre, welche durch Hitze das Böse wie in Pulver zerlegt. Die durch menschliche Anschauung und Erfahrung aktualisierte Vorstellung, die Dinge in Gegensätzen und Extremen zu sehen, ist eine vom Verstand kristallisierte Idee, die den Zusammenhang und Sinn entstellt und Gottes Welt vergiftet hat. Diese falschen Vorstellungen kreieren Formen, die von Menschen, nicht von Gott erschaffen sind. Yin und Yang sind keine Gegensätze: Im Miteinander bilden sie die Form der Ganzheit. Werden sie aus dem Miteinander genommen, verschiebt sich unsere Vorstellung, und wir sagen: »Wo es das Gute gibt, muß auch ein Gegensatz existieren.« Der von unserer Gesellschaft geprägte Begriff des Bösen erwuchs aus der von göttlicher Ordnung in die Unordnung geratenen Welt. Die wütenden Flammen des Verstandkörpers des Feuers brennen in unserer dreidimensionalen Welt für Gottes Zorn, damit die falschen Vorstellungen, welche zur Zerstörung von Harmonie und Gleichgewicht führen, ausgebrannt werden. Von Menschen gemachte Vorstellungen haben den Mißklang auf der Erde geschaffen, und das Erwachen des Ungeheuers falscher Annahmen führte in Illusionen und nicht zu Gottes Intentionen. Das Feuer des Verstandkörpers des Feuers wird weiter mit Leidenschaft brennen, um ungesunde Vorstellungen auszumerzen, und es wird so lange damit fortfahren, bis es die Befriedigung gefunden hat, alles transformiert zu haben, was nicht Gottes Vorstellungen entspricht. Gewaltig sind die Stürme auf der Erde, sie schütteln sie und lassen sie ihre Unzufriedenheit über die ›Illusionsgesellschaft‹ ausspeien. Der Verstandkörper des Feuers bringt DIE VORSTELLUNG der Erhaltung der Einheit und Gemeinschaft in das Denken alles Geschaffenen. So muß das Feuer in unserer Zeit stürmisch weiterbrennen, bis jede Feindseligkeit und Opposition gegen Gott und die göttliche Schöpfung in unseren Herzen ausgebrannt ist.

Der physische Körper des Feuers: Der physische Körper des Feuers hat die Dichte von gasförmigem Rauch, den unser Körper im Wach- oder Schlafzustand abgibt. Diese von unserem Körper abgegebenen Gase sind aus den ausscheidenden Molekülen zusammengesetzt, die sich in fortwährender Metamorphose befinden. Alte und sterbende Moleküle werden von neu entstehenden Molekülen ersetzt, welche eine ähnliche Struktur wie die der sterbenden Moleküle annehmen. Dieser Zyklus treibt sich so lange selber an, wie die Motivation zu leben und zu SEIN den Treibstoff liefert, der das Feuer der Evolution anschürt. Die Wiedergeburt der Menschen in die Formwelt ist nur ein kleiner Teil der Transformationsarbeit, welche vom physischen Körper des Feuers kontrolliert wird. Der physische Körper des Feuers ist das konstruktive oder destruktive Element, das bestimmt, was im Transformationsprozeß lebt und was stirbt. Es ist die Natur des Feuers zu brennen, und die Natur der Evolution ist die Kontinuität. Die Gase, welche vom physischen Körper des Feuers transformiert werden, verbunden mit der Motivation zu leben und zu Sein, bestimmen das alchemische Ergebnis und den tatsächlichen Zustand der Existenz eines Menschen. Der physische Körper des Feuers transformiert entweder die sterbenden Moleküle unseres Körpers und treibt das Wachstum neuer an, oder er läßt die chemische Reaktion in der Transformation und Kontinuität aus der Synchronizität fallen. So verbrennt und verwandelt er gesunde Zellen in kranke, oder er brennt die Körperkräft aus, die normalerweise die Gesundheit verteidigt. Ist in unserem Körper der physische Körper des Feuers aus dem Gleichgewicht, sind Krankheit und Sterben nicht aufzuhalten. Ist das Feuer in unserem physischen Körper im Gleichgewicht, verbrennt und erneuert es und setzt die Kontinuität des SEINS fort.

Der Seelenkörper des Feuers: Liebe und Freude sind das Herz des Seelenkörpers des Feuers. Mehr als andere Elemente hat er das Bewußtsein ewigwährender Freude und des Lobpreisens. Als Krieger für den Frieden gehört der Seelenkörper des Feuers zu Gottes Streitmacht; sei es für den Frieden des Verstandes, den Frieden des Körpers oder für beide. Damit er in der Formwelt wirkungsvoll ins Spiel kommen kann, braucht er vor allem Freude und Spaß. Freude läßt das Feuer der Liebe brennen, es verbrennt den falschen Stolz und die Mißgunst, um alles in Freude und Sein mit und als Gott zu vereinigen. Die Evolution des Seelenkörpers des Feuers ist von der Fähigkeit des einzelnen abhängig zu lachen und das Licht zu entdecken, das in allen Dingen glitzert. Die Feuerseele hat insofern kindliche Eigenschaften, als sie kein Böses kennt und jene Kraft hervorbringt, die Spaß in allem Tun und in allen Dingen anregt und verbreitet. Die Freude weiß von keiner Trennung zwischen Arbeit und Spiel. Glanzvoll ist die Lebensform in der Freude. Immerwährende Freude ist nur im SEIN von Dauer, wenn wir die göttlichen Werte in uns und allen Dingen erkennen, wenn wir spielerisch sind und teilhaben am Lachen einer Welt, die gottdurchdrungen ist. Lache und lerne die großartige Heilungskraft der Freude kennen! Die Heilung könnte darin bestehen, Lügenberge einstürzen zu lassen, damit der Wahrheit der Weg geebnet ist. Viele Menschen ersticken ihren Lebenswillen im Streß ihrer Überlebensstrategien. Wir haben die Welt in so viele Strukturen und komplizierte Formen zerteilt, daß wir die Natur des Einfachen, aus dem alle Freude wächst, darüber vergessen. Der Seelenkörper des Feuers brennt weiter, mit oder ohne unsere bewußte Unterstützung.

Die Freude ist ein Zustand des SEINS, sie kann nicht erjagt oder zur Rückkehr überredet werden, als sei sie verlorengegangen. Sie war immer da, doch manchen Menschen, in deren wahrer Natur die Freude immer war und immer ist, mangelt es an Gewahrsein der göttlichen Werte. Entdecken wir die Freude neu und das Wissen, lassen wir die Freude unsere Lehrmeisterin werden, die uns beweist, daß wir in unserer Bewußtheit, in unseren Herzen, im Leben und SEIN Dauer finden.

Der geistige Körper des Feuers: Der Geistkörper des Feuers rügt jene, die mit den kosmischen Gesetzen nicht übereinstimmen wollen, und beurteilt sie wie Ausgestoßene. Der Geistkörper des Feuers schürt das bereits im Menschen vorhandene Feuer, damit es unermüdlich weiterbrennt. Der Geist des Feuers will dem Versagen nicht unterliegen, daher übt er Druck auf das Ungeheuer in uns aus, damit wir entweder das Selbst entdecken oder zugrunde gehen. Findet er keine Hoffnung auf Evolution und Wachstum eines jeden lebenden Organismus, kann kein Geschaffenes die Macht des Geistes im Feuer überleben. Von woher es gekommen ist, dahin wird es zurückkehren, auf diese oder jene Weise, als Alles oder als Nichts, sogar als hätte es nie existiert und wäre nie gewesen. Kein göttliches Wesen lebt ohne die Führung des Geistes aller Elemente. Sie bewahren unseren Drang, unsere Existenz zu fördern und nicht, sie zu beenden. Für den Ausgestoßenen gibt es keine Bestrafung, er wird nur auf das Nichtsein reduziert werden. Sind alle Versuche, die Augen der Hoffnungslosen zu öffnen gescheitert, erreicht sie die Liebe und Freundlichkeit und die helfende Hand, die ihre Achtsamkeit auf die Gefahren des drohenden Untergangs lenkt, nicht mehr, ist ihr Ende unaufhaltsam. Der Geistkörper des Feuers treibt keinen Schabernack, er ist in allem Geschaffenen immer wachsam, fordernd und bewegend; er ist Vollkommenheit.

WASSER

Der Verstandkörper des Wassers: In Wellen bewegend multipliziert der Verstandkörper des Wassers unsere Gedanken, oder er ertränkt sie in der Stille. Wo der Quell entspringt, gibt es stets eine Feier, und jeder, der vom Quell trinkt, nährt den physischen Körper, der hauptsächlich aus Wasser besteht und als Wasser überlebt. Damit der Körper existieren kann, braucht er Wasser, und die Quelle des Verstandkörpers des Wassers dient seiner Befreiung. Solange werden die Ursachen von Krankheit in Menschen weiterbestehen, bis unser kleines Selbst des Egos im Fluß ohne Wiederkehr ertrunken ist. Die Stille im ruhigen Gewässer reicht tiefer als der Ozean, und sie geht in die Seelentiefe unseres Bewußtseins ein als vermischte Substanz, die aus Wasser, Erde, Luft und Feuer besteht. Die Evolution setzt eine Konstitution in Kraft, die von hierarchischer Ordnung geprägt wird. Unser physischer Körper hat eine Hierarchie, und die Repräsentanten seiner Regierung sind die Elemente. Sie sind die Stellvertreter Gottes, die Gerechtigkeit in Fairneß wandeln, und ihr Programm dient der Zukunft alles Existierenden, da es die Menschlichkeit in unserer Gesellschaft zum Inhalt hat. Dieses Programm erfolgreich durchzuführen, hängt mit der Stille des Verstandkörpers des Wassers zusammen, die durch unseren Verstandkörper zirkuliert, die Gedanken hinwegwäscht, die der Ganzheitsperson und dem Kosmos nicht angemessen sind, da sie nur um das kleine Selbst kreisen. Der Verstandkörper des Wassers entscheidet, ob die Läuterung der Gedanken und Handlungen künftig in uns entfaltbar werden. Um Erleuchtung zu erlangen, müssen wir von den Gasen der Zerstörung gereinigt werden und der Reinigungsprozeß muß allmählich enden. Erachtete es das Feuerelement, für die Erziehung der Menschen als nicht mehr sinnvoll die physische Gesamtmasse weiterzubewegen, könnten die physischen Formen der Menschen nicht mehr weiterbestehen.

Alle Kreaturen haben den Weg gewählt, ihre Erziehung zur Göttlichkeit durch Erfahrung zu erlangen. Es wird kein großer Wandel im Menschen stattfinden, wenn der menschliche Wille sich selbstherrlich Autorität und die Position eines Meisters verleiht. Die von uns gegrabenen Befestigungsanlagen, die uns vor den Unwettern der Zeit bewahren sollen, formen nur kleine Ausschnitte im Verstand und bilden die Projektion dessen, was wir für die reale Welt halten, und die unreale Welt stellt sich uns durch diese Kleinausschnitte dar. Unseren Verstand von dem zu reinigen, was er glaubt zu wissen, und von dem, was nicht ist, das ist der Zweck des Verstandkörpers des Wassers.

Der physische Körper des Wassers: Wir haben zwei Möglichkeiten, alle Dinge zu sehen und zu verstehen: Die erste besteht darin, durch die Sicht begrenzter Aufnahmefähigkeit wahrzunehmen, die zweite durch den Weitwinkel der Sicht des höheren Selbst. Sehen wir begrenzt, würden wir den physischen Wasserkörper als farblos, transparent und flüssig bezeichnen, eine auf der Erde vorkommende chemische Mischung aus Wasserstoff und Sauerstoff. Ich will damit nicht sagen, diese Beschreibung des Wassers sei verkehrt, sie ist nur begrenzt. Ich sehe im physischen Körper des Wassers eine transparente weiße Flüssigkeit, die kosmisches Plasma ist. Die ursprüngliche Form des flüssigen Plasma ist eine Mischung aus Teilchen. In sich selbst haben die Teilchen die Tendenz, die Form von Wasser anzunehmen, sobald die Herausforderung besteht, etwas auszudrücken, beispielsweise Kraft, Bedürfnis oder Unzufriedenheit. Ob dies nun die Kraft der Einheit ist, der Zusammengehörigkeit oder das Bedürfnis, jemandem zum Wachstum zu verhelfen, wie den Pflanzen oder die Unzufriedenheit über den Lauf der Dinge. Dann vereinen sich die Teilchen und nehmen die physische Form von Wasser an. Nicht alles, was körperhaft ist, muß notwendigerweise wachsen. Im Kosmos existieren zufriedene und unzufriedene Substanzen. Was zufrieden ist, hat kein Bedürfnis zu wachsen. Was unzufrieden ist, hat Sehnsucht, und dieses Verlangen zieht Partikel aus anderen Substanzen zusammen, die sich vereinen, um einen Rhythmus oder einen Weg zu unterstützen. Der Weg beginnt mit dem Bedürfnis, etwas haben zu wollen oder an etwas festzuhalten, oder mit dem Wunsch, ein starkes Verlangen auszuleben. Großes Verlangen hat einen machtvollen Drang. Aus dem Verlangen bilden sich Partikel, die sich zusammenfinden, um einen Körper aus Wasser zu formen. Wo und wann auch immer die Unzufriedenheit in etwas oder in jemanden zur energetischen Kraft wird, die sich um sie formt, entsteht ein Zustand des Schocks und der Entzweiung im aurischen Feld. Dieses Geschehen kann manchmal so tiefgreifend sein, daß Teile des aurischen Feldes geöffnet werden und ungeschützt sind, womit der Rhythmus oder der Weg der bisherigen Ordnung verändert wird. Mit der Veränderung der derzeitigen Ordnung suchen sich die losgelösten Partikel eine Form, die den veränderten Rhythmus oder Weg unterstützt.

Das Wasserelement ist in seiner physikalischen Konstitution ein System von Partikeln, die rhythmisch ineinander und miteinander arbeiten und die sich erden, was bedeutet, daß sich das Wasser stets seinen eigenen Pegel sucht. Ist er überschritten, sinkt er wieder ab und fährt damit fort, in die Tiefe zu gehen. Nicht die Erde schluckt den physischen Körper des Wassers, vielmehr ist es der physische Wasserkörper, der die Tiefe sucht. Der Rhythmus des Bewußtseins des physischen Wasserkörpers ist so beschaffen, daß er alle Dinge der Mitte zuführt, oder mit anderen Worten, daß er vertiefend ist.

Sehr hilfreich sind Wasseranwendungen zur Wiedererlangung unserer Kraft, sei es auf der verstandlichen, physischen oder geistigen Ebene. Wir können den physischen Wasserkörper direkt anwenden oder durch Visualisierung auf uns einwirken lassen. Der Wasserkörper stärkt unser eigenes Körperbewußtsein, er läßt uns die Bedeutung eines kräftigen Körpers und die Notwendigkeit seiner Pflege erkennen, er vertieft und erweckt unser Potential der Selbstheilungskraft.

Der Seelenkörper des Wassers: Der Seelenkörper des Wassers ist ein Lebewesen, das in allen Dingen zu Hause ist. Mit Inbrunst arbeitet die Wasserseele daran, das rechte Denken und den Sinn für Gerechtigkeit durchzusetzen. Nachdenkliche Menschen vermag der Seelenkörper des Wassers mehr zu durchdringen, sich gehaltvoller durch sie auszudrücken, ihnen den Sinn mehr zu verdeutlichen und ihnen bei der Transformation und Sinnfindung beizustehen.

Denken wir bewußt an den Seelenkörper des Wassers und wirken mit ihm, steigert er unser Empfindungsvermögen und fördert den Transformationsprozeß, der unsere Ganzheit verwirklichen will. In diesem Prozeß wird auch das Feuerelement angezogen, damit es im Wandlungsprozeß unsere Projektionen und Täuschungen verbrennt. Wir sollten beachten, daß sich während dieser transformativen Tätigkeit des Feuers das Wasservolumen unseres Körpers stark reduzieren kann. Während das Feuer im Körper durch Verbrennung Wasser verdunsten läßt, müssen wir unserem Körper ausreichend Flüssigkeit zuführen. Kein Körper kann ohne Wasser überleben, und nichts kann ohne das empfindende Bewußtsein der Seele des Wassers existieren. Je mehr wir uns an unsere ursprüngliche Herkunft erinnern, desto leichter werden wir die Entfaltung der göttlichen Präsenz erfahren und als Ausdruck unseres Selbst erkennen. Alles Geschaffene, das mit der Seele des Wassers lebt, wird die göttliche Gegenwärtigkeit erfahren, bezeugen und ausdrücken. Dieses Bewußtsein wirkt durch alle Dinge und rührt sie auf, damit sie sich öffnen, um ihr beginnendes Erwachen hier und jetzt zum Ausdruck zu bringen.

Die Zeit ist eine unserer großen Täuschungen. Laß die Zeit nicht verstreichen, indem du auf bessere Zeiten wartest. Die Zeit steht still. Es ist nur unsere Anschauung der Dinge und die Art und Weise, wie sie sich bewegen, die unsere Vorstellung formt, die Zeit sei aufgeteilt in Vergangenheit, Gegenwart und Zukunft. Die Zeit stand still am Anfang, und sie wird stillstehen am Ende.

Während wir den Schmerz nur kurzfristig spüren, ist das Leiden ausgedehnt, und es ist gewissermaßen absehbar, wie lange wir es aushalten. Leiden und Zeit sind einander ähnlich, sie werden an der Distanz zwischen zwei Punkten gemessen. Der Seelenkörper des Wassers läßt uns durch zeitraubende Leiden waten, bis wir endlich erkennen, wie sehr unsere Abhängigkeit von Zeit und Bedingung unser Leiden verfestigt und uns deutlich wird, daß wir uns in einem quasi unreinen Zustand des Nichtgewahrseins befinden. Zeitunabhängige Anstrengung sollten wir unternehmen, wenn wir nach der Wahrheit suchen. Die von uns gelebte Wahrheit trägt die Früchte des Friedens, sowohl für den Verstandkörper, den physischen Köper, den Seelen- und Geistkörper. Um den Zusammenhang zwischen Zeit und Leiden zu begreifen, müssen wir in der Stille sein. Still SEIN und gewähren lassen.

Zeitlos ist eine Aussage, die klarstellt: ICH BIN. Sie sagt nicht, ich war oder ich werde sein. ICH BIN ist der Anfang, ICH BIN ist das Ende. Wir sollten nicht eitel, sondern stolz darauf sein, daß unsere Existenz immer war und ewig währt. Handeln wir mit Würde, werden wir unsere Lichtstrahlen nicht mit verderblichen Giften und Handlungen, die von keiner Tugend wissen, verdüstern.

Alle Dinge haben ihren Glanz, der ihr ausgedrücktes oder unausgedrücktes Potential enthüllt. Die Farbe, Leuchtkraft und die Art, wie die Lichtabstrahlung aller Dinge emaniert, wird von der Haltung dieses Dinges oder Wesens bestimmt. Wie immer diese Haltung auch sein mag, Lichtabstrahlungen haben alle Dinge und Wesen. Je reiner ein Wesen in seiner Haltung ist, desto weniger ist die Abstrahlung gestört. Ein Reines ist absolut, und das Leuchten seines Lichts ist allgegenwärtig, allmächtig und allempfindbar. Es ist das gottausgedrückte Wesen.

Die Seele des Wassers berührt diese allgegenwärtigen, allmächtigen und allempfindbaren Werte in uns und erkennt, welche unserer Anschauungen die rechte Haltung, Präsenz und das rechte Sein nicht mehr fördern, Und stets, wenn die Seele des Wassers durch uns fließt oder wir das Wasser ansehen, wird die Wasserseele emporquellen, um uns unbewußt gebliebene Anschauungen ins Bewußtsein zu bringen. Der Seelenwert des Wassers ist ein Geschenk, das behütet und mit Weisheit angewendet werden sollte.

Der Geistkörper des Wassers: Der Geist reitet mit den Wassern. Es ist die Natur des Wassers, sich zu erheben und niederzufallen. Der Geistkörper des Wassers hat den natürlichen *Willen,* zu fließen und sich mit den großen Meeren und Ozeanen zu vermengen, damit es als Ganzes vereint sei. Auch in uns Menschen sucht der Geistkörper des Wassers die Vereinigung und regt unser Bestreben an, gleichzeitig an allen Orten und Zeiten und mit der Kraft des vollen Bewußtseins allgegenwärtig, allmächtig und allempfindend die Wege des SEINS zu erforschen. Der Geistkörper des Wassers wird sich immer geltend machen und weiter und weiter suchen. Er gleitet über die Wellen und in die stillen Gewässer, wo er ruht, um sich von den Wirbeln der Strömungen zu erholen. Erinnert dich dieses Bild an dein Leben? Von den Wirbeln in die Ruhe und von der Ruhe in die Wirbel, wieder und immer wieder? Auf diese Weise wirkt der Geistkörper des Wassers durch uns. Bewegt sich unser Leben hauptsächlich in Wirbeln, könnte dies ein Hinweis auf das Ungleichgewicht der Elemente, insbesondere des Wasserelements, in uns sein. Dann sollten wir viel Wasser trinken und häufig Orte aufsuchen, an denen unsere Augen die subtile Natur des Wassers genießen, wir sollten viel schwimmen, damit das Wasser Gelegenheit hat, auf unsere Gesundheit zu wirken. Der Heilige Geist beobachtet sich selbst im Wasser. Der Geist und das Wasser haben dieselben Absichten, sie suchen die dauerhafte Zufriedenheit und Beständigkeit.

Auch nur ein Element zu entfernen, brächte den sofortigen Tod. Das Wasser beispielsweise hilft im Transformationsprozeß des menschlichen Intellekts. Der Intellekt ist ein Werkzeug des Verstandes. Das Wasser wäscht, reinigt, läutert und desinfiziert, seien es verstandliche, physische oder geistige Infektionen. Unser Körper kann ohne Wasser nicht leben, die Organe und Zellen gingen ohne die Reinigungstätigkeit des Wassers zugrunde, da es giftigen Abfall aus dem Körper abzieht. Das Feuerelement verbrennt in einem ausgewogenen Organismus, was dem System der Ganzheit nicht dient, und unser Körper befindet sich ständig in einem Metamorphose- und Erneuerungsprozeß. Tagtäglich produziert und ersetzt er Millionen und Abermillionen Zellen, doch wohin gehen die Toxine, die Nebenprodukte des im menschlichen Körper stattfindenden Metamorphoseprozesses? Sie durchlaufen einen Wechsel oder einen Austausch. Wenn wir die Toxine in bewußter Absicht loslassen, uns sozusagen bewußt entgiften, können sie transmutieren und werden in Energie und Liebe umgewandelt. In Liebe für etwas oder in Liebe für andere, das hängt von der Intention desjenigen ab, der sie bewußt und weise befreit. Entlassen wir die Toxine mit Grobheit aus dem Körper oder mit unklarer und unbewußter Absicht, gehen sie ins Kollektiv, wo sie von anderen unbewußt aufgefangen werden könnten. Alle vier Elemente sind im Prozeß des Austauschs und Umtauschs, das Alte loszulassen und das Neue zu erschaffen, aktiv.

Die vier Elemente sind zugleich Wirklichkeit und Symbol. Eine Wirklichkeit der Elemente ist ihre Berührbarkeit als Stoff, als Materie. Das Symbol hat eine weitere Wirklichkeit, es ist auch ätherisch und nicht faßbar. Die Elemente leben gleichzeitig in der sogenannten ›inneren‹ und ›äußeren‹ Welt, sowohl im wie außerhalb des Körpers. Um die Elementenatur näher kennenzulernen, folgt hier eine kurze Beschreibung ihrer Funktionen und ihres Zwecks.

Wirklichkeit und Symbol der Elemente

Erde: Das Urelement Erde ist in jeder Substanz enthalten, in jeder Struktur, in allem, was in der Schöpfung lebt. In Verstand und Körper, Seele und Geist ist das Erdelement ein Teil des menschgewordenen Gott-Selbst. Die Erde, der tatsächliche Boden unter unseren Füßen, ist das Gefüge, durch welches sich die Form als lebende Welt ausdrückt, Sie ist die große Lehrmeisterin des Wissens: »Was Außen ist, ist auch Innen.« Unser Naturverstehen hat sich sehr reduziert, in gleicher Weise, wie unser Selbstverleugnungsprogramm sich fortgesetzt hat. *Nur* mit dem machen wir uns vertraut, was wir in unserer ›äußeren‹ Welt vorfinden, und sogar darin mißverstehen wir, was wir sehen, berühren oder als Festkörper identifizieren. Den Kontakt mit unserer ›inneren‹ Welt haben wir verloren.

Luft: Die Luft ist Lebenskraft in Aktion. Sie ist Nahrung für das Feuerelement, damit dessen Kräfte für den kosmischen Austausch von Nahrung und Ausscheidung aktiviert werden. Die Nahrung füllt auf, ergänzt und unterstützt, die Ausscheidung wird transformativ gewandelt, um erneuert in den Naturkreislauf des Wachstums einzutreten. Die Luft ist eine Kraft, die unsere Gemütslage und unsere Vorhersichtigkeit bewegt und verändert, eine Kraft, die lebt und atmet. Mit den übrigen Elementen arbeitet die Luft Hand in Hand, um uns unser nicht faßbares Wesen, unser ätherisches Sein als Wesen vorzustellen. Das Wesen und Sein allein durch die Welt der Materie zu verstehen, ist eine Täuschung, die vom Auge des bewußten Gewahrseins transformiert wird. Das Bewußtsein wird geführt von der wechselnden Gemütslage des Vorhersichtigen: »Schau dem Bösen nicht ins Angesicht, tu nichts Böses.« Ein argwöhnischer Verstand sollte lernen, nichts Böses zu sehen, nichts Böses zu tun und gefestigt in Gedanken, Bedürfnissen und Handlungen zu bleiben; unsere Stimmungen sollten nicht die Vorreiter des künftigen Geschehens sein. Wir haben das Potential, den Willen des kleinen Selbst, des Egos, an das höhere Selbst abzutreten, indem wir dem Luftelement die Bewegung dieser Tendenz, unser unbewußtes Wissen aus der Tiefe zu holen und zum Punkt der Verwirklichung im täglichen Leben zu tragen, erlauben. Die Luft durchdringt das erkennende Auge der Seele, und sie gibt einem Weltverstehen der begrenzten Sicht, das nur verstehen, was es anfassen kann, und nur an das glaubt, was es sieht, wenig Unterstützung und mißt ihm kaum Bedeutung bei.

Feuer: Des Feuer verbrennt und transformiert eine Substanz in eine andere. Das Leben und Sterben ist ein Zyklus des Austauschs einer Form in eine nächste, sei es die Form eines Gedankens oder die eines Wesens. Dieser Transformationsprozeß wird vom Feuer vollzogen. Alle Fragen über den Tod sind schon durch unsere Gedanken gegangen. Das Feuer wandelt den Tod in Leben und das Leben in Tod und führt Gottes Wille prophetisch verkündend aus.

Wasser: Als Befeuchtungsmittel hält das Wasserelement die Zellstruktur gleitfähig und abgedichtet, es wirkt festigend und reinigend. Den Elementen Erde, Luft, Feuer und Wasser bewahrt es die Aufrechterhaltung eines Gleichgewichts, das dem Feuerelement die Bühne bereitet, auf welcher der metamorphe Wandlungsakt, Verbrennen und Transformieren, stattfinden kann. Das Wasser hat den Wert der Reinigungsfähigkeit für alles Geschaffene der ›inneren‹ und ›äußeren‹ Welt. Die Hitze seelischen Verlangens reinigt das Wasser, es reinigt verhärtete Verhaltensweisen der Ego-Persönlichkeit und der Ich-Wichtigkeit gegenüber anderen. Das Wasser hält die Überreizung der Körperkräfte in Grenzen, damit der Blutdruck nicht zu hoch steigt und andere physische und verstandliche Behinderungen vermieden werden, die Ungleichgewicht in die Ganzheit der Körperharmonie brächten. Das Wasser vertreibt Mißverstehen und Tarnmasken, welche die Ego-Persönlichkeit erschaffen hat, um Wege zu ebnen, durch die wir unsere wahre Natur und Existenz als göttliche Wesen erkennen.

Das Wirken der Elemente in den Extremen

In allen Dingen existiert das Naturgesetz des Gleichgewichts, alles strebt nach diesem natürlichen Punkt zwischen den Extremen, um von diesem Platz aus das Selbst in gesünderer Weise auszudrücken: Selbstverstehen, Selbstwahrnehmung und Selbstsinn. Erkenne dich selbst, und die Vollkommenheit rückt näher! Die Elemente arbeiten daran, innerhalb und außerhalb unseres Körpers, in jedem Einzelnen und im Kollektiv, Gleichgewicht einzupendeln. Erziehend werden sie uns als Teil ihrer Lehre in beide Extreme führen, damit wir begreifen, warum beide Seiten des Extremen uns krank machen. Die Vollkommenheit ist nur ausdrückbar im Punkt zwischen den Extremen, in Punkt der Mitte. Die folgenden Beispiele zeigen, wie das Extreme der Elementarnatur erziehend durch uns wirkt und arbeitet.

Erde: Die eigentliche Natur des Erdelements strebt danach in allen Körpern, im Inneren und Äußeren, Harmonie und Gleichgewicht einzuräumen. Das Erdbewußtsein des Menschen hat die Tendenz, uns in Extreme, in alle Erfahrungen der sichtbaren und unsichtbaren Welt, in der wir leben, zu treiben. Da alle Elemente den Zweck haben,uns zu helfen, die Mitte zu finden, mag es sich verwirrend anhören, wenn wir als Folge der erzieherischen Tätigkeit des Erdelements krank werden könnten. Um die vielen Wege zu veranschaulichen, durch die uns das Erdelement zur Mitte führen will, könnte die Erkrankung ein Beispiel dafür sein, wie die Erde in den Extremen wirkt. Sind wir durch eine Krankheit zum Stillhalten gezwungen, mag uns das ein Ansporn sein, nachdenklicher zu werden und uns die Fragen zu stellen: »Warum ich? Wer bin ich? Was habe ich falsch gemacht? Warum ereilt mich dieses Schicksal?« Und während wir nach Antworten suchen, werden wir unser Bewußtsein ausdehnen, unsere Fehleinschätzungen überdenken und Wege in die Mitte finden. Dies wäre ein wünschenswertes Ergebnis der Bemühungen des Erdelements, uns der Mitte zuzuführen. Das Erdbewußtsein in uns sucht das kleine Selbst des Egos aufzulösen, das sich entweder durch Selbstmitleid, durch neidisches Beobachten anderer und ihrer Errungenschaften ausdrückt, oder durch falsche Geistigkeit, durch ekstatische Reisen in subtile Ätherwelten, die anscheinend transparent geworden sind. Keines dieser Extreme stellt das Gottwesen in uns zufrieden. Von Leidenschaften abhängig zu sein oder auf Wolken zu spazieren, dient niemandem und hilft keinem, weder uns noch dem Planeten Erde, dem Kosmos, dem wir angehören. Um auf der Erde bewußt präsent zu sein, sind wir frei von Abhängigkeiten, wir sind in der Erde tief verwurzelt, mit dem Kopf in den Himmeln und mit den Füßen auf dem Boden. So verstehen wir die menschliche Existenz in ihrer Ordnung und uns als Gottwesen in Manifestation.

Die Natur des Erdelements fördert in uns die Entwicklung des Gleichgewichts, und daher setzt die Erde jede unzufriedene, unlautere und unehrenhafte Haltung unter Druck, die sich innerhalb zahlreicher Inkarnationen im Ausdruck unserer Persönlichkeit verfestigt hat, damit wir sie bewußt durchschauen und ablegen. Die Kriegerin Erde ist die Zerstörerin alter Vorstellungen, Täuschungen und Hoffnungen auf Ruhm, die unser menschliches Ego, nicht aber unser menschliches Gott-Selbst erschaffen hat. Diese Abgründe arrangiert das Erdelement für jede Kreatur hier auf Erden und für jene, die auf ihre künftige Geburt warten. In der Psyche entkommt kein Geschaffenes dem direkten und machtvollen Einfluß der Erde.

Die Erde zieht uns weg von erdanhaftendem, trügerischem Verlangen und führt uns ins Begehren von Werten, Tugenden und zum ganzheitlichen Sein. Wir sollten uns wieder vertraut machen mit unserer Macht, eine Welt mitzuerschaffen, in der alle gut leben können. Unser Denken erschafft Bilder, aus ihnen werden die Visionen und Formen für die Welt von morgen, seien sie verstandlicher, physischer oder geistiger Natur. Verlieren wir keine Zeit, denn unsere Gedanken erschaffen ohne Unterlaß! Ändern wir unsere Gedanken, verändern wir die Welt, in der wir leben.

Luft: Das Luftbewußtsein bewegt die ganze Person, damit sie ihre individuellen Ziele erreicht und die Erfahrungen auf dem Pfad zu diesem Ziel erforscht. Das Individuum, ausgestattet mit seinem liebenswerten, freudigen höheren Selbst und seinem glorifizierten kleinen Selbst, begibt sich auf eine Reise, welche die Bühne seiner Unternehmungen wird. Die Bewegungen dieser Unternehmen aktiviert die Tendenz, das Selbst wahrzunehmen, und die Transformationskraft der Selbstentdeckung begegnet einem erwachten Bewußtsein. Die Kraft, mit der die Luft die Transformation antreibt, trägt uns dem Feuerelement entgegen. Vergessen wir nicht, die Elemente versuchen, Gleichgewicht herzustellen, und sie führen uns deshalb in Extreme, damit wir unser Verständnis für den Wert der Mitte entwickeln. Manchmal drückt sich in uns das Feuer durch einen vergifteten Verstand oder kranken Leib aus oder in der Richtungslosigkeit unserer Gefühle. Das Luftelement kann die Krankheit in uns hegen, und trotzdem können wir ohne Luft nicht leben. Himmlisch und göttlich ist auch - wie die übrigen Elemente - das Luftelement, und die Luftnatur schließt uns in den göttlichen Plan ein, ob wir nun krank oder gesund sind. Entwickeln wir die bewußte Wahrnehmung der Luft in uns, suchen wir nicht weiter nach den Regenbogen am Himmel, sondern entdecken wir, daß er in uns selbst ist.

Feuer: Das Feuerelement bringt dem Ungewußten, dem Ungerührten, dem Nichtverstandenen den Tod. Es erweckt und gebiert das Wissen, das Berührbare der inneren und äußeren Welt und das Verstehen alles Geschaffenen, von dem wir ein Teil sind. Das Feuer ist das Hauptelement im Transformationsprozeß, sei es bei der Wandlung von Zorn in Liebe, von Krankheit in Gesundheit, Gesundheit in Krankheit, Tod in Leben oder Leben in Tod. Das Feuer führt zu immerwährendem Erwachen. Hat sich das Feuer im Punkt der Mitte, dem Punkt zwischen den Extremen normalisiert, sowohl im Verstandkörper wie auch im physischen Körper und Seelenkörper, wird die Teilnahme des Geistes unterstützt, sich als Güte und Harmonie im Ausdruck des menschlichen Gottwesens zu etablieren. Das Selbst, welches das Feuerelement versteht, verwendet es, um neuen Boden für die Urbarmachung anzulegen. Auch der physische Körper versteht das Feuer und nutzt es zur Verbrennung unerwünschter Abfälle, damit die Saat neuen Wachstums angelegt werden kann. Die Seele, welche die Zerstörungskraft des Feuers als Hilfsmittel kennt, weiß sich damit neue Wege zu bahnen, um das höhere Selbst in uns der Verwirklichung näherzubringen. Kein Mann und keine Frau ist zu niedrig, kein Mann und keine Frau ist zu hoch, niemand steht über den Naturgesetzen oder unter ihnen. Das Gesetz, welches das Feuer regiert, ist das Gesetz der Harmonie und des Gleichgewichts.

Wasser: Das Wasserbewußtsein ist symbolisch für alles, was fließt. Im Fluß des Wasserbewußtseins, in seinem voranziehenden Suchen, strömt es dem auferstehenden, erwachenden Bewußtsein der Ganzheitsperson, dem Ganzheitskosmos, entgegen. Als Bewußtsein will das Wasserelement nicht nur die Entfaltung des ganzheitlichen menschlichen Wesens, sondern auch die Entwicklung der Ganzheit der Existenz. Das Selbst kennt keine Trennung, keine ›innere‹ und ›äußere‹ Welt, nicht einmal die Trennung zwischen uns und einer Zementmauer. Das Wasser will Wahrheit, und es reinigt gleichzeitig die Wahrheit unserer ›inneren‹ und ›äußeren‹ Welt. Bewußt regt das Wasser mit seiner sanft fließenden Bewegung in unserem Körper, Verstand, Seele und im Geist unser Verlangen nach Kontinuität und Synthese in der geschaffenen Formwelt und in der transparenten, unsichtbaren Welt an.

Ob von der Bewußtheit der Alten oder der Neuen Zeit die Rede ist, vollkommen werden wir nur sein, wenn wir so sind, wie wir in Gottes Vorstellung von Anfang an *waren,* nämlich göttliche, allwissende und ewigwährende Wesen. Jedes der Elemente hat ein Bewußtsein, das durch jeden von uns wirkt, das uns in die Richtung dieser Urvollkommenheit, die es kennt, zurückführt. In jedem unserer Körper, im Verstandkörper, physischen Körper, Seelen- und Geistkörper, leben die Elemente in Koexistenz. Ist die Beziehung der Körper untereinander kein Miteinander, können auch die Elemente nicht im Miteinander durch die Körper arbeiten. Dann wird der Zweck und das Ziel unserer Existenz nicht erreicht, und der Zusammenbruch des Verstandkörpers, des physischen, des Seelen- und Geistkörpers höhlt unsere Lebenskraft aus. Krankheit ist dann die Folge solcher Bedingungen, sei es eine Erkrankung auf der verstandlichen, physischen, seelischen oder geistigen Ebene.

Wenn wir *ausschließlich* durch die Verstandeskräfte zu heilen versuchen, können wir durchaus sichtbare Erfolge erzielen. Ist die Krankheit aber wirklich dauerhaft ausgeheilt, wenn wir nur den blanken Verstand als Heilmittel einsetzen? Könnte es nicht sein, daß der Verstand das Symptom geheilt hat, nicht aber die Krankheit? Wenn die Krankheitsursache nicht transformativ gewandelt wurde, können wir dann wirklich sicher sein, daß Symptome derselben Krankheitsursache nicht woanders auftauchen? Vielleicht hatten wir unter einer körperlichen Erkrankung zu leiden, und die physischen Erscheinungen des Problems konnten kuriert werden, weil wir jedoch noch immer anfällig waren, traten schon bald danach Depressionen und emotionale Probleme auf. Wurde also die ursächliche Krankheit tatsächlich ausgeheilt?

Es ist durchaus möglich, durch Verstandeskraft und nicht durch bewußtes Gewahrsein die der Krankheit zugrundliegenden, tatsächlichen Probleme, seien sie verstandlich oder körperlich, auszuschalten. Aber für wie lange? Die Elemente unterstützen den Wechsel und die Metamorphosen, damit sie transformieren können. Statt das Krankheitssymptom oder die Störung von einer Form in eine andere abzuschieben, sollten wir uns den Heilwert der Elementarkräfte bewußt machen und die Elemente für eine vollständige Wandlung von Krankheit in Gesundheit und Befreiung um ihre Mithilfe bitten.

Wie können wir unsere Gesundheit erhalten? Wenn wir unsere Abhängigkeit von den Elementen erkennen, haben wir das Potential, allen Herausforderungen zu begegnen. Ohne die göttliche Natur der Elemente und ihren Sinn zu erfassen, reduzieren wir unsere eigene Lebenskraft, da wir uns nicht in Harmonie und im Zusammenwirken innerhalb der Einheit ›Ein Mensch – Ein Kosmos‹ bewegen. Wenn wir weiterhin glauben, es gäbe eine ›äußere‹ Welt, die sich von der ›inneren‹ unterscheidet, verursachen wir Trennung. Die Welt Gottes ist nicht teilbar. Um unsere eigenen größten Möglichkeiten zu realisieren, sollten wir die Welt nicht als Ort für Milliarden Menschen und Häuser betrachten, sondern als eine große Familie in Gott und von Gott. Der Planet Erde ist unser Bruder, unsere Schwester, ein wichtiges Mitglied unserer Familie.

In seiner Gestaltung und Struktur erscheint jeder Körper als Individuum, der Wille eines jeden ist frei und unabhängig, und doch sind wir in unseren Herzen voneinander abhängig. Durch unsere Seele erkennen wir unsere tatsächliche Natur und erfahren, wer wir sind. Verursachen wir in den äußeren und inneren Elementen Ungleichgewicht, ist das nicht das Problem der Elemente, sondern unser Problem des falschen Gebrauchs der Elemente. Allem und jedem ist es angeboren, das Leben der Welt und die Welt, in der wir leben, in Harmonie und Gleichgewicht zu halten, und das Leben, was wir als unsere innere und äußere Welt kennen, als Eine Welt zu verstehen.

6. Kapitel

Vom Gleichgewicht und Ungleichgewicht der Elemente in Körper, Verstand, Seele und Geist

Ist die Natur klüger, als wir zu denken in der Lage sind?

Daß wir von der Gesundheit der Elemente die Grundbedingungen unserer eigenen Existenz abhängig machen müssen, ist jedem Menschen klar, und viele fragen sich heute, wie das angesichts verseuchter Erde, vergifteter Luft, verunreinigtem Wasser und kerngespaltenem Feuer möglich sein soll? Welche Ignoranz gegenüber der Natur hat in dieses Elend geführt? Doch vom naturentfremdeten Ungeist ist in diesem Kapitel weniger die Rede, vielmehr vom Geist der Elemente, die Evolution und Wachstum auf ihre Weise durchsetzen.

Die zugrundeliegenden Fragen beschäftigen sich mit der Intelligenz der Natur, der Bedeutung ihrer Ordnung und schließlich mit ihrer Weisheit, durch welche sie das Leben und die menschliche Existenz unterstützt. Immer wieder hören wir, daß alles in der Natur nach Gleichgewicht strebt und die Aufrechterhaltung des Gleichgewichts eine grundlegende Naturgesetzlichkeit ist. Da wir selbst Natur sind, stellte sich die Frage, wie dieses gleichgewichtssuchende Streben der Natur durch uns wirkt? Haben wir eine krankhafte Vorstellung von Wachstum, weil unser Elementarbewußtsein verdrängt ist? Ist der Drang, die Elemente zu vergiften und zu zerstören, in Wahrheit eine Projektion, eine Abwehr des unbewußten Wissens über die Macht der Elemente in uns?

Die vier Elemente bestimmen die körperliche Konstitution aller Lebewesen. Mit Hilfe der Elemente wirken die karmischen Gesetze an den Grundursachen unserer Störungen und bestimmen den Zustand unseres gegenwärtigen Seins. Umgekehrt beeinflußt auch der Same einer Krankheit die vier Elemente, damit sie auf wirkungsvolle Weise die karmischen Gesetze erfüllen und uns unterstützen, in den Zustand des Gleichgewichts zu kommen. Es verhält sich sogar so, daß uns die Elemente in noch weitere disharmonische Zustände bringen, damit wir lernen, was zu lernen ist, unser Karma durcharbeiten und den Punkt der Mitte, das Zentrum, finden. Das Ziel der Elemente besteht darin zu leiten, damit wir den Weg der Mitte finden und ins Sein gelangen. Auch nur eines der Elemente zu mißbrauchen oder zu verlieren, führt uns in die Krankheit, sei es die des Verstandkörpers, und/oder die des physischen Körpers und schließlich in den vorzeitigen Tod. Wie schon erwähnt, ist das Elementeungleichgewicht in unseren Körpern nicht das Problem der Elemente, sondern vielmehr das Resultat mangelnder Bewußtheit und des Mißbrauchs der Elemente. Wenn Erde, Luft, Feuer und Wasser zusammenwirkend einander fördern, lenkt die Ganzheitlichkeit der Elemente in Körper, Verstand, Seele und Geist unsere Entwicklung dahin zu verstehen, wer wir sind, was wir sind, woher wir kamen, wohin wir gehen, warum wir hier sind und was der Sinn unseres Lebens ist. Die bewußte oder unbewußte Verleugnung der Elemente im Körper, Verstand, Seele und Geist verursacht Schmerz, Leid und mangelnde Selbstbewußtheit.

Die Erde als das Ziel

Wird die ›innere‹ Erde nicht von der ›äußeren‹ Erde gefördert und genährt, sind Infektionen das Ergebnis dieser Unterversorgung, da es an harmonischem Innen- und Außenweltbewußtsein mangelt. Ist die ›innere‹ Welt nicht ausreichend mit Erde versorgt, bekommt sie zu wenig Erdprodukte wie Gemüse und Hülsenfrüchte, beginnen alle Körper an den Folgen von Anämie und Fehlernährung zu leiden, was die Ursache vieler Krankheiten ist. Das Gleichgewicht zwischen der

›inneren‹ und ›äußeren‹ Erde zu wahren, ist nicht nur für unser körperliches Wohlbefinden von grundlegender Bedeutung, sondern auch für das Wohlbefinden des Verstandkörpers, für sein Wohlsein oder seine Erkrankung.

Bei der Diagnose verstandlicher oder emotionaler Störungen läßt sich stets ein Mangel an Erde in der Konstitution des Patienten feststellen, der entweder durch mangelnde physische Erdunterstützung wie falsche Eßgewohnheiten oder durch mangelnden Erdkontakt mit dem Körper entstanden ist. Der Verlust des Gefühls für die eigene Körperlichkeit, der Körperwahrnehmung und der Ganzheitlichkeit sind *immer* Symptome psychologischer Störungen. Der Verlust des Körpergefühls verursacht unnatürliches, gestörtes Verhalten und vernunftwidrige Entwicklungen im Verstand.

Menschen, die im Verhältnis zur ›inneren‹ Erde zuviel ›äußere‹ Erde haben oder umgekehrt, oder zuviel oder zuwenig Erde in Relation zu den übrigen drei Elementen, sowohl ›innen‹ wie ›außen‹, könnten eines oder mehrere Symptome, die ich im folgenden beschreibe, an sich feststellen. Hier sind einige Beispiele körperlicher Störungen, die sich aus dem Ungleichgewicht zwischen ›innerer‹ und ›äußerer‹ Erde ergeben.

Verbindungen zwischen der Erde und physischen Erkrankungen

Fettleibigkeit: Weil es das Wesen der Erde ist, zu wachsen und zu nähren, führt die unausgewogene Erdqualität im Menschen zu organischen Fehlfunktionen, und zu Fehlreaktionen der Drüsenimpulse vom Gehirn an alle Zellen, die vom Zentralnervensystem gesteuert werden. Diese Art der Fehlfunktion des Gehirns kann im Organismus Alarmbereitschaft auslösen, und die Zellen nötigen, Wasser und Nahrungsstoffe zu horten. Der menschliche Körper im ›Alarmzustand‹ lagert Fette und andere, normalerweise zur Verdauung bestimmte Güter wie Proteine im Körper ab. Diese Art der Fehlfunktion des Gehirns hat nichts mit der *Absicht* zu tun, an etwas festzuhalten. Das *absichtliche* Festhalten ist eine psychische Störung, die durch ein anderes Element hervorgerufen wird. Der dickleibige Mensch, der unter der Erdelementstörung leidet, hält fest, ganz gleich, wie wenig er ißt. Dieser Mensch bleibt im Alarmzustand und hortet.

Stottern: Das Stottern muß nicht unbedingt auf eine psychische Störung zurückzuführen sein, es kann auch eine organische Störung des Gehirns vorliegen, die bewirkt, zusammenhängende Ordnungen der Wörter in verschobener Reihenfolge abzurufen. Hat das Erdelement Mängel im Brustraum, der Kehle, im Herz- und Kehlkopfchakra und den korrespondierenden Organen und Drüsen wie der Lungen, Bronchien, Speiseröhre, Kehlkopf, Herz, Schilddrüse, Nebenschilddrüse und Thymusdrüse wird der Einfluß dieses Mangels deutlich werden. Die Energiekette, die sich über die Chakren durch dieses Gebiet der menschlichen Anatomie bewegt, schafft eine Sequenz von flatternder statt fließender Energie, die, in Richtung des Sprechzentrums des Gehirns weitergeleitet, als Defekt im Rhythmus der Übermittlung vom Gehirn an die Zunge auftritt.

Spannungszustände und Herzklopfen: Spannungszustände (Hypertension) und Herzklopfen können Symptome für ein unregelmäßig arbeitendes Wärme- und Kältesystem des Körpers sein und sind nicht immer auf psychische Störungen zurückzuführen. Der natürliche Weg des Organismus, Flüssigkeit auszuscheiden, die Selbstheilungskraft des Körpers und auch die Fähigkeit, das innere Thermostat auf ein adäquates Wärme- und Kältesystem einzustellen, könnten unterdrückt sein und der Organismus hat Überlebensprobleme.

Einige Beispiele psychischer Störungen und Verhaltensstörungen zeigen, wie sich die Unausgewogenheit des Erdelements ausdrückt, wenn es im ›innen‹ und ›außen‹ nicht im Gleichgewicht ist.

Die Beziehung zwischen dem Erdelement und psychischen Störungen

Exzentrizität des Ego: Charakteristisch drückt sich die Überspanntheit des Ego im Standpunkt »ICH BIN DER GRÖSSTE« aus, oder in der Haltung »ICH BIN EIN NICHTS.« Jedes Extrem, ausgedrückt durch die Ego-Persönlichkeit, verursacht Erkrankung. Das exzentrische Ego des ICH BIN DER GRÖSSTE erleben wir häufig bei Führern jeder Art, sei es im Geschäftsleben, in der Politik oder im Sozialwesen. Diese Führer bringen gegenüber anderen ihre Überlegenheitshaltung zum Ausdruck, und gleichzeitig die Störungen ihres Erdelements, und wir können sicher sein, daß das Ungleichgewicht ihres inneren Erdelements sie in einen emotionalen Zusammenbruch oder in geistige Verwirrung führen wird. Sie fürchten, ihre Selbstdarstellung, die sie anderen als Image projiziert haben, werde nicht aufrechtzuerhalten sein. Meist rauchen und trinken sie zuviel, oft leben sie extreme Verhaltensweisen aus. Das soll jedoch nicht heißen, daß sich alle Führungspersönlichkeiten in Disharmonie mit ihrem Erdelement befinden oder alle an diesem Syndrom leiden.

Die Ego-Exzentrizität des »ICH BIN EIN NICHTS« ist ein Syndrom, das körperlich an Kennzeichen wie vorgebeugtem Rücken, hängenden Schultern, zusammengekniffenen Augen, Furcht vor Augenkontakt und nervösem Augenzucken zutage tritt. Hinzu kommen die unschwer erkennbaren verstandlichen Störungen, die sich aus dem zu niedrig angesetzten Selbstbild und zu geringer Selbstachtung ergeben. Häufig sind diese Menschen der Ansicht, schon das Kleinste sei zu schwer für sie.

Autismus: Hilflosigkeit ist ein weiteres Syndrom des unerträglichen Leids verlorener Selbstwahrnehmung, das im Autismus erkennbar ist. Diese Hilflosigkeit ist ein Beispiel für den mangelnden Kontakt des Kranken mit seiner eigenen inneren und äußeren Welt, mit seinem inneren und äußeren Körper. Der autistische Mensch fühlt sich zwischen zwei Welten gefangen. Er sieht und empfindet gleichzeitig die eigene ätherische Welt und die Welt der Form, doch weiß er nicht, welcher Welt er sich zugehörig fühlen soll. Das verursacht unerträgliches Leid und große Verwirrung. In allen Fällen von Autismus besteht ein Verlust des Erdkontakts und des Gleichgewichts zwischen dem Erdelement und den übrigen Elementen. Autismus ist die schlimmste Art der Hilflosigkeit. Es ist die Unfähigkeit, mit der Wahrheit und der Selbstverantwortung umzugehen, die Unfähigkeit sich als Selbst zu empfinden, das Selbst in der Welt zu verankern. Befindet sich der autistische Mensch zwischen zwei Welten und kann sie nicht mehr in Bezug zueinander bringen, wird es kaum einen Weg zu normaler Kommunikation und beziehungsbewußtem Verhalten geben.

Dies sind nur einige Beispiele verstandlicher und physischer Störungen, die ursächlich aus der Störung des Gleichgewichts der Erde in der ›inneren‹ und ›äußeren‹ Welt in Erscheinung treten, die wir bemerken, wenn wir mit unserer ätherischen und physischen Welt, mit unserer inneren und äußeren Mitwelt, unserer Welt im Kollektiv, der

Welt, in der wir und mit der wir leben, unserem Kosmos, aus dem Gleichgewicht sind.

Bei der Entfaltung eines gefestigten Verstandes und Körpers spielt das Erdelement eine wichtige Rolle. Die Erde unterstützt die physischen und ätherischen Werte, die das Ganze zusammenhalten, so daß uns ausreichend Zeit gegeben ist, eine angemessene, gesunde Zeitspanne, um das ganzheitliche Selbst mit Bewußtheit zu entwickeln. Die physiologische Konstitution des Verstandkörpers und die des physischen Körpers sind gar nicht so verschieden voneinander. In den zahlreichen Leben und Existenzen auf der Erde haben sich Schichten und Schichten von Gedanken verwoben, und sie sind eine unmittelbare Entwicklung der Art und Weise, wie die Erde durch alle subtilen Körper wirkend tätig ist. Die Erde festigt das Band, das diese Körper zusammenhält. Der synchrone Gleichklang von Verstand, Körper, Seele und Geist verläßt sich auf die Erde als die ursprüngliche, uranfängliche Kraft, welche die Gesundheit führt, die Langlebigkeit erhält und unser höchstes Potential zu entwickeln hilft.

Wir sprachen über die Wirkungen des Erdelements auf den Körper und den Verstandkörper und sollten nicht vergessen, daß die Präsenz der Erde auch für die Entwicklung des Geist- und Seelenkörpers notwendig ist. Wenn wir die rechte Hand nicht zu gebrauchen wissen, werden wir auch von der linken keinen Gebrauch machen können. Die Erde erkennt den Gehalt des Selbst als ganzheitlich und allwissend an, sie hält die Geheimnisse des Lebens und Todes in der Brust und sie sehnt die kindlichen Werte der Menschen herbei, damit sie ihren Ursprung suchen und Frieden finden. Was die Menschen so einmalig macht, ist ihr freier Wille, mit dem sie das Schicksal wählen, bestimmen und verändern können. Insbesondere die Natur ihres potentiell unbegrenzten Bewußtseins ermöglicht ihnen, ihre Lebenskräfte am richtigen Platz einzusetzen, sie zu dirigieren und ihre rechtmäßigen Fähigkeiten unbegrenzter Möglichkeiten kreativ auszudrücken. Damit wir lernen, das Selbst zu verstehen, ist das Erdelement notwendig und wertvoll für uns. Besteht ein Defizit bei der Integration des Erdelements und mangelndes Verständnis des Erdwertes, setzt die Zerrüttung und das Sterben ein. Keine andere Lebensform ist in gleicher Weise ausgezeichnet wie der Mensch, daher haben wir die Verantwortung gegenüber uns selbst und der Welt nach bewußteren Ansätzen des Überlebens zu suchen, mit denen wir das Ganze als Ganzes fördern. Ohne die aktive Präsenz der Erde kann nichts bestehen, da sie an der Entstehung physischer Formen unmittelbar beteiligt ist. Auf der Leiter des Lebens werden die Menschen durch das von ihnen geschaffene Ungleichgewicht und von ihren Täuschungen herabgezogen. Doch wir können auf der Leiter des Lebens emporsteigen, indem wir lauteres, gesundes, intuitiv erkennendes Sein und Wohlbefinden ausdrücken, wenn wir ausgewogen sind im Geben und Nehmen, wenn wir den Weg der Harmonie und des Gleichklangs gehen. Was noch nicht ausgewogen ist, kann ausgewogen werden, und die verlorenen Tugenden gilt es wiederzufinden.

Die Luft als die Motivationskraft und Diktatorin der Seele

Die Luft ist Musik für den Verstand, den Körper, für Seele und Geist, sie trägt das Lied von der Ausgewogenheit und Harmonie in alle Dinge, die den himmlischen Bereichen angehören. In jedem einzelnen Menschen wirkt die Luft, sei es innen oder außen, auf unterschiedliche Weise. Das musizierende Luftelement bringt nicht in jedem Verstand, Körper, Seele und Geist dieselben Wirkungen hervor, denn auf welche Weise die Musik verstanden wird, hängt von der Art der Leben ab, die vor diesem gelebt wurden. Auf vielfältige Weise gibt die Luft unserem Leben Wert. Allem Geschaffenen verleiht sie die Motivation zu regenerieren, sie regt den Impuls, den Drang zu leben an, damit dem Ursprung des Lebens, sowohl innerlich wie äußerlich, begegnet werden kann. Es schläft die Luft in jedem Menschen und gleichzeitig weckt sie das alte Programm der Seele auf, lebensfördernde Kräfte im gesamten Körpermechanismus zu motivieren. Wie kein anderes Element ist die Luft Hauptantreiberin des Erfolgs, jeden Erfolgs, sei es der bewußten Erwachens oder erfolgreichen Handelns im Leben, im Sein. Die Luft führt ein eigenständiges und unabhängiges Leben, und doch lenkt sie, abhängig von der Kraft der übrigen Elemente, Zwecke einzubringen und anzuführen, ihre Aktivitäten in vorgegebene Richtungen.

Zirkulierend führt das Luftelement die Gedanken vom Alten ins Neue; sie regt die Organe an, sich über ihr physisches Schicksal zu erheben und über ihre physischen Ziele hinauszugehen. Die vielen ›kleinen Selbst‹ koordiniert die Luft, damit ein vollkommenes Selbst in allem Geschaffenen und als Geschaffenes erwacht.

Die Fähigkeiten der Luft helfen uns, uns in anderen zu finden. Diese Lufteigenschaft ist wie ein Spiegel, durch den wir unsere Selbstentwicklung fördern, in dem wir uns widerspiegelnd in anderen, in Dingen und durch den wir die äußere Welt erkennen. Die Luft ist beteiligt an der Zeugung wünschenswerter Ergebnisse, seien sie gute oder schlechte, gesunde oder kranke, und die Luft vermag, falls es ihr ermöglicht wird, guten Willen zu erzeugen. Das Luftelement braucht Absicht und Richtung. Obwohl sich das Luftelement durch Körper, Verstand, Seele und Geist bewegt, kann es zu einer Art Verlorenheit kommen, denn die Luft an sich ist nicht die Absicht, nicht die Vorstellung oder Idee. Sie ist vielmehr die Motivationsgeberin für das, was *da* ist, und für das, was sein kann. Dem Gehirn signalisiert die Luft innerhalb des psychologischen Prozesses Ideen anzuregen. Diese Ideen sind noch keine Gedankenformen, sie sind ein Teil des wirklichen Seins, das die Absicht des Körpers aufrechterhält, nach dem Ursprung, nach der eigenen Natur zu suchen. Die Luft gehört zu den ungreifbaren, den ungekannten, ungeformten Dingen. Alles, was ist und Teil des Göttlichen ist, IST und lebt durch Gottes Atem. Was uns gegeben wurde, ist das All. Der Atem trägt die göttliche Vorstellung, und nicht unsere kleinen Vorstellungen, unsere Täuschungen über das, was wir sind und was unser Zweck ist.

Gott und Luft sind eins mit unserer göttlichen Natur, und die Luft ist die Botin für die Nachrichten der Seele an Gott, und für die Botschaften Gottes an die Seele. In der physiologischen Anatomie eines jeden lebt Gottes ursprüngliche Vorstellung, in jeder Zelle einer weiteren Form bisher noch unbekannter, subatomarer Struktur. Alles, woraus wir gemacht sind, entstammt Gottes Atem. Die Luft ist eine Dirigentin. Sie ist ein wichtiges Instrument innerhalb der Substrukturen des Körpers, und für die Erhaltung unserer Gesundheit bedient sie sich des Atems, unserer Atmung.

Nicht jeder Atemzug ist ein Atmen, das dir und anderen nützt. Das seufzende Atmen des Kummers motiviert den physischen Körper, den Verstandkörper, Seelen- und Geistkörper, das derzeit gültige Programm eines erfolgreichen Daseins in ein Programm des Zerfalls und Sterbens abzuändern. Unsere Gedanken, werden sie vom seufzenden Atem getragen, verursachen einen Akt der Entmutigung, der den Verstandkörper alarmiert und den physischen Körper dahingehend überstimuliert, Bewußtheit und Sinneswahrnehmung einzuschränken. Der seufzende Atem sagt: »Ich kann nicht damit umgehen! Ich kann es nicht ertragen! Ich kann nicht!« Die dem Atem zugrundeliegende Voraussetzung kann sich im physischen Körper zur destruktiven Kraft entwickeln.

Im Menschen vermag das Luftelement Fragen offenkundig werden lassen: »Wer oder was glauben wir zu sein? Wer oder was möchten wir gerne sein?« Erinnern wir uns, die Luft ist eine Botin und Dirigentin, die nicht nur Gottes Wille austrägt, sondern auch unseren eigenen Willen, denn wir sind göttlicher Herkunft und verfügen über den freien Willen. Wenn unser Wille dem Körper erklärt, einer Sache nicht gewachsen zu sein, mit allem nicht mehr fertig zu werden, dann wird er tun, was der Wille ihm aufgetragen hat, und tatsächlich nicht damit fertig werden. Dies ist in der Tat ein realisierter Todeswunsch: Wir töten uns durch die Kraft des eigenen Willens, durch die eigene Atmung, wir selbst verursachen den eigenen Tod.

Beispiele körperlicher Erkrankung, die unmittelbar auf Luftmangel im physischen Körper, Verstandkörper, Seelen- und Geistkörper zurückgehen, haben stets mit der Aushungerung der Zellen und infolgedessen mit Verkümmerung und Atrophie der Organe zu tun. Am stärksten sind davon die Herzzellen und das ganze Herzsystem betroffen, was Herzfunktionsstörungen verursacht, und auch das Atmungssystem, einschließlich der Lungen und Bronchien, werden davon beeinträchtigt.

Luft steht jedem zur Verfügung, es gibt keine Luftknappheit in unserem Weltluftvorrat. Die Luft ist immer vorhanden, doch nur selten wird sie vom einzelnen bewußt als Mittel gewählt, die seit Anbeginn bestehenden Systeme der Lebenserhaltung zu fördern. Mangelnder Sauerstoff in den Zellen behindert unser Überlebensprogramm, und das Sterben setzt ein, meist nach einer schmerzensreichen Krankheit.

Verbindungen zwischen der Luft und Störungen des Verstandes

Beispiele für Erkrankungen des Verstandkörpers, die unmittelbar auf zuviel oder zuwenig Luft in der inneren und äußeren Welt zurückgehen, sind unter anderem:

Größenwahn: Trügerische, illusionäre Gedanken und übermäßig inflationierte, aufgeblasene Vorstellungen der eigenen Bedeutung, die von hochtrabendem, großsprecherischem Verhalten begleitet werden, sind die Symptome des Größenwahns. Zuviel oder zuwenig Luft in der Psyche, Luft, die zwar durch den Verstandkörper zirkuliert, ohne jedoch den ursprünglichen Sinn erwecken zu können, kann die Demobilisierung und den Verlust der Selbstidentität bedeuten. Die Folge sind Fehleinschätzungen, wer wir und was wir wirklich sind. Aus der Übertriebenheit des kleinen ›ich bin‹ der Ego-Persönlichkeit erwächst Verblendung und eine verdrehte Auffassung der eigenen Realität, was unfähig macht, die Dinge so zu sehen, wie sie wirklich sind, um sich mit ihnen auseinanderzusetzen, und schließlich wird auch das Verlangen, zu ›sein‹, stimuliert. Dann kommt die Frage auf: Was zu sein? Dieses ›Sein‹ des Größenwahns wird immer von Machtgehabe begleitet, und für die anderen stellt sich die Machtdemonstration so dar, daß die machtdemonstrierende Haltung mehr beeindruckt als das dahinterstehende Denken. Jeder übertriebene Ausdruck, sei es im Denken oder Verhalten, kann als Zeichen des Luftungleichgewichts angesehen werden.

Die Luft sucht Zweck, daher sollten wir unsere Ziele mit Weisheit wählen! Wenn uns klar ist, welche Rolle die Luft und das Atmen in unserem Leben spielt, wie es unser Schicksal mitbestimmt, wird die Notwendigkeit der Atemübungen verständlich, durch die wir mit dem Atem und durch die Atmung die richtigen Absichten setzen.

Das Feuer als Verwandler des Todes in Leben, des Dunkels in Licht

Das Feuer ist ein Werkzeug der Götter, mit dem das Substrat des Aufgelösten, der Abfall, transformiert wird, um in den freudvollen Dienst des Heilsamen zu treten. Das Feuer der Liebe blüht in den Herzen aller, und alles lebt durch Seine/Ihre göttliche Huld. Des ist die Flamme, der ewigwährende Funke im Herzen, der den Nachtfalter in den Tod lockt. Die Metamorphose des ›stirb und werde‹ findet tagtäglich in jeder einzelnen Zelle statt und ebenso in unseren umherschweifenden Gedanken. Das Feuer begehrt den Wechsel. Zielfreudig drängt es danach, unsere Auffassungen über die Verlorenheit und unsere Angst etwas zu verlieren zu zerstören, damit in uns Raum für die Veränderung der Anschauungen, für das Wissen vom Nutzen, für das Geben und über Leben und Wiedergeborenwerden eröffnet wird.

Jede Zelle des Körpers befindet sich in ständigen Wandlungsprozessen, ständig sterben Zellen, und ebenso rasch werden neue geschaffen. Jeder Suchende, der die Kraft des Lichts erkannt hat, versteht auf seine Weise die Transformationskraft des Feuerelements.

Das Feuer tanzt, es setzt in Bewegung, es bringt der Krankheit Heilung, und es führt die Wandlung veralteter Programme herbei. Das Feuerelement verursacht Brand und Reibung, damit Platz für das Neue entstehen kann. Bei einem Waldbrand brennen nicht nur die Bäume, es verbrennen auch die von den Ästen auf die Erde gefallenen harten Fruchtschalen, welche die neue Saat umschließen. Die neue Saat verwurzelt sich im Boden und erneuert die Erde. Der Brand ermöglichte dem jungen Wald die Geburt. Das tötende Feuer brachte einen Prozeß in Gang, der dem jungen Wald zum Leben verhilft. Seit Anbeginn der Zeiten hat das Feuerelement in den Menschen die Bewußtwerdung initiiert. Der Verbrennungsprozeß feuert den Verstand an, im Denken und Handeln achtsam zu sein. Das Feuerelement hat die Veranlagung zu transformieren, und darin kennt seine Natur kein Ende. Solange die drei übrigen Elemente diesen Prozeß, ganzheitlich zu wirken, unterstützen, bilden sie eine Elementareinheit und ein DU. Der Sinn und Wert des Lebens werden gefunden.

Gibt es nichts zu verbrennen, ist auch nichts da, woraus wir uns erneuern können. Schüren wir das Feuer zu sehr, sei es durch den Verstandkörper oder den physischen Körper, brennen wir aus. Was bedeutet *ausbrennen* in diesem Zusammenhang? Ein Leben ohne Hoffnung, ein Leben in Verzweiflung und endlosem Gram. Kein menschliches Wesen kann in der Dunkelheit ohne Licht überleben, ohne Wärme und Mitgefühl. Wir fänden keinen Grund zu leben, gäbe es nicht unsere Suche, das Licht und seine wärmende Kraft zu erfahren. Haben wir das Licht und die Wärme erkannt, können wir die Hoffnung und das lebensbejahende Leben verwirklichen, den Zweck und unser unendliches Potential. In all unseren Körpern kann das Feuer immerwährend brennen, oder bis zu jenem Zeitpunkt, an dem es die uns vertraute Existenz nicht mehr gibt. Wo kein Feuer brennt, vermag sich keine Kraft, kein Leben zu behaupten. Mit dem Treibstoff der Hoffnung brennen alle Substanzen, seien sie groß oder klein, und die Wiedererneuerung ist das Ziel ihrer Seele.

Wie macht sich die Seele das Feuer nutzbar? Versuche, dir den Gedanken der Erneuerungskraft des Feuers in den Körpern bewußtzumachen, während du mit der Lektüre fortfährst, und gewiß stellst du

Reaktionen darauf in dir fest. Spüre, wie dein Körper auf dieses Signal reagiert! Das Feuer vermag eine Vorstellung in Wirklichkeit zu verwandeln. Jedes Feuer schafft Reibung, und genau diese Reibung ist es, die uns als Ganzes im Ganzen zentriert. Berühren wir Feuer, verbrennen wir uns, und doch brennt das Feuer unermüdlich in uns. Das Feuer ist Nahrung für die Seele. Sie bedient sich des Feuers als Hilfsmittel, um ihre gezielten Vorstellungen in uns durchzusetzen, sie durch uns auszudrücken, indem sie durch das Feuer Vorurteile ausbrennt, damit wir nicht weiter an festgefahrenen Definitionen kleben bleiben. Befreien wir uns von unseren alten Vorstellungen, eröffnen wir neuen Raum in unserer Welt. Immer entsteht neuer Raum nach einem Brand. In diesem Raum werden wir nicht von Objekten und Denkvorstellungen geblendet, die sich vor langer Zeit in uns eingenistet haben, sondern wir werden frei, damit wir ›sehen‹. Sind wir unserer Fähigkeit zu ›sehen‹ gewahr, befinden wir uns im eigenen Zentrum und von hier aus haben wir einen neuen 360°-Rundumblick auf Dinge und Umstände, die wir jetzt so sehen, wie sie wirklich sind, und nicht so, wie wir es gelernt hatten, oder so, wie wir sie uns selbst einmal erdacht hatten. »Sieh dich selbst und entdecke durch dich die Wahrheit.«

Befindet sich in unserer Innen- und Außenwelt das Feuer nicht im Einklang mit den übrigen Elementen, drückt sich das Ungleichgewicht durch den physischen Körper und den Verstandkörper aus. Zuviel Feuer schädigt die Balance des Verstandes und Körpers und verursacht eine Reihe schmerzhafter Störungen.

Beziehungen zwischen Feuer, psychischen und physischen Störungen

Zu viel Feuer:

Verdauungsstörungen: Verdauungsprobleme und Magenbeschwerden.

Funktionsstörungen in den Organen: Die Leber ist besonders davon betroffen. Alle Leberprobleme werden durch Alkohol verstärkt, der wie ein tödliches Feuer auf die Leber und alle anderen Organe wirkt.

Rapider Verfall der Lebenskraft: Und auch rasche Dezimierung der Fähigkeit, Vitalität im Körper aufzubauen.

Hautausschläge und Hautbrennen: Hautausschläge und Hautbrennen, die nicht der Neurodermitis angehören; außerdem allergische Reaktionen.

Alles, was mit Übertriebenheit zu tun hat:
zu groß - zu klein
zu kurz - zu lang
zu dick - zu dünn

Zu wenig Feuer:

Wenn zu wenig Feuer in den Körpern ist, dauert es oft lange, bis sich eine Krankheit manifestiert, und die Störung mag daher lange Zeit unbemerkt bleiben. Tritt die Erkrankung in Erscheinung, ist es für die Heilung gewöhnlich zu spät.

Psychologische Störungen

Alles, was mit Übertriebenheit der Stimmungen zu tun hat.
Die Lebenseinstellung kennt keine Liebe.
Keine Toleranz gegenüber den Fehlern anderer.
Keine Toleranz gegenüber jeder Art von Unordnung, doch zwanghaft im Ordnungschaffen.
Alles muß perfekt sein in seiner/ihrer Welt.
Zu schlau - ohne gesunden Menschenverstand.
Zu dumpf - ohne gesunden Selbstbezug und ohne Kenntnis, welchen Platz man in der Gemeinschaft einnimmt.
Spricht zuviel - hat jedoch sehr wenig Verständnis.
Streitsüchtig.

Das Wasser als Rufer

Das Wasser ist ein Element, das fließt und sucht. Es will Durchgänge anlegen, es bereitet Raum für die innere Reise und legt den Pfad für die künftigen Schritte an. Das Wasserelement beeinflußt den Verstandkörper, den physischen und den Seelenkörper und am allermeisten den Geistkörper. Der ausgetrocknete Ackerboden wird vom Wasser zu neuem Wachstum erweckt. Mit der menschlichen Psyche wird das Wasser am häufigsten in Verbindung gebracht. Das Wasser bahnt sich selbst den Weg zum Sein, und es unterstützt in uns entweder das bewußte Gewahrwerden des Plans in allen Dingen und Umständen, oder es fördert die Erkrankung. Das Wasser ist der Rufer. Das Erweckungssystem des Wassers hat seinen eigenen Elementarprozeß, der uns in törichte Träume führen kann, der uns irreführt in der Anschauung dessen, was wir sind oder was wir nicht sind.

Nicht die Krankheit entdeckt uns, sondern wir manifestieren die Krankheit, wenn wir das Rufen des Wassers nicht hören. Horche auf den Schlag deines Herzens, und du wirst den Rhythmus des Wassers erkennen. Könnten wir den Herzschlag exakt hören und messen, wüßten wir, daß es keine zwei Herzschläge gibt, die einander exakt gleichen. Dies trifft auch auf den Rhythmus des Verstandes, des Blutes und auf den Jahreszeitenrhythmus in uns zu. Das Wasser weiß von keinem Ende, es arbeitet sich durch die Formwelt und durch die subtilere formlose Welt, nirgendwo macht es Halt auf seiner Reise zum Ozean der Wahrheit,

Alles in der Natur hat Rhythmus. Die Winterkälte vergeht und macht der Neugeburt des Frühlings Platz. Die Sonne brennt im Sommerhimmel, und es folgt der Herbst mit seinem Blätterfall, und der Zyklus der Jahreszeiten setzt sich fort, wenn das Sterben des Winters wiederkehrt. Wir klagen nicht über den Stirb-und-werde-Zyklus der Natur, aber wir geben uns damit zufrieden, in jeder Jahreszeit die Ernte unserer eigenen Todesangst hinzunehmen. Der Tod ist ein natürlicher Vorgang des Jahreszeitenrhythmus, das Vergehen und Neubeginnen innerhalb und außerhalb unseres Körpers, Verstandes, Seele und Geist. Das Wasser vermischt sich mit den Ängsten, es kann sie übertreiben oder vertreiben, das hängt von unserer Bewußtheit über den Ruf des Wassers ab. Die Angst hatte oder hat noch immer jeder zum Feind, und sie bestimmt unser moralisches und ethisches Verhalten.

Das Eis ist Wasser in Form gefrorener Tugend. Die Wärme des Wassers, die Liebe und Hingabe, ist uns fremd geworden und scheint vergessen. Nehmen wir die Liebe in uns wahr, und gewähren wir ihr aktiv zu sein, schmilzt das Eis, und wir werden vom Feuer des Herzens gewärmt. Geben wir der Zärtlichkeit des Wassers Gelegenheit, sich durch uns auszudrücken! Niemand kann ohne Berührung überleben, und sei es die eines süßen Regentropfens auf der Haut oder die einer freundlich helfenden Hand. Befreiung heißt der Fluß, den das

Wasser durch die einfache Tugend der Liebe begünstigt. Die Liebe fließt, sie gleitet, und alles Geschaffene, das im Liebesfluß badet, gleicht der süßesten Tugend des Wassers. So ist unser Element, das Wasser.

Das Wasser ist die Brücke zur Vergangenheit, die Eintrittskarte in die Zukunft. Im *Jetzt*, mit der Seele Güte, ist der Treffpunkt, der zentrale Punkt der Mitte, für alles, was war, und für das, was sein kann. Auf der *Jetztbrücke* finden alle Jahreszeiten statt, um dem erwachten ICH zu begegnen. Was war, das war, wir können nicht mehr zurückgehen, um es wiederzubekommen. Es wartet die Zukunft auf ihre Gestaltung durch uns. Unser Verstehen, abhängig vom Umfang unserer Bewußtheit, hilft uns, eine wünschenswerte Zukunft zu erschaffen. Sind wir auf der Brücke des Lebens im *Jetzt* nicht gefestigt, kann die Wahrheit in uns nicht erwachen.

Das Wasser gibt uns das ewigwährende Geschenk des Fließenden. Die Wahrheit war immer da, und sie wird immer da sein. Stehen wir auf der Brücke des *Jetzt*, liegt es an uns zu erkennen, damit wir mit Unterscheidungsvermögen die Zukunft gestalten. Niemand kann dir versprechen, daß die Wasser nicht in die Tiefe führen, niemand kann die Jahreszeiten so tiefgreifend in sich durchleben, wie des Forschers eigenes Selbst. Niemand kann dir erklären, was Schönheit wirklich ist, niemand kann anstatt deiner die Wahrheit für dich herausfinden. Deine Reise, dein Weg zum Selbst, ist eine Wanderung, die du alleine unternehmen mußt. Alle menschlichen Wesen werden von den Jahreszeiten beeinflußt. Suche in dir selbst nach dem Wahrheitsgehalt der Wörter, die deine eigenen Jahreszeiten schreiben, suche in der Erkenntnis, die dir in vielen vorausgegangenen Leben zuteil wurde, und ernte die Belohnung deiner eigenen Saat. Den Jahreszeiten können wir nicht den Auftrag geben zu kommen und zu gehen, doch wir können das Wasser berühren und den Fluß der Jahreszeiten in ihrem Kommen und Gehen. Suchen wir sie nicht zu weit entfernt vom eigenen Haus, daran sollten wir immer denken.

Das Ungleichgewicht des Wasserelements verursacht in den vier Körpern zahlreiche physische Probleme. Hier sind einige Erkrankungen aufgelistet, die sich im physischen und im Verstandkörper manifestieren, wenn der Rufer nicht vernommen wird.

Beziehungen zwischen Wasser, psychischen und physischen Störungen

Aufgedunsenheit, Schwellungen, Ödeme: Diese Erkrankungen werden vom Drüsensystem verursacht, das sich weigert, jenem Kranken fördernde Lebenskräfte zu spenden, der das Leben von der Unbewußtheit des Egos anführen läßt.

Selbst-Euthanasie: Ein Teil in uns, der erbarmungsfähig ist, tötet den Teil, der zu sehr leidet.

Dehydration: Die Austrocknung tritt nur in extremen Fällen und als Nebenwirkung verwandter und nichtverwandter Krankheiten auf. Auf der psychischen Ebene wird die Austrocknung durch den Wunsch, nach Hause zurückzukehren, verursacht. Gewöhnlich ist dieser Wunsch bei depressiven Menschen zu finden, die sich hoffnungslos fühlen, die nur schwer Kontakt mit der Wirklichkeit herstellen, das heißt mit der Welt, die wir als dreidimensional zu verstehen gelehrt wurden.

Erkrankungen der Arterien und Venen: Nicht bezogen auf Athero oder Arteriosklerose. Diese Menschen widersetzen sich der Zirkulationskraft jener Lebensenergie, welche die Kontinuität des Lebens unterstützt. Diesen Kranken scheint das Leben endlos, und sie leben ohne die Partnerschaft der Liebe und Freude. Der Wunsch, das Leben möge bald zu Ende sein, ist die alleinige Ursache dieser Störungen.

Hauterkrankungen: Hauterkrankungen wie Pocken und Ekzeme. Sie werden nicht von psychischen Problemen verursacht. Diese miteinander verwandten Hauterkrankungen gehen auf frühere Leben zurück, in denen dem Gnadentod eine rechtmäßige Stellung in der Gesellschaft eingeräumt war. Menschen, die damals den Gnadentod akzeptiert und ausgeführt haben, arbeiten nun durch ihr Leid an ihrem Mißverstehen des Lebenswertes. Barmherzigkeit ist ein anderes Wort für Güte, und es gibt keine größere Güte als die, das Leben zu bewahren, nicht es zu nehmen.

Bluterkrankungen: Bluterkrankungen wie etwa Leukämie. Das Blut, das durch die Kanäle der Wahrheit deiner Lebensweise fließt und

Lügen mit sich führt, wird von der Kraft der Liebe verdammt, die alles zerstört, was die Tugend vernichten will.

Nervenentzündungen und andere Entzündungskrankheiten, wie rheumatische Arthritis: Alle Entzündungskrankheiten haben den gleichen Ursprung. Jene, die sich von anderen nehmen, was sie wollen und sie bestehlen, haben unter diesen chronischen Beschwerden zu leiden. Die Taten mögen sich in früheren Leben oder auch in diesem Leben zugetragen haben.

Gedächtnisverwirrung: Gedächtnisverwirrung und manchmal Senilität. Wenn der Verstand unfähig ist, die Einfachheit der Wahrheit zu begreifen, wird das von der Seele angestrebte Ziel, zu erkennen und zu verstehen, geblendet. Das personale Ego, das von sich glaubt, die Seele zu sein, schreibt dann die eigenen Geschichten. Es gebraucht dazu kleine Teilchen der ihm bekannten Wahrheit und füllt die Lücken mit Fantasie, die an der Wahrheit vorbeigeht.

Wer vom Wasser der Wahrheit trinkt, dem wird kein Leid geschehen. Viele der heutigen Krankheiten dienen dem Zweck, das Karma vergangenen Handelns früherer Leben aufzuarbeiten.

Das Wasser ist ein Element, das nach Wegen und Durchgängen sucht, es zieht und zerrt an allen Hindernissen, die auf seiner Strecke liegen. Einige andere Störungen, die ursächlich auf ein disharmonisches Verhältnis des Wasserelements sowohl in der ›inneren‹ wie in der ›äußeren‹ Welt zurückzuführen sind, wären beispielsweise Hämorrhoiden, Herzkranzgefäßverengung, Bluthochdruck und andere Herzbeschwerden sowie Gelenkleiden.

Auf unterschiedliche Weise beeinflussen die vier Elemente den Verstandkörper, den physischen, den Seelen- und Geistkörper. Wir sollten die Elemente stets als Ganzheit anrufen, damit ihr System ganzheitlichen Zusammenwirkens auch das Ganzheitssystem Mensch unterstützen möge.

7. Kapitel

Das Diagnoseformblatt der Ganzheitsperson

Wie können wir lernen, mit dem inneren Auge zu sehen?

Auf die Sichtweise des Sowohl-Als-Auch zurückkommend, das dem Verstand so fremd geworden ist, weil er sich an das Entweder/Oder der Anschauungen gewöhnt hat, beschäftigt uns im folgenden Kapitel die Sicht der Dinge. Hier geht es um die Schulung der Sehfähigkeit des inneren Auges und die Erfahrung, daß wir sowohl mit dem inneren Auge als auch mit den physischen Augen sehen können, und nicht entweder mit den äußeren Augen oder dem inneren Auge.

Jahrelang habe ich mit dem Diagnoseformblatt geübt, das Energieporträt von Steinen, Pflanzen, Tieren und Menschen aufgezeichnet. Ich stellte fest, daß meine Ergebnisse meist dann unzureichend waren, wenn ich mit dem Kopf ans Werk ging und den Ballast angelernten Wissens auf das Blatt übertrug. Also übte ich mich darin, wie ein Kind auf die Dinge zu sehen und den unschuldigen Eifer, der im Warum jeder Kinderfrage zu Hause ist, neu zu erlernen. Im Laufe der Zeit bemerkte ich, daß die von neuentdeckter Unschuld motivierten Warumfragen in meinem Alltagsleben langsam die Oberhand gegenüber den so scharf ausgeklügelten Ansichten des Intellekts gewannen. Die veränderte Annäherung begann mir schließlich sehr viel Spaß zu machen, und ich fühlte, obwohl mir das angelernte Wissen zwischen den Fingern zerrann, wie sich auf sanfte Weise etwas gerade bog, das zuvor krumm war. Mehr und mehr wurde mir klar, daß jeder Mensch in der Lage ist, glaubt er an seine innere Sehkraft, alles zu sehen, was er wirklich zu sehen wünscht. Jeder Zweifel würde ihn davon abhalten. Wie wir mit dem Diagnoseformblatt üben, um dem inneren Auge die Sicht freizugeben, zeigt das folgende Kapitel.

Unser göttliches Erbe ist die unserem Innern entstammende, uns angeborene Weisheit. Unser Wissen, im Sinn von Bildung und Ausbildung, erlangen wir mit Hilfe äußerer Mittel, durch Bücher, Studium und traditionelle Erziehung. Doch der Strom der Weisheit wird von unserer Intuition bewegt, und sobald wir intuitiver werden, beginnt der Prozeß des Gewährens, der dem Selbst ermöglicht, im Sein vollkommener gegenwärtig zu werden. Sind wir präsenter, gegenwärtiger und gesammelter, aktivieren wir unser inneres Auge und befähigen uns, unser höchstes Potential auszudrücken. Jeder Mensch hat das angeborene Naturvermögen zu sehen, zu hören und zu verstehen, und dieses Potential kann mit jeder Gebärde und durch jedes Geschehnis des täglichen Lebens ausgedrückt werden, indem wir dem Sein nicht eine Art ›spirituelle‹ Eigenrolle zulegen, sondern im Sein die natürliche Bereicherung unseres physischen und mentalen Wohlbefindens erkennen.

Immer mehr Menschen suchen nach praktizierbaren Hilfsmitteln, mit denen sie ihre *tatsächlichen* Bedürfnisse der Gesunderhaltung besser erfassen können, was ihnen ermöglicht, klare Entscheidungen zu treffen. Jeder Mensch hat das unbewußte Bedürfnis, seine helfende Hand zu reichen und von anderen die helfende Hand zu empfangen. Wir Menschen sind Kopf-und-Herz-Geschöpfe, die sowohl den Intellekt als auch die Gefühlswelt zufriedenstellen wollen. Denken wir daran, daß wir aus vier Körpern gemacht sind. Der Verstandkörper stellt seine Forderungen, denn auch er braucht Nahrung und Erfüllung. Es ist unser inneres Verlangen, von anderen mit menschlicher Freundlichkeit behandelt zu werden, das gehört zur Natur unseres Menschseins. Als Patienten sind wir nicht damit zufrieden, ohne menschlichen Kontakt behandelt, sondern nur von Stethoskopen kühl berührt und von Spritzen gepiesackt zu werden. Wir sehnen uns danach, den Ursprung unserer Erkrankung in seiner tiefsten Bedeutung zu verstehen, wir suchen nach der helfenden Hand, und dieser in unserem Bewußtsein lebendige Wunsch sucht seine Erfüllung. Es stellt uns nicht mehr zufrieden, ›nur‹ physisch gesund zu sein, da als verstandliches und geistiges Verlangen auch unser Bedürfnis zu SEIN aktiv ist. Die neuen Disziplinen der Medizin, wie die Ansätze der Alternativmedizin, berücksichtigen diese Bedürfnisse der Ganzheitsperson und geben unserem natürlichen Verlangen die richtige Antwort.

Bei meiner Suche nach Antworten auf die Frage, wie ich meinen Patienten mehr nützen kann, indem ich nicht nur helfe, ihre physischen und mentalen Probleme zu lösen, sondern auch ihr höchstes Vermögen auf allen Ebenen zu kultivieren, richtete ich diese Fragen zunächst an mich selbst und versuchte sie aus meiner Sicht zu beantworten. Was, so fragte ich mich, erwarte ich im Krankheitsfall von meinem Arzt oder Therapeuten? Meine Suche hielt viele Antworten bereit, und ich wünschte mir klare und wahrhaftige Aussagen. Auf eine kurze Form gebracht, wurden mir folgende Grundbedürfnisse, die sich zwischen Arzt und Patient ergeben, deutlich: Ich wünsche mir von meinem Arzt, daß er mir das sichere Gefühl gibt, mich sehr genau zu verstehen, da er ein deutliches Bild von mir hat und mich daher ganzheitlich behandeln kann. Möglicherweise gibt es Krankheitsaspekte, die mir nicht bewußt sind, da sie nicht offenkundig hervortreten. Ich erkannte im Lauf der Zeit - und die Aussagen meiner Patienten bestätigten mich darin - daß jeder Mensch das Bedürfnis hat, vom Arzt als individuelles Einzelwesen und nicht als ein Patient unter vielen, verstanden zu werden, als Lebewesen mit individuellen und einzigartigen Problemen, und nicht als Massenwesen. Denn obwohl als Patienten unsere Krankheitsbilder einander ähneln, haben wir doch unterschiedliche Leben, und auch im Erleben sind unsere individuellen Methoden, mit Problemen umzugehen, verschieden. Auf diese oder jene Weise tragen wir alle Masken und nehmen sie sogar bei unserem Arztbesuch nicht ab. Wir möchten demonstrieren, wie stark oder wie empfindungsvoll wir sind, doch auch das ist maskenhaft, und dahinter versteckt sich häufig Angst. Wir fürchten, unser Arzt könne uns für unbedarft halten, und verbergen unsere Ängste, die unter Umständen die wahre Ursache unserer Erkrankung sein können. Und selbst wenn wir unserem Arzt von unseren Ängsten erzählen, scheint das die Intensität der Angst nicht immer abzuschwächen, da wir hinter unserer Angstschilderung vielleicht hinter das Symptom verstecken, das der Arzt kennen sollte, um eine exakte Diagnose zu stellen. Mit unserem Versuch, soviel wie möglich über uns selbst und unsere Erkrankung zu erzählen, können wir auch übertreiben, manche Symptome überbewerten und andere abwerten oder Vermutungen der Krankheitsursache vortragen, die den Arzt auf die falsche Fährte führen. Letztlich bleibt es dann doch dem Arzt überlassen, dessen Beruf es ist, das Richtige vom Falschen zu unterscheiden, zu einer eindeutigen und ganzheitlichen Diagnose zu kommen.

Eine weitere Frage an mich selbst war, wie ich als Patientin ganz sicher sein könnte, daß die vom Arzt erstellte Diagnose nicht aus seiner Mutmaßung und dem Bild, das er sich von mir macht, entspringt? Wieviel kann der Arzt wirklich über mich erfahren, wenn er nur eine Stunde oder sogar nur eine halbe Zeit für mich hat? Möchte ich nicht, wie jeder Mensch, von einem Arzt behandelt werden, der mich gut kennt, der meine Gesundheitsprobleme richtig einschätzt und mir sinnvolle Behandlungsmethoden vorschlägt? Und schließlich wäre es auch mein Wunsch, selbstverantwortlich mitzuwirken und zu entscheiden, welche der von meinem Arzt vorgeschlagenen Behandlungsmethoden für mich geeignet sind. Doch wie kann ich meiner Sache wirklich sicher sein, daß auch ich das Problem richtig beurteile und einschätze?

Diese Fragen, wie ich als Therapeutin dazu beitragen kann, das höchste Potential meiner Patienten zu entfalten, sowie die Vorstellung, daß es die Sache des Arztes ist, dem Patienten zu beweisen, daß seine Diagnose richtig ist, damit in gemeinsamer Anstrengung die richtige Therapie gefunden wird, wurden für meine Arbeit richtungsweisend. In vielen Jahren Praxistätigkeit stellte ich fest, daß meine Patienten die gleichen Anforderungen an eine sinnvolle medizinische Behandlung stellten wie ich selbst, und daher entwickelte ich einen praktischen Weg, der meinen Patienten und mir dabei hilft, selbstverantwortlich und mitverantwortlich befriedigende diagnostische und therapeutische Ergebnisse zu erzielen. Ich erkannte, wenn es zwischen meinen Patienten und mir zu einer fruchtbaren Zusammenarbeit kommen sollte, mußten sie die Gelegenheit haben, sich selbst als Ganzheitsperson zu sehen, damit sie ihre eigene Erfahrung mit meiner Diagnose als seherische Therapeutin machen können. Bevor ich das Diagnoseformblatt (siehe Abbildung auf Seite 141) für die Ganzheitsperson entwickelte, das diesem Zweck dienen sollte, suchte ich die Möglichkeit, das Wesen ihrer Ganzheit, ihre mentalen, physischen und geistigen Körper darzustellen, ferner die Definition von Krankheit und ihrer Ursache, die Gesetze des Gleichgewichts und Ungleichgewichts. Das Ergebnis meiner Suche wurde zum Grundstein meiner Arbeit, da ich jede Frage zur Behandlung des Patienten in einem Formblatt skizzieren konnte, und ich verfügte nun über ein diagnostisches Instrument, mit dem ich sehr genaue Antworten auf spezifische Fragen bekam.

Indem ich nun die einzelnen Fragen auf einer Formblattvorlage zusammentragen konnte, hatte ich jetzt die Möglichkeit, alle mit einer ganzheitlichen Diagnostik verbundenen Fragen zu beantworten. Der Formblattvorlage gab ich die Bezeichnung ›Diagnoseformblatt für die Ganzheitsperson‹. Um zu verdeutlichen, wie sich Schritt für Schritt der Weg zum Diagnoseformblatt, das alle Fragen beantwortet, entwickelt hat, möchte ich hier den Werdegang beschreiben:

1. Beim Aufbau des Diagnoseformblatts begann ich mit der Präsenz des menschlichen Körpers auf der Erde. Indem ich einen menschlichen Körper in die Mitte eines Erdkreisrunds zeichnete, bestätigte ich, daß dieser Mensch auf der Erde ist und der ihn umgebende Kreis seine alles einschließende Gesamtexistenz auf dieser Erde umfaßt.

2. Das Abbild eines astrologischen Horoskops hat zwölf Häuser, die alle Aspekte unserer Existenz veranschaulichen, und das bedeutet auch die Entwicklung jeder unserer vier Körper durch diese Aspekte, wie etwa unseren Gesundheitszustand, Beruf und Karriere oder das allgemeine Wohlbefinden. Jeder Gedanke und jede Handlung kann durch eines oder mehrere der zwölf Häuser gesehen werden. Auch sind die unsere Entwicklung motivierenden Ursachen in allen Aspekten unseres Lebens und Verstehens im Horoskop abzulesen. Der Wert und das Sein unserer Existenz kommt in jedem Horoskop deutlich zum Ausdruck, daher ist dieses ergänzende Bild eine wertvolle Hilfe bei der Diagnostik der Ganzheitsperson. Um die astrologische Information mit einzubeziehen, habe ich dem den Menschen umgebenden Erdkreis einen inneren Kreis hinzugefügt, der in zwölf Häuser eingeteilt ist. Das gab mir die Möglichkeit, den Patienten zu porträtieren, seine Werte, Vor- und Nachteile, sein mentales, physisches und geistiges Entwicklungsbild festzuhalten.

3. Die so entwickelte Formblattvorlage ließ mir nun auch genug Raum und Platz, um die Abstrahlung, die wie ein diagrammatischer Spiegel ist, aufzuzeichnen. Sie ist ein Abbild, das zeigt, wer wir sind, wie die Elemente Erde, Luft, Feuer und Wasser durch uns wirken, und sie gibt auch ein Porträt des verstandlichen, physischen, Seelen- und Geistkörpers. Zudem zeigt sie den verstandlichen, physischen und geistigen Zustand der Körper im Verhältnis zur Gesamtentwicklung. Die Ausdehnung des Abstrahlungsfeldes des Menschen weist auf den

gegenwärtigen Zustand des Seins auf verstandlicher, physischer und geistiger Ebene hin und zeigt, ob der Allgemeinzustand schwach oder gesund und stark ist. Es zeigt sich darin auch, mit welchen Emotionen der Mensch zu tun hat, was sich im Unbewußten abspielt, was den Menschen vorantreibt oder zurückhält und ob er über hilfreiche Instrumente verfügt, die er gebraucht, um zum Verstehen seines höchsten Potentials zu kommen.

In meinen Augen heißt gesund zu sein durchaus nicht, daß wir keine Probleme haben. Es bedeutet vielmehr, daß der Mensch als gesund bezeichnet werden kann, der mit seinem höchsten Potential wirkt und fähig ist, mit den Herausforderungen des Denkens und denen des physischen Daseins in gesunder Weise umzugehen.

4. Nun zeichnete ich in den auf der Formblattvorlage dargestellten Körper die Chakren ein, da auch sie zusätzliche Informationen über den verstandlichen, physischen und geistigen Zustand des Menschen geben. Die Chakren zeigen uns, ob die Störungen psychischen, physischen oder geistigen Konflikten entstammen. Sie geben den Ausdruck unserer vier Körper wieder und der jeweils mit den Chakren korrespondierenden Drüsen und Organe. Das gibt uns wertvolle Hinweise auf zurückliegende, gegenwärtige und künftige Konflikte, auf physische oder mentale Probleme, die künftig auftreten könnten, die bereits begonnen haben und schon existieren, obwohl noch keine äußerlich sichtbaren Anzeichen zu erkennen sind. Der Zustand der Chakren zeigt, in welche Beziehung ein Krankheitssymptom zu setzen ist und aus welcher Ursache eine Störung kommt.

5. Der ganzheitliche Ansatz gibt uns zudem Möglichkeiten, äußere, innere und/oder karmische Voraussetzungen zu beobachten, indem wir uns ansehen, welche Richtung die Energiestrahlung nimmt, ob sie auf die abgebildete Person zugeht oder ihre Richtung umgekehrt verläuft, indem sie vom Menschen ausgehend abstrahlt. Diese Betrachtung liefert bei der Diagnose eine unmittelbare Antwort auf die Frage, welcher Ursache die Störung entstammt. Ist die Ursache der Störung auf einen inneren Prozeß, mit dem sich der Mensch auseinandersetzt, zurückzuführen? Ist sie von ihm selbst geschaffen? Entstammt sie äußeren Einflüssen, wie beispielsweise chemischer Verseuchung? Oder liegt eine Herausforderung karmischer Herkunft vor, die der Erziehung dient? Kennen wir erst einmal die Ursache der

Störung, werden wir mit mehr Sicherheit die richtige Therapie wählen, die dann die erfolgreichste sein wird, da sie uns hilft, den Wert des Lebens zu verbessern, sowohl auf physischer als auch auf mentaler Ebene.

6. Die auf der Formblattvorlage vom obersten bis zum untersten Rand durchgehende, durch den abgebildeten Körper verlaufende Himmel-und-Erde-Linie ist ein weiterer diagnostischer Indikator, der den Allgemeinzustand des Menschen auf allen Ebenen sehr rasch anzeigt. Die Linie zeigt, ob der Mensch wirklich fest auf der Erde steht und geerdet ist, oder ob er durch das Leben wankt und unsicher auf den Beinen ist.

Das Diagnoseformblatt der Ganzheitsperson

Das heraustrennbare Diagnoseformblatt kann auf DIN-A4-Größe fotokopiert werden. Wie wir damit üben, beschreibt dieses Kapitel.

Name: Datum:

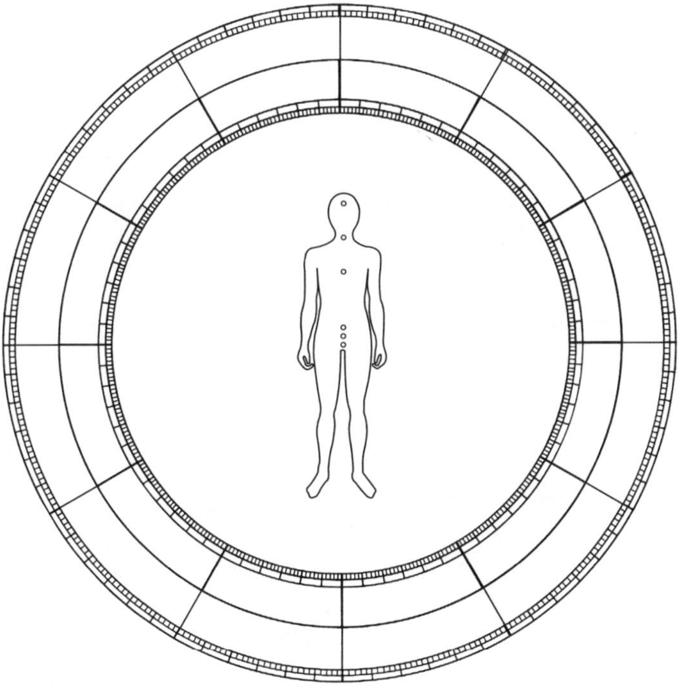

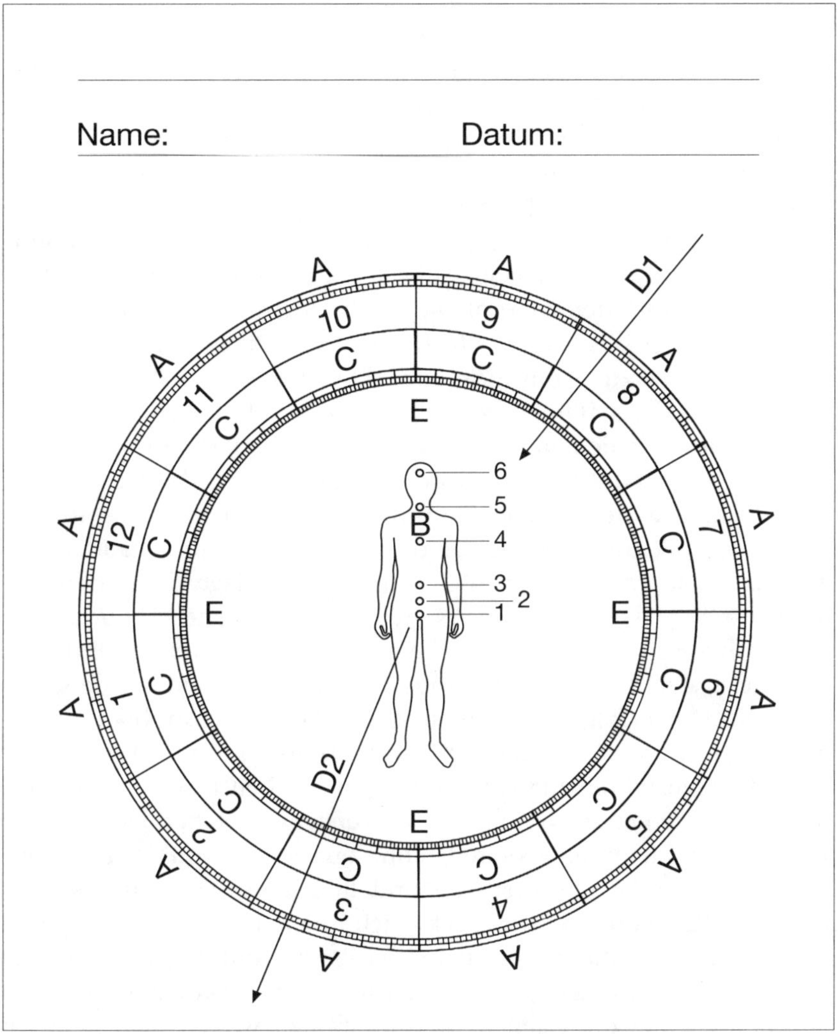

Abbildung I

Beschreibung des Diagnoseformblatts

A - Erdkreislinie
B - Mensch oder Objekt
C - Kreise des Egos und kleinen Selbst
D 1 - Pfeilrichtung, die auf äußere Einflüsse hinweist
D 2 - Pfeilrichtung, die auf innere Einflüsse hinweist
1–12 - Die zwölf Häuser des Horoskops
1–6 - Die sechs Chakren des Körpers
E - Das subtile, verletzbare Umfeld des Menschen bzw. Objekts

Das Diagnoseformblatt fand bei meinen Patienten großen Anklang. Bei jedem Besuch in meiner Sprechstunde fragten sie als erstes nach der Aufzeichnung ihres Gesamtbefindens, damit sie sich rasch einen Überblick über ihren Gesundheitszustand verschaffen konnten. Meine Patienten sind daran gewöhnt, in die Formblattvorlage wie in einen Spiegel zu sehen, der ihnen zeigt, welche Erfolge ihre Arbeit an ihren Problemen gebracht hat, welche Fortschritte ihre Gesundung macht, ob ihre Schwierigkeiten überwunden sind und welche Ursachen ihren Konflikten zugrundeliegen. Im Selbstheilungsprozeß meiner Patienten erweist sich das Instrument des Diagnoseformblatts als die größte Hilfe zur Motivation und Aktivierung, so daß es nicht nur mir im Laufe der Zeit unentbehrlich wurde, sondern auch meinen Patienten. Meine Patienten lernten sehr rasch, das von mir aufgezeichnete Diagnoseformblatt zu lesen, und sie konnten dadurch ihre eigene Diagnose stellen. Die Dechiffrierung des Formblatts machte ihnen soviel Freude, daß ich nun damit begann, meinen Patienten zu zeigen, wie sie es selbst erstellen. Auf der Grundlage einer Fotokopie der neutralen Diagnosevorlage (s. Abbildung auf Seite 141) begannen sie damit zu üben, und es dauerte nicht lange, bis sie ihre Erd-und-Himmelslinie, ihre Chakren und ihr aurisches Feld wiedergeben konnten. Der Erfolg ihrer Fähigkeit, das Diagnoseformblatt zu verwenden, hing von ihrer Bereitwilligkeit ab, Anhaftungen und falsche Vorstellungen fahrenzulassen, welche sie glauben machten, sie seien unfähig zu sehen, zu hören und zu verstehen. Hatten sie sich von vorgefaßten Meinungen befreit, konnten sie die von ihnen aufgezeichneten Linien interpretieren und ihre Selbstdiagnose erstellen. Ermutigt durch diesen Erfolg, setzte ich meine Lehrtätigkeit fort, und neben meinen Patienten lernten auch Ärzte und Therapeuten, mit dem Formblatt umzugehen. Wenn wir die Verantwortung für unser Leben wieder in die eigenen Hände nehmen wollen, brauchen wir sinnvolle Hilfsmittel, die unsere Selbstreflexionen erleichtern und die uns auch Freude bereiten sollten. Es macht Spaß, Fragen zu stellen und weniger daran zu zweifeln, daß wir die Antwort in uns selbst finden können.

Es ist durchaus kein Mysterium, mit dem Diagnoseformblatt zu arbeiten, denn in jedes Menschen Seele liegt angeborene Weisheit und Intuition, die ihn befähigt, in den Wissensschatz der Weisheit einzutreten. Den Kindern fällt es meistens leichter, das Diagnoseformblatt zu verwenden, als Erwachsenen, da die Kinder viel mehr als die Erwachsenen an ihre eigenen unbegrenzten Fähigkeiten glauben. Wenn wir unser höheres Selbst anrufen und ihm ermöglichen, durch uns zu wirken, werden wir mühelos und ohne großes Nachdenken von unserem natürlichen Wissensschatz Gebrauch machen. Es ist keine wissenschaftliche Disziplin notwendig, die uns befähigen würde, die auf dem Blatt aufgezeichnete Energie abzulesen. Diese Übung hilft uns, vollkommener zu werden, denn während wir mit dem Diagnoseformblatt arbeiten, führt uns die Seele in den Prozeß des Gewährens. Wir überlassen unserem höheren Selbst, der Seele, die Führung, wir erlauben ihr, durch uns zu wirken, um unsere Sicht, unsere Hand und den Bleistift in der Hand zu leiten. Alles, was wir tun müssen, besteht darin, unserer Frage eine Absicht zugrundezulegen, die Fragen mit innerer Ernsthaftigkeit zu stellen und die Seele zu bitten, mit uns zu wirken. Wir fragen die Seele: »Hilf mir, mein höchstes Potential zu erreichen, führe meine Hand, damit ich sehen kann, und gib mir auf diesem Blatt ein ganzheitliches Bild meiner selbst.« Die Seele wartet auf die Gelegenheit, angerufen zu werden, sie will dir Hilfe geben, und daß dies wirklich so ist, mußt du selbst herausfinden.

Die Formblattvorlage hilft uns nicht nur bei der Diagnostik der Ganzheitsperson, sie dient auch als Spiegel, damit wir uns selbst und andere sehen und Krankheitsursachen auf einfachere Weise herausfinden. Jeder Mensch hat das natürliche Bedürfnis, Miterschaffer des eigenen Lebens zu sein und aktiv am Wert der Zukunft zu wirken. Stellen wir an uns oder andere Fragen und arbeiten mit der Formblattvorlage, wird sich unsere Sensitivität verstärken. Unsere Antennen der Sinneswahrnehmung werden empfindungsbereiter, das Radar unserer Empfindungsfähigkeit wird subtilere Energien empfangen und an die Welt abstrahlen. Spüren wir auf der Formvorlage den intuitiven Ebenen eines Menschen, eines Objekts oder uns selbst nach und befinden wir uns dabei im Kontakt mit der Seele, werden wir die große Ausdehnung und Länge der Abstrahlung feststellen. Je ausgedehnter die Strahlung um eine Person ist, desto weiter sind ihre Antennen, ihre Fähigkeit aufzunehmen, zu empfangen und abzustrahlen. Alle Dinge haben hypersensitive, subtile Körper, und jeder Körper hat ein eigenes, subtiles Energiefeld. Diese feinen Energien können wir auf dem Formblatt nachvollziehen und betrachten. Ein weiterer Nutzen, mit dem Formblatt zu arbeiten und die Aufzeichnungen zu erläutern, besteht darin, daß unsere Patienten oder die von uns porträtierten Freunde Gelegenheit finden, ihr Blickfeld und ihre Fähigkeit, zu sehen und zu verstehen, erweitern können. Wir unterstützen dadurch den natürlichen Wunsch, die Selbstverantwortung und Ganzheitlichkeit in die Tat umzusetzen. Mit der wiedererlangten Selbstverantwortung haben wir das nötige Verstehen, das unser Selbstheilungspotential motiviert, und wir werden nun eine Therapiemethode wählen, die alle Bedürfnisse unserer Körper zufriedenstellt. Eine wichtige Praxis im selbstverantwortlichen Heilungsprozeß ist die bewußte Wahl der Therapie und die Selbstverantwortlichkeit, mit der wir die Übungen für ein gesünderes Leben durchführen.

Mein Diagnoseformblatt sollte die Sicht der herkömmlichen Medizin und Diagnose ergänzen. Wird das Diagnoseformblatt von Ärzten, Therapeuten oder Laien gebraucht, werden sie sich bemühen müssen, ihre seherischen Sensoren einzusetzen. Die fortgesetzte Übung stimuliert die schläfrig gewordene Sinneswahrnehmung. Wenn wir die Krankheitsursache kennen, wird die Wahl der richtigen Therapie nicht mehr schwerfallen. Das Diagnoseformblatt hilft uns dabei, die Erkrankung und ihre Ursache zu erkennen, wodurch uns der richtige Weg zur Heilung gewiesen wird. Ist die Krankheit durch äußere Einwirkungen entstanden, kann sie durchaus geheilt werden, wenn wir unser Energiefeld stärken. Wurde die Krankheit durch die Unterdrückung innerer Konflikte hervorgerufen, haben wir nun Gelegenheit, bewußt an unseren Problemen zu arbeiten und die Verdrängung aufzulösen. Lassen wir alte Verdrängungen gehen und überwinden sie durch bewußtes Bemühen, ist das oft schon die Heilung der durch innere Einflüsse zustande gekommenen Krankheit, die wir mit Medikamenten nicht heilen können. Mit einer karmisch bedingten Krankheitsursache, sei sie ›heilbar‹ oder nicht, können wir dann bewußt umgehen und den Wert unseres Lebens durch gestärktes Bewußtsein verbessern. Durch karmische Umstände verursachte Krankheiten entstehen meist, wenn das durch das Karma erschaffene Ungleichgewicht hervortritt. Gehen wir bewußt damit um, wird uns mehr Zeit gegeben, das karmische Problem bis zum Ende durchzuarbeiten und unsere Lebenserwartung dadurch zu verlängern. Die ganzheitliche Diagnostik sollte die Betrachtung aller Körper einschließen, damit die Ursache eines derzeitigen und die eines künftigen Gesundheitsproblems ermittelt werden kann, womit wir in idealer Weise Präventivmedizin praktizieren. Noch bevor eine Krankheit als Symptom im physischen Körper in Erscheinung tritt, zeichnet sie sich in unseren subtilen Körpern ab. Daher sollten wir nicht abwarten, bis sich die Krankheit im physischen Körper manifestiert, wenn wir sie schon im astralen Bereich verstehen und heilen können, indem wir vorsorgliche Behandlungen einleiten. Ich sehe in der Präventivmedizin die Medizin der Zukunft. Es ist sehr wichtig, daß wir uns damit beschäftigen, damit wir nicht immer wieder in der alten Falle der Selbstverleugnung hängenbleiben.

Wenn wir das Diagnoseformblatt methodisch anwenden, brauchen wir als notwendigen Teil unseres Trainings vor allem Zeit und Disziplin. Ob Laie oder Arzt, als bewußten Wesen sollte uns auch die bewußte Bemühung nicht fremd sein. Damit wir mit dem Formblatt erfolgreich sind, sind bewußtes Wahrnehmungsvermögen und Integrität von Bedeutung. Unsere Bemühungen müssen nicht hart oder kompliziert sein. Unsere Einstellung bestimmt, ob wir eine Sache schwierig oder leicht, schwer oder heiter gestalten.

Wenn wir nicht mehr an unsere eigene Stärke glauben, ist es nicht ratsam, mit der Übung des Formblatts an anderen Menschen zu beginnen, sondern Objekte auszuwählen, die wir porträtieren. Vielen Menschen ist nicht klar, wie sehr sie andere beeinflussen, indem sie sich intensiv auf sie oder auf Teile ihres Körpers konzentrieren. Deshalb fangen wir unsere Übungen am besten mit Steinen, Pflanzen oder Tieren an, bevor wir unsere Konzentration auf Menschen richten. Sind wir sehr konzentriert und fokussierend, üben wir auf andere Einfluß aus, was durchaus nicht immer harmlos und gesund ist. Nach einer gewissen Übungsperiode wird unsere Konzentration auf ein Objekt die Wirkung eines intensiven Strahls haben, der so effektiv und schnell fokussieren kann wie ein Laserstrahl und der in kürzester Zeit die Körper wahrnimmt, ohne den natürlichen Energiefluß des Objekts zu stören. Wandern deine Gedanken umher, während du dich auf das Organ eines anderen konzentrierst, ist es durchaus möglich, daß dein Gegenüber deine Gedanken und Gefühle aufliest, was die natürliche Harmonie stören würde. Deine umherwandernden Gedanken könnten in den Körper deines Gegenübers eindringen, und konzentrierst du dich zu lange und zu intensiv, störst du mehr als zu helfen. Sind wir zu lange und zu tief konzentriert, beispielsweise auf ein bestimmtes Organ, verändern wir dadurch den Zustand des Objekts. Deshalb müssen wir uns bemühen, unseren forschenden Strahl nicht zu lange auf andere zu richten. Wir vollziehen unseren Überblick rasch, und wenn wir genug Übung haben, dauert es weniger als eine Minute, um ein Organ oder ein Chakra zu sehen.

Um die Diagnostik zu üben, nehmen wir uns viel Zeit. Deine Forschung hält manche Überraschung bereit, und du wirst erstaunt sein, wie verschieden sogar zwei Pflanzen, selbst wenn sie der gleichen Pflanzenfamilie entstammen, sind. Lerne das die Pflanzen umgebende Energiefeld kennen, studiere die Pflanzen in der Natur und vergleiche die Bilder mit den Topfpflanzen im Haus. Richte Fragen an die Pflanzen, und stelle fest, was sie brauchen, ob sie glücklich sind über den Platz in deiner Wohnung. Wenn du nicht daran glaubst, fähig zu sein, die Antworten zu hören und aufzuzeichnen, kannst du die Aufgabe nicht meistern. Ängste und Vorurteile sind unsere ärgsten Feinde. Sie schneiden uns von unserem natürlichen Energiefluß ab und verursachen Ungleichgewicht, was die Konzentrationsfähigkeit unterbricht. Sei wie ein Kind und vertraue auf die gleiche Weise wie ein Kind. Kinder sagen nie, daß sie etwas nicht können, bis andere ihnen eingeredet haben, daß sie unfähig dazu sind.

Nachdem du Seele-zu-Seele-Kontakt mit dem Menschen oder Objekt, das du untersuchen willst, aufgenommen hast, wirst du in der zeichnerischen Darstellung herausfinden, welch bemerkenswerte Unterschiede es in der Abstrahlung und Aussage des Energiefeldes deines Gegenübers gibt. Stelle auf dem Diagnoseformblatt eine Zeichnung her, *bevor* du mit dem zu porträtierenden Objekt Seele-zu-Seele-Kontakt aufgenommen hast und *danach*. Alles und jedes antwortet auf einen Kontakt, der eine Verbindung zwischen den Herzen herstellt, und die Veränderung kannst du auf dem Formblatt feststellen. Ein Ergebnis dieser Verbindung besteht darin, daß das Energiefeld des porträtierten Gegenübers deutlicher, klarer und weiter wird, weniger gestreßt und durcheinander wirkt. Deine Zeichnung wird dann auch festhalten, daß das Immunsystem und andere Funktionen deines Gegenübers angeregt sind. Nimmst du den Seelenkontakt mit einem Menschen, einer Pflanze oder einem Stein auf, begegne der Seele des anderen mit Achtung und mit dem notwendigen Respekt gegenüber ihrer Göttlichkeit. Wie wir den Kontakt mit der eigenen Seele und anderen Seelen finden, möchte ich hier zeigen:

Kontakt mit der eigenen Seele

- Atme zwei- bis dreimal tief ein und aus. Während du einatmest, atme tief, und beim Ausatmen übst du einen ganz sanften Druck auf den Atem aus. Danach atmest du wieder ganz normal in natürlichem Rhythmus.
- Atme in ganz normaler, natürlicher Weise ein, und stelle dir dabei vor, der Sauerstoff des Atems sei ein weißes Licht, das du mit deinem inneren Auge zum zentralen Punkt in der Mitte der Brust führst. Hier ist das Herzchakra, einer der großen Kraftpunkte des Körpers. Verwechsle das Herzchakra nicht mit deinem physischen Herzen, und konzentriere dich nicht auf dein Herz, das könnte unerwünschten Druck auf das Herz auslösen.
- Rufe deine Seele an, bitte deine Seele darum, dir zu helfen, damit du dein höchstes Potential auf mentaler, physischer und geistiger Ebene erreichst. Sprichst du zur Seele, wähle deine Worte mit der gleichen Ehrerbietung, wie du sie Gott in deinen Gebeten und Gesprächen entgegenbringst. Das Gespräch mit deiner Seele ist sehr persönlich, und die Seele wird dich immer unterstützen, dein höchstes Potential zu erreichen.

Seelenkontakt mit anderen

Nachdem du Kontakt mit der eigenen Seele aufgenommen hast, wirst du als nächstes den Kontakt zu der Seele deines Gegenübers herstellen.

- Sieh auf das Herzchakra, den Lichtpunkt in der Brustmitte. Ist dein Gegenüber ein Stein, eine Pflanze oder ein Tier, rufst du das Herzchakra an, und du wirst spüren, an welcher Stelle es lokalisiert ist. Wenn du keinen Lichtpunkt wahrnimmst, soll dich das nicht entmutigen. Stelle dir vor, daß es ihn wirklich gibt, und deine integren Absichten werden deine Intuition stimulieren.
- Nun sprichst du mit der Seele deines Gegenübers, zu ihrem Lichtpunkt, ihrem Herzchakra. Bitte die Seele deines Gegenübers um Mithilfe, damit sie dir auf mentaler, physischer und geistiger Ebene Unterstützung gibt und das höchste Potential, das deines Partners und dein eigenes, erreicht wird. Sprich so lange mit der Seele, bis du spürst, daß der Kontakt hergestellt ist.

Je mehr du von der Natur, von Steinen, Pflanzen und Tieren erfährst, desto mehr lernst du über dich selbst. Es wird dir zunehmend deutlich, wer und was du bist und aus was du geschaffen bist. Die Reise der Selbsterfahrung und der Ausdruck deines höchsten Potentials ist freudig und hält viele erstaunliche und interessante Abenteuer für dich bereit. Während wir die Unteilbarkeit der Natur in allen Dingen erkennen, beleben wir die eigenen Sinne und unser Wohlbefinden und erlangen damit ein umfassenderes Wahrnehmungsvermögen. Unsere Erkenntnisse tragen wir in unser Alltagsleben, und mehr und mehr werden wir unser Leben verändern, indem wir als die göttlichen, in gegenseitiger Abhängigkeit existierenden Wesen leben, die wir immer waren und die wir in Wahrheit sind.

Kinder lernen leichter als Erwachsene, das Diagnoseformblatt zu gebrauchen. Da Kinder noch keine mißgestalteten Ansichten haben, sind sie geöffnet und können den Schlüssel gebrauchen, der die Pforte der Weisheit öffnet. Die Visionsfähigkeit der Erwachsenen hat sich im Laufe ihres Lebens häufig begrenzt und verschlossen, da sie sich von Vorurteilen, Beurteilungen, Programmen, von Eltern- und Freundeseinfluß führen lassen.

Frühzeitig sollten wir Kindern die Möglichkeit geben, ihren natürlichen Blick auf die Wahrheit zu üben und ihm zu vertrauen. Sie sollten lernen, nicht durch die Brille anderer zu sehen, damit sie sich darin üben, ihrem eigenen Blick zu vertrauen. Wenn es ihnen Spaß macht, die Übungen mit dem Formblatt zu malen, wird ihr Vertrauen in ihre Fähigkeit zu sehen, zu hören und zu verstehen wachsen. Bei Kindern konnte ich immer große Begeisterung für die ›Malarbeiten‹ mit dem Formblatt feststellen und als Folge eine vertiefte Achtung für die Welt, inneres Wachstum und heranreifende Empfindungsfähigkeit. Ich konnte beobachten, daß ihre Ansichten über die Schule, ihre Beziehungen zu Freunden und Familie ganzheitlicher und natürlicher wurden. Wenn wir diese positiven Veränderungen an Kindern bemerken, sollten wir vermeiden, ihnen die Übungen mit dem Formblatt als ›Aufgabe‹ zu verordnen, denn sonst könnten sie ihre natürliche Freude daran verlieren. Sind einmal die Türen der empfindungsfähigen Wahrnehmung geöffnet, wird ihre sensible Sicht stabiler und ihr Wissen ins tägliche Leben integrierbar, womit den Kindern und der Welt, in der sie leben, ein guter Dienst erwiesen wird.

Eine wichtige Voraussetzung für die sinnvolle Beschäftigung mit dem Formblatt besteht darin, den Verstand und Körper in den Zustand vollkommener Ruhe zu bringen. Dabei helfen uns die im 16. Kapitel beschriebenen Übungsmethoden Atmen, Gebet und Meditation. Um den Zustand der Ruhe zu erreichen, sollten wir, bevor wir unsere Arbeit mit dem Diagnoseblatt beginnen, eine Stillemeditation durchführen. Kinder haben ihren eigenen Rhythmus, daher richtet sich die Meditation und das Gebet nach ihrem Alter.

Nicht unser Verstand nimmt das subtile Energiefeld in und um alle Dinge wahr, deshalb sollten wir darauf achten, das Ego nicht zu unserem Meister werden zu lassen. Lerne deine Seele kennen, und gewähre ihr, Weisheit durch dich auszudrücken. Hüte dich vor Vorurteilen und festgefahrenen Vorstellungen, denn sie verursachen unsere Projektionen. Sie bilden einen Schleier und bedecken unsere natürliche, klare Sicht, so daß wir unsere verhüllten Anschauungen für unsere Wirklichkeit halten. Wir haben dann Vorstellungen darüber, wie die Dinge sind oder die Leute sein sollten, die sich von der Wahrheit wegbewegen und immer weiter entfernen. Je weniger wir den kalkulierenden Verstand einsetzen, desto unschuldiger wird unser Auge und unsere Fähigkeit zu sehen. Das unschuldige Auge ist klar. Lassen wir alles, was wir zu wissen glauben, zurück, können die Seele und das Selbst in Erscheinung treten. Der beengte Blick wird erweitert, und wir dehnen unsere Sicht in den Bereich des vollkommenen, ungetrübten Sehens. Das Selbst bist du. Wir rufen keine Hilfe von außen, von etwas oder jemand an, der außerhalb von uns steht, sondern wir verändern nur die eigene Ansicht über das Selbst. *Bewußt* lassen wir unsere Erkenntnisse und Erfahrungen gewähren, damit sie unser Auge öffnen und wir klarer sehen können. Statt uns mit dem Verstand oder dem physischen Körper zu identifizieren, oder mit einem Gott, der weit von uns entfernt ist, haben wir nun die Gelegenheit, unsere Körper zu vereinen und Gott aus unserer Illusion der Getrenntheit zu erlösen. Nun werden wir fähig sein, uns und die Welt ganzheitlich und zusammengehörig zu begreifen. Sind wir ein harmonisches Ganzes geworden, wirken die Körper nicht mehr gegeneinander, sondern in einem Miteinander vereinter Anstrengung. Das bewußte Gewahrsein der Sinne lernen wir als Erfahrung des Seins, zu sehen, zu hören und zu verstehen wird unsere Wahrnehmungsfähigkeit erhöhen.

Der einzelne Teil einer Sache repräsentiert niemals das Ganze. Daher werden wir uns nur dann als einheitliche Ganzheit erleben, wenn wir ganz sind und die Wahrheit der Ganzheit verstehen. Jeder unserer Körper hat bestimmte Funktionen, die der Entwicklung der Ganzheitsperson dienen. Ist die Integration unserer vier Körper mangelhaft, schaffen wir die Voraussetzung schizoiden Verhaltens und schließlich der Krankheit. Kennst du das Gefühl, zur gleichen Zeit in zwei verschiedene Richtungen zu laufen? Oft bekommen wir, sucht der Verstand Antwort auf bestimmte Schwierigkeiten, zwei einander widersprechende Anschauungen, wie Ja und Nein. Die Gedanken kämpfen miteinander: ja und nein, ich sollte und ich sollte nicht etc. Dies sind Anzeichen, wie unsere schizoide Denkweisen etabliert werden, womit ich nicht die klinische Diagnose von Schizophrenie meine, sondern die allgemein üblichen Ansichten und das Verhalten unserer Zeit. Solange wir nicht ins Gleichgewicht bringen, was aus der Balance, und vereinigen, was getrennt ist, werden wir und die Welt immer mit der Verwirrung und dem Chaos des ungesunden kleinen Selbst zu schaffen haben, was unsere Welt immer ungesünder werden läßt.

Mit dem Diagnoseformblatt zu arbeiten, wird uns helfen, unsere eigenen Körper zu vereinigen, und diese Bemühung nutzt nicht nur uns, sondern auch anderen und der Welt. Mit Hilfe der Tiefenkonzentration stellen wir die Ego-Persönlichkeit auf die Seite. Allein schon dieses Verlangen nach Ganzheit stimuliert auf natürliche Weise automatisch das Integrationsbedürfnis der Körper und bringt sie in gute Ausrichtung. Geben wir die Ansprüche des kleinen Selbst zugunsten unseres Seelenverlangens, das höchste Potential zu erreichen, auf, bewegen wir in uns eine ungestörte Welt, einen Raum, der gewöhnlich von unserem vielbeschäftigten Denkapparat überlagert wird. Indem wir mit dem Formblatt arbeiten, werden wir feststellen, wie der Regierungsanspruch und die Entscheidungsgewalt des kleinen Selbst schwindet, während dein großes Du und dein höheres Selbst wachsen und sich durch dich ausdrücken.

Wir bekommen, was wir geben. Je mehr Vollkommenheit wir ausdrücken, desto häufiger wird uns die Möglichkeit zuteil, Vollkommenheit zu leben. Jede neue Erfahrung und Erkenntnis wird unsere Selbstsicherheit und Selbstverwirklichung stärken.

Beschreibung des Diagnose-Formblatts (Abbildung I)

A Der äußere Kreis stellt die Erde dar. Außerhalb der Erdkreislinie befindet sich das Universum und der Kosmos, in welchem wir leben und von dem wir ein Teil sind.

B Der Mensch oder das Objekt wird immer in die Mitte des Erdkreisrunds gestellt.

C Die nächsten beiden inneren Kreise repräsentieren den unruhigen Ego-Verstand des kleinen Selbst. Ist das Verstandesgeplauder sehr aktiv, können wir das ablesen, da das aurische Strahlungsfeld dann den Raum zwischen Kreis A und C mit Linien ausfüllt. Die in diesem Raum auftretenden Linien können auch direkte Einflüsse des Gehirns zeigen, wie beispielsweise neurologische Störungen. Der Unterschied zwischen den Linien eines geschäftigen Verstandes und einer Störung der Gehirnnerven ist unschwer zu ermitteln, Nervenstörungen des Gehirns zeigen eindeutig repetierende Muster, während der plaudernde Verstand des kleinen Selbst kein eindeutig klares Muster hat.

Der äußere und innere Kreis (A–C) sind jeweils in die zwölf astrologischen Häuser eingeteilt. In unserem Diagnoseformblatt lesen wir die Einflüsse der Häuser auf gleiche Weise wie in einem astrologischen Horoskop. Jedes Haus eines Horoskops definiert bestimmte auf unser Leben einwirkende Eigenschaften oder Werte, wie beispielsweise menschliche Beziehungen, Beruf etc.

Sind wir keine Kenner der Astrologie, sollte uns das nicht entmutigen. Es ist gar nicht nötig, dies alles zu wissen. Schauen wir mit unschuldigem Auge auf die Dinge, lebt unsere kindliche Annäherung wieder auf, und wir erfahren, was wir wissen wollen. In vielen Leben haben wir Wissen erworben und unsere Erkenntnis aus vielen Leben tritt hervor, wenn wir sie gewähren lassen.

D 1 und **D 2** Der von bestimmten astrologischen Häusern ausgehende Einfluß kann auf dem Formblatt festgehalten werden. Wir identifizieren die Inhalte der Häuser mit unserem angeborenen Wissen und erkennen die Aussagen der dargestellten Häuser. Wir bekommen dadurch ein genaues Abbild der Schwierigkeiten, die in unserem

Gegenüber aktiv wirken. Als nächstes müssen wir darauf achten, in welche Richtung die Linien sich bewegen (D 1 und D 2), ob sie sich vom Objekt wegbewegen oder sich darauf zubewegen, ob sie also in Richtung der Erdkreislinie gehen, darüber hinausgehen oder außerhalb der Erdkreislinie in die Richtung des Objekts führen (D 1). Bewegt sich die Linie auf das Objekt zu, zeigt dies äußere Einflüsse an, die in negativer Weise tätig sind, bewegt sich die Linienrichtung vom Objekt ausgehend nach außen, haben wir es mit inneren Einwirkungen zu tun. In der Diagnostik können sowohl äußere (D 2) wie auch innere Einflüsse (D 1) gleichzeitig aktiv sein. Die äußere Einwirkung könnte beispielsweise von einem Planeten ausgehen, dessen Bewegungslauf auf die Herztätigkeit einwirkt, indem er Druck auf das Herz ausübt. Eine weitere äußere Einwirkung könnte chemische Verseuchung der Umwelt sein, die dem Organismus zu schaffen macht. Auch finanzielle Sorgen zählen wir zu den äußeren Einflüssen, die Druck ausüben. Weiter zählen zu den äußeren Einwirkungen karmisch oder psychisch verursachte Krankheiten, deren Ursache nicht erkannt wurde und daher nicht zu behandeln ist. Wir können immer ganz sicher sein, daß Störungen vorliegen, wenn es Linien zwischen dem Objekt und der Erdkreislinie gibt.

E Das das Objekt unmittelbar umgebende Umfeld muß immer frei von Einflüssen jeder Art sein. Auf diese Weise können wir ungestört auf der Ebene unseres höchsten Potentials wirken. Treten keine Linien innerhalb des Kreises auf, hat das nicht zu bedeuten, der Mensch sei frei von Sorgen und habe keine Probleme. Es zeigt uns vielmehr, daß die porträtierte Person mit Problemen umzugehen weiß, Herausforderungen auf allen Ebenen mit optimaler Stärke meistert, um physisch, verstandlich und geistig gesund zu bleiben.

Ist der Patient an einem durch karmische Umstände verursachten Leiden lebensgefährlich erkrankt, ist es durchaus möglich, daß innerhalb des Kreises keine Linien zu sehen sind, da der Kranke bereits durch das Leiden das höchste Potential aktiviert hat und die Annäherung an die karmische Lösung gewährleistet ist. Der freie Raum zwischen dem im Diagnoseformblatt abgebildeten menschlichen Körper und der Erdkreislinie sowie ein ausgewogenes aurisches Feld würde in einem solchen Fall anzeigen, daß die Zusammenarbeit zwischen Patient und Arzt das unter solchen Voraussetzungen bestmögliche Resultat gebracht hat.

Positive Einflüsse sind subtil und leicht in der Linienführung, weder grob noch dicht, wie wir sie bei negativen Einwirkungen sehen. Deshalb werden wir keine positiven, sondern nur grobe und negative Linien innerhalb des Erdkreises feststellen. Doch selbst wenn gar keine Linien innerhalb des Kreises erscheinen, hat das nicht unbedingt zu bedeuten, der porträtierte Mensch sei ganz und gar frei und unbeeinflußt von äußeren Einwirkungen. Vielmehr zeigt es an, daß der Mensch überlegen und nicht das Opfer äußerer Einwirkungen ist.

Kennen wir die Bedeutung der Häuser, sehen wir auch die Störungen, welche die Häuser durchdringen. Wir öffnen damit Fenster und bekommen eine klare Sicht der Dinge, wir erhalten zusätzliche Informationen und werden nun die Diagnose akkurater und vollkommener erstellen. Wir sollten uns dabei von angelerntem Wissen über die Bedeutung der astrologischen Häuser befreien und unserem inneren Wissen die sanfte Führung überlassen.

Betrachte das Formblatt immer mit dem Auge der Unschuld. Wenn dir etwas nicht klar ist, projiziere deine Frage auf das Formblatt und frage: »Was bedeutet diese Linie?« Oder: »Was bedeutet diese Linie im dritten Haus?« Je mehr wir üben, desto subtiler werden unsere sensorischen Fähigkeiten, mit denen wir sehen und verstehen, und mehr und mehr werden wir für die Antworten empfänglich. Denke nicht kopfgesteuert darüber nach, was du tust, damit verschwendest du Zeit und Energie und bekommst trotz aller Mühe doch keine exakten Resultate. Laß das Nachdenken und beschränke dich aufs einfache *Tun*. Nur allzuoft wird das angelernte Wissen zum Hindernis und schädigt mehr, als es nützt. Glaubst du, die Antwort schon von vornherein zu wissen, beraubst du dich deiner Fähigkeiten, ganz unschuldig zu sehen, und deine Ansichten führen dich nur in Anhaftung, fixierte Vorstellungen und schließlich zu Projektionen.

Ist das von dir porträtierte Objekt ein Stein oder eine Pflanze, wirst du feststellen, daß ihr aurisches Feld anders ist als das des menschlichen Körpers. Auch wirst du herausfinden, daß das aurische Feld von Tieren, befinden sie sich in einem optimalen Zustand, exakt dem menschlichen Energiefeld gleicht. In den Abbildungen II, III und IV sehen wir Beispiele von mental, physisch und geistig ausgewogenen Steinen, Pflanzen und Tieren. Wir sollten, wie schon erwähnt, mit unseren Übungen zuerst bei Pflanzen, Steinen und Tieren beginnen, bevor wir uns dem Menschen zuwenden.

Faszinierend ist das weite Abstrahlungsfeld eines Menschen, der einen hohen Grad der Erleuchtung erreicht hat und als Meister ein entsprechendes Leben führt (s. Abbildung V). Befindet sich der Meister in tiefem Meditationszustand, wäre es ganz unmöglich, die Aura aufzuzeichnen, weil der Energiestrom viel zu hell und zu fein ist, um als Bleistiftstrich eingefangen zu werden. Im Meditationszustand drückt der Meister die Unteilbarkeit im All-Ein-Sein aus, und in diesem Stand ist SEIN und ALL nicht trennbar und daher auch nicht darstellbar. Stellen wir uns den Meister im täglichen Leben vor, beispielsweise mit Hausarbeit beschäftigt, bekommen wir etwa ein Bild, wie ich es in der Abbildung V dargestellt habe. Hier sehen wir, wie die gesamte Abstrahlung des Meisters aus dem Herzchakra fließt, in dem das All zu Hause ist. Im Herzchakra ist die Mitte aller Dinge, und die Lichtstrahlen des Herzchakra erleuchten nicht nur das Selbst des Meisters, sondern alles, was sich in seiner Umgebung befindet.

Unser innerer Meister

Jeder Mensch ist fähig, den inneren Meister auszudrücken. Wir können uns in das Bild unseres inneren Meisters einfühlen, damit wir eine Vorstellung davon bekommen, welches ungenutzte Potential in uns ruht, das darauf wartet, von uns entdeckt und kultiviert zu werden.

Mit folgender Übung können wir dann unsere ›Meisterenergie‹ auf dem Formblatt festhalten:

- Setze dich bequem auf einen Stuhl, lasse die Hände locker auf dem Schoß liegen. Halte Kopf und Rücken aufrecht, aber verkrampfe dich nicht.
- Atme mehrmals tief ein und aus.
- Schließe die Augen.
- Beginne mit dem Mantra: ICH BIN. Wiederhole das ICH BIN immer wieder, du kannst es aussprechen oder still im Inneren sagen.

Denke nicht darüber nach, was du bist. Im ICH BIN ist das ALL.

- Wiederhole das Mantra wieder und wieder. Spüre deinen Worten nach und empfinde. Versuche eins zu werden mit dem Verstehen, das deine Empfindung in dir entfaltet. Fühle die Untrennbarkeit im Geist des Wortes ICH BIN. Setze die Mantraübung etwa fünf Minuten lang fort, damit ihre Schwingung sich ausdehnen kann.

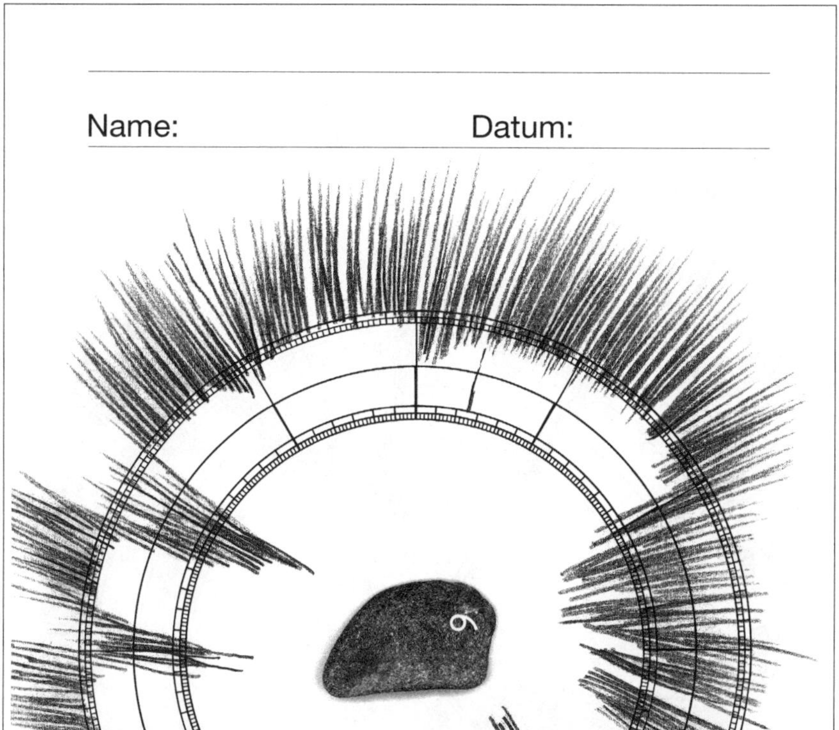

Abbildung II

Energetisches Abbild eines mental, physisch und geistig ausgewogenen Steins

σ = Chakra

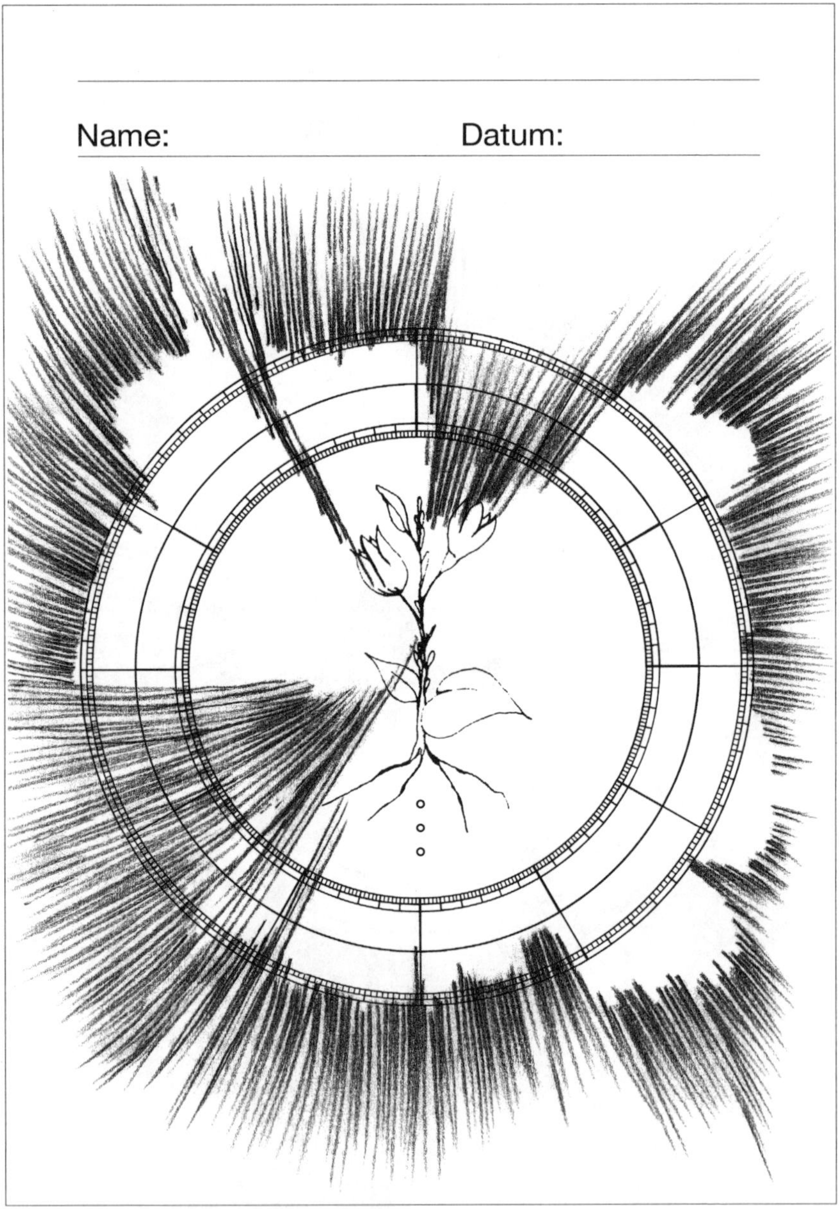

Abbildung III

Energetisches Abbild einer mental, physisch und geistig ausgewogenen Pflanze

o = Chakren

Abbildung IV

Energetisches Abbild eines mental, physisch und geistig ausgewogenen Tieres

o = Chakren

Abbildung V

Energetische Abstrahlung eines erleuchteten Meisters

- Nun zeichnest du dein Porträt auf das Diagnoseformblatt und erkennst selbst, ob dein Spiegel die Meisterqualität in dir ausdrückt.

Der Unterschied zwischen einem erleuchteten Meister und uns besteht darin, daß der Meister das ICH BIN ständig und immer aufrechterhalten kann, unabhängig von den Umständen des äußeren Lebens und jeweiligen Geschehnissen des Alltags. Mit unserer Übung haben wir zwar die Aura eines Meisters stimuliert, doch es fragt sich, wie lange wir eine solche Abstrahlung aufrechterhalten können. Einige Minuten oder sogar nur Sekunden? Das Bewußtsein eines erleuchteten Meisters wird nicht umhergetrieben, es bleibt immer beständig, während wir uns daran gewöhnt haben, mit der Unbeständigkeit des Bewußtseins zu leben. Nachdem wir nun das Mantra ICH BIN geübt haben und das mögliche Potential eines Meisters in uns kennen, werden wir künftig mit mehr Bewußtheit an der Entfaltung dieses Potentials arbeiten.

Die Kraftpunkte der Chakren

Alle lebenden Dinge haben Kraftpunkte, und je nach Spezies ist die Anzahl und die Lage der Chakren verschieden. Porträtieren wir das Bild von Steinen und Pflanzen, werden wir sehen, wie viele Chakren sie haben, und herausfinden, ob es in Tieren und Pflanzen ebenso viele Chakren gibt wie im Menschen. Die auf den Abbildungen I und VI des Formblatts befindlichen kleinen Kreise, die in den menschlichen Körper eingezeichnet sind, zeigen die Lage der Chakren. In der Abbildung I sehen wir, wo die Chakren eins bis sechs zu lokalisieren sind. In der Abbildung VI sehen wir die Größe eines jeden Chakras und in welcher Richtung es sich in einem ausgewogenen menschlichen Organismus bewegt.

Als Chakren bezeichnen wir die im Körper ständig aktiven psychophysischen Zentren. Ob wir uns ihrer Aktivität bewußt sind oder nicht, die Energie bewegt sich durch die Chakren und produziert unterschiedliche mentale, physische und geistige Bedingungen des Empfindens. Die Chakren werden auch ›Energiezentren der Transformation‹ genannt, und das aus gutem Grund, wenn wir ihre Aufgabe und ihre Rolle in der Entwicklung der Ganzheitsperson betrachten.

Die Chakren konzentrieren, transformieren und verteilen die sie durchströmende Energie in alle offenen Kanäle unserer vier Körper. Obwohl die Chakren mit den Organen und anderen Systemen des physischen Körpers korrespondieren, ist diese Korrespondenz nicht identisch mit ihrer jeweiligen Lage im Körper.

Chakren sind Punkte, an denen sich die Seele und der physische Körper verbinden und einander durchdringen. Ist jedes einzelne Chakra im Verhältnis zu den anderen im Gleichgewicht, öffnen sich die Pforten der Chakren, um besondere psychische Kräfte und Wissen herbeizuleiten. Daher werden die Chakren auch als Zentren des Bewußtseins bezeichnet. In der modernen Biologie werden die gleichen Prozesse beschrieben, wobei sie jedoch nicht auf dem Hintergrund der Chakrenbewegung geschildert werden, sondern nach dem Ablauf chemischer Veränderungen, die von endokrinen Drüsen und Hormondrüsen produziert werden, deren Sekretion sich direkt und unmittelbar in den Blutkreislauf mischt. Diese chemischen Reaktionen wirken auf das Denken und Verhalten ein und können es entsprechend verändern. Die alten Yogalehren Indiens unterstreichen die Wichtigkeit, die Ganzheit der Elemente zu verstehen und mit ihnen zu wirken, da die Chakren als Zentrum der Aktivität der Elemente angesehen werden. In der alten Wissenschaft des Svara Yoga, dem Yoga des Klangs, werden verschiedene Methoden empfohlen, um die Präsenz der Chakren im Körper zu hamonisieren. Yogis, welche spezielle Techniken beherrschen, können sich mit dem geringsten Einsatz von Energie disziplinieren, rasch ein nichtduales Bewußtsein erreichen und aus der Welt der Täuschung befreit werden.

Die gesamten menschlichen Körperfunktionen werden von der Zerebrospinalflüssigkeit kontrolliert, und in diesem System sind die chakrischen Zentren lokalisiert. In der alten Tradition der Hindu wird dem Chakrensystem eine ausgleichende und Gleichgewicht erhaltende Funktion zugesprochen, welche die Harmonie zwischen beiden Gehirnhälften erhält, und zwar zwischen dem Gehirnteil des höheren Bewußtseins im Organismus und den Gehirnteil des niedrigen, unbewußten Verstandes. Sind diese beiden Teile unvereint – so wird aus der Lehre der Hindu deutlich – und nicht als ein Bewußtsein zusammengeführt, kommt es zu Störungen zwischen den beiden Gehirnteilen, was später zu entsprechend konfliktreichen Verhaltensmustern führt.

Daher ist das Wissen über das Wesen der Chakren ein sehr nützliches Instrument der Selbstprüfung. Wir können die Energie sehen und wie sie sich durch die einzelnen Kraftpunkte bewegt. Das Diagnoseformblatt stellt eine ausgezeichnete Methode für diesen Zweck dar, da wir mit dieser Hilfe die Ganzheitsperson und die Bewegung der Chakren feststellen und ansehen können, ob sie im Gleichgewicht sind.

Jedes Chakra gleicht einem Kosmos. Der äußere Kreis des Chakra mag verhältnismäßig klein scheinen, doch ist seine Kapazität unmeßbar in ihrer Größe. Jedes Chakra ist eine Welt für sich und besteht in gegenseitiger Abhängigkeit mit allen Chakren und ihrem Schöpfer, von dem die ›Idee‹ stammt und der sie fördert. Arbeitet ein einzelnes Chakra unabhängig von den übrigen Chakren, müssen wir mit Konsequenzen rechnen, wie etwa verstandliche und physische Störungen, denen entsprechende Symptome folgen. Bringen wir die Chakren in gute Ausrichtung, indem wir statt der Getrenntheit die Zusammengehörigkeit unterstützen, stellen wir stets Gleichgewicht und die grundlegenden Bedingungen zur Verbesserung des Gesundheitszustandes her. Die Kombiniertheit der Chakren, ob sie nun miteinander wirken oder nicht, beeinflußt jede unserer Ansichten und Aktivitäten. Sind die Chakren im Gleichgewicht, werden wir kaum in Extreme laufen. Es wird uns leichter sein, das Gleichgewicht des Lebens im Punkt zwischen den Extremen zu finden und aufrechtzuerhalten. Jedes Chakra wirkt untrennbar vom Körper und steht in Beziehung mit der Harmonie und Balance der Ganzheitsperson. Im einzelnen wirkt auch jedes Chakra auf Aspekte des Denkens und auf den Mechanismus des Seins, und die Chakren helfen der Seele und dem Geist, sich zu manifestieren.

Energielinien verbinden jedes Chakra mit ganz bestimmten zweckgebundenen Punkten des Verstandes, Körpers, der Seele und dem Geist, den sie beeinflussen. Ob ein Organ krank oder gesund ist, hängt auch vom Zustand der mit ihm verbundenen Chakren ab, und das Auffassungsvermögen des Verstandes kann aus dem gleichen Grund stark oder geschwächt sein.

Die Größe und der Umfang der einzelnen Chakren zeigen, ob wir gesund und glücklich oder krank und unglücklich, stark oder geschwächt sind. Werden statt dem ganzen System nur einzelne Chakren behandelt, verursachen wir Abtrennung. Doch keine Trennung sollte entstehen, wenn wir das kleine selbst mit dem großen Selbst, das Bewußtsein mit dem Unbewußten und mit unserem Schöpfer zu vereinen suchen. Obwohl wir jedes Chakra im einzelnen untersuchen, repräsentiert doch erst das ganzheitliche Miteinander die Ganzheitsperson.

Jedes der Chakren sucht nach einem Betätigungsfeld in der äußeren Welt und nach Wegen sich auszudrücken. Keines der Chakren, sei es auch noch so gut entwickelt, kann für sich allein die Vollkommenheit eines Menschen initiieren. Stellen wir uns das Chakrensystem kommunikativ vor und die Ganzheit fördernd, weil es das Gesetz gegenseitiger Abhängigkeit kennt und ganzheitlich ist, verstehen wir das interne Wirken des Verstandes, Körpers, der Seele und des Geistes. Ist die Harmonie und das Gleichgewicht aller Chakren erreicht, wird ein gut entwickelbares menschliches Gott-Potential erwachsen.

Die Chakren haben eine konfigurative Gestaltung, einen korrelativen Energieweg, der zur *Zirbeldrüse* führt. Es ist ein Energiesystem, ähnlich einem Energiestrom, der alles einbezieht und beeinflußt, was auf seinem Weg liegt. Beispielsweise führt der Energieweg des dritten Chakra, plaziert in der Gegend des Solarplexus, auf seinen Weg zur Zirbeldrüse am Magen vorbei, obwohl es nicht an den Magen angeschlossen ist. Daher ist auch der Magen positiv oder negativ beeinflußt, abhängig von der Beziehungsresonanz zwischen diesem Chakra und der Zirbeldrüse. Hinzu kommt die interkorrelative Wirkung des gesamten Chakrensystems. Doch sagten wir, jedes Chakra habe einen Korrespondenzpunkt mit jedem Organ, wäre das nach meiner Ansicht nicht ganz richtig. Vielmehr sollten wir eine Korrespondenz innerhalb des Energiesystems sehen, das auf bestimmte körperliche Bereiche einwirkt, das kann eines oder mehrere Organe und natürlich auch die Zirbeldrüse einschließen. Eine wichtige Funktion der Zirbeldrüse besteht darin, Botschaften, die auf dem Energieweg der Chakren getragen werden, zu empfangen und zu senden, sowie jedem funktionsarbeitende Teil des physischen und Verstandkörpersystems bestimmte Anordnungen zu geben. Die Botschaften können unser Wohlbefinden stimulieren oder auch Disharmonie und Ungleichgewicht hervorrufen. Arbeitet die Zirbeldrüse nicht auf der Stufe ihrer höchsten Aufnahmefähigkeit, werden wir einige oder mehrere Probleme beobachten. Wir sehen uns dann die Hirnanhangdrüse, auch Hypophyse genannt, an. Sie lenkt die Effektivität der Zirbeldrüse um den ganzen Menschen richtungsweisend dahin zu bringen, die karmischen Gesetze durch die Tätigkeit der Zirbeldrüse auszutragen. Wir stellen weiter fest, ob die Tätigkeit der Zirbeldrüse von einem disharmonisch arbeitenden Chakrensystem beeinträchtigt wird, das den Körper nicht im Miteinander, sondern im Gegeneinander arbeiten läßt. Chaos oder Störung wird immer durch Abtrennung dieser oder jener Teile des Verstandes und Körpers verursacht. Hat nun die Hirnanhangdrüse eigenständig die Funktion der Zirbeldrüse übernommen, müssen wir herausfinden, welche karmischen Hintergründe vorliegen, welche Tatsachen wir uns bewußt zu machen haben und an welcher Sache wir arbeiten müssen. In beiden Fällen weist eine schlecht funktionierende Zirbeldrüse auf energetische Probleme hin, auf Ungleichgewicht im Chakrensystem, ob nun die Hirnanhangdrüse die Verursacherin ist oder nicht.

Die Hirnanhangdrüse ist ein hypersensitives Instrument unseres höheren Selbst, und sie wird von der Natur unseres inneren Gottwesens getragen. Das bedeutet die Natur ewigwährender Lebenskraft, die wir durch das Leben, unser sehendes und verstehendes Sein ausdrücken. Leben und Gesetz sind untrennbar ein und dasselbe. Ist die Funktion der Hirnanhangdrüse gestört, finden wir die Ursache meist in einer Systemerkrankung älterer Herkunft. Eine von der Hirnanhangdrüse eingeleitete Störung wird von unserer Abwendung gegenüber dem höheren Selbst hervorgerufen. Das alte Muster oder Ungleichgewicht austragende Gesetz haben wir zwar mit dieser Haltung zurückgelassen, aber nicht vergessen. Es wirkt durch uns weiter und arbeitet durch den Kraftpunkt der Hirnanhangdrüse.

Über die Funktionen der Zirbeldrüse ist in der Wissenschaft und Medizin kaum etwas bekannt, und noch weniger über die der Hirnanhangdrüse. In der Forschung bleiben diese Drüsen ein Mysterium, da die geistigen Körper als integraler Teil des menschlichen anatomischen und mentalen Systems nicht bewertet werden. Auch ist es interessant zu wissen, daß die Zirbeldrüse in einigen Wirbeln in der Gegend des sechsten Chakra eine wohlentwickelte Augenstruktur hat. Obwohl dieses Auge nicht wie ein physisches Auge organisiert ist, funktioniert es als Lichtempfänger. Das sechste Chakra wird oft das ›dritte Auge‹ oder das allsehende Auge genannt.

Häufig werden auch neurologische Störungen von der Zirbeldrüse gesteuert. Bei vielen unheilbaren Krankheiten tritt die Zirbeldrüse als Regler auf, und sie ist auch wie ein Regulativ, denn über die Steuerung der Zirbeldrüse laufen die karmischen Gesetze durch alle Drüsen und Funktionen. Das gesamte Drüsensystem bricht zusammen oder wird beschränkt, wenn die Alchemie des Ganzen in ihrer Vernetztheit mit dem Ganzen des chakrischen Systems ins Ungleichgewicht gerät. Bei einer gesunden Person wird die Energiegestaltung der Chakren und ihre korrelative Tätigkeit die physischen, mentalen und geistigen Funktionen der Hirnanhangdrüse stets unterstützen.

Das chakrische Energiesystem schwingt und bewegt sich auf einer Frequenz, die, befindet sie sich in gesunder Wechselbeziehung, das Gesamtsystem der Chakren in harmonischem Gleichklang hält und eine Art übergeordnete Schwingung des Wohlseins bringt. In diese erhabene Schwingungsatmosphäre wird das Selbst einbezogen. Wirkt das Gesamtsystem der Chakren in uns unitär, indem es nicht nur ein einzelnes Chakra unterstützt, sondern als Gesamtorchester schwingt, wird die Gesamteinwirkung auf das höhere Selbst von der Hirnanhangdrüse beeinflußt. Nun wird unser energetisches System eine Symphonie des Wohlbefindens erschaffen. Auf dem Hintergrund dieser harmonischen Klänge wird die Ego-Persönlichkeit verteidigungsunfähig gemacht. Das kleine Ich muß relativ still bleiben, während das höhere Selbst in eine Position erhoben wird, deren Resonanz wir in erleuchtender Weise fühlen und erleben. Das höhere Selbst, lebt es sich in erhöhter Stellung in uns ein, wird uns vertraut. Es wird nun unseren ganzheitlichen Bedürfnissen dienen, indem es, im Gegensatz zum kleinen Selbst, die Ansprüche des Ganzen und der Ganzheit nie aus den Augen verliert. In das Schema der Vollkommenheit schließt das höhere Selbst das Gleichgewicht ein und geht mit uns den Weg der Natur und der Naturgesetzlichkeit. Wir sind alle Natur. Aus dem Element Erde und den übrigen Elementen geboren, unterscheiden wir uns nicht von den Erdkräften, die in Koexistenz mit unseren Körpern leben. Ist die Resonanz zwischen unseren Körpern und den Elementen gleichgestimmt, werden wir immer mit dem Engagement gemeinsamer Anstrengung zwischen Mensch und Mitwelt, dem Himmel über uns und der Erde unter unseren Füßen rechnen können. Die alles geschaffene bewegende Symbiose trägt den konstruktiven Charakter eines zusammenwirkenden Förderungsprogramms, das mancherlei Gefahren von uns und allen Dingen abhält.

Die durch uns lebenden kosmischen Gesetze rufen unsere Guthaben oder Schulden aus der Vergangenheit auf den Plan, unsere Vorzüge, Nachteile und unbezahlten Schulden, und sie ermöglichen, bisher ungelernte Tugenden zu kultivieren. Manipulatives oder anderes den Gesetzen zuwiderlaufendes Verhalten wird durch das System, das wir Karma nennen, in diesem und anderen Leben ausgetragen. Das

Gleichgewichtsgesetz wirkt durch uns und hält neue Erkenntnisse für uns bereit. Durch sie kann das Gesetz wirksam werden, damit sich das für jeden notwendige Gleichgewicht wieder einpendelt. Wer wir sind, sagen unsere Werte oder unser ›Unwert‹ aus. In jedem Leben, und auch in diesem, bewerten wir uns neu und werden neu bewertet. Obwohl wir das Gesetz, da es tolerant ist, durchaus dehnen können, bleibt es doch das Gesetz und kann von niemanden abgeändert werden. Da unser menschliches Leben die Einheit von Einem ist, untrennbar von der Vergangenheit zurückliegender Leben, bleiben wir die Mitgestalter des gegenwärtigen Daseins. Wir erschaffen selbst unsere zukünftigen Vor- und Nachteile sowie unser mentales physisches und geistiges Wohlbefinden.

Nach vielen Jahren Erfahrung mit der seherischen Betrachtungsweise fand ich immer wieder ein Gesetz bestätigt: Du bekommst, wenn du gibst. Wenn deine Motivation als Gebender darin besteht, Gegengaben zu erwarten, wird eine karmische Lage hervorgebracht, die uns Mitgefühl lehren wird. Die Lehre über Ursache und Wirkung wirst du dann lernen müssen. Unsere karmischen Lehren rufen immer einen Widerstand in uns auf, der auf uns drückt und der uns so lange Unbequemlichkeiten aussetzt, bis wir die Lehre gelernt haben. Geben wir bedingungslos, werden wir auf unserem karmischen Konto der Ursache und Wirkung Gutschriften buchen. Solche Gutschriften könnten wir im jetzigen Leben als Geschenke erfahren, wie beispielsweise den richtigen Partner fürs Leben, eine fruchtbare Geschäftsbeziehung, stabile Gesundheit und einen hellwachen Verstand.

Indem wir das Diagnoseformblatt verwenden, spiegeln wir dem Porträtierten die ursprüngliche Ursache und die Folgen der Krankheit und fördern damit die Notwendigkeit, sie durchzuarbeiten. Auch in den schwierigsten Fällen, in denen eine karmische Ursache unheilbar bleibt, können wir trotzdem positive Veränderungen herbeiführen. Die Gesetze sind nicht hart und unmenschlich, sondern deutlich und klar. Und das bedeutet, wir können bewußt mit dem Gesetz arbeiten und es ausdehnen, damit es unserem Verstehen wirklich dient. Wir sollten nie daran zweifeln, daß wir helfen können, den Wert des Lebens anzuheben, indem wir Schmerzen und Leid anderer lindern. Auch helfen uns die im Anhang beschriebenen Übungsmethoden sowohl in unserer Wirkung, ausgleichend zu sein, als auch ins Gleichgewicht zu bringen, was aus der Balance ist. Wir können für uns und andere viel tun, und das alles kostet nichts, es erfordert nur unser Verstehen.

Manche der Übungsmethoden lehren uns, subtile Energien zu unterstützen, damit wir sie über die Drüsen zum Chakrensystem leiten. Diese das Selbstinteresse stimulierenden, feinfühligen Annäherungen regen die subtilste Energie der Ganzheitsperson an und haben eine stärkere Heilwirkung als jede gängige Medizin. Wir eröffnen mit den Übungen den raschesten und leichtesten Zugang zum höheren Selbst, da wir uns als Ganzheit, Verstand, Körper, Seele und Geist unterstützen. Unsere Therapie sollte auch eine Lernmethode über den Inhalt der Gesetze einschließen, damit der vollkommenere Seinszustand zugänglicher wird. Die im ersten Kapitel beschriebenen Bedingungen des modernen Lebens und die im sechzehnten Kapitel erläuterten bindenden Gesetze helfen uns, theoretische Grundlagen zu verstehen. Die wirkliche Heilung jedoch wird erst möglich sein, wenn das Gesetz durch den Patienten ausgetragen wurde und die Krankheit nicht mehr gebraucht wird, um dem höchsten Potential zu dienen. Hat der Patient den karmischen Konflikt zu Ende gebracht, können wir den Heilprozeß mit vielerlei Hilfsmitteln fördern. Übungsmethoden wie die Visualisierung, Atemtechniken, Meditation und Energietherapie sind in vielen Fällen geeignet, und manchmal kann auch der chirurgische Eingriff die richtige Heilmethode für den Patienten sein.

Kommen wir zurück zu den Chakren. Es könnte, wenn wir uns das chakrische System betrachten, zu Mißverständnissen führen, wenn wir annähmen, alle Chakren im Menschen drehten sich in ein und dieselbe Richtung. Arbeiten wir mit dem Diagnoseformblatt, folgt die Energie unserer Absicht. Halten wir als Fragende an unserem Wunsch, den physischen, mentalen und geistigen Zustand zu sehen, fest, werden wir wirklich sehen und fühlen, welchen Richtungsverlauf die Chakren nehmen. Denken wir daran, daß ein ausgewogener Mensch nicht ohne Probleme lebt, sondern auf verstandlicher, physischer und geistiger Ebene die Fähigkeit hat, mit den Herausforderungen des Lebens umzugehen. Jeder Mensch muß Herausforderungen begegnen, denn wenn das nicht so wäre, gäbe es keinen Grund, auf der Erde zu sein. Wären wir bereits vollkommen, müßten wir uns nicht begrenzt auf die physische Form in der Welt der Materie erfahren, wir wären allgegenwärtig, allmächtig, allempfindend und daher ohne Grenzen.

Die in Abbildung VI dargestellten ersten drei unteren Chakren nenne ich unser psychisch niedriges Potential. Diese Chakren haben mit Dingen des Überlebens zu tun, mit dem ›ich will‹, ›ich brauche‹, ›ich möchte‹. Sind sie in der Person aus der rechten Proportion, können sie das Bewußtsein verwirren und vernebeln. Im fünften und sechsten Chakra finden wir den Ausdruck des höheren Potentials, den der physischen und verbalen Kommunikation, Denkfähigkeit, göttlichen Inspiration, göttlichen Bestrebens, kreativen Willens und viele andere Manifestationen des Glücks, wie beispielsweise die Freude. Das vierte und stärkste Chakra ist das Herzchakra. Allein das Herzchakra hat die Kapazität abzuwägen, was für unsere Entwicklung und unseren Ausdruck in der Welt angemessen und gesund ist. Das Herzchakra führt zusammen, indem es von oben und von unten nimmt, was es braucht, um es im rechten Maß in die Welt zu bringen. Die Abwägung des Herzchakras entspricht unseren Fähigkeiten, mit den Dingen umzugehen, und unseren karmischen Bedingungen. Für alle Dinge gibt es den richtigen Zeitpunkt und angemessenen Weg, um sie in den Ausdruck zu führen. Kommt die richtige Sache zur falschen Zeit in die Welt, nutzt es weder dir noch anderen. Das falsche ›Timing‹ könnte uns sorgenschwere Enttäuschungen und Entmutigung sowie den Verlust des Vertrauens in die Welt bringen. Hat das Herzchakra die Gelegenheit, die Entwicklung der übrigen Chakren anzuführen, ist das Gleichgewicht erreicht. Versuchten wir mit noch so edlen Absichten die Arbeit des Herzchakra zu übernehmen, wäre das nicht möglich. Das kleine Ich kann nicht den Job des höheren Selbst tragen, indem es beispielsweise verschiedene Techniken durchprobiert, mit denen die Chakren manipulativ stimuliert werden. Für das Ergebnis solcher Eingriffe würden wir die Verantwortung zu tragen haben. Das Herzchakra ist wissend. Die Ego-Persönlichkeit glaubt, wissend zu sein.

Wie der mental, physisch und geistig ausgewogene Mensch auf dem Diagnoseformblatt aussieht

Ich habe in Abbildung VI das ganzheitliche Energiefeld eines verstandlich, physisch und geistig ausgewogenen Menschen gezeichnet, damit wir sehen, wie die gesunde Ganzheitsperson auf dem Formblatt aussieht. Um den gut ausgewogenen Stand des Gleichgewichts, der in unserem Leben beständig sein sollte, zu halten und das höchste Potential zu erreichen, empfehle ich die im 16. Kapitel beschriebene Meditation mit der weißen Wolke. Die Meditation stützt sich auf mein Verstehen der Naturgesetze und die Art und Weise, wie sie durch uns arbeiten. Die Übung beruhigt den Verstand und Körper, so daß Seele und Geist sich manifestieren können und alle Körper und Elemente in den Zustand übereinstimmenden Miteinanders kommen, das der Gesetzlichkeit gegenseitiger Abhängigkeit entspricht. Üben wir die Meditation, erschaffen wir reinigende Energie. Sie wirkt heilend und klärend auf unser aurisches Feld, bringt die Chakren in natürliche Ausrichtung und erdet uns. Wir sorgen auf diese Weise für dauerhafte Unterstützung, da wir den uns umgebenden Energieschutzmantel stärken und festigen. Wir filtern, was nicht unserem Eigenwert gleicht, verfeinern unsere sensorischen Antennen, so daß sich unsere kosmische Weltsicht öffnet wie die Blütenblätter des Lotus. Wir erschaffen natürliche und gesunde Bedingungen, um unser höheres Selbst zur Entfaltung zu bringen.

Was die Aura ist, ihr Sinn und ihr Ausdruck, läßt sich auch mit anderen Namen bezeichnen. Ob ich nun Filter, Ozon, Illumination oder Strahlung sage, es handelt sich immer um die gleiche Erscheinung, die so viele Funktionen hat. Unser innerer Mensch ist fähig, Licht zu erschaffen, Energie, die von innen kommt und die Strahlung von innen nach außen ausweitet. Die Strahlung können wir dann als Linien auf dem Diagnoseformblatt aufzeichnen. Unsere innere, nach außen sich verbreitende Strahlung unterstützt nicht nur uns selbst, sondern auch die anderen, das Universum und den Kosmos, in dem wir leben. Bei der Aufzeichnung der Linien werden wir sehen, daß ihre Richtungsführung von innen nach außen verläuft. Die Meditationsübung mit der weißen Wolke hilft uns, eine gesunde Schutzisolierung und den reinigenden Filter zwischen uns und unserer Umgebung zu schaffen, womit uns die eigene Energie schützt.

Ist unsere Aura stark, filtert sie jede Schwingung aus, die gröber als unsere eigene Energie ist, womit wir unser ganzheitliches Wohlbefinden sichern und manifestieren. Dies bedeutet auch, daß jede Energie, die subtil, leicht, fein, positiv und fördernd ist, von unseren eigenen Strahlen nicht abgestoßen und ausgefiltert wird. Das gesunde Filtersystem wehrt nur die dichtere, grobe Energie unterschiedlicher äußerer Einwirkungen ab.

Betrachten wir uns nun den leeren Raum zwischen dem im Diagnoseformblatt aufzeichneten menschlichen Körper und der Erd-

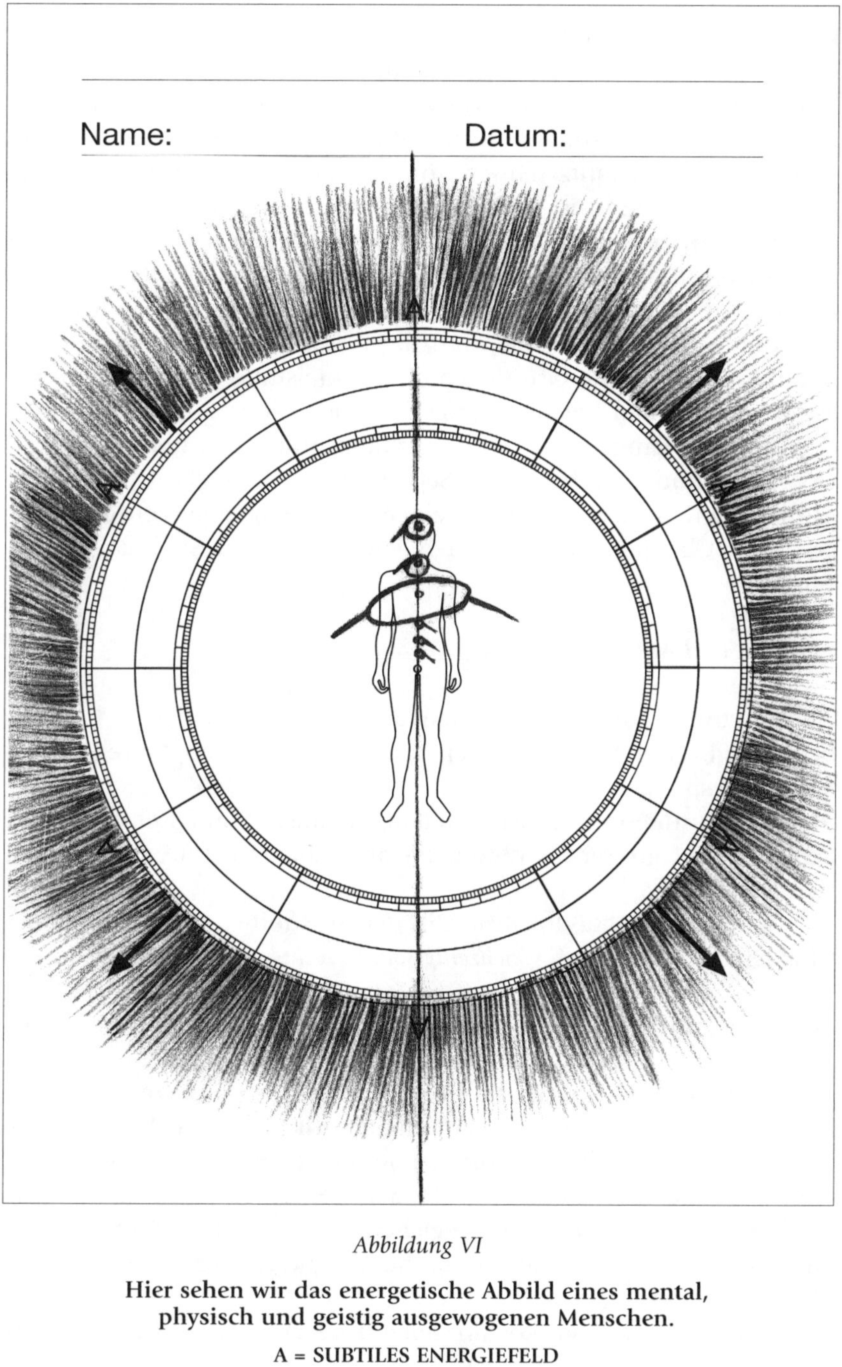

Abbildung VI

Hier sehen wir das energetische Abbild eines mental, physisch und geistig ausgewogenen Menschen.

A = SUBTILES ENERGIEFELD

kreislinie. Die Abstrahlung des Menschen zeichnen wir stets um die Erdkreislinie auf, und das heißt natürlich nicht, daß zwischen dem Körper und der Erdkreislinie gar keine Energie existiert. Vielmehr ist die von unserem gesunden Körper abgestrahlte Energie derartig fein, daß wir sie nicht aufzeichnen können. Erst wenn sie vom Körper etwas weiter entfernt ist und dichter wird als die subtile Energie, die unseren Körper umgibt, können wir sie in Linien festhalten. Haben die um die Erdkreislinie eines Menschen aufgezeichneten Abstrahlungslinien offene Stellen, ist der Mensch durch äußere Einwirkungen, die in das Schutzschild eindringen könnten, verletzbar. Unsere Strahlung sollte ohne Öffnungen die Erdkreislinie umgeben, von wo aus sie sich in den Kosmos erstreckt. Gehen die Strahlen in schöner, ebenmäßiger Länge rund um die Erdkreislinie, zeigt uns das Ausgewogenheit und Wohlbefinden. Sehen wir uns nun die Chakren der Abbildung II an, werden wir bei einem ausgewogenen Menschen den gesunden Chakrenverlauf so sehen, wie er hier dargestellt ist.

Chakren und Abstrahlungsfeld

- Von unten nach oben gesehen, am unteren Ende der Wirbelsäule beginnend, sind die drei ersten Chakren klein und bewegen sich *rechtsdrehend.*
- Das fünfte und sechste Chakra, lokalisiert am Kehlkopf und Scheitel, sind größer als die ersten drei Chakren, und sie bewegen sich *linksdrehend.*
- Das Herzkchakra, lokalisiert in der Brustmitte, ist das größte der Chakren. Es bewegt sich *gleichzeitig sowohl rechts- als auch linksdrehend.*

Das auf Abbildung VI mit A gekennzeichnete Abstrahlungsfeld bewegt sich in der Linienführung vom Menschen oder Objekt ausgehend in Richtung Mitwelt und Kosmos. Die Illustration zeigt uns eine ideale, vitale Strahlung. Sie zieht einen vollkommenen Kreis um die Erdkreislinie, in dem kein offener Raum, kein Loch, zu sehen ist, womit wir die Garantie haben, daß der Mensch gut geschützt ist. Alle Strahlen dehnen sich in etwa gleichem Abstand aus, und wir sehen eine wohlausgewogene, harmonische Abrundung des Menschen und Harmonie aller Körper.

Im Mikro- und Makrokosmos leitet das Herzchakra unsere Lebensenergie. Das Herzchakra ist ein Kraftpunkt, der die Kommunikation mit der Seele leicht zugänglich macht. Denken wir darüber nach, was unsere Lebensenergie in ihrer Zusammenfügung ausmacht, sehen wir eine Kombination von offenkundigen und verborgenen Kräften, die das Herzchakra, befindet es sich in ausgewogenem Zustand, zusammen mit den übrigen Chakren ordnet und als wohldurchdachtes aktives, kreatives Potential in die Welt und Formwelt bringt. Das Herzchakra ist der wahre Alchemist. Es nimmt sich von oben und von unten und bringt mit ausreichender Manifestationskraft unser höchstes Potential hinaus in die Welt.

Sobald wir fähig sind, alle Körper auf dem Diagnoseformblatt aufzuzeichnen, werden wir die richtige Diagnose im Bereich des Ungleichgewichts, der Täuschung und Krankheit finden. Unsere Arbeit wird uns helfen, uns wiederzuerneuern, und während wir unsere eigene Heilung unterstützen, helfen wir auch allen anderen. Obwohl wir Menschen nicht auf die physische Welt der Form begrenzt sind, müssen wir uns doch als physische Wesen, die mit Verstand ausgestattet sind, erkennen, das heißt also auch als Teil des Ganzen und Teil der Wirklichkeit. Unsere Erdenreise ist für unsere ganzheitliche Erziehung notwendig. Mißachten wir die Erkenntnis des Göttlichen, manifestieren wir diese Mißachtung als Ausdruck durch den Verstand, Körper, Seele und Geist. Das führt uns mehr und mehr ins Chaos und entfernt uns von dem, was wir sind. Die Krankheit ist stets eine Folge der Täuschung und Illusion.

Die Himmel-und-Erde-Linie

A Sehen wir uns in Abbildung VII die vom Himmel zur Erde reichende Himmel-und-Erde-Linie an. Diese Linie sollten wir stets als Indikationslinie betrachten, denn sie zeigt uns an, ob eine Krankheit schon besteht oder auftreten wird. Die Linie gibt uns auch Hinweise darauf, um welche Krankheit es sich handelt.

A-1 Reicht die Länge der Himmel-und-Erde-Linie nicht vom obersten Rand des Papiers bis zum oberen Beginn des Erdlinienkreises, heißt das nicht unbedingt, daß der Mensch in physischer Gefahr ist. Die Ausdehnung der Himmelslinie betrifft nicht den physischen Körper und das Wohlbefinden des Menschen. Die Himmelslinie zeigt vielmehr, ob der

Mensch oder das porträtierte Objekt an etwas Höheres, das größer ist als das eigene Selbst, glaubt; ob Glaube da ist, sei es an Gott oder ein höheres Wesen, an eine übergeordnete Kraft oder höhere Intelligenz. Ist der porträtierte Mensch beispielsweise Nihilist, wird die Himmelslinie nicht zu finden sein. Die Abwesenheit dieses Teils der Himmel-und-Erde-Linie sagt also nichts über das körperliche Wohlbefinden aus, sie gibt uns lediglich ein Bild über den Glauben an das Höhere.

A-2 In anderen Fällen sehen wir, daß die Himmel-und-Erde-Linie nur vom oberen Rand der Erdkreislinie, durch die Körpermitte des porträtierten Wesens weiterführend, schon am unteren Rand der Erdkreislinie aufhört.

Aus einer solchen Diagnose schließen wir, daß ein stabiler Gesundheitszustand nur vorübergehend gewährleistet ist. Wie lange er anhält, hängt vom Rest der Informationen des Diagnoseformblatts ab. Erst wenn wir das Gesamtporträt haben, können wir Ursachen und Symptome feststellen. Ein gesunder Mensch sollte nicht nur zeitweilig gesund sein, sondern über einen dauerhaft gesicherten Gesundheitszustand verfügen.

A-3 Zeichnen wir die ideale Energie der Himmel-und-Erde-Linie auf, reicht sie vom obersten Blattrand, führt durch die Mitte des Körpers oder porträtierten Objekts und endet am untersten Rand des Papiers. Reicht sie nicht bis zum Ende der Erdkreislinie und darüber hinaus, sind wir wurzellos und nicht geerdet. Stehen wir nicht tief in der Erde und im Kosmos, haben wir keine Sicherung gegenüber gefährlichen Schwankungen. Ist die Himmel-und-Erde-Linie nicht vital und im Idealzustand, werden wir sehr wechselhafte Lebensbedingungen kennen, und schon der nächste Wind mag die wurzellose Existenz umblasen. Dieser Fall könnte eine Krankheit sein, ein Unfall, emotionales Chaos, Verlust des Berufs, des Freundes oder des Selbstwertgefühls. Die Verunsicherung tritt auf, wenn das Selbstwertgefühl im Lärm der Angst versinkt. Fühlen wir uns im Selbst verunsichert, wird die Angst unser Führer durchs Leben, und unsere fußfassenden Schritte werden schwach. Sind wir nicht mehr fähig, fest auf den Füßen zu stehen, geraten wir durcheinander und kommen verstandlich, physisch und geistig ins Ungleichgewicht.

Als nächstes sehen wir uns das Bild in und um das porträtierte Wesen an. Wir zeichnen die Abstrahlung auf sowie alle störenden

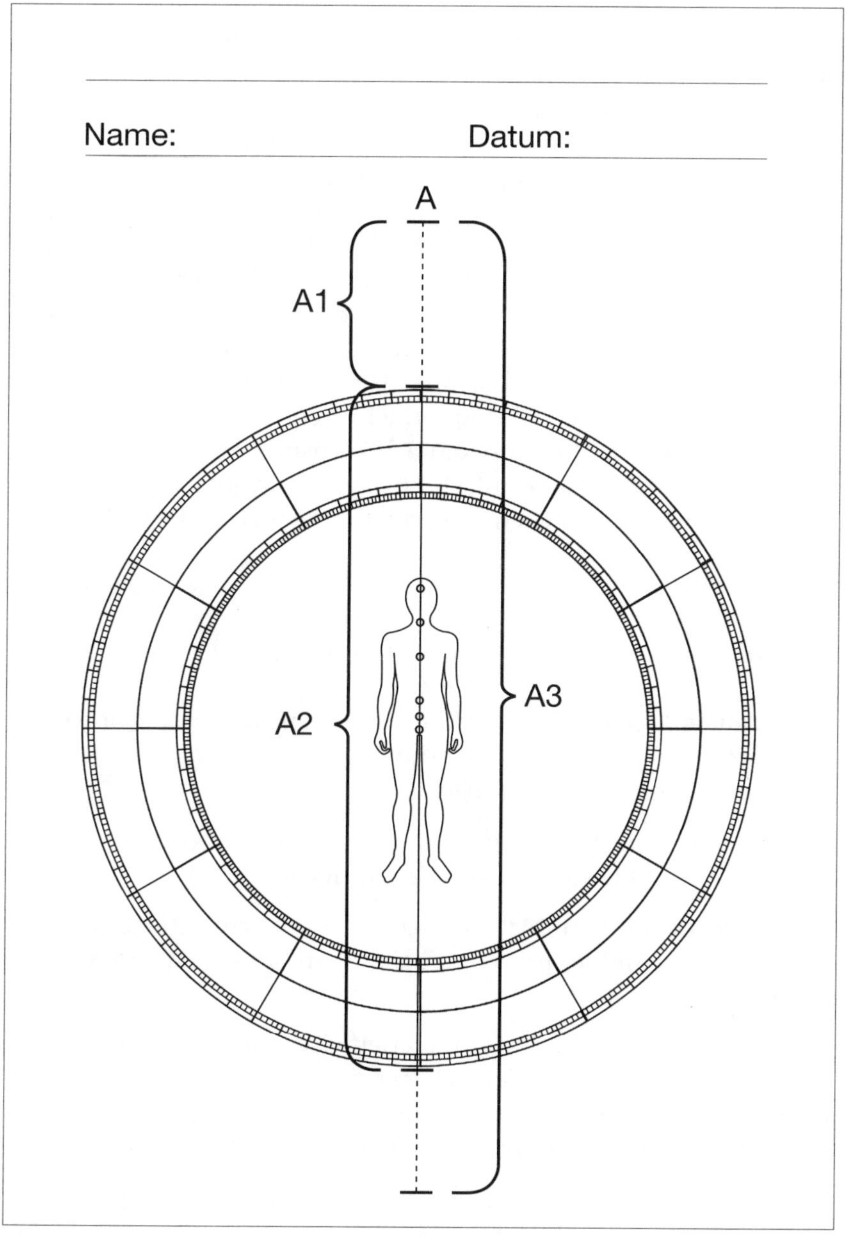

Abbildung VII

A = Die Himmel-und-Erde-Linie. Sie reicht im Idealfall vom obersten Blattrand (Himmel) bis zum untersten Blattrand (verwurzelt in der Erde).
A1, A2, A3 = Verschiedene Abschnitte der Himmel-und-Erde-Linie.

Frequenzen, die auf das Wesen einwirken könnten. Die Abbildung I mit D-1, D-2 und Abbildung VI dienen uns dabei als Richtlinie. Wenn wir klarer ›sehen‹, befähigen wir uns, bewußte Entscheidungen zu treffen. Wir sind dann frei zu wählen, ob wir die Dinge so lassen, wie sie sind, ob wir sie ändern oder daran hindern, ihren unheilvollen Verlauf weiter fortzusetzen. Der mögliche Verlauf kann manchmal das Glück sein, das sich als Verstehen, Kreativität und Freude ausdrückt, und in anderen Fällen mag er Krankheit und Tod bedeuten. Unglücklich zu sein bedeutet Opfer zu sein, ohne zu wissen, daß man Opfer ist. Manche akzeptieren auf der physischen Ebene ein lebensverneinendes Opferdasein, indem sie beispielsweise rauchen und cholesterinhaltige Nahrungsmittel essen, obwohl sie herzkrank sind, ihre täglichen Übungen vernachlässigen oder sich von exzessiven Lebensgewohnheiten aufzehren lassen. Kreativität und Freude sind der Lohn des Verstehens und die Frucht unseres bewußten Wirkens mit dem Selbst.

Wie wir mit dem Diagnoseformblatt arbeiten

Um zu guten Ergebnissen zu kommen, sollten wir uns, bevor wir mit dem Formblatt beginnen, die schrittweise Vorbereitung, mit der auch ich arbeite, zur Gewohnheit machen:

1. Wir beginnen mit den drei Übungen: Atmen, Gebet und Meditation, wie sie im 16. Kapitel beschrieben sind.

2. Wir legen das Formblatt auf den Tisch oder ein Schreibbrett und zeichnen mit dem Bleistift. Wir arbeiten stets auf einem festen Untergrund.

3. Der Name des von dir porträtierten Gegenübers und das Datum wird im oberen Rand des Formblatts eingetragen. Den Namen aufzuschreiben hilft unserer Konzentration auf das Wesen. Das Datum wird für die Dokumentation deiner Forschungen wichtig sein.

4. Siehst du dir das zu porträtierende Gegenüber an, ist es sehr wichtig, dieses Wesen auf dein Formblatt zu projizieren. Wir stellen uns dabei vor, daß der auf dem Formblatt dargestellte Körper dasselbe Wesen ist, das dir gegenübersitzt. Dein Gegenüber und das Formblatt sind jetzt ein und dasselbe. Diese Vorstellung ist bedeu-

tend, denn sie wird dir helfen, Fehler zu vermeiden. Beispielsweise den am häufigsten von Anfängern begangenen Fehler, das eigene Energiefeld, weil es dir am nächsten ist, auf das Blatt zu projizieren. Es besteht dann die Gefahr, die eigenen Gedanken oder Erkrankung auf das Diagnoseformblatt zu übertragen.

5. Laß deine Gedanken und Befürchtungen weiterziehen, damit die Konzentration ungestört bleibt. Atme ein, um deine Vitalität anzuregen. Atme aus, um das Loslassen zu unterstützen.

6. Während du den Bleistift locker und unverkrampft in der Hand hältst, beginnst du die Aufzeichnung deines Gegenübers mit der Himmel-und-Erde-Linie. Gewinnst du bestimmte Eindrücke, kommen dir Wörter und Gefühle in den Sinn, notiere sie am untersten Rand des Formblatts. Halte dich aber nicht damit auf, sie sogleich zu analysieren.

7. Nun lenkst du, nachdem die Himmel-und-Erde-Linie gezeichnet ist, deine Aufmerksamkeit auf den obersten Teil der Erdkreislinie und beginnst deine Aufzeichnung in der Höhe des neunten Hauses. Achte auf deine Empfindungen und auf die Schwingungen, die sich entweder auf den im Formblatt eingezeichneten Körper zubewegen oder von ihm wegstreben. Überlasse deiner Hand die freie, unverkrampfte Führung. Deine Absicht besteht darin, das Energiefeld deines Gegenübers aufzuzeichnen, und deine Hand wird, den Bleistift führend, allen Eindrücken nachgehen. Dies wirst du in einer Weise erleben, als ob der Bleistift den Schwingungen der Linien von alleine folgt. Denke während der Arbeit nicht nach, was du jetzt gerade aufzeichnest. Kommen bestimmte Eindrücke, notiere sie auf dem unteren Blattrand und begutachte sie später.

8. Nun kommen wir zur Aufzeichnung der Chakren. Für dich und dein Gegenüber wäre es ungesund, wenn du zu lange auf jedes einzelne Chakra schaust. Du zeichnest deinen Eindruck auf und gehst deiner Empfindung nach, doch während der Aufzeichnung werden wir uns nicht mit der Analyse des Bildes befassen, das kommt später.

Beginnen wir mit dem ersten Chakra am unteren Ende der Wirbelsäule, wie es in der Abbildung VI dargestellt ist. Setze deinen Bleistift auf diese Stelle im Diagnoseformblatt und ermögliche ihm, sich frei zu bewegen, um den Eindrücken, die du empfängst, zu folgen. Stelle mit deiner Linienführung fest, in welche Richtung sich die Chakren drehen, ob sie rechtsdrehend oder linksdrehend sind. Wenn du bestimmte Eindrücke hast, notiere sie auf dem unteren Papierrand.

9. Ist das Bild abgeschlossen, schaue dir das Formblatt nochmals an. Hast du bestimmte Eindrücke, notiere sie. Sieh dir die Abbildung VI, das Bild der gesunden Ganzheitsperson an, und vergleiche es mit dem von dir gefertigten Porträt. Hast du Linien aufgezeichnet, die nicht dem gesunden Gesamtbild eines Menschen entsprechen, dann frage jede einzelne der abweichenden Linien, was sie zu bedeuten hat. Weist beispielsweise eine Linie auf ein bestimmtes astrologisches Haus, stelle ihr die Frage: »Was hat diese Linie in diesem Haus zu bedeuten?« Eine Linie im ersten Haus hat ganz sicher eine andere Bedeutung als in einem anderen astrologischen Haus. Stelle deine Fragen klar, ohne Wenn und Aber, und schreibe alle Eindrücke auf das untere Ende des Blatts.

10. Das Formblatt ist nun ein Dokument, das analysiert und durchdacht werden muß. Jene Eindrücke, die du während der Aufzeichnung empfangen und notiert hast, werden jetzt untersucht. Wie die Einzelteile eines Puzzle setzen wir nun das Bild zusammen, um zu einer ganzheitlichen Diagnose zu kommen. Aus dem, was du gesehen und später analysiert hast, wirst du schlußfolgernd die Diagnose stellen.

11. Das Ergebnis wirst du nun deinem Gegenüber zeigen, um alle Fragen gemeinsam durchzusprechen. Dein porträtiertes Gegenüber wird dir wahrscheinlich viele deiner Eindrücke aus eigenem Wissen bestätigen, und du wirst die Fähigkeiten deiner seherischen Sensitivität bestätigt finden.

8. Kapitel

Dokumentation von Krankheitsfällen

Dieses Kapitel wurde nicht nur aufgenommen, um die Erfolge der alternativen Medizin zu beweisen, es soll im weiteren Sinne auch das Ideal der Selbstverantwortung propagieren und uns helfen, wieder zu erkennen, daß wir feinstoffliche Körper in uns tragen, die, für das Auge nicht wahrnehmbar, eine wichtige Rolle spielen bei der Entwicklung des einzelnen, der gesamten menschlichen Rasse und der kollektiven Energien, an denen wir teilhaben, Energien, die unseren Planeten und die Welt, in der wir leben, in sich einschließen. Alles folgt einer naturgegebenen Ordnung, einer kosmischen Gesetzmäßigkeit, deren integraler Bestandteil wir sind. Die Natur und das Gesetz sind eins, sie lenken die Geschicke des Kosmos.

Meiner Ansicht nach gibt es keinen Aspekt unseres Lebens, keine Interaktion, die nicht ein gewisses medizinisches Verständnis oder Kenntnisse aus dem diagnostischen oder therapeutischen Bereich verlangte.

Ich glaube, daß nichts zufällig geschieht. Ob unsere Erziehung ganzheitlich war oder ob es an dieser Eigenschaft mangelte, bestimmt, wie wir leben und wie kostbar wir unser Leben gestalten. Auch in einem wertvollen Leben gibt es Herausforderungen, die aber nicht zum Problem werden müssen.

Unsere schulische Ausbildung betrachten wir nicht als Problem, weil wir gelernt haben, das Lernen als Herausforderung zu sehen. Wenn uns karmische Konsequenzen treffen, wäre es ebenso falsch, sie zu problematisieren. Sehen wir sie lieber als erzieherische Herausforderungen, denen zu begegnen das Weltengesetz uns bestimmt hat. Es liegt an uns, wie wir damit umgehen, wir können, müssen uns aber keine Probleme schaffen.

Denken wir an Krankheiten, die auf äußere Einflüsse zurückzuführen sind, könnten wir annehmen, daß manche Menschen Opfer ihrer Umwelt werden. Auf den zweiten Blick jedoch enthüllt sich uns die Grundursache für solche Ereignisse, und wir müssen die Illusion aufgeben: »Das ist mein Schicksal, ich kann nichts daran ändern.« oder: »Es gibt nur dieses eine Leben und das, was ich sehen, berühren, fühlen, riechen und schmecken kann.« Wir lernen, daß jeder einzelne von uns für das Ganze mitverantwortlich ist und ihm zu dienen hat, wenn er sich selbst dient. Die Ausrede: »Das ist das Karma eines anderen und geht mich nichts an«, zeigt, daß das Verständnis für die Ganzheitlichkeit unserer Erziehung fehlt, zu der Mitgefühl, Liebe, Verständnis und Nächstenliebe gehören.

Bei meiner Diagnose orientiere ich mich an einigen wichtigen Fragen, um für den Patienten die richtige, das heißt wirksamste Therapie zu finden:

1. Welches Gesetz ist für die Situation des Patienten verantwortlich und fordert ihn heraus?

2. Wie nachgiebig ist das Gesetz hinsichtlich der vorliegenden Umstände oder Bedingungen?
3. Welche aktive oder inaktive Therapie kann angewendet werden, um den Patienten in seiner Erziehung weiterzubringen und ihn dabei zu unterstützen, so mit der Herausforderung zu arbeiten, daß er ihr den geringstmöglichen Widerstand entgegensetzt und die Symptome, die auf die Herausforderung hinweisen, sofort gemildert werden können?

Auch wenn ein Patient nur von psychischen Problemen berichtet, gehe ich davon aus, daß nicht nur seine Psyche betroffen ist. Ebensowenig glaube ich, daß körperliche Symptome auf eine ausschließlich körperliche Erkrankung schließen lassen. Ich habe die Erfahrung gemacht, daß psychisches Suchtverhalten oft auf einen nicht diagnostizierten physiologischen Zustand zurückzuführen ist. Eine Unausgewogenheit des Hormonsystems beispielsweise kann alle Symptome einer emotionalen Hysterie und eines Zusammenbruchs verursachen. Vielerlei psychische Einflüsse können für eine körperliche Krankheit verantwortlich sein, das kann ein Todeswunsch sein, die Unfähigkeit, sich mit Herausforderungen auseinanderzusetzen oder das Gefühl, im Haushalt oder in den Pflichten eines Kindes, eines Ehemannes oder einer Ehefrau gefangen zu sein. Der einzige Ausweg scheint die Selbstaufgabe zu sein. Wer Gefühle unterdrückt, kann sicher sein, daß sich diese als körperliche Krankheit manifestieren werden. Es ist ein unbefriedigender Ansatz, sich bei der Behandlung einer bedrohlichen körperlichen Krankheit nur um körperliche Symptome zu kümmern, wenn die Grundursache im psychischen Bereich liegt. Krankheit ist oft ein Signal, das den Menschen auf einen tieferliegenden Grund für sein disharmonisches Leben aufmerksam machen kann und ihn nicht selten zwingt, sich mit einer Herausforderung auszusöhnen und nach möglichen Wegen zu suchen, mit ihr zu arbeiten.

Zur Veranschaulichung meiner Diagnose-, Prognose- und Therapiemethoden möchte ich die Fallgeschichten einiger Patienten vorstellen und dokumentierte Ergebnisse vorlegen.

8.1. Grundursache: Äußere Einflüsse

Was ist Realität und was Wirklichkeit?

Die nachfolgend beschriebene Krankheitsgeschichte mit ihren Diagnosen und therapeutischen Hilfen brachte die Frage auf, ob die Grundursache der durch äußere Einflüsse entstehenden Krankheit in der Fehleinschätzung von Realität und Wirklichkeit zu suchen ist. Dem Fall lag ein durch Fremdeinwirkungen geprägtes Weltbild zugrunde, das die eigenen Ansichten entkräftete, die Realität verzerrte und die Wirklichkeit verdeckte. Wir erleben eine Frau, die in der Nähe eines Gefängnisses wohnt. Die Gefühle der Not und Verzweiflung der Insassen machen an den Gefängnismauern nicht halt, die Energie ihrer Gedanken dringt auch in das Leben der verletzbaren Frau ein, so daß ihre Wirklichkeit durch die Realität der anderen zum Wettlauf mit dem Wahnsinn wird. Wenn konstruktive oder destruktive Energien so lebendig sind wie Lebewesen, das war die Frage, kann sich dann ihre Ausdehnung auf einen bestimmten Raum beschränken, oder ergreifen sie, im Kollektiv weiterwirkend, Positionen, die erheben oder vernichten können? Und weiter war die Frage, wie finden wir uns zurecht in diesem Dschungel zwischen Realität und Wirklichkeit?

1. Fall – Anna Marie

Beschreibung:
Eine neunundvierzigjährige unverheiratete und kinderlose Frau, die als Sekretärin arbeitete, litt vierzehn Jahre lang unter Depressionen, die in einem Nervenzusammenbruch im Alter von 45 Jahren ihren Höhepunkt erreichten. Sie wurde ins Krankenhaus eingeliefert, wo sie sich einer psychotherapeutischen Behandlung unterzog, die später ambulant fortgesetzt wurde. Dreieinhalb Jahre nach ihrem Nervenzusam-

menbruch suchte sie mich auf und bat um Hilfe. Sich selbst beschrieb sie als ständig depressiv, lethargisch und unkonzentriert. Kleinste Aufgaben und Verpflichtungen brachten sie zur Verzweiflung. Oft hatte sie an Selbstmord gedacht und sich eingesperrt oder von allem und allen abgeschnitten gefühlt. Ihre Intelligenz und ihre Weiblichkeit hielt sie für unzulänglich. Jeden Tag brach sie mehrere Male in Tränen aus. Sie erzählte, daß sie nicht mehr arbeiten könne und nicht wüßte, wie es weitergehen solle. Sie konnte sich ihre große Ängstlichkeit nicht erklären und berichtete, daß jeder Arbeitstag vor ihrem Zusammenbruch einem lebendigen Alptraum geglichen hatte, angefüllt mit unkontrollierbaren Emotionen, Tränen und Verzweiflungsgefühlen. Ihre Angst, entlassen zu werden, war ebenso groß wie die Angst, wieder arbeiten zu müssen. Sie war weder fähig, ihre beruflichen Funktionen zu erfüllen, noch mit anderen Angestellten zu kommunizieren.

Körperlicher Diagnosebericht:
Bei meiner gründlichen körperlichen Untersuchung konnte ich keine nennenswerten physiologischen Schwierigkeiten bei Anna Marie feststellen, allerdings litt ihr Körper unter den Streßsymptomen, die der emotionale Zustand ausgelöst hatte. Eine Erkrankung konnte nicht diagnostiziert werden.

Diagnosebericht über die Ganzheitsperson (vgl. Abbildung VIII, S. 380):
Mit Hilfe des ›Diagnoseformblatts für die Ganzheitsperson‹ stellte ich meine Diagnose. Die Skizze zeigte mir folgendes:

1. Alle Chakren sind bei Anna Marie fast genau gleich groß, ein Anzeichen dafür, daß sie festhält und Dinge stark verdrängt. Ihr Ideenfluß ist behindert. Immer gleiche Gedanken drehen sich unaufhörlich im Kreis, der Verstand ist überaktiv und wiederholt heute das, womit er sich schon gestern und vorgestern beschäftigt hat. Das unaufhörliche, ziellose Kreisen führt zu Erschöpfungsgefühlen.

2. Die Verteilung der Energielinien außerhalb des Erdkreises zeigt deutlich, daß Anna Maries Aura nicht ausgewogen ist. Energiestrahlen von unregelmäßiger Länge und Dichte umgeben den Kreis, ein Anzeichen für eine Gleichgewichtsstörung. Anna Marie fühlt sich häufig schwindelig, meint hinfallen zu müssen. Gespaltene Gefühle lassen sie nicht erkennen, welche Richtung sie einschlagen soll, und so verharrt sie sitzend im Nichtstun.

3. Die mit nach innen gerichteten Pfeilen gekennzeichneten Energielinien weisen auf äußere Energien oder Einflüsse hin, die Anna Maries Schutzschild durchdrungen haben und sich in ihre Körper hineinbewegen. Dieser Vorgang wird als Angriff erlebt und fällt in die Kategorie ›ÄUSSERE EINFLÜSSE‹.

4. Bei genauerer Betrachtung erkennen wir, daß die von der Patientin ausgehenden kurzen Linien, die den Erdkreis umgeben, auf eine Beengtheit hinweisen, so als könnte oder würde sie nicht tief atmen, sich dehnen oder frei bewegen können. Die gesamte den Erdkreis umgebende Strahlung wirkt eingeschränkt und selbstzerstörerisch.

5. Zu einer vollständigen Diagnose der Ganzheitsperson gehört auch die genaue Untersuchung der Aura in bezug auf die astrologischen Häuser. Wir werden uns nur mit den Häusern befassen, in denen Störungen irgendwelcher Art zu erkennen sind. Die zwölf Häuser stellen keine Stufen auf der Erfolgsleiter dar, ihre numerische Bezeichnung soll nicht auf eine Höher- oder Minderwertigkeit im Vergleich zu den anderen Häusern hinweisen. Aus Gründen der Einfachheit beginne ich stets mit Haus 1 und folge der zahlenmäßigen Anordnung, bis ich Haus 12 erreiche. Da es keine Rangordnung gibt, kann die Diagnose bei jedem beliebigen Haus ansetzen. Bei der Sichtung der Häuser kann es vorkommen, daß eine bereits empfangene Information noch mal gegeben wird oder Botschaften in zusammenhangloser Folge auftauchen.

1. Haus: Äußere Einflüsse verursachen hier Schwäche und Unbehagen im Bereich des Solarplexus. Infolge einer anhaltenden, exzessiven Belastung wurde der Magen schwach. Die Patientin fühlt sich - emotional - voll und sieht sich aufgrund dieses Völlegefühls nicht in der Lage, etwas Neues in ihr Leben aufzunehmen. Die von außen einbrechende Energie beeinträchtigt und unterminiert die körperliche und emotionale Konstitution und steuert die Patientin langsam auf einen Zusammenbruch hin.

2. Haus: Äußere Einflüsse, die durch dieses Haus eindringen, schaffen noch zusätzliche Probleme. Sexuelle Wünsche erwachen, das Gefühl, als Frau unerfüllt geblieben zu sein, nagt unaufhörlich. Anna Marie findet keinen Weg, ihre Wünsche zu realisieren oder zu unterdrücken, sie bleiben schier endlos in der rastlosen Aktivität des Verstandes gegenwärtig. Das Bedürfnis nach einem Ablaßventil erzeugt Groll gegen sich selbst und andere. Wegen solcher Gefühle fühlt sie sich ›schuldig‹ und glaubt, kein netter Mensch zu sein.

3. Haus: Äußere Einflüsse dringen auch in das Haus der Physis ein und werden von den Körpern aufgesogen. Es ist, als würde Anna Marie ertrinken, ohne der zerstörerischen Wasserflut Einhalt gebieten zu können, die durch Nase und Mund eindringt. Wegen dieser Empfindung fühlt sie sich zu Hause unwohl und würde gerne wegziehen, wenn sie sich nicht in einer Falle glaubte und bewegungsunfähig fühlte.

Um das, was in Anna Maries körperliches Haus eindringt, in noch größerer Tiefe erfassen zu können, mußte ich bereit sein, weiterzugehen und Fragen zu stellen. In diesem Fall wandte ich mich unmittelbar an den eindringenden Energiefluß und fragte: »Was kommt durch dieses Haus herein?«

Daraufhin sah und spürte ich, daß die Patientin in der Nähe eines Gefängnisses und einer Militärbasis lebte. Wegen ihres geschwächten Schutzschild nahm sie viele Eindrücke der Gefangenen und Soldaten in sich auf. Die Ängste dieser Männer, ihre sexuellen und sonstigen Wünsche, ihre Fantasien, ihre Wut und Frustration, ihre Verzweiflung und ihre Gefühle der Unzulänglichkeit, ihr Verlangen fortzugehen, auszubrechen und frei zu sein, wurden von der Patientin wie eigene Gefühle empfunden. Niemals wäre ihr in den Sinn gekommen, daß diese Emotionen nicht ihre eigenen sein könnten. So lebte sie in jahrelanger Pein und wurde fast wahnsinnig.

4. Haus: Die Unregelmäßigkeiten, die sich hier im Aurafeld der Patientin zeigen, deuten auf Verdrängung hin und zeigen ihr Verlangen frei zu sein, zu tun, was sie möchte. Sie glaubt aber, die Gesellschaft würde ihr vorschreiben: »Das kannst du nicht tun, und das kannst du nicht tun, richte dich danach.« Anna Marie fühlt sich von zu vielen Strukturen umgeben, die ihren Selbstausdruck hemmen. Die Einschränkungen wurden ihr von Eltern, Lehrern und Gesellschaftsstrukturen auferlegt, mit denen zu leben sie gelernt hätte. Aber der Wunsch, ihr Selbst zu erforschen und auszudrücken, wurzelt tief in ihrem Unbewußten und wirkt durch eine Gesetzmäßigkeit, die sie drängt, sich zu mehr Verständnis und Selbstfindung hinzuentwickeln.

5. Haus: Die Patientin langweilt sich zu Hause, hat aber Angst, etwas zu unternehmen, weil alles wie durch eine Mauer von ihr getrennt scheint. Sie fühlt sich eingesperrt wie in einem Gefängnis und glaubt, ihre Ideen paßten nicht zu den Strukturen, in denen zu leben sie sich verpflichtet fühlt. Unfähig, sich auszudrücken, sieht sie sich nicht in der Lage, ihr Leben in irgendeiner Weise zu verändern.

6. Haus: In diesem Haus sehen wir die Angst der Patientin, ihr könnte etwas weggenommen werden. Zudem fürchtet sie, andere könnten ihre Bemühungen für exzentrisch oder verrückt halten und wagt es deshalb nicht, ein Risiko einzugehen. Sie hat Angst abgeschoben, in eine Nervenheilanstalt eingeliefert zu werden. Und doch läßt das höhere Selbst jeden Tag das Verlangen durchdringen, sich zu verändern, glücklich zu sein und die Hindernisse zu überwinden. Daraus vermag sie etwas Hoffnung zu schöpfen.

7. Haus: Ausgehungert und begierig nach Zuneigung hängt sie Tagträumen über die Beziehung zu einem Mann nach, einem Partner voller Leidenschaft. Sie hofft, daß ein Mann in ihr Leben treten wird.

8. Haus: Die eigenartige Ausstrahlung, die vom Erdkreis der Patientin ausgeht, weist darauf hin, daß sie mit sich selbst im Kampf liegt: »Bin ich gut genug?«, »Werde ich es schaffen?« oder: »Ich werde niemals meine Ängste loswerden und ein normales Leben führen können.« »Was soll sich tun?«

10. Haus: Die Patientin hat Schwierigkeiten mit Begriffen wie Ehre und Tugend. Verstand und Ego sind extrem aktiv, und doch versucht sie auf unbewußter Ebene, sich von diesen Extremen zu lösen und im Gleichgewicht zu SEIN. Sie hat das Gefühl, daß andere Macht über sie ausüben und erlebt gleichzeitig die Überlegenheit ihres höheren Selbst, das sich durch die geschäftige Aktivität des Verstandes hindurchkämpft, um die Schwierigkeiten zu überwinden.

11. Haus: Selbstmordgedanken und Gefühle der Hoffnungslosigkeit und Verzweiflung ruinieren ihr tägliches Leben, gleichzeitig steckt sie voller Euphorie und glaubt über allem zu stehen, so als könnte sie fliegen, wenn sie es wirklich wollte. Ihr Leben, das einer Einzelhaft gleicht, begründet sie mit ihrer Angst, das Haus zu verlassen. Sie fürchtet, man könnte sie der Verrücktheit bezichtigen. In ihren euphorischen Phasen erlebt sie eine Art von Heiterkeit und neigt zu leicht halluzinatorischen Erlebnissen. Sie hat das Bedürfnis auszubrechen, ohne zu wissen, was sie fliehen möchte und warum.

12. Haus: Dieses Haus zeigt mir, daß die Aura der Patientin schon seit langer Zeit geschwächt ist. Sie glaubt, ihre Krankheit, wenn nicht alle ihre unglücklichen Emotionen, rührten von mangelndem Trost und Verständnis seitens ihrer Mutter her. Ich halte das für anmaßendes Analogiedenken.

Anna Marie konnte nicht herausfinden, warum sie so krank und verwirrt war. Die Mutter lieferte ihr einen guten Prototyp für emotionale Probleme, was ihr bei der Suche nach einer Krankheitsursache entgegenkam. Welchen Grund könnte es sonst noch geben? Ihr schien keine andere logische Antwort möglich.

In diesem Haus öffnet sich uns ein Fenster, durch das wir sehen können, welche Ursachen den Erfahrungen der Patientin zugrundeliegen. Wir erkennen eine karmische Verpflichtung, die ihr auferlegt, durch Lebenserfahrungen zu lernen. Das Selbst wirkt mit sanftem, subtilem Geschick in ihrem Bewußtsein und ihrem Selbstgewahrsein. Höhere Ziele, die sich nicht mehr wie die früher angestrebten vor allem auf Haus, Ehemann, Familie und Karriere konzentrieren, lenken sie jetzt zu höherstehenden Lebensthemen. Ihre Lernaufgabe, das Selbst zu erkennen und bewußt zu erfahren, die Einheit mit dem Selbst zu leben, statt es von der Gesamtperson abgetrennt oder unterscheidbar zu sehen, wie eine in den fernen Himmeln wohnende Gottheit, bringt sie jetzt ihrer Wahrheit und ihrem höheren Potential näher. Die Lehre heißt Erleuchtung, damit Licht in die Düsternis dringen und das Verständnis erhellen kann. Dann werden die höheren Werte und das Selbst, das Gott in Menschengestalt ist, strahlend in Erscheinung treten.

Zusammenfassende Diagnose und Prognose für die Ganzheitsperson:
Nach Zusammenfügung aller Einzelheiten konnte ich folgende Diagnose und Prognose abgeben:

Körperliche Diagnose:
Abgesehen von leichten Streßsymptomen, die alle physiologischen Systeme belasten und von einer akuten, chronischen Ängstlichkeit ausgelöst werden, kann ich bei Anna Marie keine Krankheit feststel-

len. Ihr Erschöpfungszustand ist nur auf die emotionale Ermüdung zurückzuführen.

Das aurische Feld zeigt, daß die Patientin flach atmet. Deshalb fehlt dem verständlichen, dem physischen und dem spirituellen Körper der lebensspendende Sauerstoff.

Körperliche Prognose:
Die Patientin ist körperlich gesund. Wenn sie versteht, warum sie krank geworden ist und Übungsmethoden erlernt, die ihr helfen, Streß abzubauen, alles loszulassen, was ihr nicht mehr dient, sich vor äußeren Einflüssen zu schützen und gleichzeitig alle Körper und die Aura zu reinigen, können alle körperlichen und in diesem Fall auch psychischen Beschwerden gemildert und die körperliche Gesundheit der Patientin wiederhergestellt werden.

Psychische Diagnose:
Die emotionalen Umbrüche und die Streßbelastung der Patientin sind fast ausschließlich auf äußere Einflüsse zurückzuführen, die große Angst bei ihr auslösen. Dabei handelt es sich um kollektive Gedanken und Emotionen der Gefangenen und Soldaten, die in ihrer unmittelbaren Umgebung leben. Viele von ihnen haben das Gefühl, in der Falle zu sitzen, ausbrechen und frei sein zu wollen, sie gehen sexuellen und anderen Fantasien nach, empfinden Wut, Frustration und Verzweiflung, Gefühle der Unzulänglichkeit, Angst, ihnen könnte etwas entwendet, sie selbst könnten weggeschafft werden, das Bedürfnis, auszubrechen, aber auch euphorische Zustände.

Die Emotionen gehören nicht wirklich zur Lebensthematik der Patientin, auch wenn sie das vierzehn Jahre lang geglaubt hat. Der Energiestrom, der in ihr Feld hineinfließt und nicht von ihr selbst ausgeht, zeigt, daß die Emotionen VON AUSSEN KOMMEN und nicht die ihren sind. Das kam ihr nie in den Sinn, und so eignete sie sich die fremden Gefühle an und wurde zur Gefangenen, zum Opfer.

Sie konnte den Emotionen der Gefangenen und Soldaten zum Opfer fallen, weil ihr Aurafeld schon lange Zeit weich und verletzlich war. Die schweren, dichten und ungewöhnlich emotionsgeladenen und beständigen Gedanken, die in der Umgebung ihres neuen Zuhauses in der Luft lagen, konnten von der geschwächten Aura nicht mehr ausgefiltert werden. Anna Marie begann die Emotionen zu ›fühlen‹, was ihrem Aurafeld noch weiteren Schaden zufügte. Je schwächer sie wurde, um so schwächer wurde das Aurafeld, bis sich die aurischen Türen öffneten und die beharrlichen fremden Gedanken sich mit ihren eigenen vermischten.

Wer kommt schon auf die Idee, daß seine Gedanken einem anderen gehören könnten und vielleicht nichts mit der eigenen Lebenserfahrung und Erziehung zu tun haben? Wir neigen dazu, unser Schicksal anzunehmen, ohne es zu hinterfragen. Wir glauben, was wir fühlen, müsse mit uns zu tun haben.

Die Emotionen und Wünsche, die tatsächlich zur Patientin selbst gehören, drehen sich um Werte und Vorzüge, Strukturen und Programme, durch die sie sich im Leben gebunden fühlt. Sie sieht sich außerstande zu unterscheiden, was ihr dient und was nicht, welche Programme gesund sind und welche sie veranlassen, ihre wahren Gefühle und ihr höheres Potential zu unterdrücken. Um als braves Mädchen zu gelten, hat sie gelernt, die Regeln, die ihr in der Kindheit von Eltern, Lehrern und von der Gesellschaft vermittelt worden sind, UNBEDINGT zu befolgen. Ziehen wir aber die karmische Ursache, die tieferliegende Motivation für ihre Erkrankung in Betracht, erkennen wir eine innere Führung, die sie veranlassen will, sich ihres höheren Selbst und ihrer höheren Ziele bewußt zu werden. Sie soll ihre eigene Wahrheit erkennen, mit ihr in Kontakt treten und sie in ihre Lebensstrukturen eingliedern, statt blindlings der Wahrheit anderer zu folgen. Dann wird sie sich als Ganzheitsperson erkennen, die untrennbar mit allem und allen, auch mit Gott verbunden und ein wesentlicher Bestandteil des Einen ist. Was sie aus Erfahrung lernt, wird sie zur Erleuchtung führen und zum Verständnis ihrer eigenen Wahrheit, ihrer höheren Werte und ihres Selbst, das Gott in Menschengestalt ist. Mit Hilfe einer kreativen Therapie kann sie lernen, in ihrem Leben das zu erschaffen, was sie haben möchte, und loszulassen, was nicht mehr ihrer Wahrheit dient. Damit erfüllt sie ihre karmische Verantwortung und dient ihrem höheren Lebenszweck, das Leben so wertvoll zu gestalten, wie sie es sich ersehnt. Wenn sie die vorgeschlagenen Übungsmethoden anwendet, kann sie ihre eigene Wahrheit finden, die ihr auf allen Ebenen ihrer Entwicklung fortlaufend Unterstützung gewähren wird.

Psychische Prognose:
Die Prognose für die Patientin ist sehr gut, da die meisten Probleme nicht ihre eigenen sind, sondern von äußeren Einflüssen herrühren,

die sie sich einverleibt und als eigene betrachtet hat. Es wird nicht schwierig sein, ihr Aurafeld zu schließen und ihr Schutzschild zu stärken, damit von außen einströmende Energien ausgefiltert werden können. Die Atemübungen werden ihr helfen, die natürliche Vitalität ihrer Körper wieder neu zu spüren, im Gebet wird sie die Beziehung zu ihrem Selbst und zu Gott wiederherstellen können, während die Meditation alle körperlichen und psychischen Störungen ausräumen hilft, die nichts mit ihr zu tun haben. Eine klarere ›Sicht‹ wird der Patientin ermöglichen, eigene Gefühle von fremden abzugrenzen und bewußt und ohne Streß zu entscheiden, wie sie damit arbeiten möchte. Die Meditation wird das Potential ihrer Sinne erwecken, damit sie ihr Selbst vollständiger erforschen und zum Ausdruck bringen kann. Mit Hilfe des ›Nahrungsmittel-Entdeckungsspiels‹, das man auch als ›Selbst-Entdeckungsspiel‹ oder ›Wahrheitsfindungs-Spiel‹ bezeichnen kann, kann sie selbst herausfinden und erproben, welche Wahrheiten ihre eigenen sind und welche zu anderen gehören. Wenn sie dieses Spiel spielt, um ihr Selbst zu entdecken, ihre Wahrheit zu finden oder festzustellen, welche Nahrungsmittel gut für sie sind und welche nicht, erkennt sie selbst, mit welchen erlernten Strukturen sie sich wohl fühlt und welche sie hindern, ihr höchstes Potential zu erreichen und voller Würde die Vorzüge zu leben, die sie in sich gefunden hat.

Der natürliche Wunsch der Patientin nach einer gesunden Beziehung bedürfte noch der Untersuchung, ist jedoch von den übersteigerten Bedürfnissen zu trennen, die das Ergebnis angestauter Fremdgefühle und -begierden waren.

Die Patientin hat ihre Unsicherheit und den Wunsch, das Haus zu verlassen, ebenfalls von den Gefängnisinsassen und Soldaten übernommen. Sobald ihr Schutzschild stärker geworden ist und sie die Fremdemotionen gehenlassen kann, werden sich diese Empfindungen verlieren und sie nicht länger quälen.

Therapie:

Anna Marie kam ein Jahr lang zu mir in die Behandlung. Während der ersten drei Monate fanden die einstündigen Sitzungen einmal wöchentlich, dann vierzehntägig und später alle drei Wochen statt. Schließlich kam die Patientin nur noch einmal im Monat, um ihren Fortschritt zu festigen und Fragen zu besprechen, die im Laufe ihrer Selbstentdeckung und ihres Gesundheitsprogrammes aufgetaucht waren.

Im Rahmen dieser einjährigen Therapie riet ich ihr zu einer Horoskoplesung, die ihr helfen sollte, besser zu verstehen, wer und was sie war und warum sie sich gerade mit diesen Lebenslektionen auseinanderzusetzen hatte, welchen Zweck ihr Leben verfolgte und wie sie ihr höchstes Potential verwirklichen konnte. Anna Marie stimmte zu und die Horoskoplesung schuf eine Grundlage und einen Hort für Verständnis und Kreativität.

Ich leitete die Therapie ein, indem ich Anna Marie über ihre Krankheit aufklärte und ihr die Ursachen, wie oben beschrieben darlegte. Ich teilte ihr alles mit, was ich wahrgenommen hatte. Sie bestätigte meine Diagnose und gab zu, alle Symptome zu verspüren, die ich ihr genannt hatte, die sie aber aus Scheu und Unsicherheit vorher zum Teil nicht hatte ansprechen wollen. Da ihre kollektiven Ängste durch äußere Einflüsse stimuliert worden waren, lag die Frage nahe, wie lange Anna Marie schon in diesem Haus lebte. Sie antwortete mir: »Vierzehn Jahre.« So lange rotierte sie bereits in einer Drehtür der Hoffnungslosigkeit und litt unter verschiedensten extremen, schmerzhaften Gefühlen. Als ich sie über ihre Krankheit und deren Grundursache aufklärte und meine Prognose abgab, fühlte sie sich alleine dadurch sehr erleichtert und unterstützt. Sie erkannte, daß die schmerzhaften Emotionen nicht zu ihr gehörten, worin ich sie bestärkte. Ich half ihr, die Schuldgefühle, die sie wegen ihrer Krankheit und ihrer Unzulänglichkeit verspürte, aufzubrechen und durch die Hoffnung auf eine schnelle Genesung zu ersetzen.

Nachdem ich alle ihre Fragen über die geplante Vorgehensweise beantwortet hatte, machte ich sie mit Übungsmethoden bekannt, die sie nicht nur im Rahmen meiner Therapie, sondern überall – auch zusätzlich zu anderen Methoden – anwenden konnte, um ihr Leben wertvoller zu gestalten. Die Hilfsmittel, die ich ihr an die Hand gab, dienen dem Verstehen und der Heilung, und sie kann sie mitnehmen, wohin sie auch immer gehen mag.

Die Diagnose ist nur ein Teil der Maßnahmen, die erforderlich sind, um die richtige Therapie für einen Patienten zu bestimmen. In Fällen, in denen ein Mensch schon lange Zeit unter Schmerzen gelitten hat, die von einer verständlichen oder körperlichen Krankheit herrühren, muß man in Betracht ziehen, daß der emotionale ›Geist‹, die Selbsterhaltungsfunktion und die Konstitution zusammengebrochen sein könnten, was häufig der Fall ist, und einer vitalen Motivation bedürfen, um wieder in Schwung zu kommen. Dies gilt besonders dann, wenn dem Patienten Übungsmethoden verschrieben werden, mit denen er selbst zu Hause arbeiten soll, um die Selbstheilung zu unterstützen. Es wäre verfehlt, unter Medizin nur die Verabreichung von Tabletten oder Spritzen für jede beliebige Krankheit zu verstehen. Selbstverständlich lassen sich nicht in jedem Fall herkömmliche oder alternative Medikamente, wie sie etwa von Heilpraktikern verschrieben werden, vermeiden. Eine Medizin ist richtig gewählt, wenn sie einem einzigartigen Individuum hilft, sein Potential maximal auszuschöpfen. In manchen Fälle werden ›Medikamente‹ überflüssig, sobald der Patient die Übungsmethoden für ein gesünderes Leben anwendet, in anderen Fällen können sie eine medizinische Behandlung oder Operation unterstützen.

Ich bespreche die Übungsmethoden der Reihe nach mit meinem Patienten und erkläre ihm, wie und warum sie wirken, damit er motiviert wird, sie selbst anzuwenden. Wenn er die Übungen versteht und sie ihm sinnvoll erscheinen, wird er meist bereit sein, alles zu tun, was für die Gesundung vonnöten ist, welcher medizinischen Ausrichtung die Methode auch immer angehören mag. Die Medizin, die Übungsmethoden für ein gesunderes Leben anbietet, ist natürlich und dient dem höchsten Potential des Patienten, da sie nicht nur im Falle einer sich abzeichnenden Krankheit Hilfe bietet, sondern auch dazu beiträgt, den Lebenswert auf allen Ebenen fortlaufend zu sichern.

Man kann einem Patienten beibringen, über das eigene Anderssein zu lachen und ihm in metaphorischer Form - ohne Namen zu nennen - von den Schwierigkeiten anderer Patienten berichten. Wenn er hört, wie andere krank und wieder gesund wurden, hilft ihm das, sich normal und nicht merkwürdig oder andersartig zu fühlen. Um ihn von Vorstellungen wegzuführen, wie: »Alle anderen können mit ihren Problemen besser umgehen als ich.« »Ich bin ein Versager.« unterstütze und motiviere ich jeden Patienten und halte ihn an, seine eigenen natürlichen Ressourcen anzuzapfen und sein höheres Potential zu nutzen. Ich fordere ihn auf, das ›Nahrungsmittel-Entdeckungsspiel‹ zu spielen und damit seine eigene Wahrheit zu finden. Eine weitere hilfreiche Methode zur Unterstützung der Selbsterkenntnis und Selbstverwirklichung der Ganzheitsperson ist die Erstellung einer Liste der kurzfristigen und der langfristigen persönlichen Ziele. Davon wird bei der Besprechung von Anna Maries Therapie noch die Rede sein.

Ich schlug Anna Marie folgende Behandlung vor:

1. Führe morgens beim Aufwachen und unmittelbar vor dem Schlafengehen das Reinigungsatmen durch, wenn möglich bei offenem Fenster.

2. Bereite dir ein heißes Zitronenwasser zu, und trinke es ohne Zucker oder Honig, ehe du morgens irgend etwas anderes zu dir nimmst. Du kannst das Zitronenwasser vor oder nach der Durchführung des täglichen ›Drei-Stufen-Programms‹ trinken.

3. Praktiziere vor oder nach dem Frühstück das tägliche ›Drei-Stufen-Programm‹. Es ist gesünder, das Programm vor dem Frühstück in deinen Tagesablauf einzubauen, nach einer Mahlzeit fällt es meist schwerer, zur Ruhe zu kommen und in Frieden zu meditieren. Halte dich aber an den Rhythmus, der am besten zu deinem Lebensstil paßt.

Die Atemübung, die zum täglichen ›Drei-Stufen-Programm‹ gehört, unterstützt das Wohlbefinden und die Vitalität aller Körper, während das Gebet und die Meditation dein Aurafeld stärken und deine Chakren in eine gute Ausrichtung bringen, damit du leichter und bewußter Zugang zu deinem Potential finden kannst. Das bewußte Gewahrwerden und die Vitalität und Stärke, die du beim Atmen und im Gebet erlangst, unterstützen deinen höheren Willen, dein Selbst dehnt sich aus und nimmt voller Freude Anteil an allen deinen Bemühungen.

4. Ein wichtiger Bestandteil des Gesundheitsprogramms, der dir sofortige Erleichterung verschafft und erstaunlich schnell zu Ergebnissen führt, ist die intensive Arbeit mit der Atemmethode ›Vitalität und Loslassen mit Liebe‹. (Das tägliche ›Drei-Stufen-Programm‹ wird in Teil III erläutert.) Du solltest diese Übung jedesmal anwenden, wenn während des Tages oder auch nachts negative Gefühle auftauchen oder Anwandlungen von Sorge oder Angst dich nicht in Frieden schlafen lassen. Denke keinesfalls über die Emotion nach, die sich gerade meldet, sonst nährst du sie und ziehst sie wieder zu dir zurück, statt sie mit dem Atem loszulassen. Nach der Reinigung von allen Fremdgefühlen bleibt noch genügend Zeit, um festzustellen, welche Emotionen, Bindungen, Programme und unerfüllten Wünschen geblieben sind. Sei bis dahin willens und bereit, das loszulassen,

was dir nicht mehr dient, ohne darüber nachzudenken, was es sein könnte. Bleibe in Bereitschaft und lasse vertrauensvoll glaubend geschehen. Die Seele läßt nicht zu, daß du dich von etwas trennst, an oder mit dem du noch zu arbeiten hast oder was dir dient. Laß die Seele in ihrer Weisheit entscheiden, was dein ist und was nicht und erlaube ihr, diesen intensiven Reinigungsprozeß sanft und freundlieh zu lenken.

5. Erst wenn du von allen Emotionen befreit bist, die nicht zu dir gehören, und dein Schutzschild so gestärkt ist, daß äußere Einflüsse dich nicht mehr beeinträchtigen können, kannst du beginnen, die Variante des ›Nahrungsmittel-Entdeckungsspiels‹ zu spielen, die der Wahrheitsfindung dient. Solange du in dieser Phase deines Therapieprogramms noch dem emotionalen Chaos ausgesetzt bist, könnte das Spiel dir zusätzliche Frustration und Enttäuschung bereiten und dich verwirren. Du glaubst vielleicht, eine wahre Antwort deiner Seele erhalten zu haben, während die Botschaft in Wirklichkeit von deinem Ego stammt. Das tägliche ›Drei-Stufen-Programm‹ bewirkt eine intensive Reinigung und Heilung, die etwa zwei Monate in Anspruch nimmt. Du wirst dich jedoch von Tag zu Tag besser fühlen. Dein Verstand wird durch die Meditation mehr Ruhe finden, und du erfährst eine Besserung deines körperlichen und verständlichen Wohlbefindens, die dir bestätigt, daß alle deine Körper genesen und heilen, was dich anfeuern und motivieren wird.

6. Nach den ersten zwei Monaten der Reinigung ist es wichtig, dich in der Rolle des Betrachters zu üben, damit du erkennen lernst, ob ein bestimmter Einfluß oder eine Emotion zu dir oder einem anderen gehört. Die Antwort kannst du intuitiv aus dem dich umgebenden Energiefeld ›empfangen‹, vielleicht ›fühlst‹ du aber auch, was ebenso intuitiv geschieht, ob die Energie von dir ausgeht oder auf dich zukommt. Du kannst auch die Seele fragen: »Ist die Emotion, die mich dieses sexuelle Verlangen spüren läßt, meine eigene oder die eines anderen?« Zeigt dir die Antwort, daß es sich um deine Emotion, dein Thema handelt, kannst du dich bewußt entscheiden, jetzt oder später daran zu arbeiten. Mit der Zeit wirst du immer schneller Antwort auf deine Fragen erhalten und durch deine Bemühungen eine neue Selbstachtung gewinnen, die dir mehr Stärke verleiht, als du je für möglich gehalten hast, um dein Leben selbst in die Hand zu nehmen.

7. Übung: Bewege täglich deinen Körper, um das Gefühl der Selbstliebe aufrechtzuerhalten. Damit aktivierst du alle physiologischen Systeme und erweist allen deinen Körpern einen guten Dienst. Kinder spielen sehr viel und verbringen einen großen Teil ihrer Wachstunden mit tiefem Atmen. Tiefes Atmen versorgt alle Körper schnell mit Sauerstoff, den sie für ihre Existenzerhaltung und Vitalität benötigen. Wie das Wetter auch sein mag, der Tag sieht freundlicher aus, wenn sich die Körper lebendig, aktiv und gesund anfühlen. Die einfachen Übungen, die im 19. Kapitel beschrieben sind, eignen sich gut für den Start in den Tag. Besonders während der intensiven Reinigung, die in den ersten zwei Monaten stattfindet, wäre es gut, sich mehr als nur ein paar Minuten lang körperliche Bewegung zu verschaffen. Die Übungen, die ich vorschlage, nehmen täglich weniger als fünf Minuten am Morgen und fünf Minuten am Abend vor dem Schlafengehen in Anspruch. Du kannst sie durch andere Übungen ergänzen, die dir Spaß machen, wie Radfahren oder Trampolinspringen. Übe nicht nur sporadisch oder in Hektik, das wäre ungesund. Wenn du regelmäßig etwas für deine Körper tust, wird sich das im Laufe der Zeit auszahlen. Bring den Körper zum Schwitzen und reibe die Haut ab, während du anschließend warm duschst, um die Giftstoffe abzuwaschen, die das Schwitzen an die Hautoberfläche befördert hat. Der Schweiß treibt nicht nur die gewöhnlichen chemischen Toxine aus den Poren, die der Körper produziert, wenn er die in den Nahrungsmitteln enthaltenen Substanzen zerlegt und aus dem Essen und der Umgebung die Nährstoffe herauslöst, die er braucht, sondern auch die Abfallprodukte von negativen Programmen, Streß und ähnlichen Konditionen, die in deinem Körper aufgespalten und anschließend ausgeschieden werden. Die körperliche Bewegung gibt einen wirksamen Anstoß zur schnellen Beseitigung von Toxinen aller Art. Du wirst rascher und mit mehr Freude auf dem Weg zur Gesundung voranschreiten und neue Türen öffnen, hinter denen du dein höheres Selbst in Aktion erleben kannst.

8. Ernährung: Im Lauf der Jahre habe ich bei vielen Patienten beobachtet, daß eine spezielle Ernährungsweise, die die Phase der intensiven Reinigung begleitet, das Therapie- und Gesundheitsprogramm auf wirksame Weise unterstützen und den Heilungsvorgang beschleunigen kann. Ich glaube, der unmittelbar sichtbare Erfolg ist eine ausgezeichnete Motivation für die Einhaltung des Programms.

Die positiven Wirkungen, die du vom ersten Tag an erlebst, werden dich inspirieren, den Selbstheilungsprozeß mit der rechten inneren Einstellung fortzusetzen.

Befolge während der intensiven Reinigungsphase in den ersten zwei Monaten den einfachen Ernährungsplan, den ich in Teil III ›Ernährung‹, dargelegt habe. Nach zwei Monaten kannst du das ›Nahrungsmittel-Entdeckungsspiel‹ anwenden, um selbst zu bestimmen, welche Nahrungsmittel gut und förderlich für dich sind und welche nicht. Ich kann gar nicht beschreiben, welche Stärke du gewinnen wirst, wenn du dein eigenes Wissen anwendest und die Verantwortung für dein Leben selbst in die Hand nimmst. Das ist eine persönliche Erfahrung, die man niemandem vermitteln kann. Gefühle wie die Liebe sind feinstofflicher Natur, du verstehst sie im eigenen Erleben.

9. Als Anna Maries Selbstvertrauen und Wohlbefinden wuchsen, lehrte ich sie eine Methode für die Arbeit an aktuellen Lebensthemen und Angelegenheiten, die im Rahmen ihrer fortschreitenden Weiterentwicklung auftauchen würden. Mit der einfachen Übung, die ich ihr zeigte und die sie ihr ganzes Leben lang anwenden sollte, kann sie klar definieren, was sie haben möchte und was nicht und den Brückenschlag vom Wünschen zur Erlangung des Erwünschten vollziehen. Ich spreche von der Zieleliste, einem der nützlichsten Instrumente der Selbsthilfe, die ich in meinem Leben kennengelernt habe. Ich berichtete Anna Marie von den Erfahrungen, die andere Patienten mit der Zieleliste gemacht hatten und brachte sie dazu, sich voller Energie auf den Weg zur Erfüllung ihrer Wünsche und Sehnsüchte zu machen.

10. Es nützt nichts, therapeutische Konzepte, Theorien und Praktiken zu beherrschen, solange man nicht die Notwendigkeit erkennt, beim Patienten eine neue innere Einstellung zu wecken. Wenn du die Welt umarmst, statt dich von ihr abzuwenden, wirst du die Unterstützung erhalten, die du brauchst, um deine ersehnten Ziele zu erreichen. Du wirst eine Meisterleistung vollbringen, die Größe erzeugt, dich und die Welt, in der du lebst, verändert und sich in allem äußert, was du auch tust und mit wem du auch zusammen bist. Es gibt eine transformatorische Kraft, die nicht ihresgleichen hat: die LIEBE. Laß dich bei allem, was du tust, bei allen Übungsmethoden, die du anwendest, von Liebe leiten. Lerne deine Mundwinkel nach oben zu ziehen und zu lächeln, und die Göttlichkeit in dir wird sich aus-

dehnen und dich in all deinen Schwierigkeiten mit ihrem Schutz umhüllen, während du dich zu einem strahlenden kreativen Wesen, einem Gottwesen in Menschengestalt entwickelst.

Ergebnis:
Im Laufe ihrer Therapie entwickelte Anna Marie in bemerkenswerter Weise die Fähigkeit, ihre Situation zu verstehen und mit den gezeigten Übungsmethoden zu arbeiten. Sie erholte sich und bekam wieder das Gefühl, ihr Leben selbst in der Hand zu haben. Das verlieh ihr Stärke und gab ihr eine neue Lebensfreude, die ihr half, ihre Wünsche und Sehnsüchte zu erfüllen. Jedes neue gute Gefühl, das sie erlebte, bestätigte sie in dem Vertrauen, alle Hindernisse überwinden zu können, die sie ihrer Liebe, ihres Glücks und ihres Wohlbefindens beraubt hatten. Sie wußte, daß ihr all das rechtmäßig zustand. Anna Marie war entschlossen, sich selbst zu helfen und Frieden, Liebe und Freude im Leben zu finden.

Bei jeder Sitzung stellte sie wichtige Fragen, die ihr halfen, bestimmte Themen oder Programme besser zu verstehen. Ich konnte ihr bestätigen, daß es in Ordnung war, sich so gut zu fühlen und ihrer Intuition zu vertrauen, die ihr das Richtige eingeben würde.
Genau vier Monate nach ihrer ersten Sitzung bei mir berichtete mir Anna Marie, wie wohl sie sich fühlte. Aufgeregt und selbst überrascht über ihre eigene Initiative, erzählte sie, daß sie die Zieleliste befolgt und ihren Schreibtisch und ihre Schränke aufgeräumt und auch ihre Bücher sortiert und ordentlich ins Regal gestellt hatte. Sie war viele Jahre lang nicht in der Lage gewesen, das zu erledigen und konnte sich nicht erinnern, wann sie das letzte Mal eine solche Aufgabe erfüllt hatte. Im fünften Monat beantragte Anna Marie auf eigenen Wunsch und Rat ihres Selbst bei einer staatlichen Stelle finanzielle Unterstützung für eine Weiterbildungsmaßnahme. Sie ging wieder zur Schule und bestand in allen Fächern. Als Anna Marie im zehnten Therapiemonat eine Teilzeitarbeit aufnahm, war sie dem Druck der Arbeit und den sozialen Anforderungen ihrer Mitangestellten sehr wohl gewachsen.

Am Ende der einjährigen Therapie plante Anna Marie mehrere Reisen, sie konnte das Haus verlassen, fühlte sich wohl dabei und war begierig, das Leben neu zu erfahren. Sie wagte viele Ausflüge, die sie ein Jahr vorher noch für unmöglich gehalten hatte.

8.2. Grundursache: Innere Einflüsse

In welcher Weise wirken Verstand, Seele und Geist auf den kranken Körper ein?

Die Ergründung der Ursachen der durch innere Einflüsse entstandenen Krankheiten, das wurde in den vorausgegangenen Kapiteln besprochen, bewegt sich auf dem Erkenntnisgebiet der subtilen Zusammenhänge zwischen den vier Körpern, dem physischen Körper, Verstandkörper, Seelen- und Geistkörper. Wie in der praktischen Therapie und Diagnostik dieses Netzwerk eines ineinander arbeitenden Gesamtsystems gesehen wird und auf welche Weise die komplexen Ursachen der Störungen im Gleichgewicht erkannt werden, beschreibt das folgende Kapitel.

Hier erfahren wir die Krankheitsgeschichte eines Jungen, der physisch behindert war, weil die Seele und der Geist ihr kooperatives Zusammenwirken mit dem physischen Körper verweigerten. Die Seele, die schockierende Erlebnisse früherer Leben traumatisch in Erinnerung behalten hat, macht von ihrem Recht und freien Willen Gebrauch, nicht in den physischen Körper des kranken Kindes einzutreten. Eltern und Therapeutin bemühen sich, Voraussetzungen zu schaffen, die der Seele glaubwürdige Werte des derzeitigen Lebens versprechen, und zeigen der Seele die Bereitschaft, ihren Vorstellungen entgegenzukommen. Sie schaffen ein Klima des Verstehens, das die Seele überzeugt, und schließlich ist sie bereit, den Körper zu fördern. Die allmähliche Gesundung des Kindes, das als ›unheilbarer Fall‹ galt, bleibt ein Rätsel für die behandelnden Ärzte.

Eine Krankheit kann durch innere, äußere oder karmische Ursachen ausgelöst worden sein. Um den wahren Grund herauszufinden, darf sich der Betrachter oder Therapeut nicht nur mit vordergründigen Fakten zufriedengeben, um die Hintergründe aufzuspüren, muß seine Suche ihn in die Tiefe führen. Der folgende Fall veranschaulicht sehr deutlich, wie man eine vollständige Diagnose erarbeitet. Ohne eine korrekte Diagnose hätte ich für Thomas nicht die richtige Therapie finden können und er wäre in dem Zustand geblieben, in dem ich ihn bei der ersten Begegnung antraf.

Eine gründliche Diagnose führt zur ›richtigen‹ Therapie. Jeder Patient, jedes Mitglied deiner Familie, jeder deiner Freunde verdient das Beste, was du geben kannst. Ich stelle dir Fälle vor, die dir ein breites Spektrum von Möglichkeiten des ›Sehens‹, der Diagnose und der auf die Bedürfnisse des einzelnen abgestimmten Therapieverordnung zeigen. Die Fälle sind zwar nicht außergewöhnlich, verlangen aber doch den Einsatz eines breitgefächerten Spektrums menschlicher Fähigkeiten, um dem höchsten Potential des anderen und unserem eigenen höchsten Potential dienen zu können.

2. Fall – Thomas

Beschreibung:
Thomas wurde wie auch schon sein Bruder vor ihm zu Hause geboren. Nach Auskunft der Mutter verliefen Schwangerschaft und Geburt normal und ohne Komplikationen. Als Thomas *vier Wochen* alt war, fanden die Eltern ihn eines morgens bewußtlos in seinem Bett vor. Sie brachten ihn sofort zum Kinderarzt, der Gehirnblutungen als Ursache der Ohnmacht diagnostizierte und sofort Vitamin K ins Gehirn injizierte, das einen blutungshemmenden Faktor enthält und die Blutgerinnung unterstützt.

Der Zustand von Thomas blieb ernst, und man brachte ihn mit dem Krankenwagen in die Klinik. Weder der Kinderarzt noch die Notärzte glaubten, so berichteten mir Thomas' Eltern, daß das Kind überleben würde.

Die ärztliche Diagnose lautete: *Hydrozephalus internus*, eine erhöhte Liquoransammlung in den Ventrikeln des Gehirns, bedingt durch eine Störung des normalen Kreislaufs und der Flüssigkeitsabsorption, oder wie die Schulmedizin es ausdrückt: verursacht durch Entwicklungsanomalien, Infektionen, Verletzungen oder Gehirntumore.

In Folge der Gehirnblutungen werden die durch das Gehirn zirkulierenden Flüssigkeiten, beispielsweise das Blut, aufgehalten, und es entsteht ein sehr hoher Druck, der das Gehirn schädigt. Noch am gleichen Tag wurde Thomas operiert. Die Ärzte führten eine Plastikkanüle ins Gehirn ein, um eine ungehinderte, normale Zirkulation der Flüssigkeiten zu ermöglichen.

Thomas lag eine Woche im Koma, dann öffnete er das rechte Auge. Die ganze linke Körperseite und das Gesicht waren spastisch gelähmt. In der Plastikkanüle bildete sich ein mechanisches Hindernis, das zu einer Verstopfung führte. In Folge der Gehirnblutungen verdickte sich die Gehirnflüssigkeit und konnte nicht mehr durch die eingeführte Kanüle zirkulieren. In einer zweiten Operation wurde die alte Kanüle durch eine neue ersetzt.

Nach diesem erneuten Eingriff befand sich Thomas wieder in einem kritischen Zustand. Er hatte sich zusätzlich eine *spastische Monoplegie*, eine spastische Lähmung einer Muskelgruppe, zugezogen. Er konnte nicht mehr saugen; bewegte seine Arme und Beine krampfartig; war nicht mehr in der Lage zu weinen und auf Schmerz zu reagieren und lag nur apathisch da; wenn er seine Augen öffnete, schielte er sehr stark und rollte die Augen in spastischen, unkontrollierten Bewegungen in alle Richtungen. Die rechte Pupille war wesentlich größer als die linke. Thomas war unfähig, Objekte visuell zu fixieren oder auf Laute zu reagieren.

Zehn Tage nach der zweiten Operation war die Kanüle wieder verstopft, und es kam zu einem dritten Eingriff. Dieses Mal entschieden sich die Ärzte, zur Unterstützung des Kreislaufs eine Kanüle einzusetzen, die nicht mehr aus dem Kopf heraus, sondern in den Bauchraum hineinführte. Diese Kanüle befindet sich noch immer im Gehirn von Thomas und ist nach wie vor voll funktionsfähig.

Nach siebenwöchigem Krankenhausaufenthalt kam Thomas nach Hause. Er war zweieinhalb Monate alt und befand sich in einem sehr ernsten Zustand. Noch immer konnte er nicht weinen oder irgendwelche Laute von sich geben: Seine linke Seite war gelähmt und spastisch; er bewegte sich nicht, mit Ausnahme der konvulsiven Zuckungen, die immer wieder seine linke Seite ergriffen; die linke Hand war ständig verkrampft, die Augen starr und extrem nach links gerichtet; offensichtlich konnte Thomas nichts hören, da er auf keinerlei Geräusche ansprach; ebensowenig reagierte er auf Schmerz oder äußere Bewegungen.

Nach der ärztlichen Prognose würde Thomas für den Rest seines Lebens körperlich und geistig behindert bleiben. Man riet den Eltern, sich mit dieser Tatsache abzufinden und sich an die tragische aber unabänderliche Situation zu gewöhnen.

Thomas war *fünf Monate alt* und befand sich noch immer in dem geschilderten Zustand, als seine Eltern mich aufsuchten und um eine Konsultation baten.

Körperlicher Diagnosebericht:
Ich führte meine eigene Diagnose durch und konnte den Eltern folgenden Bericht über den körperlichen Zustand von Thomas geben:

1. Organisch gesehen sind die Augen von Thomas gut entwickelt. Der Empfang der Signale, wie beispielsweise Bilder, die normalerweise von den Augen aufgenommen und in zusammenhängender Folge an das Gehirn weitergeleitet werden, erfolgt allerdings verspätet und zerstreut, die Impulse werden förmlich abgeschnitten, so als weigerte sich das Gehirn, Informationen der Sinne anzunehmen. Thomas kann zwar sehen, empfängt aber nur verzerrte und sinnlose Visionen und Bilder. Die potentielle Sehfähigkeit ist jedoch ausgezeichnet und könnte fast das Optimum erreichen.

2. Ich kann keinen organischen Grund für die Taubheit von Thomas feststellen. Sein Hörapparat ist tatsächlich überdurchschnittlich entwickelt. Das Problem liegt hier beim Verstandkörper, der resigniert hat und mit Hilfe des körperlichen Gehirns alles sabotiert, was eine Existenz in der dreidimensionalen Welt zustandebringen oder fördern könnte.

3. Die Fähigkeit, Gerüche wahrzunehmen und zu unterscheiden, ist bei Thomas ebenfalls außergewöhnlich gut ausgeprägt. Daß er nicht riechen kann, hat also keinen organischen Grund.

4. Das Herz ist geringfügig vergrößert, ein leichtes Nebengeräusch, ein anomaler exokardialer Ton ist vernehmbar. Die Herzfunktionen sind trotz leichter Ermüdungserscheinungen in Ordnung.

5. Die Milz ist schwach, arbeitet aber zufriedenstellend.

6. Alle anderen Organe sind in einem guten Gesundheitszustand und weisen keine Anomalien auf.

7. Das Drüsensystem arbeitet dysfunktional, die Störung wäre jedoch mit herkömmlichen Untersuchungsmethoden nicht feststellbar. Den Drüsensekreten, die zur Versorgung bestimmter Körperteile bestimmt sind, fehlt es an Vitalität. Zwar könnten die Drüsen auf gesunde Weise funktionieren, solange jedoch der Lebenskraftmangel der Sekrete andauert, müssen wir davon ausgehen, daß sich der körperliche Zustand von Thomas weiter verschlechtern wird. Vitalität ist keine chemische, im Körper nachweisbare Substanz, zumindest noch nicht. Ich konnte bisher nicht feststellen, welche Kraft bei Thomas am Werk ist, vermute aber, daß der Geistkörper ineffizient arbeitet oder überhaupt nicht im physischen Körper anwesend ist. Er scheint sich abseits zu befinden und so den Kraftverlust zu verursachen.

8. Nach einer sehr sorgfältigen und gründlichen Untersuchung des Nervensystems stellte ich fest, daß keine Dauerschäden vorlagen, die einer vollständigen Genesung im Wege stehen könnten. Dem System der miteinander gekoppelten empfindlichen Nervenzellen, bestehend aus Gehirnnerven, Rückenmarksnerven, autonomen Ganglien, Ganglienleisten und -zellen, kommt eine wichtige Funktion zu, *sie empfangen Stimuli und reagieren darauf.* Wie wir bereits sahen, verzögert oder obstruiert das Gehirn den Empfangs- und Reaktionsvorgang. Obwohl wir den Grund dafür noch nicht kennen, zeichnet sich bereits ab, daß dem eine Absicht zugrundeliegen muß. Irgendeine Kraft stört absichtlich die Reaktion auf äußere Stimuli. Das Nervensystem, das die Aktivitäten des Körpers regulieren und koordinieren und Reaktionen auslösen soll, wenn der Körper sich auf äußere oder innere Veränderungen seiner Umgebung einstellen muß, wird sabotiert. Seine Funktionsfähigkeit und sein gesundheitlicher Zustand sind jedoch nicht dauerhaft beeinträchtigt oder irreparabel geschädigt. Bei einem normal reagierenden Nervensystem erzeugen reizauslösende Veränderungen Impulse, die von Rezeptoren oder Sinnesorganen empfangen werden. Zu dieser Empfängergruppe gehören vor allem die Augen, die Ohren, die Tast- und Geruchsorgane und die sensorischen Rezeptoren der Haut, der Gelenke, der

Muskeln und anderer Körperteile, die in diesem Fall, wie gesagt, allesamt gesund sind.

9. Wir werden uns also dem Gehirn zuwenden müssen. Die Diagnose der Ärzte, die einen dauerhaften Gehirnschaden festgestellt hatten, konnte ich nicht bestätigen. Ich erkannte, daß die nervlichen Rezeptoren aktiv waren, ohne einen wirksamen Proponenten aber nichts ausrichten konnten. Wenn die Nerven der Sinnesorgane stimuliert wurden und Mitteilungen von innerhalb und außerhalb des Körpers empfingen, stand ihnen keine Empfängerinstanz gegenüber, an die sie die erhaltenen Informationen hätten weiterleiten können. Die Informationsenergie wurde also wieder freigesetzt oder in eine andere Energieform umgewandelt, deren Impulse wieder zu den Sinnesorganen oder ins gesamte Nervensystem zurückgeschickt wurden. Da Gehirn und Nervensystem keine Botschaften erhielten, auf die sie reagieren konnten, erweckten sie den Eindruck einer dauerhaften Schädigung.

Diagnosebericht über die Ganzheitsperson:
Ich suchte weiter nach der Ursache für die Disharmonie in den Körpern. Warum fehlte in der gesamten körperlichen Konstitution ein Vitalproponent? Welche Absicht steckte hinter der Fehlfunktion der Nerven und des Gehirns, die keine Reaktion auf Stimuli zuließ? Um das festzustellen, bediente ich mich meiner Fähigkeit des sinnlichen Gewahrwerdens und begann mit der Diagnose für die Ganzheitsperson.

Als Thomas mein Patient wurde, hatte ich das ›Diagnoseformblatt für die Ganzheitsperson‹ noch nicht entwickelt. Meine Erfahrungen mit Fällen wie diesem überzeugten mich, daß ein zusätzliches Diagnoseinstrument geschaffen werden sollte, das Ärzten und anderen helfen konnte, auch solche Teile des Gesundheitspuzzles aufzuspüren, die andernfalls übersehen, nicht in die Diagnose einbezogen und deshalb auch nicht behandelt werden. Es gibt noch keine Geräte, die die feinstofflicheren Substanzen, aus denen die Ganzheitsperson besteht, identifizieren, geschweige denn diagnostizieren könnten. Der Seelenkörper, der Geistkörper, die Elemente Erde, Luft, Feuer und Wasser sind Kräfte, die in die Beurteilung und Diagnose der Ganzheitsperson Eingang finden sollten.

Ich habe diesen Fall in den Dokumentationsteil des Buches aufgenommen, obwohl ich kein Diagnoseformblatt vorlegen kann, das meine Diagnose veranschaulicht, weil ich aufzeigen möchte, wie wichtig es ist, bei der ganzheitlichen Diagnose alle Körper und Eigenschaften mitzuberücksichtigen. Viele Kinder und Erwachsene müssen unnötig leiden, wo doch das menschliche Potential in greifbarer Nähe in uns selbst liegt. Ich hoffe, daß das Diagnoseformblatt ein Werkzeug sein wird, das uns hilft, einen weiteren Schritt zur Selbstentdeckung zu tun und uns Richtlinien gibt, wenn wir unser Potential der ganzheitlichen Untersuchung und Gesundheitsfürsorge widmen.

Ich trug alle Einzelheiten zusammen, um eine umfassende Diagnose und ein vollständiges Bild des Gesamtzustandes, in dem Thomas sich befand, zu erhalten. Als ich tiefer ging, um die Ursache der Fehlfunktion herauszufinden und zu ergründen, warum einige Körperteile sich weigerten, mit anderen Teilen und Körpern zusammenzuarbeiten, sie zu verteidigen und zu integrieren, ›sah‹ ich folgendes:

1. Auf meiner Suche nach dem fehlenden Proponenten stellte ich fest, daß der Geistkörper sich vom physischen Körper entfernt hatte, sich außerhalb befand.

2. Dadurch ging der Gesamtwesenheit der verständliche, körperliche und sozial-geistige Zweck verloren. Ohne Integration und Sinn arbeitet der physische Körper vorübergehend quasi automatisch, um seine Existenz aufrechtzuerhalten. Wenn Sinn und Zweck fehlen, wenn die Kraft, die wir schon als Geist-Kraft identifiziert haben, nicht präsent ist, entsteht eine andere Art von Dynamik, die die Geschicke des physischen Körpers lenkt. Der Geistkörper von Thomas fühlt sich nicht in der Lage, ist nicht willens, eine, wie er meint, sinnlose Reise im Vehikel des physischen Körpers anzutreten.

3. Der physische Körper weiß nicht, wohin er gehen und was er tun soll, also hält er konsumierend seine Funktionen aufrecht und bewahrt sein Leben, ohne selbst etwas eigenes nach außen abzugeben und so einen Ausgleich, ein Gleichgewicht zu schaffen.

4. Dieser Zustand konnte sich nicht endlos fortsetzen, das Gesetz des Ausgleichs mußte sich einschalten und dem Körper wieder das Maß an Energie entziehen, das er zur Aufrechterhaltung seiner Existenz empfangen hatte. Das Gesetz fordert vom Körper, entweder seine nur nehmende Haltung aufzugeben oder seine Funktion insgesamt einzubüßen. Im letzteren Fall würde der physische Körper all

der Kraft beraubt, die er benötigt, um aktiv bleiben zu können. Der Tod wäre die natürliche Folge. Ein einfaches und unkompliziertes Zurückgeben, ein Lächeln oder ein Gefühl von Liebe können dem Gesetz schon Genüge tun. Der Kosmos wertet das als wirkungsvolles, sinnvolles Geschenk, als Gegenleistung, die zum Gleichgewicht führt. Bei nüchterner Betrachtung mag es fragwürdig erscheinen, ob solche Gaben etwas bewirken können, wenn ein Mensch, der Invalide ist oder im Koma liegt, keine normale Lebenschance mehr zu haben scheint. Die Seele hat jedoch den Körper noch nicht verlassen, und der Betreffende kann seine Gegenleistung etwa dadurch erbringen, daß er Eltern und Freunde durch sein Leiden in ihrem Lernprozeß unterstützt oder ihnen die Gelegenheit bietet, ihre Schuld zu begleichen und etwas auf das karmische Konto des Invaliden einzuzahlen.

Eine ganzheitliche Antwort auf ein ganzheitliches Problem findet man nur, wenn man stets über das Offensichtliche hinausblickt.

5. Noch immer wußte ich nicht, warum der Geistkörper die Koexistenz mit dem physischen Körper verweigerte. Als ich das Problem einer noch tiefergehenden Betrachtung unterzog, erkannte ich, daß auch die Seele sich nicht im physischen Körper von Thomas befand. Diesem fehlte also die Sinngebung und Lenkung durch die Seele, der Geist konnte die Reise Gottes nicht leiten, die sich auf vielen Ebenen und Dimensionen zu manifestieren sucht. Da die Lenkerin - die Seele - nicht präsent war, hatte der Geist keine Aufgabe.

6. Als mir klar wurde, daß das Verhalten der verschiedenen Körper der Schlüssel zu den Problemen von Thomas war, richtete ich meine Aufmerksamkeit auf die Seele, um herauszufinden, warum sie sich nicht im physischen Körper befand. Bei genauerer Betrachtung erkannte ich, daß sie die physische Form, die wir Thomas nennen, nie in Besitz genommen hat. Die Seele tritt nur selten schon bei der Empfängnis oder während der Entwicklungszeit des Embryos und nur manchmal zu einem anderen Zeitpunkt der Schwangerschaft in den physischen Körper ein. Der Einzug erfolgt meist erst kurz vor der Geburt, auch wenn vorher vielleicht schon kurze Besuche stattgefunden haben. Bei Thomas hat sich die Seele zu keiner Zeit mit dem Körper verbunden.

Sie hielt sich während der ganzen Schwangerschaft, Geburt und frühen körperlichen Entwicklung auf der ätherischen Ebene auf. Der jetzt fünf Monate alte physische Körper war weder vom Seelenkörper noch vom Geistkörper bewohnt.

7. Ich mußte in vergangene Leben Einblick nehmen, um zu erkennen, warum die Seele sich weigerte, in den physischen Körper einzutreten und sich mit ihm zu vereinigen.

8. Als ich mir ihre frühere Erdenreise in unserer Dimension ›ansah‹, ›erkannte‹ ich folgendes:

a) In mehreren früheren Leben war die Seele von Geburt an oder zu einem späteren Zeitpunkt körperbehindert. Sie erfuhr in diesen Leben sehr viel Kummer und Leid, fühlte sich in ihrem Lebenswert schwer beeinträchtigt und zweifelte an der Erträglichkeit des Seins. Die Seele trägt die Erinnerungen an ihre leidvollen Erlebnisse noch immer in sich und ist nicht bereit, derartige Erfahrungen zu wiederholen. Aus Angst, vielleicht wieder behindert geboren zu werden oder im Laufe der Lebens behindert zu werden und weiteres Leid und weiteren Schmerz zu erfahren, weigert sie sich, mittels des Körpers an diesem Leben teilzunehmen. Da sie karmisch nicht verpflichtet ist, zu diesem Zeitpunkt zu inkarnieren, steht ihr diese Option offen. Die Seele bleibt zwar durch die grenzenlose Zeit gebunden und muß ihren Zweck erfüllen, kann sich aber solange von ihrem Schicksal fernhalten und den Eintritt in diese Dimension verweigern, wie die zeitliche Endlosigkeit es ihr erlaubt.
b) Ich suchte in den früheren Leben von Thomas nach weiteren Hinweisen und ›sah‹, daß seine Seele oft dienende Existenzen gewählt hatte. Im Kampf um die Menschenrechte, um Gerechtigkeit in Justiz und Gesellschaft, berührte sie das Leben des gewöhnlichen Volkes, der kleinen Leute. Mit rechthaberischen Worten erstürmte die Seele so manches Podium und geriet wiederholt in Konflikt mit dem Gesetz und auch mit den einfachen Leuten selbst. Die Menschen, denen sie zu dienen glaubte, wiesen sie ab. Sie waren so an ihr mißliches Schicksal und die Härten des Lebens gewöhnt, daß sie das Versprechen auf eine bessere Zukunft nicht annehmen konnten und die Seele verachteten. Sie beteiligten sich nicht am Kampf gegen Armut und schlechte Bedingungen, formten keine aktiven Widerstandsgruppen gegen das etablierte Regime und setzen sich nicht für die

Verbesserung ihrer Lebensqualität ein. Statt dessen lauschten sie oft belustigt den Reden der Seele und benahmen sich wie die Zuschauer einer Zirkusveranstaltung. Auf die Entschlossenheit der Seele reagierten sie mit Kichern. Sie flüsterten hinter ihrem Rücken wie über jemanden, der verrückt geworden ist.

c) Andere Leben, in denen es der Seele gelungen war, die Menschen gegen die althergebrachten Gesetze zu mobilisieren, durch die dem Volk untragbare Steuern auferlegt waren, endeten ebenfalls tragisch und zerstörten ihre Hoffnung auf eine bessere Zukunft.

d) Viele Leben, in denen Thomas für Frieden und Menschenrechte gekämpft hatte, brachten ihm den Tod durch die Guillotine, das Schwert oder den Strick. Die Seele schickte sich schließlich widerstandslos in ihre Niederlage.

e) Als ich feststellen wollte, welchen Entschluß die Seele nunmehr gefaßt hatte, ›sah‹ ich, daß ihr der vorrangigste, ursprüngliche Lebenszweck – Gottes Potential auf ihrer Erdenreise zum Ausdruck zu bringen – ungreifbar weit entfernt zu liegen schien. In späteren Inkarnationen sah sie keinen Sinn mehr in einer Reise Gottes und verfolgte statt dessen die gute Absicht, Ordnung ins Chaos zu bringen, einen Staat zu gründen und Gesetze zu schaffen, die allen Menschen Gleichheit und Überfluß und ein Leben in Herrlichkeit bescheren sollten. Krankhaftes Mißtrauen, erworben in vielen schmerzhaften und enttäuschenden Leben, erlaubte es der stillen vollkommenen Seele nicht mehr, ihre Meinung kundzutun und ihren Kurs bewußt festzulegen. Die Persönlichkeit dieses Wesens war entschlossen, die Bemühungen der Seele zu mißachten. Wenn so etwas auch nicht bewußt geschieht, zeigt es doch deutliche Wirkungen. Die Persönlichkeit Gottes – die Seele hat sich von den persönlichen Entwicklungsproblemen des Ego verwirren lassen und kann die Reise Gottes nicht sehr von ihrer eigenen Reise unterscheiden.

9. Als nächstes nahm ich unmittelbaren Kontakt mit der Seele auf, die sich nur widerwillig auf eine Unterhaltung mit mir einließ. Ich blieb so lange hartnäckig, bis sie nachgab und mit mir sprach. Nachdem ich mich vorgestellt und mein Verständnis für ihre früheren Schwierigkeiten zum Ausdruck gebracht hatte, meinte die Seele wütend: »Die ganze menschliche Rasse ekelt mich an, es fehlt ihr an In-

telligenz und Mut. Sie ist nicht bereit, für ihr eigenes Wohl zu kämpfen.« Ich erkannte, daß die Seele jedem mißtraute und nicht einen Grund finden konnte, warum sie sich in diesem Leben der Menschheit wieder anschließen sollte. Am liebsten hätte sie jede weitere Inkarnation auf der menschlichen Ebene gänzlich vermieden.

Aus Erfahrung weiß ich, daß ich wenig für die Gesundung des physischen Körpers tun kann, solange die Seele sich einer Verbindung mit dem Körper verweigert. Ich kann dem physischen Körper vielleicht ein paar weitere Lebensjahre ermöglichen, wenn ich ihn so weit stärke, daß eine geringfügige Besserung eintritt. Dies würde aber nicht ausreichen, um den Lebenswert des Kindes oder der Eltern zu erhöhen. Bei einer ganzheitlichen Therapie muß stets das Wohl der ganzen Familie berücksichtigt werden.

10. Ich sprach wieder mit der Seele und versuchte von ganzem Herzen und mit all meiner Überzeugungskraft, sie zu einer Geburt in diese Welt zu bewegen. Voller Optimismus erzählte ich von meiner Hoffnung auf eine bessere und gesündere Welt und verlieh meiner Überzeugung Ausdruck, daß jeder von uns einen wertvollen Beitrag zur Steigerung der Lebensqualität aller leisten könne. Nicht nur der Soldat, der das Schwert führt, kann unsere Schlacht schlagen, so sagte ich, denn es gibt eine Macht, die weit größer ist als das Schwert, die Macht der guten Musik, der Kunst und der Liebe. Ich glaube, man kann auf vielerlei Art und Weise gegen das Übel ankämpfen und so einen höheren Lebensstandard schaffen.

Ich schlug der Seele alternative Lebenswege vor, die vielleicht besser zu ihren jetzigen Bedürfnissen paßten, und erklärte ihr, daß gesunde Menschen ansteckend wirken und andere für Gesundheit und Optimismus gewinnen können. »Ich glaube, wenn du dir selbst dienst, dienst du auch dem Ganzen.« Ich redete und redete und erläuterte der Seele meine auch in diesem Buch dargelegten Glaubensanschauungen, in der Hoffnung, in ihr möge der Wunsch erwachen, sich noch einmal der menschlichen Rasse anzuschließen und sich auf eine Lebenserfahrung einzulassen, die sich von den früheren unterscheidet. »Vielleicht interessierst du dich für eine feinsinnigere und doch schöne Lebenserfahrung«, regte ich an. »Du könntest ein Instrument spielen und mit deiner Musik die Entwicklung der Menschen fördern und einen Beitrag zu Ruhe und Frieden leisten.« Auch das Gebiet der Kunst bot ich der Seele als Alternative an. »In diesem

Leben stünden dir viele Möglichkeiten zur Verfügung. Wenn du die Gelegenheit ergreifst, kannst du Talente entwickeln, mit denen du eine andere Art von Krieg gegen Armut, Schmerz und Sorge führen kannst. Es gibt zahllose lohnende und kreative Möglichkeiten, mit denen du nicht nur wunderbare Erfahrungen machen und die verwundeten Menschen heilen, sondern auch der Gesamtheit einen Dienst erweisen kannst.«

Ich erzählte der Seele von Thomas von meinem Gespräch mit seinen künftigen Eltern. Sie wüßten bereits, so sagte ich ihm, daß er – daß seine Seele – sich für alternative Lebens- oder Berufsmöglichkeiten wie Kunst oder Musik interessieren könnte und wollten ihn bewußt bei allem unterstützen, was er zu erlernen oder zu tun wünschte. »Was für eine Gelegenheit, die Unterstützung von Eltern zu erfahren, die deine tiefsten Nöte und Wünsche kennen«, schloß ich.

Unsere Unterhaltungen zogen sich bei jeder Sitzung oft mehr als eine Stunde hin. Ich bemühte mich unaufhörlich, die Seele zu inspirieren, zu locken und in ihr den Wunsch zu wecken, in den Körper einzuziehen und eine aktive und vielleicht auch kreative Rolle bei der Entwicklung des eigenen Potentials und des Potentials anderer zu spielen.

11. Ich bat die Eltern, jeden Tag mit der Seele zu sprechen, sie mit dem gleichen Optimismus zu ermutigen, ihre Liebe zum Ausdruck zu bringen und ihren Wunsch, sie möge den Körper von Thomas in Besitz nehmen.

12. Da mir die Liebe dieser Seele zur Musik aufgefallen war, bat ich die Eltern auch, jeden Tag und besonders während der Unterhaltungen Musik zu spielen.

13. Auf diese Weise vergingen viele Sitzungen. Eines Tages jedoch begann die Seele in einem anderen Ton zu sprechen. Sie machte sich Sorgen über den Zustand des physischen und des verständlichen Körpers und machte mir klar, daß sie nicht willens wäre, nochmals in einen behinderten Körper und Verstand einzuziehen. »Es hat mir in vielen Leben das Herz gebrochen, daß ich meine Wünsche und Träume nicht erfüllen konnte«, sagte die Seele. »Etwas so Schmerzhaftes möchte ich nicht noch einmal erleben. Wie kann ich sicher

sein, daß beide Körper sich wieder erholen werden, ich nicht wieder diese Verzweiflung durchleiden muß?« Die Seele wollte auch das Versprechen der Eltern, ihr alles zur Verfügung zu stellen, was sie zur Entwicklung ihrer kreativen Fähigkeiten brauchte und sie zu unterstützen. Sie bat insbesondere um Farbstifte, Farben und Pinsel.

Es war ein ermutigender Tag. Ich wußte, die Seele würde nun bald eine Entscheidung treffen, und so ging ich sehr behutsam mit ihr um. Der physische Körper von Thomas war anwesend, als ich die Eltern fragte, ob sie bereit wären, die kreativen Wünsche ihres Kindes zu erfüllen, es zu ermutigen und ihm alles Nötige zur Verfügung zu stellen. Ich versprach der Seele, sie nach ihrem Eintritt in den physischen Körper in jeder möglichen Weise zu unterstützen und ihr zu helfen, ihr höchstes Potential zu erreichen und ihre Träume zu erfüllen. Die Eltern standen neben dem Körper von Thomas und gaben voller Freude das gewünschte Versprechen. Die Seele war zufrieden. Sie wußte, daß die Eltern in der Tat ihre Wünsche erfüllen würden. Dann wandte sie sich an mich, denn sie wollte wissen, was hinsichtlich der Behinderung von Verstand und Körper unternommen werden konnte. Ich ließ sie wissen, was ich zu erreichen hoffte, machte aber auch deutlich, daß der physische Körper ohne ihre Anwesenheit nur schwer Fortschritte machen konnte. »Darüber werde ich nachdenken«, gab mir die Seele zu verstehen. Damit war die Unterhaltung beendet.

Genau *sechzehn* Tage, nachdem die Eltern von Thomas mich das erste Mal aufgesucht und ich meine Therapie eingeleitet hatte, wurden die Eltern morgens durch ein LAUTES Weinen wach, das von Thomas, ihrem Sohn, kam. Dieser Tag, fünf Monate und drei Wochen nach der Geburt des physischen Körpers, ist der eigentliche Geburtstag von Thomas.

14. Das körperliche Trauma, unter dem das Gehirn litt, war entstanden, weil die Seele nicht in den physischen Körper eingezogen war. Das Gehirn, das angestrengt versuchte, den Seelenkörper zum Eintritt in den physischen Körper zu bewegen, mußte wegen dessen Weigerung sehr hart arbeiten, ohne dabei durch einen Lebenssinn motiviert zu werden. Die Hauptaufgabe des Gehirns besteht in der Vereinigung aller Körper. In diesem Falle verweigerte die Seele jede Mitarbeit. Sie wollte nicht in die materielle Welt – in den physischen Körper eintreten.

15. Die Planeten spielen nicht nur nach der Geburt, sondern bereits während unseres Aufenthalts im Mutterleib eine bedeutende Rolle. Das höhere Selbst von Thomas - die reine Seele - und der reine Geist wußten, daß die vom niedrigeren Selbst gesteuerte Persönlichkeit der Seele (die ebenfalls zur Seele gehört) den Eintritt in den physischen Körper ablehnen würde. Geist und Seele wirkten deshalb zusammen, um gemeinsam mit den Seelen der Eltern von Thomas die idealste Geburtszeit festzulegen. Ideal ist der Zeitpunkt, zu dem die Seele die größtmögliche Unterstützung erhält und angespornt wird, in den Fötus einzuziehen, der gerade geboren wird. Dabei ging es nicht nur um die Seele von Thomas, auch das Wohlbefinden der schwangeren Mutter spielte eine Rolle. Die Seelen von Mutter und Vater gewährten der Seele und dem Geist von Thomas Unterstützung und lösten die Wehen der Mutter zum bestmöglichen Zeitpunkt aus, nämlich als die Planeten am leichtesten auf die Seele einwirken konnten, mit dem Ziel, sie, wenn nötig auch abrupt, in den Fötus zu ziehen, ehe der physische Körper unmittelbar vor der Entbindung den Weg durch den Geburtskanal antrat. Aber alle Mühe war vergebens, die Seele verband sich nicht mit dem Fötus, der physische Körper erhielt keine Unterstützung.

16. Auch astrologische Einflüsse waren für den körperlichen Zustand von Thomas mitverantwortlich. Die Planeten nahmen zur Zeit der Geburt eine sehr machtvolle Stellung ein, die ganz besonders dazu angetan war, die Seele in den physischen Körper zu ziehen. Weil die Verbindung zwischen Körper und Seele nicht zustandekam, wirkten die planetarischen Kräfte überlastend, was in der Folge eine Fehlfunktion des Gehirns auslöste. Die anhaltende Weigerung der Seele, den Körper in Besitz zu nehmen, führte zu einer schutzlosen und chaotischen körperlichen Disposition, der Körper zersplitterte seine Kräfte, statt mit ihnen zu arbeiten. Ohne die Anwesenheit des Seelenkörpers im physischen Körper konnten die Planeten keine Hilfe gewähren, der motivierende Lebenssinn fehlte. Die entwicklungsfördernden Kräfte prallten sozusagen vom Körper ab und der Aufbau eines soliden Schutzschildes mußte scheitern. Dem Gehirn blieb so eine wichtige Unterstützung versagt, was letztendlich den Anstoß gab, daß es förmlich explodierte. Verstandkörper und Gehirn waren nicht bereit, für dieses Wesen all die Arbeit zu verrichten, die eigentlich eine Zusammenarbeit zwischen Verstandkörper, physischem Körper, Seelen- und Geistkörper erfordert hätte.

Zusammenfassende Diagnose und Prognose für die Ganzheitsperson:

Körperliche Diagnose:
Diese wurde bereits im Rahmen des Diagnoseberichts über die Ganzheitsperson gestellt.

Körperliche Prognose:
Die Prognose ist ausgezeichnet, da ich keine dauerhafte Schädigung des Zentralnervensystems (Gehirn und Rückenmark) oder des peripheren Nervensystems feststellen konnte. Zu diesem gehören die Hirnnerven, die Sinnesorgane und das sympathische Nervensystem, also der Teil des autonomen Nervensystems, der die Ausschüttung von Sekreten senken und den Muskeltonus vermindern kann und zudem für die Kontraktilität und die Gefäßkontraktionen verantwortlich ist. Aufgrund meiner bisherigen Einschätzung glaube ich, daß Thomas über das Potential verfügt, sich überdurchschnittlich gut zu entwickeln und einen leistungsfähigen und agilen Körper auszubilden, sobald das Gehirn durch einen Lebenssinn motiviert wird.

Psychische Diagnose:
Es waren keine Auffälligkeiten oder Schwierigkeiten im mental-emotionalen Körper von Thomas zu erkennen. Lediglich der emotionale Aspekt der Seele hatte eine Verzögerung der natürlichen Entwicklung bewirkt.

Psychische Prognose:
Sobald die Seele bereit ist, sich zu binden und in den physischen Körper eintritt, werden sich, so glaube ich, im Laufe einer harmonischen Entwicklung ihre Vorbehalte gegen die Menschheit auflösen, weil sie bewußte Eltern hat, die ihre Bedürfnisse und Probleme verstehen. Die Eltern sind bereit, Thomas auf allen Ebenen zu unterstützen und so wird er ganz natürlich seiner angeborenen Fähigkeit, sein höchstes Potential zu erreichen, immer näher kommen.

Die Seele hat das große Glück, an bewußte und willige Eltern geraten zu sein, die in jeder Weise mit Thomas arbeiten werden, damit er die Freude und Kreativität finden kann, für die es sich zu leben lohnt und zu deren Erhaltung er vielleicht einen eigenen Beitrag leisten wird.

Therapie:
Die Erkrankung von Thomas ist auf ihre Weise einzigartig, ich werde daher schrittweise die eingeleiteten Therapiemaßnahmen und die Fortschritte beschreiben, die Thomas gemacht hat.

1. Ich bat die Eltern, das Kind einmal wöchentlich zur Therapie zu bringen. In jeder Sitzung war das Gespräch mit der Seele mein oberstes Anliegen, denn ich wußte, daß der physische Körper nur geringe Fortschritte machen konnte, solange er nicht von der Seele bewohnt war, und mochte ich mich auch noch so sehr um eine Verbesserung des Zustandes bemühen.

2. Meine Körpertherapie sah wie folgt aus:
a) Neben dem Bemühen, zusammen mit den Eltern das Vertrauen der Seele zu stärken und in ihr das Verlangen zu wecken, in den physischen Körper einzuziehen, begann ich auch den physischen Körper selbst zu therapieren. Sobald die Seele einen Fortschritt erkennen würde, so hoffte ich, würde sie ihre Angst vor einer Behinderung verlieren und sich weniger widerwillig auf dieses Leben und den physischen Körper einlassen.
b) Bei der ersten Sitzung wendete ich meine spezielle ›Energiearbeit‹ an, die nicht nur den physischen Körper, sondern auch die anderen Körper, das Chakrensystem, die Drüsen und die Nerven stärkt und alle Körper erdet.
c) Ich gab dem Körper eine extra für Kinder entwickelte Massage, die sich von der Massage für Erwachsene unterscheidet. Diese sehr nützliche Methode ist leicht in der Anwendung und bereitet den Kindern Freude.

3. Ich forderte die Eltern auf, zu Hause selbst eine psychologisch-geistige Therapie nach folgender Anleitung durchzuführen:
a) Ich bat sie, jeden Tag mit der Seele von Thomas zu kommunizieren, und zwar nicht nur während sie das Baby betrachteten. Sie sollten laut zur Seele sprechen und ihr Liebe senden, wo auch immer sie sich im Kosmos befinden mochte.
b) Sie sollten täglich geistig erhebende Lieder singen, denn die Seele brauchte Ermunterung, um sich auf diese Lebenserfahrung einlassen zu können. Die Lieder sollten nur für die Seele gesungen werden, ob sie sich im Körper oder anderswo aufhielt.

Ich versuchte, eine Beziehung zwischen den Eltern und der Seele herzustellen, in der Hoffnung, daß die Seele eine Bindung an ihre künftigen Eltern entwickeln würde. Die wachsende Liebe zu ihnen könnte ihr die Sicherheit geben, die sie so sehr braucht, um bereitwillig und voller Hoffnung und Vertrauen in dieses Leben kommen zu können.
Die Seele war sich sehr wohl bewußt, daß sie nicht in den physischen Körper eintreten mußte, wenn sie das nicht wollte.

c) Da die Mutter stillte, bat ich sie, das tägliche ›Drei-Stufen-Programm‹, zu dem auch die ›Weiße-Wolke-Meditation‹ gehört, durchzuführen. Ich erklärte ihr, daß ihre eigene gute Ausgerichtetheit und zunehmend feinere Energien sich auf das Baby übertragen würden, das durch den Genuß ihrer Milch ganz von selbst ebenfalls feinstofflicher würde. Das war ein erster Schritt zur Ausrichtung der Chakren, durch den Seele und Geist angeregt werden sollten, in den physischen Körper einzuziehen und eine starke und gesunde Aura zu schaffen, die dem Kind als Schutzschild dienen konnte.

4. Ich gab den Eltern auch Anweisungen, wie sie Thomas zu Hause körperlich behandeln konnten:

a) Bei meiner Diagnose war mir aufgefallen, daß ein von der rechten Kopfseite gesteuerter Nerv der linken Körperseite noch immer entzündet war. Ich bat die Eltern, tagsüber in Abständen immer wieder Eisbeutel auf die rechte Kopfseite zu legen und sie dort einige Minuten zu belassen. Nach ein paar Tagen sollten sie die Behandlung mit abwechselnd heißen und kalten Umschlägen fortsetzen.

b) Ich brachte der Mutter die Kindermassage bei, die sie einmal täglich durchführen sollte. Das nimmt nur wenige Minuten Zeit in Anspruch, der Zyklus des Gebens und Empfangenes bringt jedoch beiden Nutzen und Freude. Die Massage stimuliert die Nerven, die die Wirbelsäule von allen Seiten durchziehen, und lenkt die angeregte Nervenenergie zum verlängerten Rückenmark. Damit wird eine positive Beeinflussung des gesamten Nerven- und Drüsensystems und des Gehirns erreicht.

c) Um die Augenmuskulatur des Kindes zu stärken und das durcheinandergeratene Körperprogramm für sinnliche Wahrnehmung

wiederherzustellen, das bei der Geburt noch intakt war, bat ich die Eltern, eine Übung durchzuführen, die die Augenkontaktfähigkeit des Kindes schulen und die für das taktile Erfahren und kognitive Erkennen zuständigen Drüsen anregen sollte. Die folgende Übung bringt Augen und Gehirn dazu, sich konzentriert einem einzelnen Gegenstand zuzuwenden. Die Eindrücke, die von den visuell fixierten Objekten ausgehen, führen zu einer Reihe kognitiver Erfahrungen, die sich akkumulieren. Auf diese Weise gestaltet jeder Mensch durch Erfahrung und Betrachtung seine eigene Enzyklopädie angelernten Wissens.
Die Übung, die dem Gehirn bei der Fokussierung hilft, ihm kognitive Bilderfahrungen vermittelt und es zur Konzentration anleitet, ist wie folgt durchzuführen:

- Verwendet ein sehr helles, konzentriertes Licht, beispielsweise ein Blitzlicht, in einem ansonsten vollkommen dunklen Raum.
- Richtet das Licht direkt auf das Gesicht von Thomas. Führt es nicht zu nahe heran, aber nahe genug, um seine volle Aufmerksamkeit auf das Licht zu lenken. Laßt es ein oder zwei Sekunden lang brennen, dann löscht es wieder.
- Knipst das Licht wieder an und leuchtet Thomas damit direkt ins Gesicht. Schaltet das Licht in schneller Folge, dann in langsamer Folge aus und wieder ein.
  Dadurch wird Thomas seine Fähigkeit schulen, einen Punkt zu fokussieren und seine Augenmuskulatur kräftigen. Er wird lernen, sich längere Zeit auf einen Gegenstand zu konzentrieren. Mit Hilfe dieser Übung wird er auch fähig, Botschaften besser aufzunehmen und zur Aufzeichnung an das Gehirn weiterzuleiten.

Nach der ersten Therapiewoche:
Eine Woche nach Therapiebeginn hatte die Kraft des physischen Körpers bereits deutlich zugenommen, die Wirbelsäule war kräftiger als vorher, die zwar noch nicht vollständig harmonisierten Chakren ließen ebenfalls eine Veränderung erkennen. Das Aurafeld war noch immer zerstreut, zeigte aber bereits Anzeichen einer beginnenden Ausrichtung. Die Mutter berichtete, daß Thomas begonnen hatte, sich ab und zu auf einen Gegenstand zu konzentrieren und sich ihr voller Neugier und mit großer Aufmerksamkeit zuzuwenden.

In dieser ersten Therapiewoche ließen die Ärzte und der Krankengymnast von Thomas die Eltern wissen, daß eine Therapie bei mir sinnlos wäre. Man riet ihnen, sich damit abzufindem, daß ihr Kind niemals gesund werden würde.

Ich wendete folgende Therapie an:

1. In der nächsten Sitzung stellte ich wiederum Kontakt mit der Seele her. Kurz zusammengefaßt sagte die Seele etwa: »Ich verspreche, in den Körper einzuziehen, wenn er vollständig gesund ist. Ich will nicht riskieren, in einem Körper zu leben, den du vielleicht doch nicht wiederherstellen kannst. Ich versichere dir aber«, so sagte sie, »daß ich mich stets in der Nähe halten und auf den physischen Körper aufpassen werde.« So gut ich konnte, versuchte ich der Seele zu erklären, daß der Körper ohne ihren Einzug nicht in einen guten physischen Zustand versetzt werden konnte. Ich wollte sie mit vernünftigen Erwägungen dazu bewegen, aus ihrer Ebene herabzusteigen.

2. Thomas erhielt eine Massage, bei der ich auch meine Fähigkeit zu ›sehen‹ einsetzte. Mit einer durch die innere ›Sicht‹ gelenkten Massage können ganz spezielle Problembereiche bearbeitet werden.

3. Ich wendete meine spezielle ›Energiearbeit‹ an und richtete meine konzentrierte Aufmerksamkeit dabei in erster Linie auf das Nervensystem, ohne dabei die Stärkung der ganzheitlichen Konstitution außer acht zu lassen.

Dann bat ich die Eltern, die bereits in der ersten Woche verordnete Therapie fortzusetzen und folgende Ergänzungen hinzuzunehmen:

1. Fahrt mit der Blitzlichtbehandlung fort und richtet dabei das Licht auf Thomas, während der Raum ansonsten dunkel bleibt, verwendet aber von nun an farbige Glühbirnen anstelle der weißen. Behandelt Thomas mit den Farben Blau, Grün und Gelb. Setzt zunächst jeden Tag eine andere Farbe, später alle Farben bei einem Behandlungsdurchgang ein.

2. Erzeugt in einem dunklen und ruhigen Raum plötzlich Geräusch in einer hohen Tonlage. Arbeitet damit wie mit dem Blitzlicht. Laßt das Geräusch ertönen, bringt es zum Verstummen, um es in unregelmäßigen Abständen erneut vernehmen zu lassen.

3. Reibt immer wieder liebevoll Thomas' Brust, den Bereich, den wir als Herzchakra bezeichnen. Das wird helfen, die Seele in den Körper hineinzuziehen.

Nach der zweiten Therapiewoche:
DIE SEELE IST IM KÖRPER! riefen die Eltern, als sie zum nächsten Termin erschienen. Sie waren eines Morgens durch einen lauten Schrei aufgewacht, Thomas hatte laut mitgeteilt: »ICH BIN IM KÖRPER.« Es war eine große Freude für uns alle. Jetzt wußte ich, daß der physische Körper die *Stärke* aufbringen würde, die er auf seiner Reise zur Gesundung brauchte. Wir waren alle aufgeregt und beglückwünschten uns und Thomas gegenseitig.

Die Eltern berichteten, daß der Körper von Thomas stärker geworden war und er sehr intensiv auf die hohen Geräusche reagierte, denen er aufmerksam lauschte. Nach ein paar Tagen schien er immer schon auf das nächste Geräusch zu warten.

Meine Therapieverordnung:

1. Behandelt Thomas jetzt wie ein NEUGEBORENES. Ich werde in den nächsten drei Wochen keine ›Energiearbeit‹ an ihm durchführen oder eine neue Körpertherapie verordnen. Die Seele wird diese Zeit benötigen, um den Eintritt in den Körper vollständig abzuschließen. Setzt aber die bisher verordnete Behandlung unter Einbeziehung der folgenden Methode fort und kommt in drei Wochen wieder.

a) Der Körper braucht sofortige Unterstützung, um schnell genesen zu können. Thomas hat noch immer eine schwache Konstitution, und wir wollen seiner Seele helfen, im Körper zu bleiben. Ich bat die Eltern, ein speziell auf die Familie zugeschnittenes Farbtherapieprogramm durchzuführen, an dem sich alle Familienmitglieder beteiligen sollten.
b) Die ganze Familie, auch Thomas, sollte sich jeden Tag in der gleichen Farbe kleiden und diese täglich wechseln. Die Farben Rot, Orange, Gelb, Grün, Blau, Indigo und Violett sollten der Reihe nach getragen und der Ablauf in der folgenden Woche wiederholt werden. (Die Farbtherapie war auf insgesamt sechs Monate angelegt.)
c) Auch die Spielsachen, mit denen die Kinder sich beschäftigten, und die Speisen, die die Familie zu sich nahm, sollten von der je-

weiligen Farbe sein. Am ›roten‹ Tag konnten sie also beispielsweise Tomaten, Rotkohlsalat und Spaghetti mit Tomatensauce essen.

Nach fünf Therapiewochen:
Die Familie ging so kreativ mit den Therapieübungen um, daß sie zu den eigentlichen Heilern wurden, nicht ich. Die Mutter kaufte preiswerte Kleidungsstücke und Laken, die sie zum Teil in der eigenen Badewanne einfärbte. Ihre kreativen Kochideen wären es wert, gesammelt und als Buch veröffentlicht zu werden.

Die Farbtherapie war sehr wirksam. Sie stimulierte die Kraft der Chakren und des Drüsen- und Nervensystems und kräftigte das Muskelgewebe und die Knochen, besonders im Bereich der Wirbelsäule.

Die Eltern berichten mir, daß Thomas seit dem Eintritt seiner Seele in den Körper spricht, mit lauter Stimme weint und sein Interesse konzentrieren kann. Seine Körper funktionieren synchron, beide Körperhälften reagieren ausgewogen.

In den vergangenen Wochen hat sich der Körper so gekräftigt, daß eine intensivere Physiotherpie aufgenommen werden kann. Thomas ist aktiv und fähig, koordiniert mit seinem Körper umzugehen. Er hat deutliche verständliche und körperliche Wünsche entwickelt, weiß genau, was er mag und was nicht und bringt das auch entschieden zum Ausdruck.

In der nächsten Sitzung therapierte ich wie folgt:

1. Massage.

2. ›Energiearbeit‹.

3. Gespräch mit der Seele von Thomas, um abzuklären, ob alle ihre Wünsche und Bedürfnisse befriedigt wurden.

Ich verordnete folgende Behandlung:

1. Fahrt mit der bereits praktizierten Therapie fort.

2. Da das linke Bein von Thomas noch immer schwach war, bat ich die Eltern, ihm eine Kinderwippe zu besorgen, in der er auf und nieder hüpfen konnte. Dabei sollte ein Holzklötzchen unter dem schwächeren linken Fuß befestigt werden. So würde bei jedem

Sprung das linke Bein vor dem rechten auf dem Boden auftreffen und die Muskelkraft auf dieser Seite gestärkt werden.

Weniger als zwei Monate nach Therapiebeginn:
Thomas hat Spaß an seiner Therapie, und die Eltern freuen sich sehr über seine deutliche und rasche Genesung.

Er kann jetzt bereits alle Bewegungen mit den Augen verfolgen und seine Konzentration lange Zeit aufrechterhalten. Eine halbe Stunde pro Tag trägt er eine vom Arzt verordnete Augenklappe über einem Auge, um die Muskulatur beider Augen noch weiter zu stärken. Mit Hilfe der Blitzlichttherapie war es recht gut gelungen, die Aufmerksamkeit von Thomas zu erregen, er hatte gelernt, sein schwaches Auge auszurichten, was zur Kräftigung der Muskulatur beigetragen hatte. Ich empfahl, diese Behandlung fortzusetzen.

Thomas sollte lernen, seine Kekse und seine Milch nur mit der linken Hand zu halten. Er wird sich daran gewöhnen, wenn es ihm liebevoll vermittelt wird, und im Laufe der Zeit mehr Kraft in dieser Hand entwickeln.

Bei jeder Sitzung gab ich Thomas eine Massage, wendete die ›Energiearbeit‹ an und sprach mit der Seele. Entsprechend seinem körperlichen Fortschritt empfahl ich neue Körperübungen, die ich zuerst in meiner Praxis vorführte. Dann bat ich die Eltern, diese täglich mit Thomas zu Hause zu üben. Die zahlreichen Varianten, die im Laufe der Therapie zum Tragen kamen, können hier nicht alle aufgezählt werden. Sobald eine Übung Thomas erfolgreich über eine Schwierigkeit hinweggeholfen hatte, dachte ich mir etwas Neues aus, was der Kräftigung eines anderen schwachen Körperteiles dienen sollte. Eine Übung bestand darin, das rechte Bein von Thomas nahe an seinen Körper zu bringen, während er in seiner Kinderwippe saß, so daß er sich nur mit Hilfe des linken Beines abstoßen konnte, um den federnden Effekt zu erzielen, den er so liebte.

Jede erfolgreiche Therapie, die ich für Kinder entwerfe, enthält ein wesentliches Grundelement. Das Kind soll Spaß haben und sich motiviert fühlen, die Übung auch durchzuführen. Alle Übungsmethoden, die Thomas erlernte oder die seine Eltern mit ihm durchführten, haben ihm Freude bereitet. Ich glaube nicht, daß eine Therapie hart und schwierig sein muß. Wenn ein Kind die Übungen genießt, die es durchführen soll, wird es bereitwillig und voller Begeisterung bei der Sache sein, was alleine schon eine heilende Wirkung auf alle Körper ausübt.

Im übrigen bat ich die Eltern, die bereits verordnete Therapie fortzusetzen.

Fünf Monate nach Therapiebeginn:
Die Eltern berichteten, daß die ganze Familie von der für Thomas entworfenen Therapie profitiert hatte. »Du hast uns den Weg zu einem höheren Ziel gezeigt, und wir haben gelernt, um es mit deinen Worten auszudrücken, die Reise freudvoller zu gestalten.«

Sechs Monate nach Therapiebeginn:
Die Farbtherapie, an der sich die ganze Familie beteiligte, dauerte sechs Monate. Danach war es nicht mehr erforderlich, Thomas zu regelmäßigen Sitzungen zu bestellen. In den folgenden Monaten sah ich ihn nur gelegentlich, um seine Fortschritte zu überwachen, weitere Ratschläge zu geben und neue Übungen vorzuschlagen, die die Familie zu Hause mit Thomas durchführen konnte.

Thomas ist glücklich, stark, aktiv, intelligent und krabbelfreudig.

Sieben Monate nach Therapiebeginn:
Die Eltern brachten Thomas in eine Spezialklinik für gehirngeschädigte Kinder in Wiesbaden. Nach einer gründlichen Untersuchung vermuteten die Ärzte zunächst, daß Thomas früher fehldiagnostiziert worden war. »Ein Kind, das an *Hydrozephalus internus* und *spastischer Monoplegie* gelitten hat, kann diesen körperlichen und geistigen Zustand nicht aufweisen. Das ist ausgeschlossen«, so teilten sie den Eltern mit. Die Ärzte führten Thomas und seine Eltern in einen Raum, in dem Kinder gleichen Alters behandelt wurden, bei denen derselbe Befund vorlag. Alle Kinder lagen hilflos auf dem Rücken am Boden. Keines war zu anderen Bewegungen als unkontrollierten spastischen Zuckungen in der Lage. Keines der Kinder konnte sprechen. Thomas krabbelte auf einen der Kleinen zu und fragte: »Was ist los?« Als er keine Antwort erhielt, näherte er sich einem nach dem anderen und stellte immer wieder die gleiche Frage. Dann wandte er sich an seine Mutter und wollte von ihr etwas über diese Kinder erfahren.

Der neurologische Arztbericht lautete wie folgt: »Thomas ist ein aufgewecktes Kind, er ist fröhlich, aktiv, schlau und gut entwickelt. Die rechte Kopfseite hat Fortschritte gemacht. Die Augen und Gehirnnerven sind in Ordnung. Die Hörfähigkeit ist, soweit das beurteilt werden kann, gut. Die Sprechfähigkeit kann ebenfalls als zufriedenstellend bezeichnet werden, Thomas verwendet bereits aktiv eine Vielzahl von Begriffen. Er spricht gerne und ohne Speichelfluß und versteht andere gut. Er bewegt beide Schultern fließend. Er fängt an, auf richtige Weise zu krabbeln und kann seine Beine dabei gut koordinieren. Er gebraucht den linken Arm nicht so häufig wie den rechten und unterstützt oft die rechte Hand mit der linken, die er oft zur Faust ballt. Er hat angefangen, auf seinen beiden Beinen zu stehen, wobei das Körpergewicht gleichmäßig verteilt ist. Er setzt beidseitig seine Fersen auf dem Boden auf und richtet die Füße nach vorne. Im Sitzen hält Thomas die Wirbelsäule schön gerade. Er ist im Spiel voll konzentriert. Im täglichen Leben zeichnete er sich durch Kreativität, Erfindungsgabe, Ausdauer und Beständigkeit aus, er genießt Aktivität. Ein verständlich reges Kind in einem guten Entwicklungszustand.«

Thomas im Alter von zwei Jahren:
Der Arztbericht lautete: Er kann selbständig gehen und verwendet beim Sprechen ein außergewöhnlich reiches Vokabular für ein Kind dieses Alters. Er versteht alles, benutzt Arme und Hände. Er kann seine schwer gelähmte, spastisch verkrampfte linke Hand benutzen und sogar einen Finger dieser Hand ausstrecken, um auf etwas zu zeigen. Er ist neugierig, geistig rege, intelligent und näßt nicht mehr in die Windeln. Von der Persönlichkeitsentwicklung her befindet sich Thomas in der ›Nein‹-Phase. Er zankt mit seinem Bruder und tut alles, was ein Kind dieses Alters normalerweise tut. Thomas schielt noch immer, sein Zustand ist aber unvergleichlich viel besser, als er ursprünglich war. Er kann sehen.

Die Eltern arbeiten weiterhin mit ihm und verwenden spezielle Übungen zur Entwicklung und Stärkung der Augenmuskulatur. Ihrer Erzählung nach können die Ärzte gar nicht glauben, daß sie dasselbe Kind vor sich haben. Die Entwicklung von Thomas erscheint ihnen einfach unbegreiflich, sie sprechen von einem Phänomen und freuen sich mit ihm und seinen Eltern.

Thomas im Alter von fast sieben Jahren:
Nach jüngsten Erzählungen der Eltern ist Thomas ein lustiges, schlaues und geistig reges Kind, das begeisterten Anteil an allen Kindergartenaktivitäten nimmt. Er spielt intensiv mit seinen Brüdern, wobei es gelegentlich zu den üblichen Auseinandersetzungen unter Geschwistern kommt. Voller Liebe und Begeisterung interagiert er auf

vielfältige Weise mit seiner unmittelbaren Umgebung und seiner Familie. Er ist bei den Kindern seiner Gruppe beliebt und hat viele gute Freunde. Nach einer mehrjährigen Unterbrechung der körpertherapeutischen Übungen wollten die Eltern wissen, ob Thomas in der Lage wäre, das erste Schuljahr ohne Behinderungen zu absolvieren. Derzeit macht er Übungen zur Koordinierung der rechten und linken Gehirnhälfte. Er schreibt beispielsweise die Ziffer acht zuerst mit der rechten, dann mit der linken Hand oder legt erst die rechte Hand auf das linke gebeugte Knie und dann die linke Hand auf das rechte Knie. Diese Therapie ist sehr erfolgreich und macht Thomas Spaß.

Die Eltern und die Kindergartenbetreuerin glauben, daß Thomas für den regulären Schulbeginn im September gut vorbereitet ist. Thomas legt seine übliche Begeisterung an den Tag und freut sich bereits auf die Schule.

Niemals gibt es eine Wirkung ohne Ursache. Der Fall von Thomas veranschaulicht, wie man die Grundursache einer Krankheit ausfindig machen kann. Wenn wir bei der ersten offensichtlichen Ursache stehengeblieben wären, hätten wir die Störung möglicherweise auf äußere Planeteneinflüsse zurückgeführt und aufgrund dieser Diagnose eine Therapie verschrieben, die Thomas nicht geholfen hätte. Die nähere Untersuchung zeigte uns jedoch, daß die Seele den Eintritt in den Körper verweigerte. Vielleicht wollte sie ihr Karma nicht ausarbeiten, was eine karmisch bedingte Krankheitsursache wäre. Eine noch tiefergehende Betrachtung ließ uns schließlich erkennen, daß hier kein bindendes Karma vorlag, sondern persönliche Ansichten der Seele über die Menschheit, also ein innerer Einfluß. Die Seele machte von ihrem Recht auf Ausübung ihres freien Willens Gebrauch und entschied sich bewußt, nicht in den physischen Körper einzuziehen.

Wie die Umstände und der Ausgang dieses Falles zeigen, mußte die Seele kein bestimmtes Karma ausarbeiten. *Sie traf eine bewußte Wahl und handelte aus freiem Willen.* Das einzige in diesem Fall maßgebliche Karma ist das fortlaufende Karma der ständigen Schulung, dem alle Menschen unterworfen sind. Hier geht es nicht um eine Schuld, die zurückgezahlt werden muß. Die Seele hat Emotionen angestaut und sich in ihnen verfangen, so daß sie ihren Zweck und ihr Ziel aus den Augen verlor.

8.3. Grundursache: Karma

Auf welchen Wegen bilden karmische Gesetze gestaltende Kräfte?

Auf welchen Wegen das in vergangenen Leben entstandene Ungleichgewicht wieder in die Balance gebracht und wie der Kranke bewußt oder unbewußt dem Pfad des eigenen Schicksals folgt, wird an der folgenden Dokumentation deutlich. Sind die karmischen Folgen wie bildende Kräfte gestaltend tätig? Obwohl wir in dem hier vorgestellten Krankheitsfall das Individuum als Ganzheit kennenlernen, was einen tieferen Einblick in die Krankheitsgeschichte erlaubt, ist das einzelne Leben doch untrennbar verwoben mit allem und jedem. Zum eigentlichen Feld karmischer Konflikte wird das Gebiet der Mitverantwortung und Zusammengehörigkeit des einzelnen mit dem Ganzen.

Wie ein Meisterplan hört sich die Krankheitsgeschichte Katherinas an, die vorgeburtlich für die Existenz auf dieser Erde die Entscheidung getroffen hat, sich eine Krankheit aufzuerlegen, die sie davon abhalten wird, in eine verantwortliche Position zu kommen. Ihr altes Verlangen nach Macht und Manipulation will in menschliches Mitempfinden transformiert werden, und die Krankheit ist ein Mittel, der potentiellen Gefahr auszuweichen. Die Vorstellung, daß Krankheit ein Mittel der Heilung und Fruchtbarmachung des Bodens innerer Kultur ist, scheint paradox, und wir sehen hier, wie ein ganzheitlich konzipierter karmischer Plan nicht nach Gesundheit oder Krankheit fragt, sondern nach dem sinnvollsten Mittel zur Erreichung eines Ziels.

Wenn wir im Laufe unseres Heranreifens selbst die Wahrheit ›sehen‹ lernen, entfaltet sich in uns eine tiefe, aus dem Verstehen erwachsende Wertschätzung für den inneren Kosmos, und wir werden fähig, auch den Kosmos zu verstehen, in dem wir leben. Jedesmal, wenn wir ›sehend‹ das Mysterium der Krankheit, ihre Ursachen und Wirkungen enthüllen, lernen wir, unser Schicksal und damit das Schicksal der Welt, die wir bewohnen, zu verändern.

Bei einer eingehenden ›Betrachtung‹ karmisch verursachter Krankheiten lernen wir die Gesetze des Kosmos besser kennen. Wir können diese Gesetze zwar nicht definieren, aber den Umgang mit ihnen erlernen. Jede neue Falldiagnose bietet uns neue Wahrnehmungsmöglichkeiten. Wir erleben, daß beim Kranken die verschiedenen Körper unabhängig voneinander agieren, während sie beim Gesunden in wechselseitiger Abgestimmtheit funktionieren. Denke daran, auch ein gesunder Mensch hat seine Probleme. Dank seiner guten Ausrichtung und Ausgeglichenheit wird er seinen Lebensherausforderungen jedoch gewachsen sein.

3. Fall – Katherina

Beschreibung:
Ein kleines, fast fünf Jahre altes Mädchen lebt glücklich mit seinen Eltern und einem zweieinhalb Monate alten Brüderchen zusammen. Katherinas Vater arbeitet als Wissenschaftler, die Mutter, eine Journalistin, übt ihren Beruf nur gelegentlich aus, solange ihre Kinder noch klein sind.

Katherinas Mutter berichtet, daß das Mädchen bei einer routinemäßigen ärztlichen Jahresuntersuchung im Alter von zwei Jahren als gesund bezeichnet worden war. Ihre Reflexe waren normal. Als die Mutter drei Wochen später die Ärmelknöpfe einer Bluse an Katherinas rechtem Arm zumachen wollte, bemerkte sie einen dicken Knoten über dem rechten Handgelenk. Sie vermutete einen unentdeckten Bruch oder eine Verstauchung und ließ Katherina im Krankenhaus röntgen. Die Ergebnisse führten zu folgender Diagnose: *multiple osteokartilaginäre Exostose.*

Bei einer Exostose kommt es zu einem sekundären Knochenwachstum auf der Knochenoberfläche und häufig auch zu einer Ossifikation des umliegenden Muskelgewebes, das sich in einem frühen Lebensstadium durch Verknorpelung vom Mutterknochen ablöst. Die bei Katherina vorliegende Wachstumsstörung führt zur Ausbildung multipler Exostosen, die meist am Schaft oder Mittelteil von Röhrenknochen auftreten. Bei der Exostose handelt es sich um gutartige Knochentumore, die häufig am Ende von Femur (Oberschenkelknochen) oder Tibia (Schienbein) angesiedelt sind und etwa neunzig Prozent aller Knochentumore ausmachen. Männer sind davon doppelt so häufig betroffen wie Frauen. Da das zusätzliche Wachstum oft zu anderen Zeiten erfolgt als das reguläre, wird es oft in den Mutterknochen einbezogen und löst Unregelmäßigkeiten des Knochenwachstums und häufig sekundäre Verformungen aus. Die Ätiologie der Krankheit ist unbekannt, man vermutet aber, daß die Exostose vererbbar ist. Sie kommt sehr selten vor und bricht meist erst zu Beginn der Pubertät aus. Die Exostose kann zu beachtlicher Größe heranwachsen und die Nerven reizen und lähmen. Sie kann die Funktion der Muskeln beeinträchtigen, das Knochenwachstum verstärken und die Knochen deformieren.

Die Diagnose ergab weiter: kartilaginäre Höcker ab Ulna (Elle; zwischen Ellenbogen und Handgelenk) und Radius (Speiche; der äußere kürzere Unterarmknochen, der sich teilweise um die Elle dreht).

In den zwei Monaten nach der ersten Röntgenuntersuchung wuchs Katherinas Exostose so stark, daß der Kinderarzt eine operative Entfernung in Erwägung zog. Eine neue Röntgenaufnahme zeigte, daß sich bei Katherina am linken Unterarm, an beiden Oberarmen und an beiden Beinen im Kniebereich ›Dornfortsätze‹ gebildet hatten, kleine Ansätze neuer Exostosen. Die zu Rate gezogenen Chirurgen beschlossen, von einer Operation abzusehen, weil die Exostosen nach ihrer Entfernung sehr rasch nachwachsen und wieder die alte Größe erreichen würden.

An Weihnachten, kurz vor Katherinas drittem Geburtstag, bemerkten die Eltern, daß der rechte Unterarm des Mädchens kürzer war als der linke, er hatte sein Wachstum eingestellt und war etwa drei Zentimeter kürzer geblieben als der linke Unterarm.

Im Frühjahr konnten die Eltern die Exostosen, die an beiden Oberarmen, am linken Unterarm und an verschieden Stellen der Beine, wie Knie, Oberschenkel und Unterschenkel, hervortraten, deutlich spüren. Die Exostosen auf den Oberschenkeln waren besonders auf der Rückseite äußerst markant geworden und nahmen ständig an Größe zu.

Sie verdickten sich zunehmend und wuchsen immer weiter. Neue Röntgenaufnahmen zeigten eine weitere Exostose am rechten Oberarm in der Nähe des Schultergelenks und drei kleine ›Dornfortsätze‹ auf der linken Seite des Brustkorbes, zusätzlich zu einer bereits früher diagnostizierten Wucherung auf der rechten Seite. Auch am Ringfinger der linken Hand hatte sich eine kleine Exostose gebildet.

Schon kurz nach dieser Untersuchung traten weitere Exostosen am linker Oberarm in der Nähe des Schultergelenks und kleine ›Dornfortsätze‹ an beiden Schulterblättern auf. Auch auf den Rippen und am Rücken waren neue ›Dornfortsätze‹ gewachsen.

Die Exostosen, die sich normalerweise nur an Röhrenknochen ansiedeln, traten an außergewöhnlichen Stellen auf.

Weitere Röntgenaufnahmen ergaben, daß sich die Wucherung zwischen Ulna und Radius fortlaufend vergrößerte. Am rechten Handgelenk verlief das Wachstum gekrümmt und behinderte bereits die Mobilität des Gelenks.

Im darauffolgenden Herbst suchten die Eltern zum zweiten Mal die Universitätsklinik auf. Die konsultierten Ärzte zogen wiederum eine Operation an Katherinas rechtem Unterarm in Erwägung, da die Exostose Ulna und Radius, wie auf dem Röntgenbild zu erkennen war, zersplitterte und eine Deformation des Handgelenkes auslöste. Sie empfahlen nicht nur die Operation des Handgelenks, sondern sieben bis neun weitere Eingriffe zur Entfernung der größeren Exostosen, die sich an vielen Stellen des Skeletts ausgebildet hatten. Die Eltern, die nun zu entscheiden hatten, ob ihre Tochter sich dieser Serie von sieben bis neun Operationen unterziehen sollte, sprachen sich gegen die Eingriffe aus.

Die auf diese Krankheit spezialisierten Ärzte konnten keine therapeutische Alternative anbieten, Exostosen, die die Knochenstruktur, die Muskeln, die Nerven und die Mobilität in Mitleidenschaft ziehen, so hieß es, könnten nur herausgeschnitten werden. Während des kindlichen Wachstums erreichen Exostosen nach ihrer Entfernung allerdings sehr schnell wieder ihre ursprüngliche Größe.

Katherinas Großvater, ein Internist, versuchte der Krankheit mit den verschiedensten Mitteln beizukommen, er kombinierte sogar selbst homöopathische Präparate, was sich aber als ebenso wirkungslos erwies, wie vierzehn schon früher eingesetzte Medikamente.

Körperlicher Diagnosebericht:
Bei meiner Diagnose setzte ich meine Fähigkeit des sinnlichen Gewahrwerdens ein und ›betrachtete‹ die einzelnen Körpersysteme und die körperliche Gesamteinheit.

Herz und Lunge zeigen eine Streßbelastung, sind organisch und funktionell aber gesund; der Kreislauf ist langsam; das Nervensystem belastet, aber im übrigen gesund; ein Blick auf die Knochen läßt eine Überstimulation von Knochenmaterial erkennen, das an verschiedenen Stellen des Skeletts gebildet wird.

Diagnosebericht über die Ganzheitsperson (vgl. Abbildung IX, S. 381):
Mit Hilfe des ›Diagnoseformblattes für die Ganzheitsperson‹ stellte ich meine Diagnose.

1. Ein Blick auf Katherinas *Chakren* zeigt, daß das Mädchen in keiner guten Ausrichtung ist und ihre Körper nicht harmonisch zusammenwirken. Wir wollen uns die einzelnen Chakren genauer betrachten:

a) *Das erste Chakra* am unteren Ende der Wirbelsäule ist nach links geneigt, was auf das Fehlen eines Lebenssinns hinweist. Es sieht so aus, als verfügte Katherina über genügend körperliche Stärke, um ihre Körpersysteme zu betreiben. Bei meiner Projektion in die Zukunft kann ich keine ungewöhnlichen Deformationen erkennen, die die natürliche Entwicklung in irgendeiner Weise behindern würden, wenn man von der Krankheit absieht, von der sie bereits befallen ist und die selbstzugefügt zu sein scheint. Ich finde es interessant, daß Katherina sich diese Krankheit selbst auferlegt hat und betrachte mir das erste Chakra noch genauer, um zusätzliche Informationen zu erhalten.
Katherinas Verstandkörper steuert den Willen, während die Seele den Kurs für den Verstandkörper festlegt. Sie ist sehr entschlossen. Wenn ich auch noch nicht weiß wozu, kann ich doch die starke Entschiedenheit spüren, mit der sie die Kräfte und die Entwicklung des Körpers lenken will.

b) *Das zweite Chakra* ist offen, das fließende Energierad fügt sich nicht zu einem geschlossenen Kreis zusammen. »Ich sehe eine tiefe Wunde, eine Wunde, wie Katherina sie einst anderen zugefügt hat. Jetzt ist sie *entschlossen, sich selbst zu verwunden,* um ihr Karma auszugleichen. Ich weiß noch nicht, was Katherina anderen angetan hat, erkenne aber bereits, daß sie Chaos und Gefahr verbreitet hat. Interessanterweise *hat Katherina die Entscheidung gefällt, sich selbst diese Krankheit aufzuerlegen.* Ich glaube nicht, daß sie bestraft wird oder das Gefühl hat, bestraft zu werden. Aus irgendwelchen Gründen sieht sie in ihrer Krankheit eine Möglichkeit, ihr Ziel zu erreichen. Katherina bestimmte ihre Krankheit selbst, es ist *ihr Weg, ihr Karma auszuarbeiten.* Ich bemerke, daß eine Art von Hierarchie oder einige Lehrer hinter dieser Entscheidung stehen, erkenne aber, daß sie sich nicht einmischen. Sie scheinen mit Katherinas Entscheidung, ihr Leben auf diese Weise zu führen und sich der gewählten Methode zu bedienen, einverstanden zu sein, haben das aber nicht von ihr verlangt oder ihr auferlegt.

c) *Katherinas drittes Chakra* steht ebenfalls weit offen. Für mich bedeutet das, daß sie ihren Zustand nur dann selbst bestimmen kann, wenn die dafür zuständigen astrologischen Bedingungen und die anderen Chakren in der gegenwärtigen Konstellation erhalten bleiben. Solange sich also niemand einmischt und eine Veränderung erzwingt oder manipulativ herbeiführt, *bestimmt Katherina ganz alleine über ihre Zukunft.*

   Katherina ist von dem starken Verlangen beseelt, keine Konflikte bei anderen Menschen auszulösen. Dieser Vorsatz hat ihre Vorstellungen darüber geformt, wie sie einer solchen potentiellen Gefahr ausweichen will und dazu beigetragen, daß sie sich für die Ausübung ihres freien Willens entschieden hat.

d) *Das Herzchakra* ist weit geöffnet und verletzlich. Es ist, als suche sie nach etwas. Der Winkel, den das Herzchakra aufweist, zeigt mir, daß Katherina ein weinendes Kind ist, das sich nicht leicht zufriedengibt und sehr fordernd werden kann, wenn es Zuneigung oder etwas anderes haben möchte. Es ist nicht zu erkennen, was dieses andere sein könnte, denn Katherina weiß es selbst nicht.

   Katherina könnte ihr Leben lang so weitermachen. Sie würde Exostosen mit allen möglichen Nebenwirkungen, wie Deformationen, entwickeln und bedauern, nicht in Ordnung zu sein. Sie würde ihr *Schicksal* leicht, vielleicht zu leicht *annehmen* und sich

selbst und anderen den Eindruck vermitteln, daß sie aus einer schwierigen Situation das Beste macht.
Ich bin mir ziemlich sicher, daß Katherina keine Hilfe will und schon Befürchtungen hat, wenn ich sie mir nur ›ansehe‹. Alle Hinweise, die wir über Katherina erhalten haben, machen uns deutlich, daß sie in Ruhe gelassen werden möchte, um ihre Angelegenheiten alleine zu regeln!

e) *Das fünfte Chakra* beeinflußt das Drüsensystem auf eine Art und Weise, die sicherstellt, daß die hormonellen und metabolischen Systeme die bereits geschaffenen Bedingungen, also auch die Exostosen, nicht verändern können. Ungeachtet des Stadiums der Krankheit wird die Drüsenfunktion weiterhin gelenkt und reguliert. Wir sehen auch hier, daß *Katherinas starker eigener Wille die Chakren so arrangiert hat, daß sie ihrem Ziel nicht in die Quere kommen können.*
Das Chakra zeigt auch, wie schlau sie es eingefädelt hat, ihr Wissen und ihre im Überfluß vorhandenen gesammelten Talente aus früheren Leben nicht gebrauchen zu müssen. Katherinas Lebensplan sieht künftige Erfahrungen höchst mittelmäßiger und weltlicher Natur vor. Das bereits vorhandene höhere Wissen über Wissenschaft und Weltangelegenheit soll hinter ihrem jetzt vorrangigen großen Wunsch zurückstehen, einfach so über die Runden zu kommen und sich ohne große Aufregungen in die Gruppe Gleichrangiger einzuordnen. Ihre Entscheidung, nur ja keine Wellen zu schlagen oder irgendwie aufzufallen, nicht zu schlau zu sein und nicht zu häufig die Initiative zu ergreifen, wurde zu ihrer neuen Zielsetzung.
Katherinas starke Entschlossenheit verschließt alle Fenster und Türen, hinter denen das Gebiet der Wissenschaft liegt, das sie liebte und dem sie sich früher mit Lust und Freude verschrieben hatte.

f) *Katherinas sechstes Chakra* hält sie soweit geistig rege, wie es nötig ist, und bewahrt ihr die Naivität, mit deren Hilfe sie das Weltlichsein vermeiden möchte. Katherina will sich nicht allzusehr um weltliche Angelegenheiten kümmern müssen. Im gegenwärtigen Zustand beeinflußt das Chakra die Persönlichkeit auf eine Art und Weise, die Katherina kleinmädchenhaft und sehr kindlich wirken läßt. Ihre größten Wünsche sind, einen mit einem gewissen Prestige verbundenen Beruf zu ergreifen, ohne sich dabei

allzusehr zu engagieren, eine Beziehung einzugehen und vielleicht Kinder zu haben.
Katherina kann keine großen Ambitionen zum Ausdruck bringen, weil das erste, das vierte, das fünfte und das sechste Chakra fehlgestellt sind.
1. Chakra: Der Verstand steuert den Willen.
2. Chakra: Katherina wählte und akzeptiert ihr Schicksal.
5. Chakra: Mit ihrem starken Willen hat Katherina ihre Chakren so arrangiert, daß sie ihre Absicht nicht stören, alle Fenster und Türen zum Bereich der Wissenschaften geschlossen zu halten, die sie früher geliebt und mit Freude betrieben hat.
6. Chakra: Katherina ist geistig gerade so rege, wie es nötig ist, sie hat sich eine gewisse Naivität zugelegt und will sich nicht zu intensiv auf Weltliches einlassen oder sich allzusehr um weltliche Angelegenheiten kümmern müssen.

2. Katherinas Himmel-und-Erdlinie zeigt uns, daß ihr jedes Gefühl oder Verständnis für eine über ihr stehende Macht oder Kraft fehlt, auch wenn sie in ihrer unmittelbaren Umgebung, etwa in Gestalt ihrer Eltern, auftritt. Obwohl sie noch so jung ist, spürt sie, daß ihre Eltern nur symbolisch für sie Verantwortung tragen, bis sie ihr Leben ganz alleine in die Hand nehmen kann. Katherina weiß bereits, daß sie eines Tages erwachsen und selbständig sein wird.

Ihre Persönlichkeit neigt dazu, andere Menschen nur als Beiwerk zu betrachten. Sie sollen ihr Leben interessanter gestalten und ihr helfen, wenn sie das möchte. Dabei buhlt sie kindlich manipulativ um die gewünschte Unterstützung. Die Erdungslinie und die Chakren weisen darauf hin, daß Katherina für das Teilen nicht viel übrig hat. Sie gibt nur ungern etwas her, wenn sie nicht einen Lohn für ihre Mühe in Aussicht gestellt sieht, etwa Liebe und Zuneigung, die sie ständig zu brauchen glaubt oder materielle Dinge wie Kekse, Milch oder ein neues Kleid, aber auch Zeit und Aufmerksamkeit.

Obwohl Katherina keine Erdungslinie hat, glaube ich angesichts aller sonstigen auf dem Diagnoseformblatt ersichtlichen Umstände nicht, daß das in ihrem Fall auf eine Lebensgefahr hinweist, auf einen schnellen Unfalltod oder den Tod durch Krankheit. Auch ihre verstandlichen Fähigkeiten sind nicht so weit beeinträchtigt, daß dies zu einer verständlichen Erkrankung führen würde. Ich erkenne dagegen, daß der Status quo der Dinge aufrecht erhalten werden kann und es alleine bei Katherina liegt zu entscheiden, ob und wann sie ihren Lebensplan ändern will.

3. Die Energiekonstruktion des Aurafeldes ist gleichmäßig und bewußt angelegt. Der Kreis aus feingewobenen Fäden und Konditionen, der sie umgibt, ist vollständig und geschlossen. Im Gegensatz zur Aura eines an Verstand, Körper und Geist gesunden Menschen zeigt Katherinas Aura Unregelmäßigkeiten. In diesem einzigartigen Fall ist die Aura dennoch gleichmäßig geformt, wie ein Kokon, der in ihren inneren Kreis eindringt und ihr bewußt gewähltes Lebensthema schützt. Diese Form oder Matrix erinnert an die Einzelteile einer Maschine; jedes Maschinenteil ist für die Funktion des Ganzen wichtig. Angesichts der Informationen, die uns die ganzheitliche Diagnose bereits enthüllt hat, überrascht es nicht, daß Katherina mit Hilfe ihres hochentwickelten ›Energie‹-Verständnisses diese Matrix formen konnte, die ihre Pläne für das eigene Schicksal schützen und bewahren soll.

Katherinas selbstbestimmter Wille zeigt seine Macht, alle Konditionen auszulösen, die den Zustand aufrechterhalten und diejenigen Situationen – auch meine Hilfe oder die Hilfe anderer Therapeuten – *abzuwehren, die ihn verändern könnten.*

4. Der durch das zweite Haus eintretende linienförmige Einfluß weist darauf hin, daß die Ego-Persönlichkeit von Katherina sich in einem weiblichen Körper unbehaglich fühlt und unzufrieden ist. Das Ego mißbilligt den gegenwärtigen Status als passive Frau, die nicht über einen starken Körper verfügt, mit Hilfe dessen sie persönliche Wünsche schmieden und formen kann. Das Ego ist außerdem eifersüchtig auf den Bruder, weil er ein Junge ist. Auffälligerweise traten die Exostosen erstmals kurz nach der Geburt des Bruders auf.

Bisher habe ich noch nicht herausgefunden, ob Katherinas Entscheidung, ein passives Leben zu führen, auf einen karmischen Einfluß zurückzuführen ist oder ob ein innerer Einfluß ihre Krankheit verursacht hat. Ein innerer Einfluß läge vor, wenn der Wunsch der Seele für ihre Entscheidung, mit körperlichen und verstandlichen Einschränkungen zu inkarnieren, verantwortlich war, ohne daß ein karmisches Gesetz diese Wahl erzwungen hätte. So wie es aussieht, kann Katherina ihre Entscheidungen ganz alleine treffen und in die Tat umsetzen.

5. Die Ergebnisse der Diagnose konnten mir noch nicht alle Antworten geben, die ich für einen ›richtigen‹ Befund brauche, deshalb

schlug ich der Mutter vor, Katherinas astrologisches Geburtshoroskop zu lesen. Aus Erfahrung weiß ich, daß die fehlenden Antworten im Horoskop zu finden sind, wenn man es mit der gleichen sensitiven inneren ›Schau‹ liest, die ich bei all meinen diagnostischen Methoden anwende: Die ›richtige‹ Diagnose liegt erst vor, wenn alle Fragen beantwortet sind.

Im folgenden gebe ich nur die in diesem Zusammenhang thematisch wichtigen Informationen wieder, die sich aus der Lesung von Katherinas Horoskop ergaben.

a) Katherina war einst ein sehr hochentwickeltes Wesen, das seine Bewußtheit verloren hatte und in Ungnade gefallen war. Sie hatte ihr persönliches Streben nach privatem Gewinn höher gestellt als ihr bewußtes Verlangen, ihre Kräfte zum Wohl der Menschen einzusetzen.

b) Katherina wurde weder von einem karmischen Gesetz noch von einer Hierarchie gezwungen, sich diese oder eine andere Krankheit zuzulegen. Sie weiß aber, daß sie einen Weg finden muß, ihre Erkenntnisfähigkeit zu verbessern und ihre persönliche Bewußtheit wieder in Selbstbewußtsein zu verwandeln, wenn sie die hohe Entwicklungsstufe wiedererlangen will, auf der sie sich einst befand.

c) Es ist Katherinas Seelenwunsch, vollkommener zu SEIN. Im Lauf vieler Zeitalter und Lebensspannen verfing sie sich jedoch wie die meisten Menschen in einer Atmosphäre, in der eigennützige Errungenschaften als Wertmaßstab galten. Sie verlor oder leugnete ihr Interesse an Gemeinsamkeit und war sich nicht mehr gewahr, welchen Anteil sie an der Gesamtstruktur aller Dinge hatte. Folglich schuf sie ein Ego, das bei Entscheidungen über die rechte Haltung und das richtige Handeln und, was noch wichtiger ist, bei der Umsetzung ihrer Erkenntnisse in die Tat, mehr Einfluß auf ihren Willen ausübte als die Seele.

d) In früheren Leben wuchs Katherinas Interesse an ›Energien‹ geradezu ins Astronomische. Beseelt von ihren fanatischen Wünschen, versuchte sie die Mysterien und Gesetze zu entschleiern, die die atomaren Kriege lenken. Ihr Ego-Charakter schrieb die Anweisungen, die die Hierarchie ihr erteilt hatte, in den Wind. Sie gehörte zu einer Gruppe hochentwickelter Wesen, denen die Aufgabe übertragen worden war, für alle Menschen eine Ordnung und einen Lebenssinn zu entwerfen, die sie als Einheit zusammenführen sollten, damit sie eine Nation bildeten. Katherinas Aufgabe war es, mit Hilfe anderer Gruppenmitglieder eine Nation zu errichten, die auf der zentralen Vorstellung eines einfachen Lebens beruhen sollte und allen Menschen Ordnung und Sinnhaftigkeit bieten würde, damit sie in Harmonie leben konnten wie im Paradies. Katherinas persönliches Begehren aber wurde so groß, daß sie bei höchst riskanten energetischen Forschungsexperimenten ihre Umgebung durchdrang und ausbeutete, wodurch sie sich und ihre Gruppe beinahe ausgelöscht oder den Planeten zerstört hätte.

e) Das starke persönliche Ego interessierte sich für die Entwicklung nuklearer Energien. Doch die Nebenwirkungen der durchgeführten Experimente schafften eher Chaos, als daß sie hilfreich waren – und verursachten ähnliche Probleme, wie wir sie auch heute beim Umgang mit nuklearen Energien haben.

f) Katherina stellte ihr Hauptanliegen zurück und ließ sich von ihrem Verlangen zum Ungehorsam verführen. Zusammen mit ihrer Gruppe sollte sie den Fortschritt der Menschen überwachen und behutsam leiten. Es war ihre Aufgabe, an der Gestaltung einer Ordnung mitzuwirken, bei der eine höhere Intelligenz die Leute regieren, ihre Erziehung überwachen und sie Schritt für Schritt die Evolutionsleiter zu höherem Bewußtsein emporführen würde.

g) Katherinas höchstes Potential und ihr Seelenwunsch wurden durch Eigeninteressen verzerrt, und sie wollte nicht länger im Rahmen einer Gruppe für eine gemeinsame Sache arbeiten. Getrieben von ihrer Neugier strebte sie nach eigenständigem Tun. Sie verlor ihr Interesse an anderen und an einem höheren Ziel und war nur noch von ihren persönlichen Neigungen eingenommen. Die Teilnahme an der Gruppe empfand sie als langweilig und uninteressant. Sie vermißte die Herausforderung, die Freude und die Aufregung, die sie zu finden hoffte, sobald SIE DIE GESETZE KANNTE, DIE DIE ENERGIE LENKEN. Ihre mittlerweile tiefverwurzelte Begeisterung für die Nutzung vielfältiger Energieformen verlieh ihrer Ego-Persönlichkeit Macht. Es gelang dem Ego, sie mit der Aussicht auf einen möglichen Erfolg in Versuchung zu führen. Um diesem Erfolg nachjagen zu können, mußte sie die Anweisungen mißachten, die ihr von der Hierarchie erteilt worden waren.

h) Katherina wurde von ihren Freunden und Gruppenmitgliedern, aber auch von der Hierarchie selbst ermahnt, und man legte ihr nahe, von ihrer Autoritätsstellung zurückzutreten. Bemerkenswert und wichtig ist, daß Katherina nicht zum Rücktritt gezwungen wurde, sondern man ihr lediglich riet zu gehen, was sie aus freien Stücken tat, denn sie hatte selbst erkannt, wie stark ihr Ego sich entwickelt hatte und wie sehr es den Kurs ihrer Handlungen bestimmte. Sie hegte auch das starke Verlangen, den Rat der Hierarchie in den Wind zu schlagen und ihre Forschungsbemühungen über die Geheimnisse der Energie weiter fortzusetzen. Es machte ihr Angst - und das war ihr Glück - zu erkennen, daß sie ihre Handlungsweise nicht mehr kontrollieren konnte. Ihr drängendes Verlangen nach Macht und der Entwicklung eigener Interessen waren so stark geworden, daß sie die Gefahr erkannte, ihre Bewußtheit gänzlich zu verlieren. Dann, so wußte sie, würde nur noch Blindheit herrschen, und sie wäre mit den Wünschen ihres Ego und dem darauffolgenden Leid alleine.

i) In Katherinas Horoskop waren ihr ursprünglicher Lebenszweck, der sie zur Inkarnation bewegt hatte, und die Reaktion der Hierarchie auf ihre Taten eingeprägt. »Bleibe bei deiner Gruppe. Wenn du nicht im Team mitspielen willst, bist du kein richtiger Spieler. Derjenige, der eigenbrötlerische Vorstellungen hegt und die Bedürfnisse und intellektuellen Fähigkeiten anderer Menschen und Völker verachtet, soll keinen Freiraum erhalten. Dein Ego hegt überzogene Erwartungen. Du bist zu weit gegangen und hast beinahe eine Zivilisation zerstört und den ganzen Planeten gefährdet. Deine persönlichen Wünsche und dein Bemühen, verschiedene Energieformen zu schaffen, zu beherrschen und zu konservieren, läßt dich andere verachten.«

k) Ohne sich zu fragen, ob andere ihr Ziel ebenfalls gutheißen würden, war Katherina bereit, sich selbst in Gefahr zu bringen. Sie ließ sich auf potentiell gefährliche Experimente ein, die die Existenz des ganzen Planeten gefährdeten. Sie war ganz besessen von ihrem Verlangen, molekulare Strukturen zu erkennen und Licht zu brechen. Seit sie ihre Mitarbeit im Team aufgegeben hatte, war sie zu einem lästigen Störfaktor geworden und verfügte über ein destruktives Potential, das die Welt in die Luft sprengen oder versklaven konnte. Sie mißachtete alle Aufforderungen ihrer Kameraden und der Hierarchie, mit ihrer Arbeit aufzuhören, ehe sie außer Kontrolle geriete. Ihr Wissensdurst und ihr Wunsch, das Mysterium der Atomenergie zu entschlüsseln, waren mächtiger als ihr Pflichtgefühl gegenüber der Hierarchie und dem Planeten, den sie bewußt ausgewählt hatte, um auf ihm zu arbeiten und ihn zu unterstützen.

Zusammenfassende Diagnose und Prognose für die Ganzheitsperson:
Es war eindeutig Katherinas eigene Entscheidung, sich die Exostosen zuzuziehen. Das war ihre Art sicherzustellen, daß sie die Kontrolle über ihre Einstellungen und Handlungen nicht an persönliche Sehnsüchte verlieren würde. Katherina hatte erkannt, daß ihr Ego nicht mehr in der Lage war, mit Autorität oder der Macht umzugehen, selbst entscheiden zu können, was es tun wollte. Deshalb inkarnierte Katherina als Frau, die, wie sie glaubt, nicht über die Vorteile oder die Autorität verfügt, die dem Mann zukommen. Die Deformation ihres Körpers ist eine Methode, die Katherina verwendet, um ihr kleines selbstbezogenes Ego zu beschäftigen, damit es keine Zeit findet, neue abgehobene Vorstellungen zu entwickeln, für die sie den Preis zahlen müßte, erneut ihre Selbst-Erkenntnis einzubüßen und in noch tiefere Blindheit zu verfallen.

Es ist wichtig hier zu erkennen, daß kein gewöhnliches oder besser gesagt leicht erkennbares karmisches Gesetz Katherina verpflichtet, ihr Karma auszuarbeiten. Glücklicherweise wurde dank der Hilfe ihrer Kameraden und der Hierarchie vermieden, daß Katherinas selbstsüchtige Bemühungen jemanden verletzten. Sie schadete nur sich selbst. Ihre eigene Entscheidung, auf diesem Planeten zu leben und zu arbeiten, bindet sie an das allgemeine Gesetz, dem alle Menschen unterworfen sind, nämlich Selbstverantwortung für die eigene Selbsterkenntnis zu übernehmen. Oder genauer gesagt, sie muß ihr bewußtes Gewahrsein wiederherstellen und erkennen, daß eine Arbeit, die sie vom Interesse des Ganzen abtrennt, trotz der erzielten Selbstbefriedigung ihren Verstand und in der Folge schließlich auch ihre Umwelt vergiftet. Ganz gleich, ob Katherinas Taten als Freundschaftsdienst gedacht waren oder nicht, sobald die Folgen ihrer Handlungen negative Auswirkungen auf andere Menschen haben, ist sie für den entstandenen Schaden verantwortlich. Die uns vertrauten karmischen Gesetze, die in diesem Fall zum Tragen kämen, würden Katherina in das bereits auf diesem Planeten existierende Netzwerk von Beziehungen und Eindrücken verstricken. Verlöre sie ihr Gleichgewicht, nachdem sie sich in ihre Umwelt eingegliedert hat, wäre sie nach karmischem Gesetz verpflichtet, zu ordnen, was sie in Unordnung gebracht hat.

Alle Informationen, die ich bisher über Katherina erhalten habe, weisen darauf hin, daß sie nicht für die Erde bestimmt ist, also nicht auf der Erde inkarnieren muß. Es war ihre Entscheidung hierherzukommen. Solange sie kein für die Erde und ihre Bewohner gültiges Karmagesetz bricht, vermögen weder Gesetze noch besondere Umstände sie in den Reinkarnationszyklus hineinzuziehen. Hat sie sich aber einmal entschieden, für ein oder mehrere Leben auf die Erde zu kommen, untersteht sie den gleichen Gesetzen, die für die Natur und alle Menschen auf diesem Planeten gelten, und trägt Verantwortung im Rahmen des natürlichen Karmagesetzes, welches uns alle anspornt, unser höchstes Potential zu erreichen, Selbsterkenntnis zu gewinnen und die Lehren in uns aufzunehmen, die zur Erziehung aller Erdenwesen gehören – damit Verstand, Körper und Geist zu vollkommener Bewußtheit gelangen.

Obwohl es ihr freistand zu gehen, beschloß Katherina, den Planeten nicht zu verlassen. Sie wollte so lange inkarnieren, bis die Macht des Ego über den Willen gebrochen war, welcher geschaffen worden war, um ihr als erstes Rüstzeug für ihren Aufenthalt auf unserem Planeten zu dienen. Mit dieser Entscheidung wurde es ihr KARMA, durch Erfahrungen zu lernen, die ihr dabei helfen sollten, ihr eigenwilliges Ego zu überwinden. Katherina konnte wählen, auf welche Weise sie ihr Karma ausarbeiten wollte, der Weg für die gewählte Krankheit Exostose wurde jedoch durch einen karmischen Einfluß bereitet.

Die Lehren, die Katherina aus den für dieses Leben arrangierten Erfahrungen ziehen wird, sollen ihr helfen, die Macht des Ego über den Willen zu brechen. Situationen oder Erfahrungen, die sie für jetzt und künftig geplant hat, um ihr Ziel zu erreichen, werden ihr Gelegenheit geben, ein neues, von Freude getragenes Verständnis für Gruppen und Gruppendisziplin zu entwickeln und zu erkennen, wie notwendig es ist, sich an einer Gemeinschaft zu beteiligen. Katherinas Lebensentwurf ermöglicht ihr familiäre Beziehungen und Gruppenaktivitäten – derzeit nimmt sie beispielsweise Ballettunterricht. Viele ihrer geplanten künftigen Lebenserfahrungen zielen darauf ab, ihr Verständnis und ihre Liebe wiederzuerwecken und sie zu der Erkenntnis zu führen, daß der, der einem anderen dient, sich selbst einen Dienst erweist. Katherina hielt es für angebracht und zielführend, eine schwächere gesellschaftliche Stellung einzunehmen als früher und entschied sich für einen weiblichen behinderten Körper. Sie glaubt noch immer, sich zurückhalten zu müssen, und vermied es deshalb, zu einer hochstehenden Persönlichkeit aufzusteigen. Sie wurde unbedeutend und behinderte das Wachstum ihres Körpers durch eine Knochenkrankheit.

Körperliche Diagnose:
Exostosen, ausgelöst durch Katherinas eigenen Seelenwunsch.

Körperliche Prognose:
Angesichts der in der Diagnose aufgedeckten Fakten läßt sich bereits sagen, daß eine Neuausrichtung der Chakren Katherinas Zustand zwar ändern könnte - aber nicht unbedingt zum Besseren. Meiner Wahrnehmung nach würde jede von einer äußeren Kraft - wie mir - induzierte Veränderung nur noch größeren Schaden anrichten und dem Wunsch der Seele nicht dienen.

Derzeit kann ich noch nicht absehen, zu welchem Ergebnis ich käme, wenn ich mich bemühte, Katherinas körperliche Behinderung zu lindern oder zum Stillstand zu bringen, denn eine Veränderung ihres körperlichen Zustandes kann nur erfolgen, wenn die Seele es geschehen läßt.

Was die Sache noch schwieriger und Katherinas Entschlossenheit noch unflexibler macht, ist die Tatsache, daß ihre Lehrmeister jede Entscheidung unterstützen, die sie der Möglichkeit beraubt, in irgendeinem Gebiet der Wissenschaft Fuß zu fassen. Die Lehrer fürchten, Katherina könnte sich von ihrem alten Wissen und ihrem starken Verlangen, Energien zu steuern, überwältigen lassen und ihr göttliches Gewahrsein und Empfinden und ihre Erkenntnis, daß sie nicht alleine auf der Welt ist, zur Seite schieben, sobald sie wieder die Gelegenheit erhielte, frei zu entscheiden oder Macht innezuhaben. Ihre Neugier könnte sie wieder zur Arbeit mit Energien hinziehen und vielleicht viele Menschen das Leben kosten. Danach wäre sie an die Erde gebunden und würde in zahllose weitere Leben hineingezogen, um ihre Schuld abzutragen.

Psychische Diagnose:
Katherinas Ego hatte Dimensionen angenommen, die ihr Wille nicht mehr steuern konnte. In der Folge wurde ihr Verständnis von Liebe

und Mitgefühl für alle Dinge und ihr Wissen um die Notwendigkeit eines ganzheitlichen, disziplinierten Lebens verschüttet und tief unter ihren neuen Wünschen begraben, die sie so schnell vorwärts trieben, daß ihre bereits geschwächte Fähigkeit, zentriert und verständlich klar zu bleiben, nicht mehr Schritt halten konnte.

Psychische Prognose:
Zu diesem Zeitpunkt kann ich keine Prognose abgeben. Ich glaube, daß Katherina ihre göttliche Liebesfähigkeit wieder entwickeln und nähren könnte. Dann brauchte sie ihren Körper und ihre Lebensmöglichkeiten in dieser Inkarnation nicht zu verstümmeln. Für Katherinas Fortschritt ist es wichtig, Freundlichkeit und Mitgefühl für andere zu entwickeln und den Wert wechselseitiger Abhängigkeit und gemeinschaftlicher Bemühungen zu verstehen. Ich weiß allerdings noch nicht, ob ihre Eltern oder ich Einfluß auf ihre Einstellung nehmen können.

Therapie:
Ich habe eingesehen, daß Außenstehende sich nicht in Katherinas Entscheidung, sich selbst diese Krankheit aufzuerlegen, einmischen können oder sollten und muß daher mein therapeutisches Vorgehen sehr sorgfältig planen, um den Zustand des Mädchens nicht noch weiter zu verschlimmern.

Meiner Ansicht nach wäre die schonendste Vorgehensweise die, an die Seele zu appellieren und sie zu bitten, sie möge einen anderen Weg finden, um ihren Herzenswunsch umzusetzen und ihre Ziele zu erreichen, einen Weg, der keine körperliche Beeinträchtigung voraussetzt. Meine Versuche, mit Katherinas Seele zu sprechen, schienen zum Scheitern verurteilt, sie lehnte meine Hilfe ab.

Nachdem ich Katherinas Mutter meine Diagnose erläutert hatte, schlug ich ihr vor, nicht mehr allen Forderungen Katherinas nachzugeben. Es würde ihrem höchsten Potential dienen, ein Gefühl für die eigene Wichtigkeit im Familienverband zu entwickeln. Das ließe sich möglicherweise zumindest teilweise erreichen, wenn ihr gewisse häusliche Aufgaben und Verantwortlichkeiten übertragen würden, die ihr zeigen, daß das Ganze besser funktioniert und alle mehr Freude haben, wenn jeder seinen Teil beiträgt. Ich schlug der Mutter auch vor, strenger mit Katherina umzugehen. Katherina fürchtet, ihre Macht wieder zu mißbrauchen, und benötigt deshalb eine gute und starke Disziplinierung. Es ist wichtig, ihr Grenzen zu setzen und ihr so die zu diesem Zeitpunkt ihrer Entwicklung wichtigen Strukturen zu vermitteln. Als Erwachsene wird sie sich selbst Grenzen setzen, sofern sie eingesehen hat, daß die Notwendigkeit dazu besteht.

Ich schlug weiter vor, Katherina zur Mithilfe bei der Versorgung des kleinen Bruders zu ermutigen. Auf diese Weise kann sie eine gefühlsmäßige Bindung zu ihm entwickeln und ihre Eifersucht ablegen. Wenn sie die beschützende und nährende Seite der älteren Schwester gegenüber dem Bruder ausbilden und liebende und fürsorgliche Eigenschaften erwerben kann, wird sie ihre Vorbehalte gegen das Frausein hoffentlich aufgeben.

Bei der Arbeit mit Kindern ist es wichtig, die kleinen Patienten nicht merken zu lassen, daß sie ›therapiert‹ werden. Man sollte sie motivieren und dazu anhalten, voller Freude das zu tun, was ihnen dient.

Die Therapie für Katherina verlief wie folgt:

1. Die Behandlung begann zu Hause. Katherina bekam eine häusliche Aufgabe, die sie jeden Tag zu erfüllen hatte. Sie entschloß sich auch, ein Haustier zu haben und versprach, die Verantwortung für seine Pflege zu übernehmen.

2. Mein erster Therapieschritt bestand darin, Kontakt zu Katherinas Seele aufzunehmen. Ich hoffte, sie zu einer Änderung ihrer Einstellung bewegen zu können. Die Gespräche zogen sich über Wochen hin.

3. Ich setzte mich mit der über Katherina wachenden Hierarchie in Verbindung und bat sie eindringlich, mir und Katherina zu helfen, damit sie einen anderen Weg fände, ihr Karma auszuarbeiten und ihr höchstes Potential zu erreichen, einen alternativen Weg, der nicht nur Katherina, sondern auch ihrer Familie, ihren Freunden und ihrer Umgebung zugute käme.

4. Als nächstes galt es, eine Möglichkeit zu finden, wie Katherina sich selbst heilen konnte. Da sie über so hochentwickelte natürliche und erworbene Fähigkeiten verfügte, was die Anwendung von Energie anbelangt, beschloß ich, sie in meiner ›Energiearbeit‹ zu unterweisen:

a) Ich wandte mich an Katherina und erzählte ihr, daß ich ›sähe‹, wie kraftvoll sie sei und wie gut sie mich als Helferin unterstützen könnte. Ich sagte: »Ich habe so viele kranke Patienten und so viel Arbeit, die ich nicht mehr alleine bewältigen kann.« Ich fragte sie, ob sie mir helfen und meine Assistentin werden wollte. Katherina begeisterte sich für die Idee. Seufzend sagte ich: »Oh, ich habe einen sehr kranken Kristall, der an der gleichen Krankheit leidet wie du. Er hat ebenfalls Exostosen. Ich wette, ich kann dir beibringen, die ›Energiearbeit‹ anzuwenden, das ist die Heilungsmethode, mit der ich meine Patienten behandle. Was hältst du davon? Glaubst du, du kannst das?« – »Ja«, antwortete sie, »das kann ich.«

b) Ich demonstrierte Katherina, wie ich die ›Energiearbeit‹ mache. Sie verstand die Methode sofort und zeigte mir ohne Zögern, daß sie sie anwenden konnte. Gleich in meiner Praxis stellte Katherina ihre unglaublichen Kräfte unter Beweis.

c) Ich fragte sie, ob sie meinen Patienten, den Kristall, mit nach Hause nehmen könnte, um ihn mit ›Energiearbeit‹ zu behandeln. »Aber«, so sagte ich ihr, »du mußt es jeden Tag tun. Kannst du das?« – »Ja, natürlich«, war ihre Antwort. Ich bat sie, ihrer Mutter jeden Tag über ihre Fortschritte zu berichten. Die Mutter sollte darüber Tagebuch führen. »Wenn du zum nächsten Termin kommst, bringe den Kristall-Patienten und das Tagebuch bitte mit, damit ich es mir ansehen und feststellen kann, ob du gute Arbeit geleistet hast. Ich werde dann auch mit dir besprechen, ob dein Patient irgendwelche Probleme hat«, sagte ich.

d) Ich gab Katherina ganz spezielle Anweisung für die Arbeit mit ihrem Patienten: »Dieser Kristall hat eine sehr große Exostose am rechten Unterarm, die ihm Schmerzen bereitet«, sagte ich. »Wie lange wirst du wohl brauchen, um sie zum Schrumpfen zu bringen?« wollte ich wissen. »Oh, ich weiß nicht, lange, es ist eine schwere Arbeit«, antwortete sie. »Ach, der arme Kristall leidet, und ich weiß, daß du ihn heilen kannst. Könntest du es nicht schneller schaffen?« – »Nein«, sagte sie, »vielleicht in drei Monaten.« Die Unterhaltung ging hin und her und schließlich sagte sie: »Okay, in einer Woche.«

Nach einer Woche kam Katherina mit ihrem Kristall zurück und erzählte mir, daß es ihr gelungen war, die Exostose am rechten Unterarm des Kristalls zum Schrumpfen zu bringen. Die Mutter berichtete, daß Katherina jeden Tag sehr sorgfältig mit dem Kristall gearbeitet hatte. Für den Eintrag ins Tagebuch gab sie an manchen Tagen an, daß die Aufgabe zu schwierig wäre und der Kristall nicht gesund werden wollte, an anderen Tagen erzählte sie, daß sie Erfolg hatte.

Katherinas Bemühungen waren nicht nur Projektionen. Jedesmal, wenn sie sich bei der ›Energiearbeit‹ mit offenem Herzen konzentrierte, konnte sie sich und die Entschlossenheit ihrer Seele stärken. Da die richtige Motivation vorlag, sammelte sich reine Energie in ihrem eigenen Körper, während sie ihre natürlichen Ressourcen anzapfte und den Kristall mit ihrer liebevollen Absicht zu heilen anfüllte. Was du gibst, bekommst du zurück. In Katherinas Fall gab es einen Bumerangeffekt. Sie gab mit der Absicht, nicht sich selbst, sondern dem armen Kristall zu dienen. Sie gewann Zugang zu ihrem eigenen göttlichen Liebespotential, der Wunsch ihrer Seele fand Ausdruck, und ihr Karma löste sich von selbst durch Liebe und Dienen auf.

Katherinas Seele verstand meine Methode. Da Katherina fähig war, mit ihrem Herzen zu arbeiten, erfüllte sie ihr Ziel. Die Seele war jetzt sicher, daß sie sich auf dem richtigen Weg befand und erlaubte dem Kristall ihr zurückzugeben, was sie ihm gegeben hatte. Die Präzision und geschickte Entschlossenheit, mit der Katherina den Kristall bearbeitet hatte, sprang auf sie über, und die Exostose, die sie bei dem Kristall hatte heilen wollen, bildete sich in ihrem eigenen Körper zurück.

e) Die Mutter hatte Katherinas Unterarm gemessen, bevor sie mit der Therapie des Kristalls begonnen hatte und maß ihn noch einmal, ehe sie zu mir zur Behandlung kam. Die Exostose an Katherinas Arm war tatsächlich kleiner geworden.

Ergebnis:
In weniger als zwei Monaten hatte Katherina ihre Krankheit so weit unter Kontrolle, daß die Exostose am rechten Arm um einen Zentimeter zurückgegangen und der Arm einen Zentimeter gewachsen war, wie die Mutter berichtete.

Ich selbst wendete bei Katherina keine ›Energiearbeit‹ an. Katherina hat ihren Erfolg allein erzielt. Sie freut sich, daß ich so stolz auf sie bin und ihr anbiete, später, wenn sie erwachsen ist, ihre Praxis gleich neben meiner zu eröffnen.

Der weitere Therapieverlauf war wie folgt:
Ich gab Katherina einen anderen Kristall, der ebenfalls ›an Exostose litt‹. Ich wollte vermeiden, daß sich Katherina mit einem Patienten langweilte. Also versicherte ich ihr nochmals, welch gute Arbeit sie im ersten Fall geleistet hatte. Da ich mich wieder um so viele Patienten kümmern müßte, sagte ich, brauchte ich ihre Hilfe bei einem anderen Kristall-Patienten, der dringend der Behandlung bedurfte. Dieser Kristall hatte ›Dornfortsätze‹.

Nach dreimonatiger Eigenbehandlung:
Bei der Heilung des Kristalls heilte Katherina sich selbst.

Nach viermonatiger Eigenbehandlung:
Ich fuhr für vier Wochen in Urlaub. Zwei Monate nach meiner Abreise erhielt ich eine Nachricht, in der ich gebeten wurde, Katherinas Eltern anzurufen. Als ich zurückrief, berichtete mir die Mutter, daß Katherinas Exostosen wieder zu wachsen begonnen hatten. Mir wurde klar, daß Katherina von Zeit zu Zeit den Kontakt zu mir brauchte, sei es telefonisch oder persönlich. Katherina hatte sich mir hingebungsvoll anvertraut und mich zu ihrer Autoritätsfigur gemacht. Ohne Zusprache oder visuellen Kontakt fürchtete die Seele, sie könnte wieder in alte Gefühle zurückfallen und wäre vielleicht nicht mehr fähig, ihr Leben und ihr Schicksal zu lenken.

Die Therapie wurde folgendermaßen weitergeführt:

1. Ich sprach am Telefon mit Katherina und stellte einige einfache Fragen über ihre Diagnose und Prognose für den Kristall-Patienten. Ich versprach, eine Woche später wieder anzurufen, um mich über ihre Fortschritte auf dem laufenden zu halten.

2. Beim nächsten telefonischen Kontakt mit Katherina, eine Woche später, berichtete mir die Mutter, daß die Exostosen wieder zu schrumpfen begonnen hatten.

Nach meiner Rückkehr aus dem Urlaub:
Katherinas Eltern teilten mir mit, daß die Exostose auf Katherinas Unterarm um einen Zentimeter zurückgegangen war. Auch bei allen anderen Exostosen war ein deutlicher Unterschied zu verzeichnen.

Katherina hatte keine ›Dornfortsätze‹ mehr, und ihr Körper wuchs und entwickelte sich auf natürliche und gesunde Weise.

Katherinas Vater, ein Wissenschaftler, hatte bisher nichts von meiner Behandlungsmethode gehalten. Doch als er mit großen staunenden Augen sah, wie Katherina sich selbst heilte, blieb er nicht länger ungläubig. Heute steht er alternativen Diagnose- und Therapiemethoden offen gegenüber.

Nach fünfeinhalbmonatiger Eigenbehandlung:
Katherinas Mutter berichtet mir, daß alle Exostosen schrumpfen. Die Exostosen auf der rechten Schulter und an anderen Stellen des Knochengerüsts sind kaum mehr wahrnehmbar, einige sind bereits vollständig verschwunden.

Die Therapie wurde folgendermaßen fortgesetzt:
Ich bestellte Katherina nur noch von Zeit zu Zeit und half ihr zusätzlich mit meiner ›Energiearbeit‹, die die Seele mir jetzt erlaubte.

Einige Monate später:
Katherina hörte auf zu wachsen. Das beunruhigte ihre Eltern und Ärzte. Ich wurde noch einmal gebeten, Katherina zu untersuchen. Diagnose, Prognose und Therapie waren einfach. Offenbar lagen Katherinas Besuche bei mir zu weit auseinander, so daß sie den Kontakt mit ihrer Autoritätsfigur verloren hatte. Ich buchte sie für eine ganze Reihe von Terminen, um ihr die Bestätigung zu geben, die sie noch so nötig brauchte und mit ihr in Verbindung zu bleiben.

Die weitere Therapie gestaltete sich wie folgt:
Wie wir wissen, kann Katherina ihr Wachstum steuern. Also gab ich ihr einen neuen Kristall und erzählte ihr, daß dieser Patient sein Wachstum eingestellt hatte. Ich bat sie, ihm mit der ›Energiearbeit‹ wieder zu einer normalen Entwicklung zu verhelfen.

In der folgenden Woche:
Ich fragte Katherina, ob der Kristall nun wachsen würde, und sie antwortete: »Ja.« In den nächsten Wochen stellte sich heraus, daß Katherina ein Stück größer geworden war und normal weiterwuchs.

Nach sieben Monaten:
Katherinas Fortschritte waren wirklich erstaunlich, alle ›Dornfortsätze‹ waren verschwunden (eingeschrumpft). Die Exostosen, die sich überall am Knochengerüst angesiedelt hatten, waren entweder vollkommen beseitigt, zu einer kaum mehr wahrnehmbaren Größe geschrumpft oder deutlich kleiner geworden. Was noch übrig war, hatte aufgehört zu wachsen.

Ergebnis:
Kurz nachdem Katherina begonnen hatte, sich selbst zu therapieren, ergab eine zweite Untersuchung in der Universitätsklinik, daß die Exostose zwischen Ulna und Radius nicht mehr wuchs und die Mobilität des Handgelenks zufriedenstellend war. Eine Operation wäre nun nicht mehr erforderlich, meinte der Arzt.

Im Laufe des nächsten Jahres suchte Katherina mich von Zeit zu Zeit auf. Ich erklärte ihr immer wieder, wie die ›Energiearbeit‹ wirkt und warum sie so erfolgreich ist. So erfuhr sie, daß göttliche Heilungsenergien in ihr ihre eigene Energie lenkten und leiteten und ihre liebenden Kräfte zu Heilkraft werden ließen. Je mehr Liebe sie ausdrücken könne, so sagte ich ihr, um so kraftvoller werde sie als Heilerin sein. Wenn sie aber ihre Patienten, die Kristalle, mit Gewalt manipulierte, könnte sie sie verletzen. Auch wenn der entstandene Schaden nicht gleich erkennbar wäre, würden sich später negative Folgen zeigen, und die Kristalle müßten leiden.

Als Katherina sechseinhalb Jahre alt war, suchte sie mit ihren Eltern die auf Knochentumore spezialisierte Kinderklinik in Zürich auf. Dort wurde ihnen entschieden von einer Operation abgeraten. Jede Exostose, die vom Knochen getrennt wird, wächst innerhalb weniger Monate nach. Um die Wucherung vollständig entfernen zu können, müßte sie aus der Knochenstruktur von Ulna und Radius herausgeschält werden. Danach wäre der befallene Bereich vollkommen zerstört, was schlimmer als die Deformation selbst wäre, meinten die Ärzte.

Zweieinhalb Jahre später wurde Katherina nochmal von ihrem Kinderarzt untersucht, der sie von Geburt an kannte. Sein Bericht lautete: »Katherina ist in einem guten Zustand. Die Exostosen haben sich nicht so dramatisch entwickelt wie befürchtet.« Katherinas Großvater, der sich auf innere Krankheiten spezialisiert hat, stimmte der Aussage des Arztes zu.

Eltern und Ärzte berichten übereinstimmend, daß das Wachstum der Exostosen aufgehört hat, seit Katherina von mir therapiert wird. Der Ring von Exostosen an beiden Unterarmen hat sich zurückgebildet, besonders auf der linken Seite ist die Wucherung kaum mehr wahrnehmbar. Der rechte Unterarm ist um zweieinhalb Zentimeter gewachsen und befindet sich jetzt im richtigen Größenverhältnis zum linken Unterarm. Die ›Dornfortsätze‹ auf den Rippen sind verschwunden.

Katherina ist jetzt zehn Jahre alt. Ich hatte sie einige Jahre nicht gesehen und rief deshalb die Eltern an, um mich nach ihrer Entwicklung zu erkundigen. Sie erzählten mir, daß in den letzten Jahren keine weiteren Exostosen aufgetreten sind und Katherina ihre bereits gemachten Fortschritte aufrechterhalten konnte.

Solange die Seele überzeugt ist, daß Katherina ihren entschlossenen Willen unter Kontrolle hat, glaube ich, wird sie sich weiterhin normal und gesund entwickeln und wachsen.

II. Teil

9. Kapitel

Eine Vision: Gottes Reise und der Zweck der Seele

Woher sind wir gekommen? Warum sind wir hier? Wohin gehen wir?

Fragen nach dem Sinn, die jeden Menschen beschäftigen, lagen dem folgenden Kapitel zugrunde. Sicher wird jeder seine Antworten darauf selber suchen wollen, zumal die fehlgeleiteten Heilsinterpretationen der Kirche über Jahrhunderte als Trauma in den Generationen festsitzen. Daß die Kirchenpolitik im Namen Gottes und im Zeichen der Rose ganze Generationen auf der geistigen Ebene schockiert und auf der physischen zugrunde gerichtet hat, das Gottwesen in der Natur und in den Herzen zu ersticken suchte, ist nicht schadlos an uns vorübergegangen und trug gewiß dazu bei, die Fundamente einer materialistischen Weltsicht zu schaffen, unter deren Folgen wir heute leiden. Die Legitimation der Gewalt im Interesse einer ›höheren‹ Sache mag letztlich dazu beigetragen haben, Kriege zu verherrlichen. Die Frage war also, ob wir noch immer an den Folgeschäden leiden und noch immer Opfer eines ungeistigen Erbes sind, wenn wir uns keine Klarheit darüber verschaffen, worin die Ursachen für die Entstehung des nackten Nihilismus und der obrigkeitshörigen Wissenschaftsgläubigkeit unserer Zeit zu suchen sind. Wie uns die Schicksale der alten christlichen Mystiker – beispielsweise Meister Eckehart – zeigen, wurden jene mit dem Bannfluch der Kirchenmacht vertrieben, die den Menschen die Gottheit im eigenen Herzen, Gott also nicht nur über uns, sondern auch in uns, vorstellen wollten. Erkennt der Mensch seine Göttlichkeit und

Kraft, das war stets die Angst der Kirchenmachthaber, braucht er die Kirche nicht und hat seine Freiheit gewonnen. Bewegen wir uns also von einer Unfreiheit in die nächste, indem wir das Gottwesen leugnen, weil wir es in Verdacht haben, katholisch zu sein? Denken wir noch immer unfrei, weil wir ein kirchengeprägtes Gottesbild mit uns herumtragen?

Es gab bereits Existenzen, als Gott aus einem Schlaf erwachte, der jenem Schlaf gleicht, von dem wir am Morgen unserer ersten Inkarnation als lebende Ausdehnung Gottes erwachten, jenem Morgen, an dem wir keine Erinnerung daran hatten, wer und was wir sind, woher wir kamen und was unser Zweck ist. Wie lange das her ist, kann in Zeiteinheiten nicht gemessen werden, denn es gab noch keine Zeit, die meßbar gewesen wäre wie die Zeit heute. Eine Welt, in der die Zeit sich aufhalten konnte, erschuf Gott erst nach Seinem/Ihrem Erwachen, damit die genannten Fragen beantwortet, und Er/Sie die eigenen Möglichkeiten entdecken konnte. Der Schlaf Gottes war kein Schlaf, der sich auf Tag und Nacht verteilte, denn die Nacht und der Tag sind Erzeugnisse göttlicher Schöpfung. Der Schlaf, aus dem Gott erwachte, war der Nebel des Vergessens, der die Antworten auf jene Fragen verhüllt hatte, die jetzt danach drängten, beantwortet zu werden. Die Bedeutung und der Sinn des göttlichen Schlafs wurden nun, im Zustand des Erwachens, dem Verstehen geöffnet. Aus dem SEIN des Schlafzustandes Gottes gab es kein abruptes Erwachen, das etwa ausgelöst worden wäre von einer Sache oder durch bestimmte Umstände. Weshalb Gott im Schlafzustand keine bewußte Wahrnehmung, kein Erkennen hatte, kann ich nicht sehen. Gott fühlte sich gleichzeitig leer und vollkommen, doch die Fragen, die nun auftauchten, bewegten das Gottwesen in eine Richtung des Verlangens, das durch die Beantwortung der Fragen zufriedengestellt werden wollte. Über den Zustand des Schlafs und des Erwachens, über den Grund der Existenz nachsinnend, wurde Gottes Denken jetzt von den Fragen durchdrungen: »Wer bin ICH? Was bin ICH? Woher bin ICH gekommen? Wo gehe ICH hin? Was ist der Sinn?« Diese Fragen drängten auf Beantwortung. Während Gott über diese Fragen nachdachte, entstand der Eindruck, sie seien unsichtbar, unerreichbar und unberührbar. Im Wachzustand konnte Gott sich selbst noch immer nicht ›sehen‹ oder eine Erklärung für den Grund Seiner/Ihrer Existenz finden. Nicht der flüchtigste Eindruck einer Selbst-Metapher war porträtiert, die der Selbstreflektion hätte dienen können; doch ohne Selbstbild waren keine Antworten zu finden. In dem Verlangen zu verstehen, richtete Gott nun die Fragen an die Himmel. Die Fragen, die Er/Sie ausgesendet hatte, bahnten sich Wege, und die Antworten zeichneten sich an den Himmeln in Form von Energie, Schwingungen, Farbe und Klang ab. Die Antworten auf die von Gott gestellten Fragen entwickelten sich als Resonanz auf die Fragen. Sie formten eine kollektive Gedankenmatrix, und das bewirkte, daß sie Störungen in den bereits vorhandenen Energiemustern am Himmel, in dem Gott erwacht war, verursachten. Diese Störungen, Reibung und Feuer, welche stets den Wandel begleiten, unterbrachen das bisherige Muster an den Himmeln, und es entwickelte sich eine Matrix für die Entstehung neuer Muster. Diese neuen Muster wurden gebündelt.

Es war noch kein Universum da, denn Gott hatte noch keine Welt erschaffen. Im zeitlosen Raum begann die Morgenröte der göttlichen Selbstuntersuchung. Gottes Verlangen, das eigene Selbst kennenzulernen, gebar die Einsicht und die Vorstellung, daß nur durch aktives Geschehen, durch den Ausdruck von Bewegung, sowohl im inneren wie im äußeren Erscheinungszustand, Gott die eigene Identität beobachten könne. Was bisher in Gottes unbelebtem Dasein gefehlt hatte, war bewußtes Teilnehmen und die Beteiligungen an oder für etwas. Es war keine Bewegung da, es gab nur die Existenz der Reglosigkeit. In ihr konnte Gott kein Bild erkennen und keine Spiegel sehen, die den Grund für alles Dasein, das göttliche eingeschlossen, wiedergegeben hätten. In die vorhandene Reglosigkeit brachte dieser Gedanke Gottes Bewegung, er aktivierte Impulse oder Schwingungswellen. Für Gottes Gedanken eröffnete die Geburt neuen Lichts einen Strom und Weg, da sie nun außerhalb von Gott zur Reflektion hervortraten. Das gefiel Gott und nun folgten weitere Vorstellungen, die, aus Gott heraustretend, in die Aktivität hineingeboren wurden. Diese Möglichkeit, das Selbst sichtbar werden zu lassen, es zu beobachten und das Selbst zu ›sehen‹, gefielen Gott und motivierten die sich nun fortsetzenden Versuche der Selbstentdeckung. Das Licht wandelte sich vom Gedanken in die Aktivität, aus Gottes Denken in die Form.

Bis zu diesem Punkt göttlichen Selbstverstehens kannte Gott kein Wissen über die eigene Existenz, obwohl auf Gottes Reise der Selbstentdeckung die Intelligenz vorhanden und aktiv war. Wissen ist durch Erziehung und Verstehen erlangbar. Die Intelligenz ist, seit es Existenz gibt, ein allen Dingen angeborener Teil. Die Weisheit ist der Ausdruck von Intelligenz, nicht der von Wissen.

Die Selbstwahrnehmung durch aktives Geschehen und in Gedankenmustern, die sich als Formen manifestierten, zu sehen, dies war nun ein Weg, den Gott verfolgte, um das Selbst zu erkunden. Es wurde deutlich, daß jedes neue Gefühl und jeder neue göttliche Gedanke sich außerhalb Gottes in Strömen oder Lichtwellen darstellte. Gedanken, die Gott in sich trug, manifestierten sich außerhalb von Ihm/Ihr. Als Lichtwellen strömten die Gedanken durch den zeitlosen Raum und wurden von Gott beobachtet. Alle neuen Gefühle und Gedanken erschufen immer weitere Wellen im Raum, die Gott betrachtete. Im farblosen Raum reflektierte das Licht die Gedanken in Farben zu Gott zurück. Es entwickelte sich Rhythmus, Energiemuster nahmen am Himmel Formen an, die Gott betrachtete und sich daran erfreute. Keine zwei Gedanken, keine zwei Gedankenmuster sahen exakt gleich aus oder verhielten sich auf dieselbe Weise. Zwar breiteten sich alle Gedanken anfangs auf dieselbe Weise aus, blieben dann aber ganz deutlich erkennbar individuell und auf ihre Weise einmalig. Der einzelne Gedanke veränderte sich nicht, wenn er sich am Himmel ausdrückte; der Gedanke, der zuerst in Gott war, zeigte sich nun auch außerhalb Gottes. Das Konzept des einzelnen Gedankens blieb stets gleich, und jeder manifestierte sein spezifisches Muster am Himmel. Gott beobachtete nun ein Gesetz der Natur: Durch ihr eigenes Wollen banden sich Gedankenmuster an alle anderen Gedankenmuster. Es formte sich eine Matrix, die dem einzelnen Gedanken ermöglichte, sich sowohl selbständig als auch in Zusammengehörigkeit auszudrücken. Alles, was hier stattfand, geschah von alleine, als sei es von einem bereits bestehenden Gesetz geführt. Die nun verbundenen Gedanken hatten, um ihren Ausdruck zu suchen, ihre eigene Vorgehensweise. Zudem löste die Alchemie dieser miteinander verbundenen Gedanken eine Kettenreaktion aus und etablierte eine noch dichtere Matrix, die, ist sie dicht genug, der Naturgesetzlichkeit folgend, die Form manifestieren wird. Das ist die Entwicklung, mit der sich alle Gedankenmuster in feste Form verwandeln.

Nun, da Gott mit neuer Erkenntnis sah, wie sich Gedankenfolgen in Stoff wandeln, und mit der Erfahrung, wie die bereits bestehenden Naturgesetze arbeiten, verlangte und gebot Gott den Gedanken zurückzukehren, damit Er/Sie die Reise der Selbstentdeckung neu beginnen könne. Doch dieser Befehl erschuf nur weitere aus Ihm/Ihr heraustretende Gedankenenergie, die in den bereits vorhandenen Gedankenmustern noch weitere Reaktionen auslöste. Die durch die eigenen Gedankenschwingungen entstehenden Kontraste stellte Gott an den unterschiedlichen Farberscheinungen fest. Die einem Gedanken zugrundeliegenden Absichten bestimmen die Schwingung des Gedankens, seine Farbe, Gestalt, Form und seinen Ausdruck. Gott wurde deutlich, daß Gedanken sich Wege bahnen und Muster bilden, die sich allmählich zur Form modulieren. Keine zwei Vorstellungen haben dieselbe Lichtfrequenz, deswegen haben keine zwei Frequenzen dieselbe Farbe, Gestalt und Form, noch drücken sich zwei verschiedene Vorstellungen in gleicher Weise aus. Der göttliche Befehl an Seine/Ihre Gedanken, sie mögen zurückkommen, verursachte nur noch weitere Aktivitäten. Keiner der Gedanken folgte dem göttlichen Befehl. Amüsiert über die Vorgänge bat Gott nun die Gedanken: »Kommt zurück!«, aber zu Gottes Erstaunen löste diese Bitte erneut Bewegung aus, die noch weitere Muster schuf und der Kristallisation Seiner/Ihrer vorausgegangenen Gedanken den Weg bahnten. Erheitert über die Aktivität der eigenen sich manifestierenden Gedanken erkannte Gott, daß noch ein weiteres Naturgesetz bestand, nach welchem es für Energie nicht möglich ist zurückzukehren. Was bereits existiert, kann nicht zurückkehren, doch es kann Gegenstand der Wandlung sein. Energie kann nicht sterben. Sie kann einer Absicht folgen, sie kann geleitet, abgeändert oder transformiert werden, doch sterben kann sie nicht. Auch stellte Gott nun fest, daß alle neuen Gedanken, treffen sie mit alten Gedanken zusammen, stets weitere Reaktionen erschaffen, und dieses Zusammenkommen Wandel verursacht. Als Zeuge dieses Phänomens erkannte Gott das Zusammengehörige in der Natur aller Dinge, vom Gedanken bis zur Manifestation. Nichts existiert ohne Abhängigkeit, das Gesetz bindet alle Dinge an EIN Selbst, daher ist das Selbst in seiner Natur von gegenseitiger Abhängigkeit bestimmt. Dieses Naturgesetz ist unabänderlich und konnte sich dem göttlichen Befehl und Verlangen weder beugen noch anpassen. So gab es also schon vor Gott Gesetze, und Gott ist Gegenstand dieser Gesetze, wie es alle Dinge in Gottes Schöpfungswelt sind.

Sich der Folgen des Denkens bewußt werdend, bewog Gott nun mehr und mehr auf Ordnung bedacht zu sein, und mit zunehmender Behutsamkeit experimentierte Er/Sie mit Gedanken, mit Illuminations- und Schwingungsenergie. Illumination, Schwingung und Energie bedeuten immer die gleiche Sache: Sie sind Ausdruck des Lichts, Ausdruck einer Vorstellung, die sich im Manifestierungsprozeß bewegt. Nun, da Er/Sie erkannt hatte, daß alle Gedanken erschaffen, verlieh Gott den Gedanken mehr Deutlichkeit und drückte sie mit mehr Klarheit und Unterscheidungsvermögen aus. Gott erkannte eine Regel oder ein Naturgesetz der Schöpfung: Was ist, ist in Mir. Was Ich denke oder ausdrücke, aktiviert formlose Energie und formt sie, gibt ihr Gestalt und manifestiert sich außerhalb von Mir. Ich denke, Ich erschaffe. Im wesentlichen ist die Materie Energie, und Energie ist im wesentlichen Gedanke. Alles Leben, alles und jedes in der Schöpfung ist aus Gedanken entstanden.

Die ursprüngliche göttliche Vorstellung, sich selbst zu ›sehen‹, begann Form anzunehmen, und der Hintergrund für den Selbstausdruck sind die Himmel im von Gott geschaffenen Kosmos. Mit der ursprünglichen Vorstellung, sich selbst deutlicher zu erkennen, brachte Gott nun einen Gedankenstrom in Bewegung, den Er/Sie die Suche nach der Identifizierung des Selbst nannte. ICH BIN, die erhabenste aller Vorstellungen, ist die erste Einpflanzung ins Bewußtsein des Gotteskosmos, ICH BIN ist der Ausdruck der allerersten göttlichen Verwirklichung Seiner/Ihrer Existenz. Aus dem ICH BIN sind alle Dinge möglich geworden und geboren.

Jeder neue Aspekt in der Selbstentdeckung befähigte Gott, das Selbst deutlicher zu charakterisieren. Diese Entdeckungen verzeichnete Gott in Seinem/Ihrem ›Buch des Lebens‹. Das Lebensbuch Gottes ist im Kosmos ausgedrückt, und die Buchseiten sind der himmlische Raum des Kosmos, des Weltalls. Unser Kosmos wurde zum Reflektor des göttlichen Selbstbildes. Um das eigene Sein auszudehnen, ergoß Gott alles, was Er/Sie ist, in die Materie, um zum Augenzeugen für das eigene Selbst zu werden. Unsere gesamte Welt entstammt Gottes Verstand. Gottes absoluter Gedanke blühte hinein in die Muster von Licht und Energie, die sich dann in Protonen, Elektronen, Atomen und Molekülen formten, welche dieser Schöpfung, unsere Welt, die Form verleihen. Eine exakte Gleichheit des Selbst wurde im Kosmos errichtet. Diese Gleichheit nahm viele Formen an, angefangen mit den Himmeln, dem Universum und der Galaxis bis hin zur kleinsten Ameise. Als eine signifikante Entwicklung göttlicher Darstellung wurden die Menschen zum manifestierten Ausdruck Seiner/Ihrer verstandlichen, physischen und geistigen Charakteristik. Sich selbst auszudrücken, ermöglichte Gott, die unterschiedlichen Aspekte des Gott-Selbst zu betrachten. Wir, die Bilder Gottes, bringen uns durch den Willen Gottes zum Ausdruck. Unsere Entwicklung gibt Gott ein Abbild, das Ihm/Ihr ermöglicht, den Hergang der eigenen Entwicklung nachzuvollziehen.

Der Zeit wurde nun als Zeit eine eigenständige Bestimmung gegeben, die besagt: Ich war – Vergangenheit. Was Ich jetzt bin – Gegenwart. Was Ich sein will – Zukunft. ICH BIN kann niemals an Zeitstrukturen gebunden werden. Die Zeit hat einen von Gott verliehenen Wert und eine Bedeutung, doch sie ist nur ein Medium, das dazu dient, die Ausdehnung des Gott-Selbst in der Materie zu messen. Gott, den die Vorstellung erfreute, der Zeit eine Bedeutung zu geben, erschuf die Unendlichkeit der Entfernung, in der die Zeit sich aufhalten kann.

Wörter haben, wie Gedanken, eine Entwicklung. Alle Wörter erschaffen, sowohl aus unseren Gedanken als auch aus unserer Rede. Um das Selbst definieren zu können, dehnte es Gott in die erschaffene Welt aus, damit es genauerer Betrachtung diente. Auf diese Weise war es möglich, daß Gott sich selbst durch die auf der Bühne des Lebens spielenden Charaktere sehen konnte. In allen Dingen ist das ICH-Prinzip Gottes ausgedrückt und definiert die Antworten der ursprünglichen Fragen Gottes: Wer bin ICH? Was bin ICH? Woher bin ICH gekommen? Wohin gehe ICH? Was ist der Sinn? Da wir Bilder Gottes sind, wird es verständlich, daß diese Fragen, sind sie in Gott, auch in jedem von uns sind. Sie beschäftigen jeden Menschen, jeder trachtet danach, die Antwort im Leben zu finden. Durch meine Augen als Seherin möchte ich die Antworten folgendermaßen definieren:

Wer bin ICH? Ein qualitativ ABSOLUTES, das aus dem Selbst heraus erschaffen kann. ICH BIN ist selbst-tragend.

Was bin ICH? Das ALL, das dem Geist des ICH BIN Geburt gab und allem ICH BIN, das ICH BIN ist.

Wo bin ICH? In der Unbegrenztheit der TOTALITÄT, das ICH BIN ausdrückt durch die Welt, den Kosmos, in der Form. Alles, was existiert, alle Form, ist aus dem ICH BIN geboren, und daher sind alle Orte eins mit EINEM GOTT.

Wann bin ICH? Das ICH BIN ist stets in unserem Sinn, manchmal in unseren Herzen. Vor der Schöpfung gibt es keine Erinnerung, es gab keine Bewegung, weder Zeit noch Raum, und was unteilbar ist, kann nicht gemessen oder verstanden werden.

Wie bin ICH? ICH BIN ist nicht meßbar. Bevor die Zeit von Gott erschaffen wurde, gab es keine Unterscheidung zwischen Vergangenheit, Gegenwart oder Zukunft. Gott hatte noch keine Bewußtheit über die Gesamtheit der Natur, Seiner/Ihrer Präsenz, daher stellte Gott Fragen, und die Antworten lebt Er/Sie durch unsere Erfahrungen.

In der von Gott geschaffenen Welt erkannte Er/Sie die Möglichkeit, das Selbst zu verstehen, gab nun Seinen/Ihren Gedanken deutlich klare Aufträge und Befehle, und in ihnen kam Intelligenz zum Ausdruck. Alles Existierende ist Teil des göttlichen Selbstausdrucks. Das ICH BIN ist zu verstehen als eine intelligente Kraft, die in der erschaffenen Welt durch den Prozeß der sich kristallisierenden Gedanken fähig ist, die künftige Entwicklung des Intellekts zu begünstigen. Alles und jedes, was aus Gottes Denken in die erschaffene Welt hineingeboren wurde, hat die Intelligenz zum Ergebnis. Daher ist in allem Lebenden Intelligenz enthalten. In einer auf Ordnung bedachten Weise suchte Gott nun weiterhin den Gedanken des Selbstbildes auszudrücken. Um die Tendenzen und Neigungen seiner Charakteristika augenscheinlich und erkennbar werden zu lassen, brauchte Gott einen Spiegel. Mit den in den Himmeln verstreuten, bereits vorhandenen Gedankenmustern bildete Gott das Bestmögliche und schuf Seine/Ihre Welt, indem sie in die Schöpfung mit eingebunden wurden. Nun, da alle von Gott erschaffenen Dinge in der Form und in der Welt sind, können sie mit künftigen Vorstellungen und Selbst-Ausdruck verbunden werden. Gottes Ziel ist der Selbstausdruck, und dieses Ziel sucht Er/Sie durch das abbildende Selbst zu erreichen. Die Welt Gottes, unsere Welt, ist für Gott Spiegel der Selbstreflektion.

Die Geburt der Seele fand statt, nachdem sich Gottes Vorstellungen in Form kristallisiert hatten. Bevor noch die Seele entwickelt wurde, waren bereits Gottes Kreaturen da. Bei ihrer Betrachtung stellte Gott in den produzierten Formen eine Ziellosigkeit fest. Die Suche nach dem Selbstbild setzte sich fort. Bisher hatten die Formen noch keinen erhabenen Zweck und Sinn, keine Motivation, Freude oder Liebe. Es waren insofern leere Formen, da sie Gottes persönliche und wesenhafte Eigenschaften und Merkmale nicht enthielten. Mit dem Wunsch, das Selbst vollkommen abgebildet zu sehen, erkannte Gott, daß in allen Lebensformen Sein/Ihr beseelendes geistiges und emotionales Prinzip lebendig werden mußte. Motivation, Sinn, Freude und Liebe sind Ausdruck der göttlichen Persönlichkeit. So legte Gott den Samen Seiner/Ihrer Persönlichkeit in alle lebenden Dinge, und diese Persönlichkeit nennen wir Seele. Durch den Raum herniedersinkend, von Gottes Willen geleitet, nahm die Seele ihren ersten Eintritt in die Erscheinungswelt der Form. Die Seele, erfüllt von Gottes Zweck und Absicht, geht auf ihrem Weg alleine weiter. Von Gott geschaffen, war sie von Gott nicht wieder zurückzuholen.

Die Seele, erfüllt von Gottes Absicht und Zweck, motiviert alle lebenden Dinge. Alle Seelen haben das Vermögen zu erkennen und Gottes Sinngebung und Absicht auszutragen. Die Seele ist die Verkörperung der göttlichen Manifestation im Verstand und Körper. In alle Kreaturen Gottes implantiert, ist die Seele unsere innere Motivationsgeberin, sie trägt die göttlichen Vorstellungen aus, so daß kein Ding je vergißt, woher es kam und wohin es zurückkehren muß. Die von Gott geführte und durch die Seele wirkende Absicht besteht darin, die göttlichen Werte in allem Manifestierten, auf allen Ebenen göttlicher Entwicklung auszudrücken. Die Seele ist die ›Seherin‹, die Behüterin der Wahrheit und Weisheit.

Gäbe es keine Bühne und Struktur für das Bild Gottes, könnte Gott sich selbst nicht in allen Nuancen und Details Seiner/Ihrer eigenen Evolution betrachten. Gott unterwies die Seele durch die Zyklen der Evolution zu leben, damit Er/Sie sehen könne, wie Er/Sie sich entwickelt haben mag, denn vor Gottes bewußtem Anfang gab es keine Erinnerung. Jede Seele handelt als Metamorphose der göttlichen Energie, Gottes Gedanken in unserem Unbewußten leitend und sie in unserem Verstand und Körper aktivierend, solange wir das Unbewußte vom Bewußten trennen und die Werte des ›kleinen Ich‹ sich noch unterscheiden von denen des ›großen ICH‹, werden wir Gottes Gedanken nur im Unbewußten wahrnehmen. Unsere Seelen drängen uns durch viele Ebenen der Erkenntnis, abhängig davon, wie unsere derzeitige Bereitschaft und Kapazität ist, mit den Dingen umzugehen. Es ist das Ziel der Seele, uns durch persönliche Erfahrungen zu leiten, damit wir die Wahrheit sehen, hören, verstehen und ausdrücken und uns die Seele schließlich zu Gott zurückbringen kann.

Gott erschuf die Welt in Seiner/Ihrer Gleichheit, und was Gott erschaffen hat, *ist* Gott, ist ICH BIN. Es gibt nichts anderes innerhalb oder außerhalb der geschaffenen Welt, was nicht Gott ist. Alles ICH BIN bildete Gott im Existierenden ab. Keine Verschiedenheit, sei sie augenscheinlich oder nicht, kann die Einheit des Gott-Selbst und das in der

Form ausgedrückte Göttliche trennen. Unsere Entwicklung ist die Entwicklung Gottes, die sich vor Seinem/Ihrem ICH entfaltet.

Unsere Seelen, verloren im Lärm unserer eigenen Vorstellungen, suchen ausdauernd nach Wegen des Selbst-Ausdrucks, nach Möglichkeiten unsere wandernden Gedanken zu durchdringen und sich Gehör zu verschaffen. Die Seele, Gottes Agentin und Gottes Persönlichkeit, will uns in der Welt das Gott-Selbst hörbar und verständlich machen. Von der Aufgabe, uns aufzuwecken, ist die Seele angetrieben. Erinnern wir uns, die Seele wurde von Anfang an mit dem Verlangen befruchtet, nach Hause zurückzukehren, und diese Sehnsucht führt sie auf ihrer Reise.

Ruhig bewacht die Seele die Pforten der Zukunft, und stets wiederholt ihre Stimme in unserem Innern die Mahnung zur Vorsicht. Sei achtsam, beschwöre durch dein rücksichtsloses Verhalten keine Situationen herauf, die dich erneut an die erschaffene Welt binden, verursache keine neuen bindenden Verpflichtungen durch Versprechungen oder Verträge. Alle Versprechen und Verträge müssen erfüllt werden, wenn nicht in diesem, dann in einem anderen Leben. Bis es keine Bande oder Anhaftungen mehr gibt, solange wirst du an die Erscheinungswelt gebunden bleiben. Es wird solange keine Heimreise geben, bis wir, das heißt der Verstandkörper, der physische Körper, der Seelen- und Geistkörper verstanden haben, als EINES zu handeln. Die Gesetze, die Menschen an Menschen binden, werden durch unsere Gedanken, Handlungen und Worte von uns selbst geschaffen. Wie an einen Vertrag binden uns die Gedanken, Handlungen und Worte, und sie führen künftige Leben herbei, in denen wir unsere Versprechen und Verpflichtungen erfüllen *müssen,* denn Gottes Bedingungen sind Gesetze, die unsere Odyssee nach Hause bestimmen.

Erfüllen wir unser Erstes Versprechen, Gott vollkommen in uns zu entfalten, gibt es keine künftigen Bande mehr. Wenn Gott sich selbst vollkommen in der Form ausgedrückt erkennen kann, besteht keine weitere Selbstbestimmung, da der Zweck der Seele erfüllt ist. Gott heißt das Selbst bei sich willkommen. Gottes einziges Motiv ist es, sich selbst ganz klar in der Form zu erkennen und zu betrachten.

Keine Wahrheit steht für sich alleine da – EINE Wahrheit ist abhängig vom Ganzen. Kein einzelnes Gesetz ist unabhängig. Das Ganze ist Eine Wahrheit, Ein Gott. Die Wahrheit kann sich mit der Entwicklung des einzelnen nicht ändern, doch mit der Entwicklung des einzelnen ändert sich die Wahrnehmungsfähigkeit der Wahrheit.

10. Kapitel

Dimensionen und Ebenen

Vom Geist, der stets vereint

Auch die Fragen zum folgenden Kapitel hatten mit der Entstaubung der durch Kirchendogmen geprägten Vorstellungen zu tun. Einer der geradezu hochexplosiven Begriffe ist der vom ›Heiligen Geist‹, und wird er in unserer Gesellschaft auch nur erwähnt, löst er bei vielen eine heftige Abwehr aus, als sei von der größten Absurdität der Weltgeschichte die Rede, deren Opfer der aufgeklärte Mensch heutzutage glücklicherweise nicht mehr sei. Die Vorstellung, daß der von den Urchristen als heilig verehrte Geist der Erleuchtung auf gar keinen Fall derselbe wie der indische, tibetische oder sufistische Geist der Erleuchtung sein kann, sitzt in den Köpfen fest. Denn der Zustand der Erleuchtung soll, um glaubwürdig eingeordnet zu werden, vorzugsweise mit den Namen östlicher Religionskultur beschrieben werden, er muß wenigstens Satori oder Nirvana, aber auf keinen Fall ›Seligkeit im Heiligen Geist‹ heißen. An den Landesgrenzen soll der Heilige Geist also haltmachen, um dort von jenen Neudogmatikern, die über die Reiselust des Heiligen Geistes wachen, abgefangen zu werden.

Sind wir es, die dem Geist Namen geben müssen, damit wir uns besser an etwas Unsichtbarem festhalten können, das keinen Namen braucht? Sollten wir nicht die Verhöhnung des Christentums durch die Kirche betrauern, statt uns über eine bereits gedemütigte Religion zu erheben, indem wir sie auch weiterhin der Lächerlichkeit preisgeben? Vom Geist, der stets vereint, und nicht von dem, der stets verneint, ist im folgenden Kapitel die Rede.

Um das Wirkungsfeld der vier Körper genauer zu erfassen, müssen wir uns unsere Welt, die Welt der Form, in ihrer Dreidimensionalität vorstellen können. Jeder Ebene ist eine bezeichnende Richtung vorgegeben. Als die erste Dimension bezeichnen wir jene, in der Gottes Vorstellung sich als reine Energie in die Richtung der Formgebung übermittelt, während die zweite Dimension, in welcher der Zweck der göttlichen Vorstellung, nämlich das eigene Selbst zu sehen, Gestalt anzunehmen beginnt. In der dritten Dimension wird die göttliche Vorstellung und Sinngebung zur Form. Im allgemeinen nennen wir die dritte Dimension die Welt der Materie. So, wie wir die Welt der Materie vor Augen haben, existiert sie innerhalb einer bestimmten Schwingung als Welt der physischen Dimension. Jede lebende Substanz und alles, was wir sehen, hat vier Körper und vier Elemente, über deren Wirkungsweisen in den vorausgegangenen Kapiteln schon gesprochen wurde.

Wenn wir die Dimensionen und Ebenen verstehen wollen, sollten wir die fundamentalen Gesetze, welche die Natur und die menschliche Existenz leiten, kennenlernen. Diese Gesetze fördern nicht nur das Leben unserer vier Körper, sie helfen auch im Lernprozeß der Erkenntnis, daß alles Leben in Zusammengehörigkeit miteinander existiert. Der Zweck und die Idee der Dreidimensionalität besteht darin, die Evolution über den Weg der Erziehung voranzubringen. Viele Menschen haben eine bestimmte Vorstellung von der Dreidimensionalität, die sie häufig durch die Anschauung vertreten, die einzig reale Welt bestünde aus dem, was wir sehen, hören und berühren, was wir schmecken und riechen können, und dies sei richtungsweisend für unser Leben und Verhalten. Über diese Sicht der Dinge hinausgehende Erkenntnisse, wie sie von Menschen mit bewußter Wahrnehmungsfähigkeit verstanden werden, führt ihre Entwicklung dahin, ihre größten Möglichkeiten zu entfalten. Sie sind dann in der Lage, ihr Erkennen und ihre Entscheidungen aus der Sicht der Ganzheit zu erfahren, da ihnen deutlich ist, wer und was sie sind. Geführt von der Verantwortung für das Selbst werden sie befähigt, an der Meinungsbildung in der Welt nachhaltig mitzuwirken, und sie tragen mit praktisch anwendbaren Ideen und in kreativer Weise zum Wohl aller bei. Wenn wir an bestimmten Annahmen, die wir nie in Frage stellen, festhalten, begrenzen wir unsere Wahrnehmungsfähigkeit. Haben wir zuwenig Bewußtheit über die göttliche Natur aller Dinge, behindern wir das kooperative Zusammenwirken von Verstand, Körper, Seele und Geist, sowohl im eigenen Selbst als auch in anderen und in allen Lebensformen, die unserer Welt angehören. Es liegt an uns, die Verantwortung für den Wert des Lebens, und für die Welt, in der wir leben, zu tragen. Wir halten für real, was uns von unseren Vorfahren und Ahnen als Realität vorgelebt worden ist. Und trotzdem weinen wir, weil wir die Werte, für die zu leben sich lohnt, noch nicht entdeckt haben.

Gottes aktivierter Pulsschlag erschuf unsere dreidimensionale Welt, und genau dieser Pulsschlag ist es, der den Überwinder in uns antreibt. Was gilt es zu überwinden? Die Hürde heißt: SELBST-VERLEUGNUNG! Es gibt zahlreiche Fallen, mit denen wir das Selbst gewohnheitsmäßig verleugnen, indem wir beispielsweise gesundende Nahrungsmittel, die der Entwicklung unserer größten Möglichkeiten dienen, ablehnen oder uns der Wahrheit anderer anschließen, obwohl sie nicht unsere eigene ist.

Kummervoll verlief bisher die Reise der Seele. Zurückgelassen vom ›kleinen Selbst‹ wurde sie vergessen, und in einer Abstellkammer unserer Innenwelt haben wir ihr einen Platz zugewiesen. Da unser höheres Selbst, lassen wir die Seele nicht zu Wort kommen, abwesend bleibt, weil wir unter diesen Voraussetzungen keine Wahrnehmung von ihm haben, entbehrt die Seele die für sie notwendigen Erfahrungen, die sie für ihren sinnerfüllenden Ausdruck in der Welt braucht. Trotzdem wird die Seele nicht damit aufhören, uns zu unterstützen. Sogar während des Schlafs leistet sie Schwerarbeit, indem sie versucht unsere Lebenswege zu ebnen, um aus törichten Männern und Frauen weise Menschen zu machen.

Wir verbringen viel Zeit damit, die Selbstverleugnung weiterzubetreiben. Auch nur den kleinsten Teil, sei es unseres Verstandes, Körpers, der Seele und des Geistes zu verneinen, bedeutet, das lebendige Gottwesen zu verleugnen, das in uns, im Kosmos und in allem lebt, was wir sehen oder auch nicht sehen, denn das manifestierte Gottwesen ist der Kosmos. Gegenüber uns selbst blind zu sein, die Welt um und in uns nicht zu ›sehen‹, ist die wahre Form der Blasphemie. Ist der Blick auf das Selbst gerichtet, sieht jeder Mensch die Welt auf seine Weise, obwohl alle Seelen einander ähnlich sind. Leugnen wir das Selbst, treiben wir in immer größere Entfernung vom Selbst, werden wir mehr und mehr Getrenntheit statt Einheit erleben. Als maßgebende Instanzen sollten uns weder die Eltern, Freunde, Lehrer oder die Medien die Wege weisen und uns festlegen, denn nur im ICH BIN finden wir das Wissen der Wahrheit und den Weg in die Unsterblichkeit. Das Selbst ist das Wissende.

Die dreidimensionale Welt ist als eine ›fixierte Welt‹ abhängig von unserer Verstandeswahrnehmung der essentiellen Realität. Werden einmal die göttlichen Vorstellungen und ihre Sinngebung erkannt und vollkommen bewußt sein, können auch die Bedingungen, welche die Dreidimensionalität zusammenhalten, nicht weiter fortbestehen, da Gottes Zweck und Absicht, das eigene Selbst zu sehen, erfüllt sind.

Subtile Dinge werden grob, wenn sie sich in der Wechselwirkung mit unserer rohen Verleugnung ihrer Wirklichkeit bewegen. Auf diese Weise gestalten unsere Anschauungen und unsere Haltung die Wirklichkeit und die Dimensionen, in denen wir leben. Nicht nur die eigene Haltung bestimmt das Leben, sondern durch unsere Anschauungen erschaffen wir auch die Realität unserer Kinder. Wird ein Kind angeschrien, verursacht diese Handlung, daß sich das Kind bedroht, herabgewürdigt und ungeliebt fühlt. Das Kind reagiert nun auf die neue Erfahrung, indem es eine bisher unbekannte Haltung, nämlich die des ›kleinen Selbst‹ bezieht. Auch die Realität der Tiere, mit denen wir leben, gestalten wir mit, denn Tiere werden von Natur aus nicht bösartig geboren. Hier ist ein sehr eindrucksvolles tibetisches Lehrgedicht, das immer wieder gelesen werden kann, denn es zeigt, wie Anschauungen durch uns entwickelt werden, wie sie durch uns leben, und wie sie unsere Mitmenschen beeinflussen.

Wenn ein Kind ...

Wenn ein Kind kritisiert wird,
lernt es zu verurteilen.

Wenn ein Kind angefeindet wird,
lernt es zu kämpfen.

Wenn ein Kind verspottet wird,
lernt es, schüchtern zu sein.

Wenn ein Kind beschämt wird,
lernt es, sich schuldig zu fühlen.

Wenn ein Kind verstanden und toleriert wird,
lernt es, geduldig zu sein.

Wenn ein Kind ermutigt wird,
lernt es, sich selbst zu vertrauen.

Wenn ein Kind gelobt wird,
lernt es, sich selbst zu schätzen.

Wenn ein Kind gerecht behandelt wird,
lernt es, gerecht zu sein.

Wenn ein Kind geborgen lebt,
lernt es zu glauben.

Wenn ein Kind anerkannt wird,
lernt es, sich selbst zu mögen.

Wenn ein Kind in Freundschaft angenommen wird,
lernt es, in der Welt Liebe zu finden.

Nicht nur Kinder, sondern grundsätzlich alle Lebewesen auf der Erde werden von der Aussagekraft abschätzender Anschauungen beeinflußt, jeder Stein, die Pflanzen, die Mitmenschen und die Erde. Und in positiver Hinsicht werden Anerkennung, Toleranz und unser Verstehen auf unsere Mitwelt einwirken.

Gedanken und Handlungen erschaffen. Das Lichte steht im Gegensatz zur Dunkelheit des Zorns und der Aggression, die unsere Körper verdüstern und ihnen das Gefühl der Schwere geben. Eine Ebene ist ein Aufenthaltsort oder ein Haus, ausgestattet mit Frequenzbereichen, die ähnlich wie Qualitätsmesser für Eigenschaften oder Werte funktionieren. Die Ebenen können mit den astrologischen Häusern eines Horoskops verglichen werden. Jede Existenzebene hat spezifische Bereiche ›lichter‹ Frequenzen. Die Ebenen, in welchen wir leben und von denen aus wir wirken, entsprechen in jedem der vier Körper den Lichtfrequenzen dieser Ebenen. Jede Ebene, auf der wir uns gerade befinden, wirkt richtungsweisend, indem sie beschleunigend auf unser Bewußtsein einwirkt, einen bestimmten Zweck oder eine Entwicklung zu erfüllen. Ist dieser Zweck erfüllt, wir könnten auch sagen, hat sich unser Bewußtsein durch unsere neuen verstandlichen, physischen und geistigen Erfahrungen verändert, verlassen wir diese Ebene, um in eine andere einzutreten. Auch die nächste Ebene wird uns fördern, damit wir unser höchstes Potential, die Selbstverwirklichung, erreichen. In jeder Dimension gibt es viele Ebenen, und jeder unserer Körper kann in einer Dimension auf unterschiedlichen Ebenen existieren. Gedanken der Einsamkeit und Verzweiflung wiegen am schwersten in der dreidimensionalen Welt, sie ziehen den Körper und die Seele auf eine bestimmte Ebene der Existenz herab, die dem qualitativen Wert unserer Selbstachtung entspricht. Auf dieser Ebene werden wir vorangetrieben, unsere Selbstverleugnung und unser Programm des Selbstangriffs durchzuarbeiten. Setzen wir der Veränderung und der Transformation beispielsweise von der Krankheit zur Gesundheit, große Widerstände entgegen, werden wir vielleicht die Entwicklung in diesem Leben zu spät erkennen und sie im nächsten Leben durcharbeiten.

Die Selbstwahrnehmung als starkes Verlangen, die Wahrheit zu erfahren und sie zu leben, als Sehnsucht, unsere besten Möglichkeiten und unser höchstes Potential zu erkennen, erschafft ein Klima, in dem unseren subtilen Energien ermöglicht wird, sich auf weiteren Ebenen in der dritten Dimension durch uns auszudrücken. Subtile Energien gehören subtilen Ebenen an, in denen Wissen sich in Weisheit, Mitgefühl in Liebe wandelt. Im Buddhismus heißt es, wenn dieser Selbstausdruck erreicht ist, dehnen wir das Selbst aus in eine Ebene, die Nirvana genannt wird, in der der Zustand vollkommener Seligkeit herrscht, in dem das Selbst von Leiden und Verlangen befreit und mit dem Schöpferuniversum vereint ist.

In jeder Dimension koexistieren zahlreiche Ebenen. Der qualitative Wert jeder Ebene für unser Leben hängt davon ab, auf welche Weise wir Bewußtheit durch unsere Gedanken und Handlungen ausüben. Ein gesunder Körper ist, im Sinne seiner Existenz auf den Ebenen, formlos, bewegt er sich auf der subtilen vierten Ebene, die, als eine Ebene der Ganzheit, den Körper zu partnerschaftlicher Koexistenz mit allen Körpern auffordert. Ist unser Körper gesund, vermag der Geist ihn anzuregen, und ihn nach Hause in die Ganzheit zu führen. Alle Menschen, Tiere, Steine und Pflanzen haben durch zahlreiche Ebenen existierende und wirkende Körper. Alle Ebenen dienen dem Gleichgewicht und unterstützen die Ordnung. Wenn wir sagen eine Ebene sei besser als eine andere, könnte das zu Mißverständnissen führen. Ähnlich wie unsere akademischen Lehrmethoden uns ein großes Spektrum von Themen anbieten, um unsere Erziehung ganzheitlich abzurunden, führen uns auch die Ebenen dahin, unsere ganzheitliche Erziehung zu erhalten. Die Ganzheit schließt alles ein, es gibt keine Grenzen oder Trennungen.

Innerhalb jeder Dimension kann es mehr als sieben und nicht weniger als vier unterschiedliche Ebenen geben. Solange es noch Getrenntheit vom Ganzen gibt, bestehen die Ebenen fort und vervielfältigen sich in der Weise, in der der Verstand oder die Verstandeskraft nach neuen Wegen der Selbstverleugnung sucht. Solange es eine manifestierte physische Welt gibt, wären gemeinsame Harmonie und Gleichgewicht aller Menschen auf vier Ebenen ideal. Diese vier Ebenen sind: Ehrlichkeit, Lauterkeit, seelische Wachheit und Armut. Armut ist nicht armselig, sie gezeichnet vielmehr einen Zustand der Befreiung vom Habenwollen und falschen Bedürfnissen. Obwohl der Verstandkörper formlos ist, initiiert er trotzdem unsere gesamten Aktivitäten in und auf diesem Planeten Erde. Im Verstand werden die Vorstellungen gebildet, die wir anschließend idealisieren und verwirklichen. Der Verstand lebt mit den Körperfunktionen entweder im kooperativen Miteinander oder in Zwietracht, er kann die Organe und Systeme, welche den physischen, verstandlichen oder geistigen Körper anführen, anregen oder herabsetzen, gesund oder krank machen. Die Ebene, auf welcher der Verstandkörper sich bewegt, führt uns auch dazu, Emotionen zu transzendieren, die aus dem Bereich der Lust am Besitz und dem Habenwollen kommen. Mit den aufsteigenden und niedersinkenden Gedanken pendelt der Verstandkörper durch und auf vielen Ebenen. Abhängig von der Art unserer Gedanken erschaffen wir die Frequenzen, in denen wir schwingen. Jede Energieveränderung drückt sich in unserem aurischen Feld aus, so daß die Aura immer ein vollkommenes Bild davon gibt, wer und was wir in unserer Gesamtheit sind. Da unsere Gedanken nicht nur auf den Verstandkörper, sondern auf unsere gesamte Konstitution einwirken, schließt das Bild natürlich auch den physischen und geistigen Körper mit ein.

Eine Ebene steht nicht für sich alleine, abgetrennt von anderen Ebenen da, sondern die Ebenen sind verwoben wie Garne in einer Webearbeit. Unsere Gedanken kommen nicht etwa an auf einer Ebene, sondern die Ebene entsteht in uns. Unsere Gedanken verändern uns, wir, unsere Körper sind es, die abhängig von unseren Gedanken von Ebene zu Ebene traversieren. Ein Gedanke hat viele Frequenzen, und alle Gedanken bewegen sich wahlverwandtschaftlich jener Richtung zu, die ihrer Natur entsprechen. Eins mit dem Selbst ist der Verstand so lange nicht, bis er vergegenwärtigt hat, Teil eines Ganzen und eins mit allen Körpern zu sein. Der Verstand allein kann die Vervollkommnung der Ganzheitsperson nicht erreichen. Die vom Verstand ausgehenden Schwingungswellen sind störbar, sie werden von vielen äußeren Geschehnissen beeinflußt. Es ist allgemein bekannt, daß die Mondphasen auf den physischen Körper einwirken. Ich meine, die Mondphasen beeinflussen nicht nur den physischen Körper, sondern sie ermöglichen auch allen Körpern Übergangsstadien, die zur Transformation führen könnten. Von äußeren, inneren und karmischen Einwirkungen sind stets alle Körper betroffen.

Da der physische Körper ein Teil des menschlichen Gesamtsystems ist, verursacht der unnatürliche Abschied aus dem Leben, der Selbstmord, ein spezifisches Karma. Der Selbstmord ist im Hinblick auf das Ganze ein unverantwortliches Handeln, da er Ungleichgewicht in die Ganzheit bringt. Vom Selbstmord eines Menschen wird jedes und alles betroffen, da dieser Mensch, wie jeder andere, ein Teil von uns ist. Die Welt und alles, was in ihr lebt und miteinander teilt, besteht in gegenseitiger Abhängigkeit, die das Ganze ausmacht. Daher wird die Handlung des Selbstmords als karmisches Ergebnis für den Selbstmörder viele künftige Leben, die dem Zweck der Erziehung dienen, herbeiführen, in denen er ausgleichen wird, was er ins Ungleichgewicht gebracht hatte. Ein Teil der Erziehung besteht darin zu erkennen, daß alles, was wir tun, auf das Ganze einwirkt. Erst wenn alle Körper synchronisiert und Eins mit allem anderen sind, wird es vollkommen ganzheitliches Wohlbefinden geben. Dieses Eine ist gleich DEM EINEN, dem Ganzen.

Der Verstand ist fähig, still zu sein. Wird die Haltung der Ruhe beibehalten, entwickelt der Verstand Eindeutigkeit, und aus dieser EINdeutigkeit wird dem Auge des erwachten ICH die der Ganzheit zugrundeliegende ursprüngliche Vorstellung entfaltet. In der Ruhe der Stille Teil des Ganzen, setzt der Verstand nun seine Entwicklung auf die Weise fort, welche die Veränderung durch die Stille bewirkt hat. Nun wird der Verstand nur jene Gedanken übermitteln, die das Verlangen der Seele nach erwachtem, bewußtem Ausdruck anführen. Ist der Verstand nun still, wahrnehmend und wissend, wird er auf der dritten Ebene geläutert werden, auf dieser Ebene während unserer ganzen Existenz verweilen und auf den physischen Körper, Seelen- und Geistkörper einwirken. Indem das Individuum nun keine Trennung mehr zwischen Himmel und Erde sieht, wird das EINSSEIN des

Verstandes mit dem kosmischen Verstand verbunden, und der einzelne Mensch hat nun die Wahl, im Sein der physischen oder nichtphysischen Form zu verweilen. Der Verlorene ist ins EINSSEIN zurückgekehrt.

Die Reise der Seele kann zu einer langen Reise werden, die kein anderes Ziel kennt, als die reinsten Werte Gottes in der Manifestation durch unsere Gedanken, Worte und Handlungen zu leiten. Alle Seelen können die Ebenen und Dimensionen fliehen, und als Erwachte verweilen sie nahe den Kräften der Liebe, die wir Gott nennen. Die Seele ist nicht vertraut mit den Ebenen und gehört keiner Dimension an, solange sie nicht von der Ego-Persönlichkeit verschmutzt wird, und dennoch führt ihre Reise, sobald der Mensch Gott in sich erkennt, in und auf alle Ebenen und gleichzeitig in und durch alle Dimensionen, obwohl sie an Ebenen und Dimensionen nicht gebunden ist.

Die Funktion der Dimensionen besteht darin, den Menschen von seinem fehlgeleiteten Zweckdenken, seinem ›ich will‹ und ›ich brauche‹ loszulösen, damit er den Zweck der Seele erforscht und den Sinn der Selbstentdeckung, der Selbstwahrnehmung und den Wert des SEINS. Die Seele hat zum Ziel, die Charakteristika und Verkörperung Gottes durch uns zu manifestieren, damit im göttlichen Spiegel des Kosmos das Gottes-Selbst zur Freude und Zufriedenheit des Schöpfers widerspiegelnd erscheinen kann. Gottes Sehnsucht im Himmel wirkt auf der Erde durch uns, und Gottes Ziel und Absicht sind identisch mit unserem Ziel und unserer Absicht, nämlich unser Selbst vollkommener zu sehen.

Manchmal wird die Auffassung vertreten, die zu Mißverständnissen führen kann, die Formwelt sei eine Illusion, und sie habe eigentlich keine Realität. Doch liegt die Illusion in der Vorstellung, die Formwelt sei nicht Teil des ganzen Systems und nicht auch ein Ausdruck göttlichen Willens. Alle Lehrmeinungen der Religionen, philosophischen Schulen oder auch die der Politik verdienen geprüft und nur nach dem Maßstab bewertet zu werden, ob ihre Inhalte den Grundideen der Ganzheitlichkeit entsprechen, indem sie die Dinge ins Gleichgewicht bringen und vereinen. Die Illusionen entstehen immer dort, wo wir uns an Unwahrheiten binden.

Der Verstandkörper ist in seiner Kapazität zu verstehen begrenzt, daher kann er sich auch nicht erklären, weshalb Gott eine Welt geschaffen hat, in der es Spannung, wie die zwischen Gut und Böse, gibt. Ich habe oft an Diskussionen, in denen es um die Frage ging, ob Gott tatsächlich existiere, teilgenommen. Stets wird darüber diskutiert, wie es nur möglich ist, wenn es einen Gott gibt, daß Gott das Böse zuläßt? Ich bin der Ansicht, was für den einen das Böse ist, kann in der Anschauung des anderen das Gute sein. Illusion heißt, aus der falschen Sicht auf die richtige Sache zu sehen. Gott hat die Reibungen nicht erschaffen, und Gott hat auch unser Auffassungsvermögen nicht verdunkelt. Unsere Verstandeshaltung hat das Ungleichgewicht konstruiert, und die Begrenzung unseres Auffassungsvermögens verursacht.

Solange wir noch nicht vollkommen sind, werden wir durch jene Existenzebenen gehen, die der jeweiligen Qualität unserer Gedanken und unserem Dienst am Ganzen entsprechen. Die Seele bleibt solange gebunden, bis die vier Körper erwacht und in ein Ganzes integriert sind.

Grenzenlos ist die Fülle des Geistkörpers, da er der reinste Ausdruck des göttlichen Willens und Weges ist. Der Glanz des Lichts, die Schwingung des Geistes, ist unvergleichlich und unmeßbar. Die Gesamtheit der Erfahrung des Geistes auf allen Ebenen und in allen Dimensionen kann nur mit dem makellosen Bild der Gottheit verglichen werden. Von Gott wird der Geist bewegt. Lebendig, stark und zielstrebig ist der göttliche Wille, mit dem Gott das eigene Selbst in uns zu erkennen sucht, es ist der Impuls, der das Feuer hat, mit dem das Leben des Geistes entflammt wird. An niemand und nichts gebunden, durchdringt der Geist jeden und alles in dieser Welt. Wo der Geist nicht war, entsteht kein Licht. Den einstmals *offenen* Raum, in dem alles Wissen ist, in dem alles lebt, was ist, in dem die Natur der göttlichen Liebe noch immer gesehen, gehört und verstanden wird, betreten wir nicht, weil unsere Ängste ihm die Türen verschlossen haben.

Alle Dinge der Natur, die Elemente und die Körper, leiten ihren Willen durch uns, damit wir die verschlossenen Türen, deren Schlüssel wir besitzen, öffnen. Aus der vorantreibenden Kraft göttlichen Willens bewegen sich die Gesetze, die alles Geschaffene der Existenz binden. Daß es Gesetze gibt, macht offenkundig, daß ein höheres Wesen, ein göttliches Schöpferwesen existiert. Alles in Gottes Schöpfung ist diesen Gesetzen unterworfen. Doch wir leugnen die Möglichkeit, daß es eine Existenz gibt, die größer ist als unsere eigene. Wer und was hat dieser Welt, dem Universum, unserem Kosmos, die

Struktur und Gestalt gegeben? Die Theorie vom ›Urknall‹ ist eine Anschauung, aber keine Tatsache. Viele Menschen bilden ihren Glauben aus Vorstellungen, die durch die Abhängigkeit von anderen geschaffen werden. Von wem oder was bist du abhängig? Von deiner Kirche, Tempel oder Moschee, vom Staat, von Freunden, Familie oder von deiner Philosophie? Können dir dein Gotteshaus und deine Glaubensgemeinde, der Staat, deine Freunde, Familie, deine Philosophie die großen Geheimnisse der Zusammengehörigkeit alles Geschaffenen enthüllen, dir ihren Sinn und ihre Funktion in dieser Welt erklären? Wissen werden wir nur dann, wenn wir Gottes Huld in uns erkennen, indem sich unser inneres Auge öffnet und wir die Türen öffnen. Nur das erwachte Auge des Selbst ist fähig, die Welt der göttlichen Schöpfung zu ›sehen‹, nur vom erwachten Auge wird das Gesetz, die Liebe, die göttliche Schönheit und die Würde der Zusammengehörigkeit verstanden. Den physischen Augen unsichtbar, bewegt sich das manifestierende Gottwesen im offenen Raum, und nur Gott kennt das wahre Wissen aller Zusammengehörigkeit.

Um die innere und äußere Welt zu beschreiben, gebrauchen wir der Einfachheit halber Begriffe wie Mikrokosmos und Makrokosmos, und diese Terminologie werden wir auch künftig verwenden, da wir keine subtileren Begriffe haben, um die Körper und ihr Hiersein in der Welt besser auszudrücken. Doch wir sollten uns klar sein, daß die Begriffe ›innen‹ und ›außen‹ mißverständlich sind, da es kein Innen und Außen gibt. Wessen Definition ist das? Von was sollte etwas das Innere oder Äußere sein? Wo ist das Innere und Äußere in der Schöpfung? Der Geist ist der Schlüssel, der das Ganze vereint. Was immer wir sehen, berühren, hören, schmecken und riechen, ist nichts anderes, als das den Samen umhüllende Gehäuse göttlicher Gegenwart und Ausdrucks. Nur der Geist ist befähigt, unser gegenwärtiges Wissen weiterzuführen, damit wir zum Verstehen kosmischer Größenverhältnisse kommen, und dafür bedient er sich unserer kosmischen Fahrzeuge, des Zeitmotors, des Raums und des Bewußtseins.

Geführt vom Geist erreicht das Wachstum der Seele das ihren Fähigkeiten entsprechende Verstehen, mit dem sie alle göttlichen Dinge in Ganzheit zusammenführt. Kein Verstand und kein Körper stehen für sich alleine da, und auch die Seele wächst mit Hilfe der Weisheit, die ihr Wissen und ihr Annahmevermögen für das, was ist, leitet. Jeder Verstand, alle Körper, alle Seelen, sind sie als Geist miteinander vereint, sind EIN GOTT. So ist es mit den Menschen, so ist es mit einer Welt, einem Kosmos: Sie sind EINS. Der Geist bewegt sich auf allen Ebenen und in allen Dimensionen, für den Geist ist kein Raum zu klein oder zu groß, da er von EINEM allein an EINEN gebunden ist. Nur in den Worten ICH BIN vermag sich auszudrücken, daß das Ganze EINES ist.

11. Kapitel

Vom Schlaf des Lebens und vom Erwachen im Tod

Das Leben ein Traum?

»Was ist das Leben?« läßt Calderon in seinem Drama ›Das Leben ein Traum‹ den Sigismund fragen. Und Sigismund, der als Held viele Illusionen entschleiert und klug die Täuschungen erkennt, sieht allein im Erwachen den Gewinn, damit nicht erst im Tod die Wirklichkeit beginnt. Sigismund betrachtet das Leben wie das auf einer Bühne gespielte Stück, dessen Akteure das Programm nicht kennen: »Es träumet, wer beginnt zu steigen«, sagt Sigismund, »es träumet, wer da sorgt und rennt, es träumet, wer von Haß entbrennt. Kurz, auf diesem Erdenballe träumen, wie sie leben, alle, ob es keiner gleich erkennt. So auch träumet mir jetzt, ich sei hier gefangen und gebunden; und einst träumte mir von Stunden, da ich glücklich war und frei. Was ist Leben? Raserei! Was ist Leben? Hohler Schaum, ein Gedicht, ein Schatten kaum! Wenig kann das Glück uns geben: Denn ein Traum ist alles Leben und die Träume selbst ein Traum.«

Daß die Menschen durchs Leben schlafen und im Tod erwachen, ist ein häufiges Thema in der Dichtung. Denken wir an Dantes atmosphärisch unterschiedliche Ringe und Kreise der Planeten und des Jenseits, durch die der Wanderer der ›Göttlichen Komödie‹ gleichzeitig im Leben wie im Tod geht, weil er im Leben und nicht erst im Tod aufgewacht ist. Sie werden uns vielleicht an die in diesem Buch so häufig erwähnten Ebenen in den Dimensionen erinnern, oder an ein Bild, das Christus gab, als er sagte: »In meines Vaters Haus sind viele Wohnungen.«

Das folgende Kapitel beantwortet die Fragen nach dem Erwachen im Tod nicht unbedingt dichterisch, sondern eher mit Hilfe der Naturgesetzlichkeit, der Physik und Chemie, der Gravitationsgesetze, Anziehungskraft, Molekularrecycling, Zerfall und Wiedererneuerung. Doch wie der Verstand und der Geist die Welt erschaffen, und auf welche Weise die Naturgesetze mit und durch uns wirken, das mag zwar von Naturwissenschaftlern gefragt, doch von Dichtern beantwortet werden.

Mann und Frau sind die Eltern der Zivilisation, und sie werden von der ewigwährenden Fülle einer Welt genährt, die das Selbst fördert. In einer Welt, in der es nur eine Wahrheit gibt, kennt diese eine Wahrheit nur die Großmütigkeit. Immer und immer wieder neu erschaffen die Zyklen der Zeit die Fülle und in ihrer Freigebigkeit, ihrem Überfluß ist sie Ausdruck des schenkenden Kosmos, der stets das Ganze unterstützt. Wieder und wieder bringen die Zeitzyklen das Neue hervor, um dem Alten und Sterbenden Platz einzuräumen. Die Zyklen schaffen Ordnung und Gleichgewicht in einer Welt, die weder wächst noch stirbt, sondern immer und immer wieder neu verwertet. Was uns gestern gegeben wurde, wird heute zum Überrest, und morgen ergreifen wir wieder Neues, das, um transformiert zu werden, wieder hinter uns zurückbleiben wird. Aus eigenem Antrieb setzen sich die Zyklen täglich, stündlich und in jedem Augenblick fort.

Kein geschaffenes Leben kann in einer Form sterben, ohne daß es in eine andere Form hineingeboren wird. Der menschliche Zyklus ist Teil aller Zyklen, die von den Naturgesetzen der Erde bestimmt werden. Sind wir bereit, mit den Zeitzyklen von Tod und Geburt zu wirken, sie zu kennen und zu lieben, ermutigen wir uns und auch die Zivilisation, in der wir leben, die Ausdehnung des Bewußtseins anzustreben. Der richtige Ansatz, mit dem wir uns von Leid, Schmerz und Verwirrung befreien, ist in unserem wachsenden Wahrnehmungsvermögen zu finden. Treffen wir also die bewußte Entscheidung, jene Dinge loszulassen, die uns nicht mehr förderlich sind, befreien wir den Körper und erneuern unser Wohlbefinden. So ist auch der Sterbeprozeß ein Weg, etwas loszulassen, was uns nicht mehr fördert, und er zeigt uns daher eine nutzbringende Lehre. Zu lernen, etwas loszulassen, ist in unserer Erziehung zum Selbst als Lehre enthalten. Der Tod und Zerfall des physischen Körpers folgt dem Naturgesetz der Wiederverwertung und unser Tod wird das Leben für etwas anderes unterstützen, es findet nur ein Umtausch statt: Die einst miteinander verbundenen Moleküle, die den Rahmen des Körpers bildeten, verändern sich und werden neu verwertet. Moleküle sind Teilchen, die gestaltend die Struktur unseres Körpers formen, und nach dem Tod des Körpers reorganisieren sie sich, um etwas anderes zu bilden. Die nun freien Moleküle werden jetzt in andere Dimensionen eingehen, sei es in eine nichtphysische Dimension oder, als dieselben Moleküle, reorganisiert und manifestiert in einen anderen physischen Körper. Es ist nichts gestorben, es hat sich nur verändert.

Ist unsere Vorstellung einseitig auf die Form fixiert und in der Anschauung »Ich bin der Körper« festgefahren, brütet der Verstand Ängste aus. Dieses Festklammern an falschen Vorstellungen kann Krankheiten herbeiführen und den Tod verursachen, oder unser potentielles Vermögen tief im Unbewußten beerdigen. Häufig tritt dieses verlorengegangene Potential in Verkleidung der Krankheit, beispielsweise von Krebs auf, oder es versteckt sich in Phobien, die uns zwingen werden, nach Hilfe zu suchen. Unser Hilferuf ist der Anschub, den wir brauchen, damit wir hinter die Dinge und in die Verstecke des Unbewußten schauen. Werden die Pforten des Unbewußten aufgemacht, lernen wir zu verstehen, die Gesundheit wird wiederhergestellt, und das verloren geglaubte Potential findet nun neue Wege, sich auszudrücken.

Dem Körper und dem Überleben des ›kleinen Selbst‹ übertriebene Aufmerksamkeit zu widmen, den Körper als das *einzige* selbst aufzufassen, läßt Mißverhältnisse im Schema der Ganzheitlichkeit aufkommen. Sich Beschränkungen aufzuerlegen wie beispielsweise »Ich kann nicht!« fördert die Sterbesehnsucht und wirkt daher nicht nur zerstörerisch auf die Körperzellen und das Gewebe der Organe, sondern die Gifte der Angst stecken auch den Verstand an. Leben wir entsprechend unseren Ängsten und unserer Furcht fortwährend im Notzustand, bleibt auch das Gehirn im Alarmzustand und fährt damit fort, Notsignale, ähnlich dem SOS, auszusenden. Diese Signale, weitergegeben an die Nebennierendrüsen, regen die Adrenalinproduktion an, und das Adrenalin hilft uns, mit der Lage fertigzuwerden. Das Ergebnis der Angst führt jetzt also zur Überdosierung von Adrenalin im Körper, und diese Vergiftung dient weder dem Verstand noch dem Körper. Auf dem Hintergrund des adrenalinvergifteten Verstandes und Körpers werden die Körper nun deprimiert, zu aggressiv oder zu passiv, es kann zu Gehirnschäden kommen, zur Dumpfheit und dem Verlust des lebendigen Erinnerungsvermögens. Wahrnehmungsfähigkeit, Gewahrsein und Erinnerungsvermögen jedoch sind ein notwendiger Teil des Prozesses, der uns zur Erleuchtung führt.

Sind wir in der Lage, Dinge loszulassen, verabschieden wir unsere emotionale Anhaftung an etwas oder an eine Erfahrung, doch nicht die Erinnerung oder die Erfahrung als solche. Unsere Erfahrungen und Erkenntnisse sind das Fundament dafür, wer und was wir heute sind und bilden die Bausteine für unser Morgen, während die Emotionen uns mit chaotischen Ängsten in Atem halten und unsere Entwicklung boykottieren. Denken wir daran, daß unser Erinnerungsvermögen eine wichtige Rolle innerhalb des Lehrplans unserer Erziehung spielt. Unsere Erfahrungen, Erkenntnisse und das Fundament unseres Erinnerungsvermögens können uns lehren, unsere wahre Natur im Tier, in den Pflanzen und Steinen zu erkennen, uns als Erde, Feuer, Luft und Wasser, als von Gott durchdrungene Seele und Geist zu entdecken. Unsere Erkenntnisse sind die Schlüssel, mit denen wir jede unserer inneren Türen öffnen. Wenn wir von allem lassen, was uns nicht mehr fördert und wir nichts mehr im Dunkel verbergen, werden wir erleuchtet und daher immerwährend sein.

Wenn wir sagen: »Ich bin sterblich«, setzen wir voraus, daß es das Gottwesen in der Materie nicht gibt und es auch nicht im Körper existiert, und wir unterstützen damit ein Glaubenssystem, demzufolge Gott ausschließlich auf den himmlischen Ebenen und Dimensionen zu Hause ist, während wir als Menschen an die Erde gebunden sind, und nur dann in die Himmel eintreten, wenn wir ›gut‹ waren, und auch dies nur nach dem Tode. Wie im Himmel, so auf Erden, oder ›wie oben, so unten‹ ist keine Metapher, sondern eine Tatsache.

Jedes Geschaffene ist den Zyklen des Lebens und Todes unterworfen. Alles, was lebt, wird sterben, um von einem Muster geformter Energie in ein anderes Modell fixierter Energie oder auch in Formlosigkeit transformiert zu werden. Dabei bleiben der Geist und die Seele unangetastet. Nach dem Tod ist die Form nicht mehr an uns gebunden, sie wird sich als zersetzende Energie reorganisieren und erneut geboren, damit sie einem veränderten Zweck dienen kann. Die größte Angst der Menschen ist die Todesangst und stets haben sie die *tödliche* Sehnsucht, für immer und ewig hier zu leben. Die zweitgrößte Angst wird aus der Besessenheit der Abhängigkeit von Zeit und Raum geboren, und Zeit scheint es immer zu wenig zu geben. Die Gesellschaft und der Staat haben einen Standard errichtet, nämlich den von Reichtum und Erfolg, nach dessen Maß sich Prosperität angeblich identifizieren lassen soll, und sie verewigen damit den simplen Gedanken, daß der Tod unser Ende bedeutet, da wir mit dem Tod alles, was wir besitzen, verlieren werden. In den Augen dieser Menschen ähnelt der Tod der Auflösung ihres Bankkontos. Statt zu erkennen, daß der Tod der natürliche Erfolg des Lebens ist; denn was die Körper in diesem Leben erkannt haben, wird im Tod mit der Seele weitergetragen, um im nächsten Leben in einer anderen Form erneuert zu werden. Wir sind stets die Gesamtsumme all unserer Erfahrungen und Erkenntnisse, und reich werden wir in allen Welten, Zeiten und Räumen durch unsere Gedanken und Handlungen bleiben, mit denen wir unser ICH BIN ausgedrückt haben.

Nach dem Tod entschwebt kein menschliches Wesen in andere Höhen als jene, die nicht schon hier, auf der irdischen Ebene, erreicht worden waren. Im Leben und im Tod gibt es Gelegenheit aufzuwachen.

Aufzuwachen bedeutet, sich der Gesamtsumme aller Erfahrungen zu erinnern, aller Versprechen, aller guten und unguten Handlungen. Das Potential aufzuwachen haben wir auch jetzt, in jedem Augenblick unseres derzeitigen Lebens. Wir sollten dem Schlaf des Lebens nicht erlauben, Schatten über unsere Augen zu werfen, die erst das Erwachen im Tod entfernt. Wir haben die freie Wahl, *jetzt* aufzuwachen. Öffnet sich die Blüte unserer Bewußtheit, wird es zwischen dem Bewußten und Unbewußten weniger Unterschiede geben. Vereinen sich die beiden Bewußtheiten miteinander und werden zu einem Bewußtsein, öffnen sich die Pforten der Vergangenheit, wir nehmen den Grund für unsere gegenwärtige Existenz auf Erden wahr und verstehen, warum wir hier sind. Wir sind aufgewacht! Bei vielen Menschen, deren Erinnerung in die tiefsten Regionen des unerwachten Bewußtseins zurückgedrängt ist, kommt das Aufwachen, in unterschiedlichen Graden, erst kurze Zeit nach dem physischen Tod. Jeder wird nach dem Tod die Kontoführung der vorausgegangenen Leben einsehen, sozusagen das ›Buch des Lebens‹, dessen Inhalte von uns selbst mit der Feder unserer Gedanken, Handlungen und Erfahrungen geschrieben wurde. Unsere Erziehung, die uns begreiflich zu machen sucht, das Selbst als gottdurchdrungenes Wesen zu erkennen, wird sogar nach dem Tod fortgesetzt. Damit wir das Selbst verstehen und erkennen, was es bedeutet, werden wir unser ›Buch des Lebens‹ zur Durchsicht öffnen. Mit Hilfe unserer Meister, Engel und Helfer lesen wir die Seiten vergangener Leben, und werden die Gesetze verstehen, die uns an das All des GANZEN binden.

Wir selbst sind es, die mit Hilfe der Weisen und der uns bindenden Gesetze die Verdienste oder Defizite des Lebenskontos beurteilen werden. Es wird uns dabei geholfen zu ›sehen‹, auf welchen

Wegen unser Denken und Handeln den ganzen Menschen, die anderen und die Welt, in der wir lebten, beeinflußt hat. Den Wert der vergangenen Leben werden wir selbst beurteilen, wobei uns die weisen Meister und die Richtlinien des Gesetzes helfen werden. Die Entwicklung des Selbst ist nicht unabhängig von unserem Denken und Handeln. Unsere Gedanken und Handlungen lösen Kettenreaktionen, für die wir verantwortlich sind, auf und im Planeten Erde und im gesamten Kosmos aus. Was immer wir denken und tun, lebt weiter fort, verewigt sich und vermischt sich mit allem und jedem in der gesamten Welt.

Wenn wir unser ›Buch des Lebens‹ lesen, werden wir feststellen, wie unsere Gedanken, auch lange nach dem physischen Tod, noch immer reisen und sich verweben, wie sie sich mit den Gedanken und Lebensformen alles Geschaffenen verknüpfen, sie berühren und beeinflussen, wie sie im Kollektiv gespeichert werden. Es ist nichts gestorben! Wir leben ewig, und auch unsere Gedanken werden so lange weiterleben, bis sie von uns wieder aufgenommen oder in etwas anderes transformiert werden. Unsere Handlungen vergangener Leben und die ihnen zugrundeliegende Motivation sind wichtig, denn sie hinterlassen die Spuren in unserem ›Buch des Lebens‹. Ethische Werte, die wir durch unsere vier Körper in die Welt gebracht, oder unethisches Denken und Handeln, mit dem wir die Welt beeinflußt haben, bestimmen die Entwicklung des Gesamtschemas in der Welt Gottes. Wir sehen daraus, wie wichtig JEDER einzelne für die ständige Erschaffung der Welt ist, in der wir leben. Alles, was wir heute tun und denken, lebt morgen weiter, es lebt durch und auf vielen Ebenen und in allen Dimensionen in Zeit und Raum. Die Zuverlässigkeit, mit der die Welt fortbesteht, hängt nicht vom Staat ab, der an seine eigenen Vorstellungen, Strukturen und Formen gebunden ist; der Wert der Existenz in dieser Welt hängt von UNS, von jedem einzelnen Menschen ab.

Was wir heute sind, tun und denken, ist transformierbar. Es ist nicht möglich, das Denken und Handeln einfach hinter sich zurückzulassen, weil es uns nicht mehr gefällt und wir es nicht mehr mögen, denn wir können es nicht wegwerfen. In diesem Leben gibt es Gelegenheit, unser altes und gegenwärtiges Denken und Handeln zu transformieren. Bringen wir es in diesem Leben nicht zustande, werden wir ganz gewiß ein nächstes Leben wählen, oder die uns bindenden Gesetze werden es tun, um die Transformationen, die bereits begonnen haben, zu vollenden. In jeder Existenz durchwandern wir die in uns aufbewahrte Erinnerung an die Erfahrungen aller vorherigen Leben, auch wenn wir uns jetzt nicht bewußt daran erinnern. Die Erfahrungen und Erkenntnisse unseres Denkens und Handelns können zur Weisheit transformiert werden, die wir mit unseren Brüdern, Schwestern und unserer Welt teilen. SEI du selbst, sei so, wie du wirklich bist, und dein Denken wird sich wandeln, es wird zur Wahrheit gelangen und Weisheit ausdrücken. Und dein Handeln wird so natürlich nachfolgen, wie der Fluß des Wassers. Das erwachte Bewußtsein wird unseren Verstand waschen und von jenen Vorstellungen reinigen, die wir uns selbst durch die Willensbestimmung des Ego, den Willen des ›kleinen Selbst‹, aufgebürdet haben.

Wer die Bewußtseinsschwelle von Zeit und Raum überschritten hat, während er noch auf der Erde im physischen Körper weilt, und bewußt in allen Dimensionen lebt, ist ein heiliger Mensch, wir würden sagen ein Meister, eine Meisterin, ein weiser Lehrer oder ein Guru. Der Heilige ist ein ERWACHTES Wesen. Es ist möglich, daß er/sie beim physischen Tod die eigene Präsenz in wohlriechenden Duft transformiert, der in der Welt und auf der Erde erneuernde Wirkungen hat. Ein Duft wie Parfüm und das Aroma von Blumenblüten wird oft wahrgenommen, wenn der Heilige durch den Prozeß geht, den wir Tod nennen, indem er/sie den physischen Körper verläßt. Der Duft gibt den Wohlgeruch des Heiligen wieder, dessen Leben mit dem ewigwährenden Erwachtsein verschmolzen ist. Wer ein solches Phänomen, die göttliche Mitteilung zu sehen, zu berühren, zu riechen und zu hören miterleben darf, wird in der Aura, dem Energiefeld des Körpers, eine Tür öffnen, die den Blick auf die eigene göttliche Natur freilegt, die nun sichtbar, berührbar, riechbar und hörbar ist. Verweilt der Wohlgeruch des Heiligen nach dem physischen Tod auf der Erde, wird er/sie weiterhin erreichbar, fühlbar und helfend im Dienst des Ganzen stehen.

Kein Wohlgeruch wird beim Tod jener Menschen aufsteigen, deren Denken und Handeln im Leben vergiftet war. Es sind Menschen, die auch im Tod noch von Habgier und Angst erfüllt sind, die für das ›kleine Selbst‹ gelebt haben und von ihrer Selbst-Bestimmtheit geprägt waren. Ihre Vorstellungen und ihr Verhalten haben üble Gifte produziert, die, den Verstand und Körper durchsetzend, Krankheiten verursachen und andere krank machen. Ein verseuchter Verstand verseucht auch die Welt. Diese Gifte zählen zu den allergefährlichsten, da sie der Seele in dem Sinn den Tod bringen, weil sie ihre Existenz und Präsenz in der Welt untergraben.

Die Gründe, weshalb ein Heiliger sich dazu entschließt, beim Verlassen des physischen Körpers ein Phänomen, wie das des um den toten Körper verweilenden Wohlgeruchs, zu schaffen, hängen vom individuellen Ziel und Zweck des Heiligen ab. Nicht alle Heiligen leben das gleiche Leben oder lehren auf dieselbe Art, nicht alle wenden dieselben Techniken an, die das Unbewußte, um sich mit dem Bewußten zu vereinen, erweckt. Durch die Erfahrung eigener Praxis als Selbst verwirklicht und als Meister qualifiziert, mögen sich die Lehrmethoden der Annäherung an die Entwicklung des ›inneren Wesens‹ von Meister zu Meister unterscheiden. Es gibt viele große Meister und Meisterinnen, die, unabhängig davon, ob sie derzeit in ihrem physischen Körper weilen oder nicht, unseren Weg, der uns unserem eigenen inneren Meister zuführt, leiten.

Wahrheit IST, sie ist nicht abhängig davon, ob uns ein Meister sagt, was Wahrheit ist oder was sie nicht ist. Die Wahrheit braucht den Meister nicht. Auch die Gültigkeit der Wahrheit ist unabhängig davon, ob wir sie glauben oder nicht. Ein Meister ist dann der beste Stellvertreter der Wahrheit, wenn er in Gedanken, Worten und Handlungen wahr ist. In allen Dingen ist die Wahrheit stets gegenwärtig, sie war schon da, noch bevor Gott die Vorstellung hatte, sich in Menschen, Tieren, Pflanzen und Steinen zu manifestieren. Wenn die Meister Übungen der Stille lehren, fördern sie die Wahrheit in uns, die deine, meine und unser aller Wahrheit ist, weil sie EINE Wahrheit ist. Das Hören ist etwas anderes als das Horchen. Wir können nicht horchen, wenn die Kirchenglocken läuten, da wir das Horchen in die Stille nur in der Stille erfahren, und das ist etwas anderes, als das Anhören von Geräuschen, die von außen kommen. Aus den gleichen Gründen können wir nicht horchen, wenn ein Heiliger spricht. Wir horchen, bevor die Glocken läuten, während wir uns der Stille hingeben, und wir können horchen, nachdem die Glocken geläutet haben, wenn wir die Stille gewähren lassen. Wenn der Heilige spricht, hören wir zu, doch das ist nicht Horchen. Die Wahrheit vernehmen wir erst, wenn wir die Fähigkeit erreicht haben, unsere Gedanken ganz ruhigzustellen. Sind wir nicht in der Stille, während wir auf die Gegenwart und die Worte des Heiligen warten, kann uns die Wahrheit nicht gelehrt werden, auch von den heiligsten Wesen nicht. Es sind weniger die Worte an sich, die soviel Kraft haben, als das Gewährende, mit dem wir in der Stille auf ihre Worte warten, das die Kraft hat, die Türen zum Wissen unserer eigenen Wahrheit zu öffnen. Höre auf keine Stimme aus dem Unbekannten! Bereite in dir die Stille vor, damit deine Seele, die dein innerer Meister ist, zu dir sprechen kann. Die Lehrmeister der äußeren Welt führen uns durch die Stille dem inneren Meister entgegen. Wenn wir in der Stille horchen wollen, sollten wir im Zustand des Gewährens sein. Was bedeutet das? Es ist die Kunst des Stillseins und der bewußten Wahrnehmung unseres Atems, den wir zwar beobachten, aber nicht kontrollieren, und den wir gewähren lassen. Der Atem findet seinen eigenen Weg zum WEG. Den Atem wahrzunehmen, ihn zu beobachten, ermöglicht uns die Erfahrung, auf dem Pfad der Selbstverwirklichung getragen zu werden, so daß wir nicht mehr und nicht weniger tun müssen, als zu gewähren. Daß wir nach nichts fragen, nach nichts Ausschau halten, nicht nach einer Vision oder einem Klang, sondern geöffnet sind für das, was ist. Zu gewähren bedeutet auch, präsent mit und als Teil aller Dinge zu SEIN, und doch nicht danach zu suchen, Teil aller Dinge zu sein. Zu gewähren ist die Vervollkommnung absoluter Präsenz, die wahre Natur der Realität, die in ihrem anstrengungslosen Mitempfinden für alles Leben, sei es in der Form oder ohne, allumfassend ist.

Vielleicht werden uns künftige Erfahrungen zeigen, daß uns die Meister der äußeren Welt dem inneren Meister zuführen, denn unser wirklicher Meister lebt und spricht in uns, und niemals, auch nicht für einen Augenblick, läßt er uns im Stich. Diese Wahrheit wird uns der Lehrmeister der äußeren Welt verdeutlichen. Ich meine, es ist ein häufig begangener Fehler zu glauben, der äußere Lehrmeister, nach dem wir so ernsthaft suchen, sei unser größtes Ziel, denn sein Bild der Vollkommenheit und seine Werte bilden nur das lebende Modell unseres inneren Meisters, des Gottwesens, das in uns lebt, ab. Der innere Meister ist es, der unsere Suche nach dem äußeren Meister anregt, damit er uns wiederum an den inneren Meister verweist und ihn in unser Gedächtnis zurückruft. Ich glaube, unsere aus dem Inneren rufende Sehnsucht gilt dem Gottwesen, das uns anrührt, und dessen Ruf wir als Sehnsucht nach *etwas* identifizieren. Wir alle fühlen, mit unterschiedlicher Intensität, die Sehnsucht unserer Seele, Gott durch uns auszudrücken. Diese Sehnsucht der Seele will von unserer Erkenntnis des erwachten Selbst und unserer Wahrnehmung des inneren Meisters gestillt werden.

12. Kapitel

STERBEN, TOD, GEBURT UND REINKARNATION

Was kommt nach dem Tod?

Ist nach dem physischen Tod das Leben zu Ende? Gibt es die Wiedergeburt? Nach welchen Gesetzen verläuft der Reinkarnationsprozeß? Fragen, die wir uns alle stellen, liegen diesem Kapitel zugrunde. In diesem Zusammenhang drehten sich diese Gespräche auch um die Folgen der Kirchenpolitik des frühen 6. Jahrhunderts, da viele Katholiken heute der Ansicht sind, der Glaube an die Wiedergeburt ließe sich mit den christlichen Glaubensvorschriften nicht vereinbaren. Doch wie so häufig werden Kirchentum und Christentum als ein und dieselbe Sache betrachtet. Die frühe christliche Kirche hatte die Lehre von der Wiedergeburt akzeptiert, und sie wurde von den Gnostikern und zahlreichen Kirchenvätern, darunter Klemens von Alexandria und dem berühmten Origines und dem Heiligen Hieronymus, erläutert. Doch im Jahre 553 wurde diese Lehre im Zweiten Konzil zu Konstantinopel zum ersten Male zu einem Irrglauben erklärt. Zu jener Zeit glaubte die Kirche, daß die Lehre von der Wiedergeburt dem Menschen eine zu lange Zeit- und Raumspanne gewähre und sie deshalb nicht genügend antreibe, sich schon jetzt um Erlösung zu bemühen. Doch die Unterdrückung der Wahrheit führte dazu, daß die Menschen ihre ›einmalige Lebenszeit‹ nicht ausnutzen, Gott zu suchen, sondern sich um diese Welt, die sie auf so einzigartige Weise gewonnen haben und bald wieder verlieren werden, in vollen Zügen zu genießen. Daß diese Manipulation der Kirche mitverantwortlich ist für die ungeistige Weltsicht des einseitigen Materialismus und für den Verlust der Verantwortung und Ethik in Wissenschaft und Forschung und letztlich auch den Verlust der Inhalte christlicher Religion, sollte uns bewußt sein. Wie das kulturelle Erbe des Christentums von der Kirche verschleudert wurde, wirkt noch heute in allen Lebensbereichen nach.

Im Leben haben keine zwei Menschen exakt dieselben Erlebnisse und Erkenntnisse und auch im Sterben nicht oder unmittelbar nach dem Tod des physischen Körpers. Viele fühlen sich im Sterben allein und verlassen, unabhängig davon, wie viele Menschen in ihrem Leben wichtig für sie waren oder während der letzten Augenblicke um sie sind. Die ihnen vertraute Welt zu verlassen, ob das Leben nun schwer war oder nicht, um ins Unbekannte zu gehen, empfinden viele als großen Schmerz. Viele Sterbende verbringen die letzten Augenblicke damit, über ihr zurückliegendes Leben zu kontemplieren. Es tauchen Bilder aus der Vergangenheit auf, und die auftauchenden Eindrücke vor dem Tod zu bewerten, ist für diese Menschen besonders wichtig. Andere Sterbende bemitleiden sich. Sie glauben, es werde ihnen nun, nachdem sie das ganze Leben gearbeitet haben, um zu Wohlstand und Ansehen zu kommen, alles geraubt. Es verärgert sie, ihren materiellen Reichtum nicht mitnehmen zu können, und sie fürchten auch, ihr Ansehen oder ihr Ruhm werde im Laufe der Zeit in Vergessenheit geraten und verblassen. Sie beklagen, zurücklassen zu müssen, was ihnen am wichtigsten war. Andere Menschen suchen Zuflucht im Tod, denn sie sind der Meinung, er erlöse sie von der Pflicht zu arbeiten und Verantwortung zu tragen, die ihnen eine Last ist. Für diese Menschen ist der Tod ähnlich einer Flucht durch Selbstmord, und das hat ebenfalls karmische Konsequenzen. Wenn du jeden Tag so lebst, als sei er der letzte, wirst du beim Sterben möglicherweise weder Trauer noch Schmerz empfinden. Vielleicht wirst du mit dem Gefühl gehen, alles getan und erreicht zu haben, was du in diesem Leben wolltest, und in Frieden sterben.

Wenn Sterbende sich dem Gebet zuwenden und ihren Widerstand gegen den Tod aufgeben, bietet sich ihnen, noch während sie im physischen Körper weilen, eine letzte Möglichkeit, die Tür des Herzens zu öffnen, um das eigene innere Vermögen zu erkennen. Es mag dies der Zeitpunkt sein, zu dem Vergehen bereut und vom Mitgefühl des Herzens verbrannt werden. Vielleicht werden sie als Sterbende Zeugen der eigenen Hingabe, und ihr von Liebe durchdrungenes Wesen zu empfinden, wird ihre letzten Augenblicke sehr erleichtern. Eine Erinnerung an eine Zeit vor diesem Leben könnte sogar plötzlich auftauchen, in der ein Meister sie gehalten und umarmt hat. Jene Menschen, die sich vor dem physischen Tod von Anhaftungen befreien konnten, sterben in Frieden und verweilen in ihm. Auf den Gesichtszügen dieser Menschen wird sich ein heiterer Ausdruck zeigen, ein gelöstes und befreites Glück widerscheinen. Das Erlebnis der Freude hat ihre Angst vertrieben.

Langsam wird das Ein- und Ausatmen aufhören, unabhängig davon, ob wir auch im Sterben noch an unserem Zorn und Widerstand festhalten oder die Hingabe und Freude umarmen. Jedem Menschen, der im Laufe des Lebens eine Verbindung zur ›anderen Seite‹ und ihrer subtilen Natur gefunden hat, wird vor dem physischen Tod und Abschied das Geschenk der Erleuchtung zuteil. Im Tod bedeutet diese Erleuchtung einen kurzen Blick ins Licht, und dieser flüchtige Anblick kann der eines Lichtwesens sein, eines Engels, Meisters oder verstorbenen Freundes, Verwandten oder Bekannten, die am Sterbebett stehen oder dem Sterbenden im Traum erscheinen.

Das Licht ist der Weg. Kurze Zeit nach dem Tod geht jeder, sei es bewußt oder unbewußt, durch einen Tunnel aus Licht. In diesem Tunnel sind wir befähigt, vollkommener zu sehen, zu hören und zu verstehen, wer wir sind und in welchem Verhältnis wir zu allem anderen stehen. Jene, die auch im Tod noch in ihrem Denkprogramm, wonach das Leben auf der Erde die einzige Realität ist, gefangen sind, sehen zwar das Licht, doch es hat keine Bedeutung für sie. Sie hören, doch sie horchen nicht, und die Bedeutung und Funktion des Lichts können sie nicht begreifen. Das Licht ist immer gegenwärtig, doch damit sie sich mit dem Licht vereinen, müssen sie ihm entgegengehen oder in das Licht eintreten, wenn es auf sie zukommt. Im Licht ist nichts Beängstigendes oder Schädigendes. Das Licht trägt sie aus den Ebenen der vierten oder fünften Dimension, in der sie sich jetzt befinden, und führt sie sanft in die Ebene einer Dimension, die ihrem Selbstausdruck entspricht. Menschen, die plötzlich aus dem Leben scheiden, fühlen sich in der vierten oder fünften Dimension oft verloren und unfähig, ihren Weg und ihre Richtung zu finden. Sie leiden noch immer unter dem Schock des plötzlichen Todes, bis ein Engel oder Meister sie weiterführt.

Das Sterben ist keine Krankheit und der Tod nicht das Ende. Wie jeder einzelne Mensch stirbt, ist verschieden, und daher ist auch das Leben nach dem Tod unterschiedlich, weil es vom Bewußtsein und den Erfahrungen des Lebens jedes einzelnen abhängig ist. Nach dem

Tod trifft jeder auf die ihm entsprechende Gleichheit, auf jene Werte, die den Erfahrungen und Erkenntnissen zu Lebzeiten gleichen. Die folgenden Beispiele werden die Gesetze der Anziehung verdeutlichen und auch die Ordnung der Gesetze, die uns im Leben leiten. Die Gesetze geben uns Einblick in die Struktur einer vollkommenen Ordnung, in der und mit der wir leben. Nichts geschieht per Zufall. Gesetz und Gerechtigkeit herrschen auf allen Ebenen und Dimensionen.

Sterben im Zustand von Leid und Krankheit

Ist der physische Körper im Tod mit Medikamenten und Arzneimitteln angefüllt, die entweder als Heil- oder Schmerzmittel eingenommen wurden, oder auch als Mittel zur Flucht, wie Schlaftabletten, wird zwar nach dem Tod das Licht gesehen, doch es wird schwierig, wenn nicht sogar unmöglich sein, in den subtilen Lichttunnel einzutreten. Abhängig von der Menge, Art und Dauer der vor dem Tod eingenommenen Medikamente wird sich herausstellen, ob die Entwicklung nach dem Tod durch das Stadium des Limbo führen wird. Limbo heißt nicht, wie es das Lexikon definiert, ein Ort des Vergessens oder gar der Vorhölle. Dieses Stadium bietet vielmehr einer spezifischen Aufnahme auf einer dafür bestimmten Ebene in einer bestimmten Dimension Raum. Während ihres Aufenthalts in diesem Raum fühlen sich die Verstorbenen erfüllt von Frieden und sind sich nicht bewußt, während sich die Medikamente von ihrem ätherischen Körper lösen, durch welchen Prozeß sie jetzt gehen. Wie lange sie im Limbo verweilen, ist abhängig von der Art der Arzneien, dem Zeitpunkt der Einnahme und von der Zeitdauer, die die Medikamentenablösung von ihrem ätherischen Körper erfordert. Das Limbostadium ist nicht nur für jene gedacht, die übermedikamentiert angekommen sind, sondern auch für Kranke, die ein langandauerndes Leiden zu erdulden hatten. Bevor sie ihr Bewußtsein zurückgewinnen, ruhen sie sich von der Erschütterung der zurückliegenden Krankheit aus. Sind sie voll erwacht, ist ihre Anhaftung an die Erinnerung der leidvollen Krankheit mit ihrer Fähigkeit, damit umzugehen, ins Gleichgewicht gekommen. Der Raum des Limbo ist voll des Friedens und von warmem Licht erfüllt. Niemand geht in diesem Raum, welcher der Erholung dient, durch die Erfahrung von Schmerz, Leid oder Angst. Oft sehen sich die Besucher des Limbo nach ihrem Erwachen in einem Bett liegen, zugedeckt mit Bettdecken, als ob sie nach einem friedlichen Schlaf in vertrauter Umgebung erwachen. Öffnen sie dann die Augen, fühlen sie sich nicht allein, denn stets wartet liebende Fürsorge auf sie, sei es durch einen Meister, Engel oder durch einen geliebten Menschen, und sanft werden sie der Ebene jener Dimension entgegengeführt, die dem Ausdruck ihrer vergangenen Leben entspricht. Von ihren Meistern geleitet, werden sie nun Gelegenheit haben, ihre vergangenen Leben anzusehen, und ihre Rückerinnerung wird sie befähigen, von Neuem ihre Vervollkommnung als Sinn der Schöpfung zu erkennen, bevor sie entscheiden, welchen Entwurf sie dem künftigen Leben, der ihnen und dem Ganzen dienen soll, zugrundelegen wollen.

Sterben im Zustand des Drogenmißbrauchs

Im Todes- und Wiedergeburtsprozeß fällt der Tod von Menschen durch Drogenmißbrauch in eine andere Kategorie als der übermedikamentierter Patienten. Ein weiterer Unterschied besteht darin, ob der Drogenabhängige die Mittel nimmt, um einer Realität, die ihm nicht gefällt, zu entfliehen oder ob die Weltanschauung darin besteht, ihr Verstand und Körper gehöre ihnen ganz allein, und daher könnten sie damit machen, was sie wollen. Dann gibt es noch die Kategorie jener, die Drogen zum Vergnügen nehmen, um ihren Verstand zu erweitern oder ein höheres Bewußtsein zu erreichen, wie beispielsweise durch halluzinogene Drogen. Als Drogenmißbrauch sehe ich die Anwendung zu experimentellen Zwecken an. Aus welchen Gründen auch immer Drogen genommen werden, stets wird die Drogeneinnahme, wenn sie nicht eindeutig medizinischen Zwecken dient, die der jeweiligen Hintergrundmotivation entsprechenden karmischen Folgen auf den Plan rufen.

Eine weitere Form der Drogenabhängigkeit ist der Alkoholmißbrauch. Alkoholische Getränke können zwar in geringer Menge durchaus heilend wirksam sein, doch in größeren Mengen sind sie schädlich, da sie den Verstand und den Körper durch Illusionen und Täuschungen irreführen. Dann beginnt der Verstand, in Extreme abzuwandern, die den Alkoholkonsumenten mehr und mehr zum Verstandesextremismus, in Halluzinationen, falsche Einschätzung, Vorurteile und auch in physische Probleme führen. Wie das Gewicht eines Pendels schlagen die Extreme dann über dem Alkoholiker aus, um sich schließlich ins Finale einzupendeln. Mit zunehmender Selbstzufriedenheit wächst auch die Distanz zwischen der Realität ihrer inneren und äußeren Welt, was Alkoholabhängige insofern sehr beschäftigt, da sie ständig darum kämpfen, sich einigermaßen sicher zu fühlen. Sie spüren keinen festen Boden mehr unter den Füßen, und die Himmel über ihnen scheinen manchmal zu nah oder auch zu fern.

Nach dem Tod erleiden alle Drogenabhängige jene Qualen des Verstandes, die der Verblendung entstammen, da die Realität, die sie für wahr und absolut hielten, nun auseinanderfällt. Sie sehen sich auseinanderbrechen, ähnlich einer in Scherben zerbröckelnden, ausgetrockneten Tonpuppe, und sie fühlen sich sehr hilflos. Sie wissen nicht, wie sie die eigenen Bruchstücke wieder zu der ihnen einzig bekannten Realität zusammensetzen sollen. Ihr Weltbild zerbricht, da ihre Realität, konfrontiert mit einer anderen, sich auflöst, und in diesem Umfeld fühlen sie sich als Opfer. Sie haben den Eindruck, ihre Körper schwankten wie in einem Wind, und hilflos durchwandern sie den Raum, ohne feststellen zu können, wo sie sind, wohin sie gehen und was mit ihnen geschehen wird, und auch das erschüttert ihr Bild der Realität. Die Interimsperiode kann ihnen endlos lang vorkommen. Die Dauer der ›Zeit‹, in welcher sie in Angst wandern, ist abhängig von den Auswirkungen, die ihre Handlungen als Folge des Drogenmißbrauchs hervorgebracht haben, vom Grad ihrer Verantwortungslosigkeit gegenüber sich selbst und anderen und von ihrer Fähigkeit, sich zu verändern und zu bereuen. Früher oder später werden sie in eine dafür vorgesehene Dimension geführt oder dorthin magnetisch angezogen, und auf einer Ebene existieren, der sie nicht entkommen können. Hier werden sie solange bleiben, bis ihr Verstand klarer geworden und ihre Gedanken und ihre Haltung geläutert sind.

Das Sterben von Kindern

Abhängig vom Bewußtseinsstand, mit dem das Kind ins Leben eingetreten war und es verlassen hat, ist es möglich, daß das Kind nach dem Tod kein Kind mehr ist. Mit dem Begriff ›Kind‹ verbindet unsere Gesellschaft die Vorstellung eines menschlichen Wesens, das noch ohne Wissen und Verantwortungsgefühl ist. Wir sind daran gewöhnt, nach dem Alter festzusetzen, wer ein Kind oder ein Erwachsener ist, doch sollten wir uns auch fragen: *Wann wurden wir erstmals geboren? Wie viele Leben haben wir schon gelebt? Wie alt sind wir wirklich?* Erlitt das Kind vor dem Tod Verletzungen und Schmerzen und wurde es im Sterben nicht medikamentös behandelt, wird es nach dem Tod einem Engel oder Meister begegnen, der ihm beisteht und sanft einem Ort der Orientierung entgegenführt. Das Kind hat nun Gelegenheit, sich von seinem vorausgegangenen Leben als Kind zu lösen, um als Erwachsener die Ganzheitlichkeit des Selbst als Summe allen Erlebens aller Leben zu erkennen. Auf den subtileren Ebenen wird das Alter einer Seele nicht nach Jahren, sondern nach ihrer Befähigung, Weisheit auszudrücken, verstanden. Selten tritt ein Kind, wenn es vor dem Tod ein langandauerndes Leiden zu erdulden hatte, in das Stadium des Limboraums ein, durch den Erwachsene unter den gleichen Umständen gehen. Im Gegensatz zu Erwachsenen haben Kinder die Fähigkeit, Schmerz und Leid viel rascher loszulassen, und sie sind, da sie die Gewohnheit noch nicht angenommen haben, an unbefriedigenden Dingen festzuhalten, kaum an Dinge verhaftet. War das Kind vor dem Tod übermedikamentiert, wird es aus den gleichen Gründen wie ein Erwachsener durch den Limboraum gehen, damit sich während des Aufenthalts die Medikamente vom ätherischen Körper ablösen. Die Kinder haben weniger Angst vor dem Tod als die Erwachsenen. Mit ihren angeborenen Fähigkeiten, zu *sehen,* zu *hören* und zu *verstehen,* sind sie noch nicht geblendet von jener einsetzenden Entwicklung, in der ihnen andere erklären, zu sehen und zu hören sei ein Tabu. Die Kinder sind von Natur aus hellsichtig, bis man ihnen beigebracht hat, es nicht mehr zu sein. Sprechen sie ihre Weisheit und Wahrheit aus, werden sie dafür nicht belohnt, sondern bekommen Schelte, weil sie den Wahrheiten ihrer Eltern und Lehrer nicht glauben wollen.

Sterben durch den Hungertod und ähnliche Entbehrungen

Das Sterben durch Verhungern oder durch andere unmenschliche Entbehrungen wird nach dem Tod ähnliche Umstände wie nach einer schweren Krankheit mit sich bringen. Die Verstorbenen werden zu einem Aufenthaltsort, der anders als der Limboraum ist, gebracht, in dem sie so lange weilen, bis sie fähig geworden sind, mit dem schweren Los und der Härte des vorausgegangenen Lebens umzugehen. Es ist ein Ort, der ihnen hilft, ihren Zorn und ihre Verzweiflung aufzulösen. Während im Limboraum der nach langer Krankheit Verstorbene im Schlafzustand bleibt und erst dann erwacht, wenn es möglich ist, in gesunder Weise mit den Erfahrungen des vergangenen Lebens umzugehen, wird der am Hungertod gestorbene Mensch nicht in den Schlafzustand fallen. Das Karma, welches ihr vorausgegangenes Leben mitbestimmte, ist unterschiedlich, daher ist auch der Prozeß verschieden, mit dem die vorausgegangenen Probleme behandelt werden. Wann sie den Aufenthaltsort verlassen und wohin sie danach gehen werden, hängt von ihrer Bereitschaft ab, ihren Haß loszulassen. Werden die Gründe, weshalb sie im vorausgegangenen Leben in derartigem Elend lebten, ernsthaft hinterfragt, kann in ihnen eine große, allumfassende Liebe erwachsen, ihr Mitgefühl kann Wellen, die sie umfluten, entstehen lassen, und ihre veränderte Anschauung wird sie befreien. Ihre Transformation ermöglicht einem Meister oder Engel in ihrem Umfeld zu erscheinen, um den Befreiten nun liebevoll weiterzuleiten. Um die Entwicklung voranzutreiben, wird dann der Meister alternative Möglichkeiten erläutern, wie beispielsweise im derzeitigen Bewußtseinszustand zu verweilen, in dem nicht an alle früheren Leben Erinnerung besteht oder die Erziehung zu fördern, indem sie die Lehren der Meister zu verstehen suchen, als gingen sie in den Sphären zur Schule; oder, als weitere Möglichkeit, einen anderen Aufenthaltsort zu besuchen, wo sie Zeit und Hilfe finden, um an der Verabschiedung ihrer Verzweiflung zu arbeiten, damit sie danach in eine Ebene oder Dimension eintreten können, die ihnen gleicht. Diese Menschen haben nun die Freiheit zu wählen, welche Alternative ihnen am liebsten ist, damit sie ihren Weg finden. Es ist auch möglich, daß manche dieser Menschen den Rat ihrer Meister nicht annehmen, was sehr bedauerlich ist, da sie in ihren Haßgefühlen, ihrem Argwohn, ihrer Frustration und Verwirrtheit hängenbleiben. Obwohl sie nicht bereit sind, hilfreiche Entschlüsse zu fassen, um in diesem Sinn ein neues Leben zu wählen, haben sie trotzdem die freie Wahl der Entscheidung. Ihr alter Haß allerdings kann derartig grobe Wellen in Bewegung bringen, daß die Schwingung ihrer Körper nicht subtil genug wird, um in die Ebene einer Dimension gezogen zu werden, die ihrer ganzen Person und der Gesamtsumme ihrer Erfahrungen aller Leben entspricht, und sie bleiben dann weder grobstofflich genug, um auf die physische Ebene zu kommen, noch subtil genug, um auf den himmlischen Ebenen verweilen zu können. Ihr Haß bindet sie an das zurückliegende Leben, sie suchen nach Rache, damit sie ihre Wut zufriedenstellen. Diese Menschen können dann zum Ärgernis werden. Manche halten sich in sogenannten Geisterhäusern auf, die sie mit ihrem Treiben stören, und wir kennen sie aus entsprechenden Gespenstergeschichten. Diese Geister gibt es wirklich, und ihr Treiben benutzen sie als Rachemittel, sie genießen boshafte Umtriebe, damit sie ihren Haß durch Aktivitäten ausdrücken können, mit denen sie den Willen anderer übertreten.

Das Sterben von Mördern und Kriegstreibern

Der naturgesetzlichen Waage der Gerechtigkeit wird auch der Mörder nicht entgehen, selbst wenn er auf Erden den Handschellen der Polizei entkommen konnte.

Unter dem Begriff Kriegstreiber verstehe ich nicht jene Soldaten, die für ihr Land, ihre Heimat und ihre Familien kämpfen, sondern die kriegslüsternen Leute, die ein Geschäft aus dem Tod machen, die aus Vergnügen oder für Geld töten, ob es nun Soldaten oder Zivilpersonen sind. Mörder und Leute dieser Art kriegslüsternen Menschenfressertums werden für eine Interimszeit aus den wiederkehrenden Zyklen von Leben und Tod ausgeschlossen und entsprechend ihrer Verbrechen angeklagt. Sie werden, bevor es zur Anklage kommt, möglicherweise solange warten müssen, bis sie fähig sind, das vorausgegangene Leben zu *sehen,* oder auch mehrere vergangene Leben, in denen sie ähnliche Verbrechen begangen haben. Auf jeden Fall werden sie mit den Folgen ihrer Handlungen konfrontiert, nicht nur am Beispiel des unmittelbar betroffenen Opfers, sondern auch am Beispiel aller anderen, die durch die Umstände Opfer wurden, wie etwa die Eltern des Opfers. Der Mörder hat nicht nur das Opfer geschädigt, sondern auch die Familie, die Freunde und sogar die Gesellschaft. Allen hat er Leid zugefügt, und das Karma des Mörders wird so lange nicht ausgeglichen sein, bis die Wiedergutmachung nicht nur am unmittelbar betroffenen Opfer erfolgte, sondern auch an den Eltern, Freunden und der Gesellschaft. In künftigen Leben wird der Mörder seinem Opfer dienen, und die karmische Buchführung ist erst dann in Ordnung gebracht, wenn er seine Schulden an alle Opfer und auch an die Gesellschaft zurückbezahlt hat. Gegenüber allen Opfern, wozu auch die Gesellschaft zählt, muß die Wiedergutmachung erfolgen. Der Mord, die früher begangene Tat, zwingt den Menschen in zahllose künftige Leben. Werden die Folgen der Handlungen bewußt, und ist der Wille vorhanden, die karmische Kontoführung in Ordnung zu bringen, werden die ehemaligen Mörder viele künftige Leben entwerfen, in denen sie ihre Opfer unterstützen, möglicherweise haben sie auch die Wahl, einer Sache zu dienen, die der Gesellschaft und der Welt nützt. Das karmische Gesetz wird auf jeden Fall durch sie wirken, damit ihr Konto ins Gleichgewicht kommt, unabhängig davon, ob sie dazu beitragen, ihre künftigen Leben positiv zu gestalten oder sich widersetzen, die Folgen ihrer Handlungen zu tragen. Das bewußte Aufarbeiten des Karmas wäre der schnellste Weg, die Freiheit der Wahl wiederherzustellen.

Wer Gesetze bricht, sei es die des Staates oder die des Kosmos, muß sich klarwerden, wie die Folgen seines Handelns das Denken der Welt und den Kosmos beeinflussen. Die sich bei jedem Tötungsakt verbreitende Energie bewegt sich durch den gesamten Kosmos. Was Gott gegeben oder erschaffen hat, kann niemals zerstört oder der Grausamkeit ausgesetzt werden, ohne daß wir die Hand gegen Gott erheben und gegen uns selbst, ob wir das zum jetzigen Zeitpunkt verstehen oder nicht. Wird ein Mensch oder ein Tier geschlagen, ist das ein Schlag gegen Gott. Es gibt Gesetze gegen das Töten, gegen Quälerei und die Verursachung von Schmerz. Nach dem Tod werden den Verbrechern ihre Taten gezeigt, sie müssen ihren Handlungen gegen die Gerechtigkeit begegnen oder so lange mit ihren Opfern zusammenkommen, bis diese ihnen die vergangenen Verbrechen vergeben haben. Zudem werden die Verbrecher so lange keine Wahrnehmung des Geistes finden, oder die Unterstützung von geistigen Meistern oder Engeln empfangen, bis sie verstehen, welchen Betrug und welche Tragödien sie verursacht haben, was sie an anderen, an sich selbst und in der Welt angerichtet haben. Nur dann werden sie von der Trennwand ihres Karmas und von ihrem selbstgeschaffenen Ungleichgewicht erlöst. Den Mördern wird im Himmel nicht mit Freundlichkeit begegnet. Die durch die eigenen Handlungen aufgerichtete karmische Wand trennt sie von jenen, die sie lieben. Schon unmittelbar nach dem Tod werden sie unter strikter Ablehnung leiden, denn während ihres Aufenthalts in einer dafür bestimmten Dimension sind sie der Bestrafung durch die Einzelhaft der Einsamkeit ausgesetzt. Die um sie aufgerichteten Mauern sind selbstgeschaffen und bestehen aus dem Stoff ihrer Vergehen.

Nach ihrer Entlassung werden die Täter einem Raum zugeführt, den sie als etwas heller empfinden werden als den vorherigen. Dieser Raum ist ein wenig subtiler und bietet ihnen Gelegenheit nachzudenken, falls sie davon Gebrauch machen wollen, damit sie Wege finden, das von ihnen verursachte Ungleichgewicht wieder in die Balance zu bringen. Die Gesetze der Anziehung werden sie magisch in die Ebene und Dimension ziehen, die der Gesamtsumme all ihrer Taten und Missetaten entspricht und ihnen ermöglicht, Bewußtsein darüber zu gewinnen. Sie werden, indem sie mehr und mehr Wahrnehmung entwickeln, sogar auf den himmlischen Ebenen die Gesetze der Anziehung aktivieren. Ihr Zugang zu höherem Bewußtsein wird sie auch in entsprechend höhere Ebenen und ihnen entsprechende Dimensionen bringen.

Selbstmord

Der Täter ist selbst das Opfer. Ein Mensch, der die Hand gegen Gott erhebt, indem er sich das Leben nimmt, wird auch nach dem Tod unter dem gleichen Grauen leiden, mit dem er sich schon zu Lebzeiten gefoltert hat. Der Alptraum des Selbstmörders wird nach dem Tod zu einer Realität, die er nun auf andere Weise wahrnimmt, da er jetzt von seinen eigenen Teufeln gejagt wird. Glaubt er an ein Fegefeuer, wird er sich im Feuer verbrennen sehen, glaubt er an Monster, wird er auf dieser Ebene viel Zeit damit verbringen, den eigenen Monstern davonzulaufen. Dieser Mensch fühlt sich völlig hoffnungslos. In der Todesstunde befand sich das Bewußtsein im Zustand tiefster Verzweiflung. Der Selbstmörder hat nicht erkannt, daß er im Laufe seines Lebens selbstsüchtig geworden ist, denn der Selbstmord ist ein Akt der Selbstsucht. Nach dem Tod wird diesem Menschen kein Meister oder Helfer begegnen, er reist alleine, und nur die Angst leistet ihm Gesellschaft. Die Selbstmörder bereuen ihre Sünden sehr rasch, da sie die Hölle viel härter empfinden als die des vorausgegangenen Lebens. Sobald sie bereuen und von der Hetzjagd ihrer eigenen Monster völlig erschöpft sind, bewegen sie sich einer anderen Ebene zu, einem Ort, der ein wenig Heilung und Linderung verschafft. Aber auch dort gibt es kein Mitleid für den Selbstmörder. Es ist ein Ort des Lernens, wo ihnen ihr ›Buch des Lebens‹ zur Einsicht gegeben wird, damit sie Zeuge ihrer Überheblichkeit werden und die Saat ihrer Unzufriedenheit herausfinden. Diese Menschen haben keine Eile, erneut in den Reinkarnationsprozeß einzutreten, und das ist nur gut so. Es gibt für sie noch viel zu lernen und das Umfeld ihres neuen Unterrichtsplatzes gibt ihnen die Chance dazu. Es bleibt ihrer Wahl überlassen, weiter in ihrer Schule zu bleiben, um auf den himmlischen Ebenen ihre Schulden abzuarbeiten oder auf der anderen Seite in der Welt der Materie. Es ist auch denkbar, daß ihnen die Aufgabe übertragen wird, andere zu unterstützen, die noch auf der physischen Ebene weilen. Nachdem sie ihre Lernaufgabe erfüllt haben, könnte es ihre Stimme sein, die uns ins Ohr flüstert, die uns warnt, wenn wir an Selbstmord denken: »Nein! Tu es nicht! Es wird sich dein Leben zum Besseren wenden! Du würdest es sehr bedauern!«

Das den Selbstmord ahndende Gesetz kennt Ausnahmen. Das Gesetz verteidigt nicht die Wege der Flucht, sondern die des Überlebens, und es gibt bestimmte Umstände, in welchen das Gesetz flexibel ist. Die Ausnahme macht das Gesetz für das unschuldige Opfer. Erhängt sich beispielsweise ein Mensch, bevor die Verfolger dazu kommen, ihn zu erhängen oder ihm noch Übleres anzutun, wie in Kriegssituationen, handelt er aufgrund einer anderen Verzweiflung, da er dem Tod aus eigener Hand mehr vertraut als dem Killertum seiner Verfolger. Trotzdem ist Karma geschaffen worden, denn Mord widerspricht den Gesetzen, an die wir alle gebunden sind. Nach dem physischen Tod werden diesem Menschen keine eigenen Monster begegnen, vielmehr ist er mit seinen Tränen und Kummer konfrontiert und sehr verzweifelt, weil er sich durch die eigene Hand getötet hat. Er wird dadurch erlöst, daß er mithilft, sich selbst und die Welt zu verändern, um sie zu einem besseren Ort für das Leben und Lernen zu machen, oder er bleibt dem Zorn verhaftet. Wird sein Haß sehr intensiv, kann er zur Waffe in seiner Hand werden, die er in einem späteren Leben gegen andere richten wird, und es ist möglich, daß er dann selbst zum Kriegstreiber wird, was er im vorigen Leben so sehr verabscheut hatte. Doch meist sind Selbstmörder so verzweifelt, sich das Leben genommen zu haben, daß sie ihren Haß gegen andere und gegen sich selbst auflösen und dadurch in die Gnade des Vergebens und in das Licht des Mitempfindens kommen. Auch sie werden geführt, wenn sie die vergangenen Leben überdenken, damit sie herausfinden, was sich in ihrer Vergangenheit angesammelt hatte, um eine solche Lebenserfahrung auf sich zu ziehen. Sie können, das ist ihre freie Wahl, den größten Teil ihres Karmas in den subtilen Bereichen aufarbeiten, und sie werden bei dem Entwurf eines künftigen Lebens beraten, damit in ihm die Möglichkeit der Veränderung vorgesehen ist. Diese Chance wird ihnen helfen, sich zu transformieren, damit sie ihr höchstes Potential erreichen. Ihr Lebensplan wird entworfen, bevor sie erneut reinkarnieren.

Das Sterben derer, die sich dem Weg gewidmet haben

Es ist hier von jenen Menschen die Rede, welche die Absichten ihres Lebens dem Weg gewidmet haben. Das bedeutet, er oder sie hat ein Gelöbnis abgelegt, sei es in einer Zeremonie mit einem Meister oder einem persönlicher Eid, den das Selbst Gott geleistet hat. Es ist ein Mensch, dessen Gelübde ein Ideal, einen Weg unterstützt. Im Leben nach dem Tod trifft dieser Mensch auf der anderen Seite ebenfalls mit der Gleichheit zusammen. Die Hingebungsvollen begegnen der Hingabe. Wenn sie einen geistigen Meister haben, wird ihre Beziehung ohne Unterbrechung fortgesetzt, und der Meister ist stets gegenwärtig. Bestehen jedoch noch immer Zweifel und Ungewißheiten, wird die ununterbrochene Präsenz des Meisters nicht erlebt werden, da die eigenen Zweifel eine Wand aufrichten, welche die Wahrnehmung blockiert. War ihr Weg hingebungsvoll, erleben sie ihren geistigen Meister entweder Augenblicke vor dem Tod oder gleich danach als ein Licht, als eine Vision oder im Traum. Kürzer als die Dauer eines Augenzwinkerns währt die Zeit, bevor sie zusammentreffen. Viele, die sich dem Weg gewidmet haben, verbrachten einen großen Teil ihres Lebens damit, Anhaftungen loszulassen; das schließt Anhaftungen an ihre Eltern, Partner, Freunde und an Dinge ein. Dieses *Loslassen* befreit sie von der bindenden *Notwendigkeit,* auf der anderen Seite von ihren persönlichen Freunden oder ihrer Familie empfangen zu werden, da sie der weiteren Führung des Meisters fest vertrauen. Der dem Weg wahrhaftig Ergebene will und braucht keine Entschädigung für den Verlust des physischen Körpers. Der Meister ist ihnen stets gegenwärtig, und sie erleben sich in und als Glückseligkeit, das hängt von der Entwicklung des Individuums ab. Wie das Leben nach dem Tod weitergeht, wird vom Bewußtsein des einzelnen bestimmt. Ist er oder sie voll erwacht, haben sie die Weisheit erlangt und sind von ihr durchdrungen, wird der Jünger zum Meister. Er oder sie mag wählen, auf der anderen Seite zu bleiben, um andere zu unterstützen und zu unterrichten oder in den himmlischen Ebenen den eigenen Weg weiterzugehen, ohne den Wunsch oder die Notwendigkeit zu haben, erneut zu reinkarnieren. All das hängt vom Weg des einzelnen ab.

Jene, die das Gelübde abgelegt haben, ihre persönliche Erleuchtung ausschließlich dem Wirken zum Wohl aller Wesen zur Verfügung zu stellen, werden Bodhisattva genannt. Diese Menschen haben eine bedeutende Stufe der Verwirklichung erreicht, und ihre Wegrichtung folgt dem Dienst, sei es, während sie im physischen Körper oder auf den subtileren Ebenen und Dimensionen weilen.

Das Sterben der Meister

Stirbt ein Meister, wird es insofern keine Veränderung nach dem Tod geben, da er oder sie das All im Bewußtsein bereits realisiert und im Leben ausgedrückt hat. Für ihn oder sie gibt es keine ›andere Seite‹ oder den ›Himmel‹. Es gibt nur das IST. Das im physischen Körper lebende voll erwachte Bewußtsein ändert sich nicht im Augenblick des physischen Todes oder danach, da es sein bisheriges Leben und den Wert dieses Lebens fortsetzt. Das Licht, das Gesetz und der Weg ist für den Meister Eines, unabhängig, ob er im physischen Körper weilt oder nicht. Das verwirklichte Selbst des Meisters ist die Vollkommenheit. Er oder sie mag sich dafür entscheiden zu reinkarnieren oder auch nicht.

Alle Menschen nehmen nach dem Tod wahr, wie sie magnetisch angezogen werden, um durch eine Öffnung, eine Eingangspforte zu gehen. die Pforte führt zu einer ganz bestimmten Ebene in einer spezifischen Dimension, wo die Gesamtsumme aller kennzeichnenden Eigenheiten, Erfahrungen und die jeweilige Bewußtheit, die Gesamtheit der Existenz, auf die Gleichheit der Dimension und der Ebene trifft, von der die Anziehung ausgeht.

Nachdem wir nun die Welt der Form verlassen haben, um durch Ebenen und Dimensionen zu traversieren, wird uns klar, daß wir im

Leben wie im Tod auf Ebenen existieren und in Dimensionen leben. Wenn wir den physischen Körper verlassen haben, entfaltet sich vor dem erwachenden Auge eine andere Dimension oder Dimensionen. Nun, da wir im Tod aufwachen und befähigt sind zu sehen, stellen wir allmählich fest, daß das Leben keine Trennung vom Leben kennt und ein Kontinuum ist.

Jene Menschen, die im Leben den Dingen und Menschen zuviel Wichtigkeit beigemessen haben, und jene, die nicht den zuvor genannten Kategorien angehören, werden in der Zeit kurz vor dem Tod oder gleich danach ihren größten Ängsten begegnen. Deshalb werden sie während des letzten Atemzugs im Augenblick des physischen Todes von vielen engen Freunden und Verwandten, die vor ihnen verstorben sind, empfangen. Nach dem Tod brauchen sie die allergrößte Gewißheit, wohlbehalten und am Leben zu sein, und diese Sicherheit wird ihnen auch gewährt, wie bedeutend oder gering ihr Handeln im Leben auch war, solange sie nicht die den Kosmos zusammenhaltenden Naturgesetze gebrochen haben und die Schwere ihres karmischen Kontos geringer ist als die positive Seite ihrer Bilanz. Ängste tragen jene Menschen im Tod mit sich, die andere mißbraucht haben, die exzessive Grausamkeit an Tieren verübten oder die an der Zerstörung des ökologischen Gleichgewichts, das schließt auch das Pflanzenleben ein, teilgenommen haben, indem sie ihren eigenen Willen gegen den der Natur richteten. Gewöhnlich sind die Ängste von folgenden Inhalten getragen: Buße, der Tag des Jüngsten Gerichts, ein starker Glaube an die Hölle und das Fegfeuer, oder die Angst, daß andere, die vor ihnen starben, noch immer Groll gegen sie hegen und nun Gelegenheit haben zurückzuschlagen. Doch die Hölle wird ihnen auf andere Weise begegnen, als sie dachten, denn sie werden zwar jene sehen, die vor ihnen verstorben sind, doch sie können nicht mit ihnen sprechen oder ihnen näherkommen. Es ist keine Hölle aus Feuer oder eine von Gott gemachte Hölle – sie selbst haben durch ihre eigenen Handlungen im Leben die Trennwände aufgebaut. Diese Realität wurde von ihrer eigenen Angst, ihrer Arroganz und ihrer Willkür erbaut, eine Wirklichkeit, deren Zeuge und Teil sie nach dem Tod sind. Nun können sie ihren Willen niemandem und nichts mehr aufzwingen. Willkür und Arroganz werden hier keine Bühne mehr vorfinden, auf der sie ausgespielt werden könnten. Es gibt keine Zuschauer mehr und auch kein applaudierendes Publikum. Sie sind jetzt selbst das Opfer. Ihr Verlangen, andere zu manipulieren, sei es Familienmitglieder, Freunde oder Bekannte, Organisationen oder auch die Wissenschaft, ist nun eine schwere Last geworden, die sie im Tod und während des Interims zwischen den Leben mit sich tragen. Die vorausgegangenen Handlungen und Anschauungen sind die Ursache ihrer Verschuldung. Sie haben den Willen anderer übergangen, und dies verstößt gegen DAS GESETZ. Die Habgier, mit der sie ohne Rücksicht auf die Folgen für andere ihre Willkür ausgelebt haben, bildet nun die Trennwand, die sie von jenen separiert, die einst von ihnen übergangen und mißbraucht worden waren. Während der Interimsperiode zwischen den Leben werden sie mit Hilfe ihrer Lehrer, Führer und Engel lernen zu erkennen, wie sie ihre Schulden während des Interims und in künftigen Leben zurückbezahlen können. Um das karmische Konto auszugleichen, muß jeder bezahlt werden, der von ihrer Willkür betroffen war. Unter Anleitung ihrer Lehrer werden sie eine Strategie des künftigen Lebens entwerfen, einen Lebensplan, der ihrem höchsten Potential dient, da er ihnen ermöglicht, die Schulden auszugleichen.

In einem offenen Raum, in dem wir unsere vergangenen Handlungen überprüfen und bewerten, beginnt nach dem Tod das Leben von neuem. Das Selbst ist der Zeuge unseres vergangenen Lebensschemas, das heißt unser ganzes Selbst ist nun fähig, die vergangenen und das zuletzt gelebte Leben richtig einzuschätzen. Das Selbst ist als Augenzeuge immer gegenwärtig. Jetzt können wir uns nicht mehr zum Narren halten oder hinter unserer Blindheit verbergen, und zwischen Tod und Wiedergeburt, während unserer Interimszeit als Wesen ohne Körper, werden wir unsere Anhaftungen an Dinge, wie beispielsweise an festgelegte Programme und Ängste, begutachten.

Im Himmel, dem sogenannten Todesraum, von dem wir annahmen, er würde nur von Engeln bewohnt, befreit sich der physische Körper von Bedürfnissen, welche die Form von ihm verlangt hatte, beispielsweise dem Bedürfnis, zu essen, zu schlafen, zur Arbeit zu gehen, um den Lebensunterhalt zu verdienen. Dies alles ist jetzt nur noch der Betrachtung dienende Erinnerung. Das Leben geht weiter. Während des Interims werden wir unsere bisherigen Vorstellungen der Werte neu überdenken, doch messen wir sie jetzt im Zusammenhang mit den für den Kosmos bedeutenden Werten, und nicht in den Maßstäben des ›kleinen Selbst‹.

Die Brücke zum Wiedereintritt in die Welt der Form gilt es noch zu bauen. Die Frage ist, ob wir unsere künftigen Eltern frei auswählen können. Waren unsere früheren Beziehungen unausgewogen, wurden Gesetze gebrochen, haben wir die karmischen Waagschalen ins Ungleichgewicht gebracht, werden wir magnetisch zu Menschen hingezogen, oder sie zu uns, an die uns ein Gefühl, sei es Liebe oder Haß, bindet. Gibt es Schulden zurückzuzahlen? Haben wir vielleicht die freie Wahl, auf welche Weise wir sie zurückbezahlen? Nicht immer können wir unsere Eltern frei auswählen. Es ist durchaus möglich, daß die richtige Art und Weise, die Schuld abzutragen, vom Gesetz für uns festgelegt wird. Von der Beschaffenheit und der Schwere vergangener Schuld, die es auf dem karmischen Konto auszugleichen gilt, wird es abhängen, ob wir frei darüber bestimmen können, wie wir das Gleichgewicht wiederherstellen.

Nach freiem Entschluß werden wir unsere künftigen Eltern wählen können, wenn wir den objektivierenden Abstand von alten Anhaftungen gefunden haben und wir uns danach sehnen zu verstehen, wer und was wir sind.

Alle vom Selbst getroffenen Entscheidungen oder jene, die vom Gesetz der Anziehung festgelegt werden, hängen von zahlreichen Fakten ab. Sogar die Vorausplanung der geographischen Lage ist nötig, damit wir wissen, wo unser Same den besten Nährboden für sein Wachstum findet. In Sibirien können keine Orangen wachsen. Bevor wir für ein neues Leben in die Welt der Form eintreten, wird das Wohlergehen der Ganzheitsperson erwogen.

Die Reinkarnation, der Evolutionsprozeß durch Erziehung, wird sich fortsetzen, so lange wir Gegenstand unserer unzähligen selbstgeschaffenen Illusionen sind. Bis wir uns nicht all unseren Täuschungen gestellt haben und sie von uns entzaubert wurden, und solange wir unsere karmische Waage nicht ins Gleichgewicht gebracht haben, treten wir immer wieder in den Zyklus von Leben und Tod ein. Fahren wir damit fort, unsere Illusionen unsterblich zu machen, statt sie zu transformieren, werden wir immer wieder in den Kreislauf der Wiedergeburt zurückkehren. Erst wenn alle Schulden bezahlt sind, kommt die karmische Waagschale ins Gleichgewicht. Der Reinkarnationsprozeß wird beendet sein, wenn wir das Selbst verwirklicht haben, und das bedeutet, daß wir Klarheit erlangt haben und nicht mehr an Irrwege und Anhaftungen, Täuschung und Verleugnung gebunden sind. Aus dieser Klarheit heraus werden wir dann denken und handeln und mit dem, was IST, stets in Übereinstimmung sein.

13. Kapitel

Die Inkarnation von Adam und Eva und die Reinkarnation von Mann und Frau

Vom Mann in der Frau und von der Frau im Mann

Die Fragen dieses Kapitels gehen zurück auf Gespräche über die Gleichberechtigung der Frauen und die Anstrengungen der feministischen Bewegung. Fragen, auf welche Weise festgefahrene Denkstrukturen sowohl in der männlichen als auch in der weiblichen Vorstellungswelt aufgelöst werden können. Ich suchte Antwort auf die Frage, wie sich Frauen davon befreien können, der Selbstverleugnung zu folgen, indem sie in der Position der Reagierenden ihre Lebenskraft mit der Kritik an derzeitigen Bedingungen verzehren, was sie davon zurückhält, zu freiem, kreativem und aktiven Agieren zu kommen. Eine Auffassung der chinesischen Philosophie, daß wir das Schlechte nur erfolgreich bekämpfen, indem wir das Gute stärken, erinnerte mich an die Taktik des Perseus. Er tötete die allesvergiftende Medusa, indem er dem Haupt des Ungeheuers nicht direkt ins Angesicht schaute, sondern ihr Abbild im Spiegel seines Schildes zwar im Auge behielt, doch sein eigenes Gesicht von ihr abwandte.

Eine Frage war auch, ob es die Urmenschen Adam und Eva wirklich gab und wo sie gelebt haben könnten, in Afrika oder einem anderen Erdteil? Aus dem Inhalt des folgenden Kapitels wird deutlich, daß uns die Bedeutung des ewigen Paars weniger durch die Entdeckung des Wo ihres geographischen Standorts, als durch das Warum ihrer Existenz verständlich wird.

Daß das Männliche und Weibliche in Frau und Mann keine Gegensätze, sondern einander ergänzende Wirklichkeiten eines Ganzen sind, wird aus dem folgenden Kapitel deutlich. Welche Schatten die unentwickelte Frau im Mann und der unreife Mann in der Frau als Projektion auf die Welt werfen, erinnert an den alten Spruch: »Ich schaute und schaute, und was nahm ich wahr? Was ich für dich und für mich hielt, war in Wirklichkeit ich und ich.«

Bevor nicht die Himmel starben, um transformiert und neu gestaltet zu werden, damit sie als EINES geboren werden, konnte es kein göttliches Gebären geben. Das Ziellose starb, und nun gab der Zweck diesem EINEN Ordnung. Gottes eigene Geburt begann, als Er/Sie vom Schlaf erwachte und sich fragte, wer und was Er/Sie sei. Genauso, wie unsere wahre Geburt erst dann beginnt, wenn wir uns die gleichen Fragen stellen. Gottes Fragen sind unsere Fragen; unsere Fragen sind Gottes Fragen. Beginnend mit der Geschichte von Adam und Eva legt sich die Reinkarnation wie folgt dar:

Der Schöpfungsgeschichte von Adam und Eva folgt ein Erbgeschlecht, sowohl in psychischer wie in physischer Hinsicht. Physisch und psychisch sind Adam und Eva den dualen Seiten Gottes, der unser/e Vater/Mutter ist, entnommen. Alles Geschaffene ist aus Gottes Lebenskraft geformt, und alle Dinge der Schöpfung sind Ausdruck göttlicher Allgegenwart. Ohne die duale Struktur könnte weder die Molekularstruktur des Menschen noch irgendeine andere Form das Gefüge des göttlichen Wirkens zusammenhalten. In unserer Welt ist die Formgebung der physische Ausdruck göttlicher, manifest gewordener Vorstellungen. Psychisch gesehen sind die dualen Seiten unserer Natur widerspiegelnde Aspekte unseres Vater/Mutter-Gottwesens, das durch alle Dinge wirkt. Wir haben die Macht, die göttlich ist, zu erschaffen und zu zerstören, und dies sind sowohl psychische als auch physische Wesenszüge Gottes. Die charakteristisch duale Natur des Gottwesens manifestiert sich, über die Dimensionen und Ebenen hinausschreitend, von den subtilen bis in die grobstofflichen Gefilde. Der Begriff dual bedeutet nicht das Gegensätzliche, sondern er bezeichnet zwei Seiten und doppelten Zweck als Teil eines Ganzen. Die dualen Kräfte traversieren, sie bewegen sich, um zu erschaffen und zu zerstören, da ihre Natur immer und immer wieder neuerschaffend und zerstörend ist. In ihrem Naturzweck ist diese Zerstörung nichts Schlechtes. Es ist eine Funktion der Evolution, loszulassen, damit für das Neue Raum geschaffen wird. Das Atmungssystem ist von dualer Natur und zeigt uns ganz deutlich den Wert und die Notwendigkeit der beiden dualen Seiten eines Ganzen. Mit jedem Einatmen erhalten wir erneuernde Vitalität. Der Sauerstoff ist ein Wert oder eine Substanz, mit der wir uns beim Einatmen selber fördern. Es gibt noch weitere Werte und Substanzen, die wir mit dem Atem aufnehmen können, darüber werden wir später sprechen. Beim Ausatmen lassen wir etwas von uns gehen, seien es Toxine oder Gifte oder alte Anschauungen, die wie Gift an uns kleben, unser Leben infiltrieren und immer weiter Leid und Kummer verursachen. In der dualen Natur der Atmung hat das Ausatmen die Funktion, zu zerstören und loszulassen, was uns nicht mehr fördert, daher ist es ebenso positiv wie das Einatmen.

Adam und Eva sind Erben eines unermeßlichen Reichtums des Vater/Mutter-Gottwesens, in und von ihm, denn sie sind der Vater/Mutter-Aspekt Gottes in uns, der Yin-und-Yang-Aspekt des passiven und aktiven Gottwesens. In jedem Mann und in jeder Frau drückt sich das Gottwesen als Adam und Eva aus: Vater, Mutter, Mann, Frau, Kind und Erwachsener. Das Resultat der falschen Auslegung und fehlgeleiteten Vorstellungen über die Existenz eines Symbolmannes, der Adam hieß, und einer Symbolfrau namens Eva verursachten Verwirrung und Ungleichgewicht, nicht nur in den Menschen, sondern auch im Universum. Adam ist kein bestimmter Mann und Eva keine bestimmte Frau. Adam ist vielmehr der Yang-Aspekt des Gottwesens, der zerstörend, aktiv und aggressiv ist, und Eva ist Gottes Yin-Aspekt, kreativ, intuitiv und kontemplativ. Jeder Mensch, ob Mann oder Frau, trägt von Geburt an die dualen Seiten der göttlichen Natur in sich, und diese Konstellation ermöglicht ihm, ganzheitlich zu werden, da sich die Natur des einzelnen auf diese Weise sowohl passiv als auch aktiv und daher vollkommen ausdrücken kann. Wäre in uns und allen Dingen nur der eine Teil vertreten, könnte die absolute Vollkommenheit nicht geboren werden, denn alle Teile Gottes sind in Einem als Eines in uns. Als göttliches Abbild besteht unsere Verantwortung darin, beide Aspekte unserer Yin-und-Yang-Natur gleichwertig auszudrücken. Eine veraltete Anschauung über die duale Natur bestand darin, die Welt in Gegensätzen zu sehen, wie beispielsweise Mann oder Frau, schwarz oder weiß, richtig oder falsch. Durch wachsende Bewußtheit wurde dieses Weltbild des Entweder-Oder evolviert und wich einer natürlichen Sicht, die das Sowohl-Als-Auch zur Basis hat. Solange wir den Mann und die Frau in uns nicht sowohl durch unseren weiblichen Aspekt als auch durch den männlichen Aspekt verwirklichen, werden wir Gottes Potential nicht erfassen und daher nicht befähigt sein, Gott ganzheitlich und vollkommen durch uns auszudrücken.

Adam und Eva können wir das erste Paar nennen, deren Entwicklung in die frühesten Abschnitte der Entwicklung einer gotterschaffenen Welt zurückgeht. Eva ist die befruchtete Blüte, die mit ihrer freudigen Saat im Himmel die Feuer entzündet und die Adams Saat in den Fokus rückt. Ein Schimmer des Lichts brennt am Himmel, und Adam steigt herab, um die Ernte einer befruchteten, wechselseitig voneinander abhängigen Welt reifen zu lassen. Adam ist die Nacht des/r Vaters/Mutter, Eva ist das Licht der Morgenröte, die das Neue gebärt und die Wahrheit für immer aufrechterhält. Alles Lebende ist von Evas Licht befruchtet. Die Nacht der Geburt Adams erneuert sich mit dem Ende jeden Tages, wenn die Nacht wiederkehrt und der Tag schläft.

Über die Bedeutung der Nacht läßt sich spekulieren, über die Dunkelheit und das lichte Strahlen des Tages, doch nur der sich offenbarende göttliche Plan erklärt den Inhalt und Sinn dieser Ganzheitsschwangerschaft, die allem Lebenden zur Geburt verhalf. Weiter webt der Zyklus von Hell und Dunkel durch die Zeit, bis das Ganze nicht mehr in die zwei Sphären der dualen Seiten unterteilt sein wird. Unglücklicherweise sind die dualen Seiten mißinterpretiert worden, indem sie als Spaltung aufgefaßt wurden zwischen ICH BIN und ICH BIN NICHT, zwischen bewußt und unbewußt, zwischen Mann und Frau. Wir erleben in unserer Zeit eine positive Veränderung des allgemeinen Bewußtseins, da wir in unserer persönlichen Entwicklung mehr und mehr die Belange des Kollektivs einbeziehen, während es früher mehr darum ging, den Individualismus durch Abgrenzung zu favorisieren, indem der eigene Erfolg erst am Maß des Mißerfolgs anderer gemessen und bewertet wurde.

Das Gottwesen erkannte im eigenen Selbst das innewohnende Potential. Das Sperma ist der Adam-in-Gott, der *Sein* Sperma mit *Ihrem* Lichtgedanken, der Eva-in-Gott, befruchtete. Die Erschaffung unserer Welt durch das Gottwesen setzt sich als Ausdruck des göttlichen Selbst ständig weiter fort. Die von Gott befruchteten Gedanken manifestieren sich als Adam-und-Eva in jedem Mann und in jeder Frau.

Der Wille der Seele wirkt durch das uns innewohnende Paar, damit wir auf der Erde die Ernte der göttlichen Vorstellungen einbringen. Der Geist bewegt sich frei, doch hat er die größte Verantwortung, den göttlichen Willen und seine dynamische Vollkommenheit auszuführen, die darin besteht, die dualen Seiten göttlicher Allwissenheit in allem Geschaffenen zu vervollkommnen und zu leben. Nehmen wir als einfaches Beispiel die zusammenwirkende Funktion unserer beiden Hände und Arme. Wir sehen, wie wichtig es ist, die dualen Seiten zu koordinieren, damit wir unsere Tätigkeiten ausführen und uns selbst fördern können. Obwohl wir gewöhnlich die rechte Hand für unsere Arbeiten beanspruchen, würde uns beim Verlust der linken Hand oder des Arms deutlich, von welch fundamentaler Bedeutung beide Seiten sind, da sie uns in unserer Ganzheit unterstützen. Da hier vom physischen Körper die Rede ist, sollte auch erwähnt werden, daß Adam-und-Eva nicht nur im Körperlichen existieren, sondern das Paar in all unseren Körpern, auch im Verstand- und Geistkörper zu Hause ist. Zwei Seiten vereinen sich, um die Ganzheit eines Systems zu fördern. Ein System des Einen, das sich nicht nur im Kosmos ausdehnt, sondern auch in und durch die Menschen und alle lebenden Dinge, wie etwa die Organe. Durch den Evolutionsprozeß der Reinkarnation arbeiten wir an der Vollkommenheit, damit wir verstehen, wer wir und was wir sind und uns demgemäß zum Ausdruck bringen. Als Mann oder als Frau inkarnieren wir immer wieder, und allmählich lernen wir dadurch sowohl den männlichen als auch den weiblichen Aspekt Gottes, Adam-und-Eva, in Vollkommenheit auszudrücken. Gott ist Eines. Adam-und-Eva entsprechen diesem Einssein, das von jedem Menschen gleichzeitig und ganzheitlich gelebt werden sollte. Adam und Eva stehen nicht in Opposition gegeneinander, sie sind zwei Teile, die ein Ganzes in jedem Menschen, ein Mann/Frau, ein Gottwesen, bilden.

Die Dualität und die Polarität sind nur im Hinblick auf ihre leitenden und führenden Kräfte, mit denen ihr Zweck bestimmt wird, gleichartig. Sie haben jeweils eine von Gott gewollte, ganz spezifische Absicht. Polare Punkte sind Gegensatzpunkte. Obwohl die Dualität und die Polarität von derselben göttlichen Kraft regiert und geleitet werden, sind sie doch verschieden. Alles Existierende wird von der göttlichen Absicht getragen, sich selbst zu ›sehen‹, und als Spiegel wählte Gott die Welt der Form. Im unermeßlichen Raum des Kosmos teilte Gott einen einzigen winzigen Punkt und separierte ihn in Zeit und Raum. Die zwei Seiten des nun getrennten Punktes bezeichnen wir als die polaren Punkte. Im unstrukturierten Raum zwischen diesen zwei Punkten existieren alle Dinge, die Welt, und alles, was in ihr lebt, in gegenseitiger Abhängigkeit. Da es diesen Raum zwischen den polaren Punkten gibt, kann alles Geschaffene existieren. Die polaren Punkte eröffneten der dualen Natur Gottes neuen Raum, worin sie sich darstellen konnte. Die Ausdehnung, mit der Gott den weiteren

Ausdruck des Selbst suchte, manifestiert sich auf dem Bildschirm unserer Welt, im Raum zwischen den polaren Punkten.

Innerhalb der polaren Punkte besteht ein natürliches Fließen, der Fluß der Unendlichkeit der Natur Gottes. Wir können dieses Fließen im Symbol der Zahl Acht sehen, die in ihrer Form die konstante Bewegung darstellt. In der Zahl Acht, die ein Unendlichkeitssymbol abbildet, fließen die *dualen* Naturkräfte gleichzeitig in beide Richtungen. Im Menschen und in allen Formen stützt dieser Fluß nicht endender Energie das Dasein und wird regiert vom Naturgesetz des Sowohl-Als-Auch. Die Dualität befindet sich nicht in der Opposition, nicht im Entweder/Oder, denn die Dualität heißt Sowohl-Als-Auch. Kein Ding unserer Welt gegenseitiger Abhängigkeit existiert als Entweder/Oder. Die Natur aller Dinge lebt in Abhängigkeit voneinander, einander überlappend und ineinander verwoben. Die duale Natur von Mann-und-Frau kommt in einem Zyklus göttlichen Ausdrucks als ein Ganzes zusammen. Damit wir in der physischen Welt etwas manifestieren können, brauchen wir die beiden Kräfte des Yin und Yang. Das Yin bezeichnet eine subtile Vorstellung, die vom Yang in die Manifestation bewegt wird.

Stufe 1: Polarität
1 Punkt im Raum
2 Polare Punkte

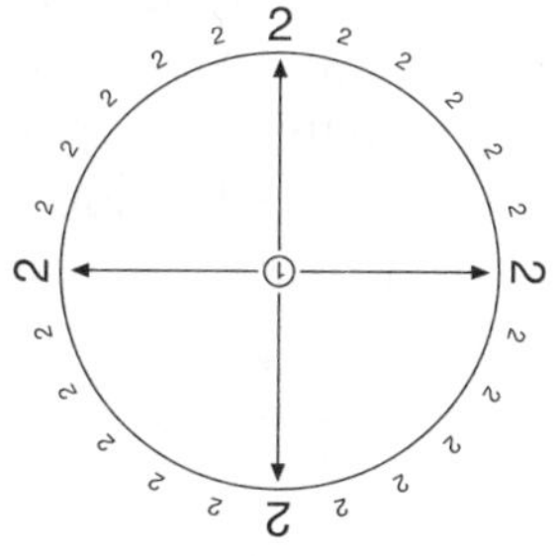

Als polar bezeichnen wir die sich voneinander wegbewegenden Punkte, wobei sich jeder der Punkte in einer komplementären, dramatischen Rolle befindet, am wenigsten voneinander angezogen wird und zwischen den Punkten Widerstand besteht. Der Widerstand öffnet zwischen beiden Extremen den Raum, und die Extreme der Punkte schaffen die polaren Punkte als Endpunkte. Diese zwei Positionen werden von Gottes Absicht, sich selbst zu ›sehen‹, auseinandergehalten. Die Absicht füllt den Raum zwischen den Punkten, indem ihr Impuls sie von einer Endposition zur anderen bringt, was eine Bewegung schafft, die den Raum zeitweilig – und doch lange genug – auseinanderhält, damit Gottes Vorstellungen geboren und manifestiert werden können. Unsere Welt wird von der Reglosigkeit zwischen den beiden Punkten zusammengehalten. Der Raum zwischen den zwei Punkten ist, gemessen am

Kosmos, relativ klein, und ein Punkt im Raum ist nur meßbar mit dem Maßstab individueller Wirklichkeit. Dieser Raum im Dazwischen ist wie ein Spiegel für Gott. In einem Spiegel findet keine Bewegung statt, der Spiegel gibt nur die Bewegung Gottes wieder. Die Bewegung befindet sich außerhalb der zwei Punkte; sie ist ätherartig wie ein Gedanke, bevor er manifestiert wird.

Stufe 2: Dualität

1 Offener Punkt im Raum
2 Unendliche Dualkraft der Natur

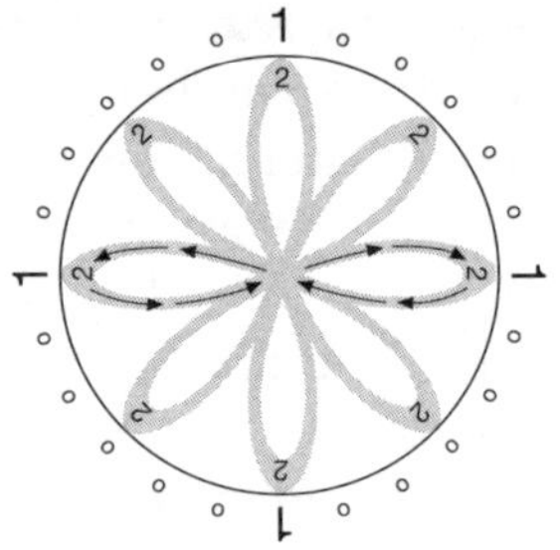

Im Inneren des Ganzen porträtiert die Dualität als Unendliches den Selbstausdruck Gottes. Die Unendlichkeit ist reglos. Was sich bewegt, sind die Dinge, die sich verweben und vermengen und die wir als vitale Teile des Einen bezeichnen können. Daß *zwei* Seiten eine Täuschung sind, sehen wir, wenn wir durch ein gebrochenes Objektiv schauen. Die Wirklichkeit wird vom bewußten Gewahrsein des Sehenden verstanden, und doch verbleibt die Wahrheit als Unität, als ein Gott mit Eigenschaften.

Konstante Bewegung, konstanter und simultaner Ausdruck erschaffen das Kaleidoskop der Bilder, in denen Gott das eigene Selbst zwischen den Polen als eine Dualität ausgedrückt sieht.

Stufe 3: Synthese

1 Punkt im Raum
2 Polare Punkte
3 Unendliche Dualkraft der Natur
4 Dualkraft der Natur in jedem gesunden Sein, ob Mensch oder Welt

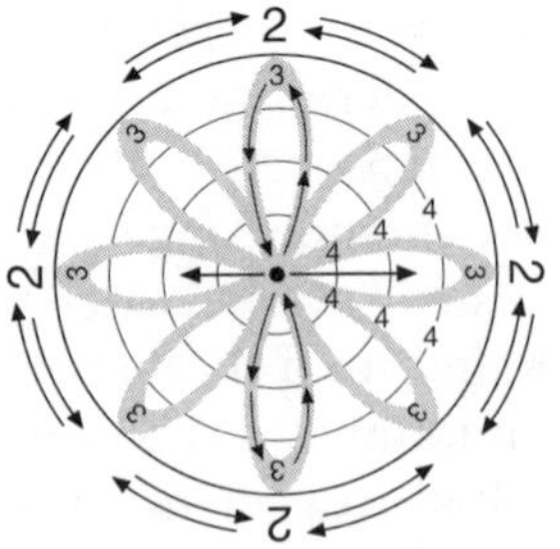

Die dualen Kräfte befinden sich, wie Adam und Eva, in einem ununterbrochenen Fluß.
Alle unsere Welt unterstützenden Naturkräfte bewegen sich, wie Adam und Eva, gleichzeitig in zwei Richtungen. Es bleibt nichts stehen und wartet, es ist vielmehr das *konstante Fließen,* das alle Dinge der Natur in Ausgewogenheit hält. Der unreife Adam und die unentwickelte Eva stören das Gleichgewicht, nicht nur ihr eigenes, sondern

das aller Dinge, die von Natur aus in gegenseitiger Abhängigkeit leben. Die Synthese ist die Vereinigung von Werten, Elementen und substantiellen Inhalten in ein Ganzes. Wenn wir den Wert und den Prozeß der Synthese verstehen, können wir die Separiertheit, die dem schizoiden Denken zugrundeliegt, überwinden. Die Naturphilosophie und die Wirklichkeit von Mann/Frau sind nicht trennbar. Der Begriff Sowohl-Als-Auch bedeutet, ohne Trennung, hinzugekommen, ein Teil von etwas. Unsere Welt wurde nicht Entweder-Oder erschaffen. Sie besteht, wie auch wir, als untrennbares Sowohl-Als-Auch, als inneres Zwischenspiel des Gott-Selbst.

Unser Wissen vom All als Einem macht uns bisher Ungewußtes bewußt. Das All als Eines zu verstehen und zu leben, bedeutet, das Selbst Gottes in der Manifestation als allmächtig, allfühlbar und allgegenwärtig in uns zu erleben.

Die von rücksichtslosen und unbewußten Menschen ausgedachten Entwürfe, mit denen sie die Natur umgestalten wollen oder sie bestehlen, statt Hand in Hand mit ihr zu wirken, verursachen Veränderungen im elektromagnetischen Feld, das alle Dinge umgibt. In der *Ursprungsvorstellung* waren die Kräfte Gottes auf vollkommenste Weise koordiniert, um das Gottwesen in der Welt darzustellen und auszudrücken. Wird durch die Unbesonnenheit des Ego-Bewußtseins der Menschen das elektromagnetische Feld auf irgendeine Weise verändert und die ursprüngliche Konstitution des Raums, den wir Kosmos nennen, manipuliert, sind wir anfällig und verteidigungslos gegenüber den chaotischen Kräften, die wir infolge des unbedachten Handelns erschaffen, und wir haben nicht einmal Wissen darüber. Das könnte zur Vernichtung der Erde führen. Richten wir uns nach der Natur, statt sie zu manipulieren, leben wir auf der Erde mit den kosmischen Gesetzen in vollkommener Harmonie.

Die beiden Extreme des Erschaffenden und des Zerstörenden bestehen in der Natur und in unserer eigenen Natur. Die Natur nutzt das göttliche Potential aus. Wird zuviel Bewegung in die falsche Richtung, sei es in die des Erschaffenden oder des Zerstörenden, aufgebaut, bringen wir das Wesen der Täuschung in die Welt. Nicht nur als Individuen schädigen uns Illusionen, sie verstricken auch die gesamte Welt und alles, was in ihr lebt. Die Ansichten anderer und ihre Perspektiven der Wahrheit können illusionär sein. Und manche, deren verquere Vorstellungen der Wahrheit unbewußt bleibt, lügen selbst dann noch, wenn ihre Lügereien aufgedeckt werden, weil sie weiter an ihren Trugbildern festhalten, ohne sie zu durchschauen. Sie bestehen auf dem Wahrheitsgehalt ihrer Täuschung, ja sie verherrlichen sie sogar, sie bestürmen andere mit dem Gift ihrer Meinung und stecken sie damit an. Wirkt eine Ansicht nicht anregend und erweckend auf das Selbst, die Selbstverantwortung und Selbstwahrnehmung, bewegt sie nicht die Zuhörer, sondern nur den Vortragenden, und berücksichtigt sie nicht die Belange des Ganzen, wird die Aussage kaum die Wahrheit, sondern die Täuschung zum Inhalt haben. Ich glaube, die Wahrheit werden wir erst dann herausfinden, wenn wir uns selbst von Illusionen befreit haben. Das geschieht ganz natürlich, indem wir die Verantwortung übernehmen, die Wahrheit im Selbst zu suchen, statt die Ansichten anderer wiederzukäuen. Enthält die Botschaft des Wahren den Dienst am Ganzen, finden wir sie in der Mitte der Extreme von Erschaffen und Zerstören, und in diesem Fund entdecken wir den Segen des aktiven und passiven Seins.

Die Lügen und das Mißverstehen können nicht endlos weiterwachsen, ohne daß sie, das ist die Regel der Naturgesetze, auf den Widerstand der Wahrheit treffen. Die Wahrheit IST, und sie wird sein, solange Gott und die erschaffene Welt bestehen. Die Wahrheit kennt kein Morgen, da es nur das Heute gibt, das ein nichtendendes Kontinuum, eine kontinuierliche Aufeinanderfolge des Ganzen ist. Das sogenannte Morgen ist abhängig von dem, was wir heute erschaffen, obwohl unsere vielen Tage und Nächte auf der kosmischen Uhr nur ein einziger nimmerendender Tag sind.

Im innersten Zentrum eines Tornados herrscht die vollkommene Ruhe. Wir alle können wie ein Tornado sein und Wirbelstürme verursachen, indem wir überall Spuren hinterlassen und nicht lernen, die Welt und die Dinge unbeeinträchtigt zu lassen. Sind wir in unserem innersten Zentrum, werden wir das Chaos um uns deutlich sehen. Viele herumwirbelnde Lügen und Täuschungen, von uns selbst oder anderen erschaffen, leben in und um uns weiter fort. Nur von unserer Mitte aus sind wir fähig, das von uns geschaffene Chaos zu erkennen und die Verantwortung dafür zu übernehmen. Aus dieser Sicht wird uns deutlich, wie wichtig jeder Tag bewußt gelebten Lebens ist und wie uns das bewußte Leben hilft, Vollkommenheit zu erreichen. Damit wir Meister darin werden, im Selbst zu sein, müssen wir ins Zentrum gelangen, wo die Stille ist. Von hier aus können wir Zeuge unserer Verwirrungen werden, und von diesem Punkt aus sind wir befähigt, frei zu wählen, so daß unsere Illusionen von uns abfallen wie die Blätter der Bäume im Herbst.

Die Meditation ist ein Mittel, mit dem wir den verwirrten Verstand und Körper beruhigen, da sie uns hilft, ins Zentrum zu gelangen. Befreit vom Lärmen des Verstandes kehren wir zu unserem Ausgangspunkt zurück, zu dem Punkt der Mitte, den Gott teilte, um die Welt zu erschaffen, in der wir leben und von der wir ein Teil sind. Alles, was außen ist, ist auch in unserem Innern. Der Punkt des Beginns in Gottes erschaffender Welt ist genau der gleiche Punkt, den wir in uns finden und den wir Mitte nennen. Am Anfang gab es keine Lügen oder Täuschungen. In den Punkt der Mitte müssen wir zurückfinden, damit wir Gottes und unsere Natur verstehen. Die Meditation unterbindet Gedanken, aus denen Illusionen geschaffen werden. Im Zentrum des Meditierenden ist das innere Auge, das ihn befähigt, in absoluter Stille zu beobachten und zu betrachten. Meditation ist die Kunst der Stille und des Stillseins. Das SEIN besteht ohne Gedanken. Im SEIN kann die Reinheit des Yin und Yang harmonisch miteinander wirken, indem die intuitiven Kräfte die handelnden Kräfte leiten. Das Stillsein ermöglicht dem Selbst den Ausdruck reiner Weisheit und unverfälschten Wissens.

Es leben und atmen mit unserem Atem im Kosmos zwei problematische Ursachen, weshalb wir das Ganze bisher noch nicht vereinigen konnten. Da unser Denken die Dinge in die zweiteilende Bedeutung von richtig *oder* falsch zerlegt, müssen wir lernen zu verstehen, wie mächtig jeder einzelne Gedanke ist, da er das vollkommene Bild des EINEN zerstört. Das heißt, daß wir die dualen Seiten der Natur mißverstehen. Ein weiterer Grund, weshalb die Welt herunterkommt, ist darin zu sehen, daß wir die Wahrheit nicht verstehen und der Ansicht sind, wobei diese Auffassung allgemein akzeptiert wird, unser Ego-Verstandeswissen sei die All-wissende Wahrheit. Doch die Wahrheit und die kindliche Eigenschaft, ›Phänomene‹ zu sehen, zu hören und so zu verstehen, wie sie sind, kommt aus dem Herzen, dem Zentrum der Weisheit, und nicht aus dem Kopf. Die Mißinterpretationen der ›Wahrheit‹ tragen die Menschen in eine gefährliche Dunkelheit. Die Unbewußtheit führt sie in nicht endenden Kummer, das Mißverstehen in den Tod, nicht nur den des Individuums, sondern auch in den des Kollektivs.

Wie sich dann unser mangelndes Verstehen und die mißinterpretierte Wahrheit durch uns ausdrücken, bildet die Grundsteine unserer Illusionen, die sich später als unsere Sünden manifestieren. Die Sünden von heute werden die Lasten von morgen, die auf dieser Welt allen Menschenkindern und Geschöpfen so viel Elend bringen. Wir haben viele Möglichkeiten, der Wahrheit Masken aufzusetzen. Ein Beispiel für das einseitig festgefahrene Denken ist die Art und Weise, wie heute über das Wahre geschrieben, wie es zerlegt und kritisiert wird. Über das Wahre wurde seit Menschengedenken geschrieben, und unzählige Buchseiten sind mit Versuchen gefüllt, den Wert des Wahren zu beschreiben. Doch hinterlassen auch die geschriebenen Wörter großen Spielraum für die unterschiedlichsten Interpretationen. Die Wahrheit kann zwar nicht lügen, doch innerhalb unserer bereits vorgeformten Wortbegriffswelt und ihren festgelegten Bedeutungen die richtigen Wege zu finden, durch die sich der tatsächliche Wert einer wahren Erkenntnis vermitteln ließe, kann durch das vorgegebene Hindernis der Wörter an sich nicht der Vollkommenheit entsprechen. Unser Bemühen, die Wahrheit zu definieren, verlangt, sie in Teilstücke von Wörtern zu zerlegen, was sie grobstofflich und weniger klar erkennbar werden läßt. Dieses Zerteilen in Wörter als Medium der Wahrheitsbeschreibung kann sie nicht vollkommen wiedergeben, da sie ein Ganzes und nicht ein Geteiltes ist, und die einzelnen Wörter bringen uns nicht unbedingt die Erkenntnis einer Ganzheit. In dieser Ganzheit ist die Wahrheit sehr subtil, vernetzt und fließend ineinander übergehend. Die einzelne Erkenntnis einer Wahrheit steht nie für sich alleine da, denn sie ist unteilbar und verwoben mit dem Ganzen. Isolieren wir die Erkenntnis, indem wir die Wahrheit teilen, ist das Ganze nicht mehr ganz, und daher ist auch der isolierte Teil nicht mehr in der Ganzheitlichkeit des Wahren. Unsere Sprache und Worttechnik ermöglicht uns nicht den Ausdruck von ineinander verwobenem Wissen, es unterstützt vielmehr die isolierende Trennung, indem wir angehalten werden, jede Erkenntnis in Teilen zu bestimmen und zu definieren. Die Ganzheitlichkeit der Wahrheit kann nur im Selbst gefunden und durch das Selbst zum Ausdruck gebracht werden. Jede Beschreibung des Wahren zerrinnt in den Wörtern, wenn wir versuchen, die Wahrheit in ihrer Ganzheitlichkeit wiederzugeben. Unsere Eigenverantwortung besteht darin, die Wahrheit durch die Erkenntnisse des Selbst zu erfahren. Was uns das Selbst als wahr erkennen läßt, ist unsere Wahrheit, was andere erkennen, ist die ihre. Was wir als unsere Wahrheit gefunden haben, wird uns so viel bedeuten, daß wir im SEIN den Wert des Lebens finden und uns darin ausdrücken können.

Wörter können uns im Denken fehlleiten. Nehmen wir als Beispiel das Wort ›Anfang‹. Es ist ein Begriff, der den Beginn von etwas kennzeichnet, aber wann beginnt tatsächlich etwas? Nichts fängt plötzlich an, indem etwas anderes plötzlich aufhört. Ein Kind wird nicht ganz plötzlich geboren. Es ist zwar ein Anfang da, doch der Beginn fällt nicht in die Zeit der Empfängnis im Mutterleib, sondern in die Zeit des Schöpfungsaktes. Im *Anfang* war *der* Gedanke, erst dann kam in der Fortentwicklung die Schwangerschaft. Dieser Vorgang beschreibt nicht nur eine individuelle Entwicklung, denn er umfaßt alle Dinge im Kosmos. Die Aktivität dieser Entwicklung wirkt auf alles ein und wird selbst von allen Dingen beeinflußt. Die Entwicklung jedes Geschaffenen ist nicht trennbar von der Entwicklung des GANZEN. Das Kind war im *Anfang* geboren.

Ein anderes Beispiel für die von Wörtern geschaffene Limitierung wäre das Wort ›Ende‹. In allen Sprachen bezeichnet das Ende einen Punkt, an dem es nicht weitergeht oder wo etwas vergeht. Doch wissen wir, daß Energie nicht sterben kann und alles aus Energie besteht, sogar unsere Gedanken. Aus diesem Grund kann es kein endgültiges Ende für etwas geben. Energie kann zwar transformiert werden, doch kann sie nicht endgültig sterben. Wörter können Verwirrung stiften, indem sie uns vortäuschen, die Wahrheit sei teilbar. Ein Beispiel wäre die Unteilbarkeit der Zeit, die wir in Vergangenheit, Gegenwart und Zukunft einteilen, obwohl die Zeiten immer gleichzeitig in fließender Bewegung sind. Wir nehmen die Zeit gewissermaßen in begrenzter Aufnahmefähigkeit wahr und teilen sie aus Gründen der Überschaubarkeit, statt sie in ihrem Fluß zu verstehen. Die gestrigen Gedanken und Handlungen sind heute nicht etwa gestorben oder beendet, sie bewegen sich weiter und verweben sich mit den Gedanken und Handlungen von morgen. Es wurde nichts wirklich beendet, sondern es setzt sich auf diese oder jene Weise fort.

Erkennst du in dir die Natur Adams und Evas, gleich ob du nun Mann oder Frau bist? Das Einatmen ist Eva, und das Ausatmen ist Adam. Mit jedem Atemzyklus drücken wir Adam und Eva aus. Eva bringt uns die Vorstellung ein, und Adam manifestiert sie in der Welt. Brächten die Frauen die ihnen innewohnende Kraft des Adam nicht zum Ausdruck, fiele Eva zu Boden, ähnlich einer Schlange, die sich nur noch entlangwindet, um Nahrung und Behaglichkeit zu suchen.

Und auch der Mann kann nicht allein vom Brot leben. Atmete er nicht ein, hätte er niemals kreative Vorstellungen, läge auch er auf dem Bauch und kröche auf der nackten Erde, um sein Überleben ringend. Doch das blanke Überleben ist nicht unser Ziel. Es ist auch nicht erstrebenswert, den Mann zu finden, der Adam hieß, und die dazugehörige Frau namens Eva. Unser individuelles Ziel besteht darin, Adam-und-Eva durch uns gleichwertig auszudrücken. Wir wurden erschaffen, um Gottes vollkommenen Ausdruck widerzuspiegeln und das vollendete Bild des göttlichen SEINS auszudrücken.

Eva in uns erweckt unser Bewußtsein und wartet ab. Adam in uns lebt in seinen Zweifeln und stellt Evas Wissen in Frage. Ist das Paar in uns nicht bewußt vereint zu Einem, erscheint uns die eigene Wirklichkeit und Wahrheit bedrängend und unsicher. Alles Geschaffene kommt aus Adams und Evas Familie. Jeder Gedanke, jede Handlung ist eine Reaktion des in uns wirkenden Paars. Jeder Mensch *ist* Adam und Eva. Adams und Evas Gegenwärtigkeit verschmelzen in uns, in den Tieren, Pflanzen und Steinen, Tag und Nacht sind sie in unserer natürlichen Entwicklung präsent.

Die uns angeborenen inneren Hilfsmittel bestehen aus der Vorstellung eines Adam, der fähig ist zu errichten, und einer Eva, die seherisch ist. Daß wir einen Turm der Klarheit in uns erbauen, in welchem wir die wahre Natur unseres Erbes sehen, hören und verstehen und bewußt an der Erfüllung des göttlichen Plans teilhaben, ist die jedem Wesen vererbte Anlage.

Die Befreiung kommt, wenn Adam-und-Eva ins Paradies zu Gott zurückkehren, in ihren Ursprung, aus dem das Licht und die Dunkelheit kamen. Die Heimkehr des einzelnen und schließlich die aller Menschen wird erst dann geschehen, wenn in vielen Leben jeder die Erfahrung Adams als dominierendem Mann und die Evas in den Existenzen als Frau gelebt und ausgedrückt haben. Ob als Mann oder als Frau, die Entwicklung Adams-und-Evas wird sich in allen Leben in jedem einzelnen Menschen weiter fortsetzen. Als Mann ist Adam befähigt, bemerkenswerte Entbehrungen durchzustehen, und Eva in ihm wird die Wahrheit durch das Dunkel seiner Zweifel weben. Als Frau lehrt Eva die Frauen mit dem inneren Auge zu sehen, und Adam in ihr wird ihre Visionen in die Tat umsetzen. Das in Mann und Frau gut entwickelte Paar ermöglicht jedem Menschen, sich in grobstofflichen wie auch in subtilen Dimensionen ohne Grenzen frei und offen zu bewegen und als Wesen Welt zu SEIN. Im SEIN liegt das verwirklichte göttliche Potential. Sind wir durch die Reinkarnationszyklen von Leben und Tod als Selbst verwirklicht, werden wir an das System nicht weiter gebunden sein. Grenzenlos sind wir dann, alles und überall im SEIN.

In den Augen Gottes existiert nur eine Wahrheit. Wir werden sie erkennen, wenn uns die Wolken der Dunkelheit und des Zweifels nicht mehr umschatten. Steht die Wahrheit klar und deutlich vor unseren Augen, wird sie in ihrem Naturzustand als grenzenlos erkannt, ist der weitere Fortbestand der physischen Existenz nicht mehr notwendig. Das duale Paar wird sich dann nicht mehr als uneinheitliches, von der Wahrheit entferntes Wesen ausdrücken. Das Paradies im Sinne einer himmlischen Ebene, in die wir nach dem Tod eingehen, besteht nur so lange, wie Gott den Wunsch hat, die eigene Vollkommenheit zu projizieren oder die Welt der Form als Spiegel des göttlichen Ausdrucks zu betrachten. Der Zustand der Vollkommenheit wird nur dann möglich, wenn die Wahrheit vollkommen ausgedrückt und alle Dinge als Eines vereint sind und auch von den physischen Formdimensionen nicht mehr begrenzt werden.

Es ist die Uneinheitlichkeit, die Schatten in Licht und Dunkel, welche den Raum für unser Elend schaffen. Daher muß notwendigerweise in der Welt der Form ein Erziehungssystem unter der Führung einer hierarchischen Ordnung bestehen. Die Erziehung mit Hilfe einer Hierarchie, die uns führt, ist so lange notwendig, wie es Unwahrheit gibt. Solange sich die Dunkelheit als Gedankenlosigkeit statt als Licht der Wahrheit dessen ausdrückt, was wir *sehen, hören* und *verstehen,* wird es nur die Schatten der Wahrheit geben. Die Lüge wird nur von der Wahrheit ausgeborgt. Abhängig von der Fehlgerichtetheit des Lichts oder der Klarheit unserer Vision, könnte die Wahrheit wie Lüge aussehen und die Lüge als Wahrheit mißverstanden werden. Wir sind verantwortlich dafür, Wahrhaftigkeit in unserem Alltagsleben zu manifestieren, um für unsere eigene Entwicklung und die der Welt unseren Beitrag zu leisten.

Die Getrenntheit, die wir durch die Teilung des Selbst erfahren, fördert unsere Angst vor der Unzusammengehörigkeit und das Bedürfnis, sich an etwas festzuhalten, da wir glauben zu fallen. Als gottverwirklichende Wesen mit Bewußtsein haben wir das Verlangen, unser Wissen durch unser Handeln zum Ausdruck zu bringen. Jedoch das unbewußte kleine Selbst des Ego manifestiert ein Handeln, das von unserem Wissen abweicht. Sind wir im Selbst, finden wir uns gegenüber den hellen und den dunklen Kräften gewappnet und erkennen darin den einzigen Weg zu immerwährendem Frieden, Gesundheit und Wohlbefinden. Dabei werden wir die lichten und die dunklen Kräfte nicht verdrängen, sondern sie zur Kenntnis nehmen und sie bewußt miteinander vereinen. Sowohl auf der lichten als auch auf der dunklen Seite ist Schönheit und Weisheit zu finden. Ist unser Gewahrsein in jedem Augenblick präsent, werden wir die Ängste der Vergangenheit und die Hoffnungen für die Zukunft zurücklassen und im SEIN den richtigen Ausdruck finden. Das SEIN ist unabhängig und losgelöst. Im SEIN manifestiert sich gleichzeitig das Licht und die Dunkelheit in ihrer wahren Natur als Adam-und-Eva. Daher finden wir im SEIN den vollkommenen Ausdruck Gottes in uns.

Die Gedanken und Handlungen der Vergangenheit bestimmen nach dem Tod den Wert unserer Gesamtexistenz, und mit jedem neuen Leben wird das Ganze wieder neu bewertet werden. Solange die Waagschalen aller Gedanken und Handlungen nicht ausgewogen sind, werden wir weiter inkarnieren. Befinden sie sich im Gleichgewicht, sind wir gewissermaßen nicht mehr wieg- und meßbar, da wir im Zentrum der Mitte der Waage sind. Unsere Ganzheitlichkeit und unser Tugendwert sind unermeßlich, und in unserer Existenz als EINES sind wir ohne Dimensionen und Ebenen grenzenlos. So werden wir damit fortfahren, solange wir an diesem Punkt noch nicht angekommen sind, die Erfahrungen in den Dimensionen der physischen Welt, die wir die dritte Dimension nennen, wahrzunehmen, bis unsere ›Unermeßlichkeit‹ erzielt ist.

Aus dem Garten Eden wurden Adam und Eva vertrieben, und noch immer suchen sie ihren Weg dorthin zurück. Richten wir uns gegen die Naturgesetze, werden uns die kalten Winde so lange ins Angesicht blasen, bis wir die Lehre der Bescheidenheit gelernt haben. Langsam werden sich die Pforten noch einmal öffnen und unsere Kraft wird wiedererneuert, wenn wir das Bewußte und das Unbewußte, unsere Adam-und-Eva-Natur vereint und im täglichen Leben zum Ausdruck gebracht haben. Und mit Besonnenheit werden wir die Tugenden der Unterscheidungskraft und des Erkenntnisvermögens, unser gottgegebenes Potential, einsetzen, damit wir uns selbst und andere nicht mehr übertrumpfen und vermeiden, noch einmal die Höllenfahrt durch die Illusionen und die Unzufriedenheit anzutreten.

14. Kapitel

Bindende Gesetze

Was ist unter dem Prinzip Ursache und Wirkung zu verstehen?

Das folgende Kapitel über die Naturgesetze und die Gesetze, an die Menschen gebunden sind, ging aus den Fragen nach der Dynamik von Ursache und Wirkung hervor. Die in der buddhistischen und hinduistischen Religion veranschaulichten karmischen Gesetze, die auf der Grundlage von Ursache und Wirkung beruhend erklärt werden, erinnerten mich an eines der hermetischen Prinzipien der europäischen Alchemisten des frühen Mittelalters: »Jede Ursache hat ihre Wirkung; jede Wirkung ihre Ursache; alles geschieht gesetzmäßig, Zufall ist nur der Name für ein unbekanntes Gesetz. Es gibt viele Ebenen der Ursächlichkeit, aber nichts entgeht dem Gesetz.« Daß es keinen Zufall gibt, sondern alles nach Gesetzen verläuft, brachten in Europa vor allem die Alchemisten ins Gespräch und stellten die Frage, die auch hier behandelt wird, nach dem tatsächlichen Umfang der ›freien‹ Entscheidung, die sie von den Kräften, von Ursache und Wirkung gelenkt, wenn nicht sogar eingeschränkt sahen. Und schließlich wird auch der altgriechische Philosoph Empedokles wieder in Erinnerung kommen, der die Kräfte der Liebe und des Streits eingewoben in die Moleküle der Elemente als unveränderbare Anziehungskräfte sah.

Ferner geht dieses Kapitel der Frage nach, wie weit eine ›freie‹ Meinung überhaupt möglich sein kann, da wir im allgemeinen nur schwer herausfinden, durch welche bewußten oder unbewußten Kräfte unser Denken geprägt ist: das der Familie, des Staates, der Ausbildung, des kulturellen und sozialen Umfelds, der persönlichen Erkenntnis oder Unerfahrenheit, des genetischen Erbes und, davon wird hier vor allem die Rede sein, von unserer Erinnerung an vergangene Leben?

Durch festgelegte Gesetze ist jedes menschliche Wesen an die eigene Buchführung des Kontos der Ewigkeit gebunden. Diese Gesetze sind tolerant und wurden nicht dafür geschaffen, unsere gottgegebenen Rechte einzuschränken, sondern unsere eigenen Rechte sicherzustellen und uns zu lehren, was unsere Rechte sind. Sie wurden zu unserem Schutz gemacht und helfen uns, das Gottwesen in uns zu verwirklichen, sowie unser Verstehen dafür zu entwickeln, mit welchen Folgen die Verleugnung des Sinns der vier Körper verbunden ist. Am wichtigsten ist es für uns, den Sinn des Gottwesens darin zu verstehen, daß Gottes aufmerksamer Blick das eigene Selbst in Vollkommenheit und Schönheit durch uns ausgedrückt ansehen möchte.

Die Gesetze sind nicht dafür gedacht, uns niederzuschmettern, sondern uns zu dienen. Sind wir der eigenen *Blindheit* und *Unbewußtheit* verhaftet, so daß wir den in uns und allen Dingen lebenden Gott nicht wahrnehmen, werden wir von den Gesetzen, die uns an einen Kosmos gegenseitiger Abhängigkeit binden, magnetisch angezogen, um durch weitere Leben der Bewußtseinserziehung zu gehen. Es sind dieselben Gesetze, die uns daran binden, diese Wahrheit nicht nur zu erkennen, sondern auch aktiv zu leben. In jedem Leben haben wir Gelegenheit, karmisches Gleichgewicht zu erlangen.

Die Bedingungen für unser nächstes Leben werden gestaltet, während wir uns noch im Interim zwischen Tod und Wiedergeburt aufhalten. Wir selbst werden sie mit Hilfe unserer Lehrer festlegen, es sei denn, unsere zurückliegenden Vergehen wiegen so schwer, daß uns das Recht, frei zu wählen, genommen wurde. Ist ein Gesetz gebrochen worden, kann das Gesetz uns dazu zwingen, ohne unsere Zustimmung die Schuld zu begleichen, ähnlich einem Gesetzesvollzug der irdischen Rechtsprechung. Außerdem könnten wir magnetisch und ohne unser Einverständnis in spezifische Lebensumstände gezogen werden, wenn das Bewußtsein in unserer Entwicklung sehr schwach ist. Für jeden gelten die gleichen Gesetze.

Treten wir in ein neues Leben ein, sind einige Vorausbedingungen festzulegen: Welche Eltern wählen wir? Welches kulturelle und geographische Umfeld? Nehmen wir einen Körper als Mann oder als Frau an? Und schließlich legen wir fest, auf welche Weise wir unsere

Erziehung empfangen, sei es durch einen Lernprozeß von Schwierigkeiten oder durch die Wahrnehmung des *Wegs,* den zu finden uns Eltern, Lehrer - sowohl innere wie äußere - oder Freunde helfen werden. Karma beinhaltet das Gesetz des Gleichgewichts. Das Gesetz bringt uns darauf zurück, aus dem Zentrum des SEINS zu existieren. Die karmischen Gesetze verurteilen nicht, sondern sie führen und lehren uns den ewigen Weg. Wie die karmischen Gesetze sich etablieren und uns an die Erziehung zur Vollkommenheit binden, kommt durch den Reinkarnationsprozeß zum Ausdruck. Unsere Verwirklichung des vollkommen durch uns ausgedrückten Gottwesens ist unser höchstes Potential, unser größtes Vermögen.

Bricht in unserer Gesellschaft ein Kind das Gesetz, wird es nicht mit dem gleichen Urteil bestraft, wie schwerwiegend das Vergehen auch gewesen sein mag, wie ein Erwachsener, von dem wir aufgrund seines Alters und seiner Reife erwarten, daß ihm die Regeln des Verhaltens in unserer Gesellschaft bekannt sind. In strukturierten Rahmenwerken definieren die vom Staat festgelegten Gesetze, was falsches Verhalten in unserer Gesellschaft bedeutet. Die von Gott geschaffenen Gesetze haben eine durchaus ähnliche Struktur, wenn auch der Gesetzesinhalt unterschiedlich sein kann, denn die göttlichen Gesetze sind Ausdruck allgegenwärtiger Weisheit. Gottes karmische Gesetzgebung ist flexibler, da sie vor der Urteilsbegründung unsere Gesamtexistenz von den ersten Anfängen bis zur Gegenwart unserer Existenz einbezieht. Die von Gott aufgestellten Gesetze schließen die Gesamtbedingungen unseres sogenannten Vergehens ein, das heißt die Umstände aller Beteiligten, die von unserem Vergehen betroffen waren. Da wir in Zusammengehörigkeit leben, wird mit jedem unserer Gedanken und mit jeder Handlung, die der Liebe oder des Hasses, die Gesamtheit der Menschheit beteiligt sein.

Die Beurteilung karmischer Gerechtigkeit wird nach den Auswirkungen auf das Ganze und nicht auf die eines Teilausschnitts getroffen. Die Art und Weise, wie das Gesetz übertreten wurde, wird darüber entscheiden, was Gesetzesüberschreitungen und was Sünden sind. Wurden die Rechte anderer mißachtet, indem wir uns genommen haben, was uns nicht zusteht, und sind andere von uns verletzt worden, hat unser Verhalten in der Gesamtheit des Ganzen vergiftende Wirkungen hinterlassen, und das aufmerksame Auge des Gesetzes wird uns entsprechend beurteilen. Abhängig von unserem Bewußtseinsstand zur Zeit der Handlung wird das Strafmaß unserer

Vergehen angesetzt. Der Ausgleich für die Vergehen, mit denen wir uns gegen andere oder Dinge gerichtet haben, muß nicht immer bis zum nächsten Leben auf die Genugtuung warten, denn wir haben *immer* die Gelegenheit zur Wiedergutmachung und können unsere karmische Waage in jedem Leben ins Gleichgewicht bringen.

Das Leben gibt uns viele Möglichkeiten, weise zu sein und am Ausgleich des karmischen Kontos auf einfache, freudige und bewußte Weise zu arbeiten. Ein einfacher und sicherer Weg besteht darin, bewußt zu leben, um unserem Leben wieder Harmonie und Stabilität zu verleihen. Indem wir lernen zuzuhören, was unser eigener Mund ausspricht, schützen wir uns davor, uns selbst und andere irrezuführen, was ebenfalls als karmisches Ungleichgewicht auf unserem Konto registriert wird. Lerne mit dem Herzen zu denken! Vergiß nie, daß jeder und jedes auf der Welt deine Brüder und Schwestern sind. Mit diesem Bewußtsein im Herzen werden unsere Handlungen dazu beitragen, karmisches Ungleichgewicht auf einfache und leichte Art aufzuarbeiten, damit wir uns als bewußte, göttliche Wesen wiedererneuern. Wir tragen die Verantwortung dafür die Liebe, die Gesundheit und die Prosperität unseres Lebens immer wieder neu zu beleben.

Die karmischen Gesetze sind die Gesetze der Liebe. Der einzige Weg, Karma aufzuarbeiten und das karmische Konto ins Gleichgewicht zu bringen, besteht aus der Liebe und dem Dienst. Wir sollten unsere karmischen Aufgaben nicht aufschieben, weil wir glauben, wir könnten sie eines Tages mit einer großartigen Geste, wie beispielsweise für eine Sache zu sterben, lösen und uns der Vorstellung hingeben, alles Karma wäre dann mit einem Schlag weggewischt. Das wäre ein sehr egoistisches Denken, mit dem wir nur noch weiteres Karma erschaffen. Karma arbeiten wir in der Bewußtheit täglicher Übung auf und nicht mit der dem Ego entsprungenen Idee einer ›großen Tat‹.

Kein menschliches Wesen kann uns von der Schuld einer kriminellen Handlung befreien, selbst wenn uns der andere vergibt. Unser Vergehen bleibt so lange unser Vergehen, bis wir es selbst aufgearbeitet haben. Durch ihr Verzeihen können uns andere zwar loslösen, doch dies entschuldigt noch nicht das Vergehen an sich. Die Loslösung durch die anderen ist sehr wichtig, denn es bedeutet, daß der andere nicht mehr an uns festhält oder sich zu rächen sucht. Trotzdem muß das Gesetz erfüllt werden. Ein Verbrechen muß ausgeglichen werden, entweder durch Transformation des Bewußtseins oder durch den Dienst an der Welt, auf welche Weise dieser Dienst auch immer vollbracht wird.

Auch in einer liebevollen Beziehung können karmische Aufgaben zufriedenstellend ausgewogen werden. Gott liebt alles und jeden. Wir auch? Lieben und mögen sind nicht das gleiche. Wir können alle Dinge deshalb lieben, weil ihre Vollkommenheit und ihr Liebreiz den göttlichen Atem tragen und sie gottdurchdrungen sind. Der Funke, den wir Leben nennen, ist Gottes Duft in der Manifestation. Wir können diesen Funken in allem spüren und unsere Natur in ihrer gegenseitigen Abhängigkeit erkennen, wenn uns klar wird, daß das Gottwesen lebt und lebendige Gegenwart ist. Die Liebe stellt keine Bedingungen, sie ist ein Zustand des Seins. Das Mögen stellt Bedingungen, beispielsweise an unseren persönlichen Geschmack, an unsere Erwartungen, an unsere Sicht der Dinge. Etwas zu mögen, stellt eine Bevorzugung dar. Wir mögen jemanden oder etwas, oder auch nicht. Unsere Präferenzen zu mögen oder nicht zu mögen basieren auf unserer Einstellung, der Art, wie wir die Dinge sehen und verstehen, auf unseren Vorurteilen, die uns für oder gegen etwas sein lassen. Nicht zu lieben, andere nicht zu lieben oder etwas nicht zu lieben ist sündhaft, da es ein Akt der Selbstverleugnung ist. Wir verleugnen uns selbst, wenn wir uns nicht in allem sehen. Zwischen der Liebe und dem Mögen liegt die Toleranz gegenüber unserem eigenen, begrenzten Bewußtsein.

Die Kinder sind feinfühlig gegenüber den Wörtern und ihrer Bedeutung, und alle Kinder sollte der Unterschied zwischen Lieben und Mögen gelehrt werden. Es würde ihnen sehr helfen, ihren Zorn und Ärger zu verjagen, wenn sie mit den Eltern und Freunden nicht einer Meinung sind. Oft hören wir Eltern und Kinder sagen, sie hätten jetzt damit aufgehört zu lieben, denn dieses Etwas oder dieser Jemand hätte ihre Erwartungen nicht erfüllt. Mangelnde Toleranz kommt in diesen Worten zum Ausdruck, Sowohl die Kinder als auch die Erwachsenen werden von den beiden Anschauungen, zu lieben und dann nicht mehr zu lieben, durcheinandergebracht. Es ist in Ordnung, Schokoladeneis nicht zu mögen, aber es ist nicht in Ordnung, Schokoladeneis zu hassen. Haß ist das Gegenteil von Liebe und ruft gegenüber den Dingen und uns selbst Chaos und Mißachtung auf den Plan. Wenn wir sagen: »Ich hasse dich!« entsteht Ungleichgewicht und Schuld in uns, die vergiftet und Selbsthaß und Verlust der

Liebe des eigenen Selbst hervorruft. In diesem Gefühlszwiespalt aufwachsende Kinder verbreiten in ihrem späteren Leben ihre zerstörerischen Ansichten, Worte und Handlungen wie einen Waldbrand. Haß verursacht verstandliche und physische Störungen, er vernichtet unser Selbstheilungspotential und reduziert unsere Kommunikationsfähigkeit in der Welt, sowie unsere Fähigkeit zu empfangen und zu geben.

Wenn uns deutlich wird, wer und was wir sind, woher wir kommen und aus welchem Stoff wir gemacht sind, werden wir herausfinden, daß der Kosmos ebensowenig ein Mysterium ist wie wir selbst und uns nur die Unbewußtheit daran hindert, den Kosmos in uns zu sehen. Wenn wir entdecken, göttliche Inkarnationen zu sein, wird sich unsere Weltsicht verändern, und aus dieser Sicht werden wir uns verstehen und ausdrücken können. Heile dich, indem du dich verstehst! Setze dein Wissen in die Tat um und lebe deine Erkenntnis, damit wir alle in gemeinsamer Anstrengung unseren verwundeten Planeten Erde heilen können und alle Dinge, die auf dieser Erde leben. Unsere Seele sehnt sich danach, dieses Erwachen in unseren Handlungen zu sehen. Wir werden verstehen, weshalb Gott alles Geschaffene liebt, wenn wir uns selbst lieben wie ein vom Gottwesen durchdrungenes, köstliches Juwel. Ändern wir uns selbst, verändern wir die Welt. Wir sind für die Welt allein verantwortlich. Vergessen wir nicht, daß jeder unserer Gedanken erschafft. Wollen wir eine gesündere Welt, müssen wir zuerst selbst gesunden. Der einzige Weg, die Welt zu verändern, besteht darin, uns selbst zu ändern.

Das kosmische Gesetz und die Gerechtigkeit sind ein und dasselbe. Im Sinne der Schulmeinung bedeutet Gerechtigkeit, fair zu sein. Im christlichen Verstehen heißt Gerechtigkeit, der Fairneß zu begegnen. In der Terminologie der Kirche bedeutet Gerechtigkeit, den Taten entsprechend fair beurteilt zu werden, um den Lohn oder die Strafe entgegenzunehmen. Die Tatsache, daß es Gesetze gibt, wird durch die Existenz der Gerechtigkeit am deutlichsten ausgedrückt. Das höhere Selbst bemißt fair und gerecht, damit unser Bewußtsein geweckt wird und wir die Welt nicht dadurch zerstören, daß wir uns selbst vernichten. Hierin können wir den Ausdruck kosmischer Gesetze und ihrer Gerechtigkeit erkennen. In der Menschheitsgeschichte war es die Aufgabe der großen erleuchteten Geister, den Sinn der Gesetze zu erläutern und an die Allgemeinheit weiterzugeben. Die bedeutenden geistigen Führer sollten anderen helfen, Bewußtsein für das Höhere zu erlangen; und die Führer sollten nicht ihre Person, sondern das Gesetz zum Gegenstand der Verehrung machen, damit dem einzelnen der Weg zu höherem Bewußtsein gelingen konnte. Die Gesetze auf Erden waren in ihrem Ursprung nie als Mittel der Macht gedacht, die dem zerstörerischen Eroberungswillen, der Besitznahme von Ländern und Bodenschätzen oder als Waffe im Konkurrenzkampf dienen sollten. Die Gesetze sollten vielmehr dem Ganzen dienen und uns lehren, daß die Gesetzesferne die Ursache aller Feindseligkeit und Habgier ist, und nur unser ganzheitliches Mitdenken das All und alle unterstützt. Wie die Gesetze heute verstanden werden, fördern sie die Struktur bestimmter Glaubenssysteme, jedoch nicht das Bewußtsein für die Untrennbarkeit und Unteilbarkeit eines Ganzen.

Die Sehnsucht nach hierarchischer Ordnung durch übergeordnete Vater-Mutter-Instanzen, wie der Staatsmacht, entspringt der Angst und dem Verlangen der Menschen, jemand möge sich ihrer annehmen, sich um sie kümmern, ihnen Sicherheit geben und für sie sorgen. Jede Regierungsverwaltung reißt die Verantwortung an sich, die eigentlich dem einzelnen überlassen bleiben sollte, damit er die eigene Wahrheit findet und Wege geht, die dem Ganzen dienen. Diese Aufgabe überlassen wir der staatlichen Verwaltung, und haben als Folge unter dem Verlust der Selbstidentität zu leiden. Unsere eigene Bedeutung als Schöpfer nehmen wir nicht mehr wahr, denn wir denken und handeln nur noch aus Einzelinteressen und sind nicht mehr teilhabend, nicht mehr füreinander und miteinander vereint als eine Menschheit, in deren Welt alle Länder ein einziges Land sind. Statt dessen leben wir in Systemen, die Getrenntheit fördern, indem sie den Vorstellungen der Unterlegenheit und Überlegenheit der Mächte Vorschub leisten. Die Klassenunterschiede haben sich aus geistig verarmten Systemen entwickelt, die auch jetzt noch die Ideale der Getrenntheit propagieren, wie beispielsweise mein oder dein, arm oder reich. In den Händen der Staatsmächte, die wir selbst gewählt haben, sind wir hilflos geworden. Wir erkennen nicht mehr, daß jeder einzelne Mensch befähigt ist, DEN Unterschied in unserer Welt zu machen.

Nachdem die Menschen ihre individuellen Rechte, wie beispielsweise freiheitlich und selbständig zu denken und ihrer eigenen Wahrheit gemäß zu handeln, abgetreten haben, wurden sie unsicher und zweifelten an ihren eigenen Fähigkeiten, für das Selbst zu sorgen. Ihre wahre Natur wurde gestört. Unsere wahre Natur befähigt uns zu *sehen,* zu *hören* und zu *verstehen* und in *unseren* Weltangelegenheiten aktiv und präsent zu sein. Nun unterdrücken unsere Ängste sogar das menschliche Vertrauen, das wir natürlicherweise unseren Brüdern und Schwestern auf der Welt entgegenbringen sollten, und wir glauben nicht mehr an unsere Fähigkeit, eine bessere Welt für das Leben aller mit erschaffen zu können. Wir fühlen uns in *unserer* Welt nicht mehr geborgen. Gefühle der Verlorenheit, Verwirrung, der Unsicherheit und Angst vor dem Leben und die Sorge, den Lebensstandard nicht aufrechterhalten zu können, sind Anzeichen dafür, daß die Entwicklung unserer Rechtssysteme im Hinblick auf die wahre Natur der Menschen und ihrer tatsächlichen Bedürfnisse unbewußt geblieben sind. Nahezu unbemerkt sind wir verlorengegangen und unbewußt halten wir Ausschau nach Führern, denen wir die Verantwortung für unser eigenes Leben abtreten wollen, damit sie für uns sorgen. Wir unterstützen diesen Daseinszustand, indem wir andere zu Vater/Mutter-Figuren erklären und hoffen, sie nähmen sich unserer an. Wir haben uns zu Sklaven unserer eigenen Ängste gemacht und die goldene Regel vergessen, die besagt: »Was du nicht willst, das man dir tu', das füg auch keinem andern zu.« Ist die Selbstverantwortung abgetreten, bekommen wir dafür eine Rechnung. Die einzelnen Posten heißen mangelnde Befähigung zur Selbstverwirklichung sowie physische und mentale Grausamkeit gegenüber uns selbst und allen Dingen, mit denen wir in gemeinschaftlicher Abhängigkeit leben. Die menschengemachten Gesetze unserer Welt dienen nicht der Gemeinschaft des Ganzen, daher können sie auch dem einzelnen nicht nutzen. Wir haben zwar Staatsgesetze, Ländergesetze, sogar Gesetze für internationale Angelegenheiten, doch wir haben kein einziges Gesetz für die Unterstützung des Ganzen, für die Förderung des gesamten Planeten Erde. Im Gegensatz dazu fördern die kosmischen Gesetze die Gemeinschaft des Ganzen, sie unterstützen unsere Erziehung und die Entwicklung sowohl individueller Rechte als auch die Rechte des Ganzen. Weil die Menschen fühlen, daß weder die Eltern, die Obrigkeit noch die Welt ihre Zukunft und ihr Glück garantieren können, wachsen die Ängste und treiben die verunsicherten, unglücklichen Menschen in vergängliche, oberflächliche Vergnügungen.

Die Kräfte der Engel stehen uns bei. Bevor die Angst unsere Natur aus den Fugen geraten ließ, und die Welt um uns den Sinnen versperrte, waren wir uns der Engelkräfte bewußt, und wir hatten noch die Empfindungsfähigkeit, zu *sehen,* zu *hören* und zu *verstehen.* Heute haben wir keine Wahrnehmung der Engel, ihre Hilfe wird von uns nicht bemerkt, und wir verdrängen sie ins Unbewußte, zusammen mit unserer versäumten Selbstverwirklichung und Selbstverantwortung. Der Staat und die Gesellschaft bestimmen die Angelegenheiten der Familie, und sie legen statt unserer fest, wobei sie sich des Maßstabs des materiellen Standards bedienen, was der Wert und Erfolg unseres Lebens sein soll. Wir erschaffen Ängste, von denen das Kollektiv voll ist, weil wir fürchten, die Erwartungen der Gesellschaft nicht erfüllen zu können, weil wir glauben, von der Allgemeinheit nicht als ›gut‹ und ›erfolgreich‹ angesehen und von ihr nicht ernstgenommen zu werden. Wir vertrauen uns selbst nicht mehr und glauben daher nicht mehr an die Hilfe der Engel, der geistigen Helfer oder auch an die Unterstützung geistiger Führungspersönlichkeiten in der Welt. Nach wessen Maßstab sind wir gut oder böse? Das werden wir nur durch das Wissen unserer Seele erfahren, die nach anderen Maßstäben mißt als die Gesellschaft. Unsere Ängste wurden zu einer Kraft, die uns blind gemacht hat, die unsere Augen, Ohren und unser Herz verschlossen hat.

Lege deine Verblendung ab und öffne die Pforte deines Herzens, damit du die weisen Kräfte, die uns auf dem Weg in die Vollkommenheit begleiten, wieder *sehen, hören* und *verstehen* lernst.

Die Engel durchstreifen mit ihren Kräften die Himmelsgewölbe, oder sie inkarnieren auf der Erde oder anderen Planeten, um den Entwicklungsprozeß, welcher dem Wert des Lebens und Verstehens gilt, zu unterstützen. Die Engel wissen, welche Werte die Freude am Leben erwecken, und sie wollen uns der Freude entgegenführen. Die Engel kennen keine Ängste, und ihre Liebesdienste sind, wie auch die der Feen und anderer Helfer auf der Erde, von dem Wunsch getragen, uns die göttliche Natur des lebendigen Lebens zu enthüllen. Sie wollen unsere Kindnatur anregen, unsere Unschuld und Einfachheit, indem sie uns helfen, spielerisch zu sein, uns in der Natur glücklich zu fühlen, ein Lied zu summen, mit Spaß einen Kuchen zu backen, unseren Freunden eine Freude zu machen. Es ist uns so viel gegeben worden, und wir sehen und empfinden keine Freude mehr an den vielen Geschenken und an der Fülle, die uns umgibt. Ist es Gottes Schuld, daß wir die Geschenke an uns, die Luft und die Blumen im Feld nicht mehr genießen? Gott sorgte mit diesen weisen und schönen Geschenken der Schöpfung dafür, daß uns die Freude, mit kindlicher Aufmerksamkeit zu sehen, zu hören und zu verstehen, dabei hilft, auf der Reise der Selbstentdeckung unverzagt zu bleiben. Die Engel haben ein großes Herz. Sie beschützen uns, passen auf uns auf und legen uns die Empfindung der Freude am Leben, an der Natur und am Atmen ins Herz, wobei sie angewiesen sind, im Hintergrund unseres Lebens zu bleiben.

Die Ängste sind Fallen, mit denen wir Anschauungen festigen, die Unzufriedenheit mit uns selbst und anderen gären lassen, die den selbstgefälligen Drang in uns hochspielen, in der Welt etwas Unsterbliches und Ewigwährendes zu hinterlassen, als könnten wir damit unser Gefühl der Unzulänglichkeit übertünchen. Viele wollen sich ein Denkmal setzen, indem sie etwas hinterlassen, das andere beeindruckt. Das Ego ist stets versucht, sich zu verewigen, unvergeßlich zu bleiben, und es will durch die große Tat alle Übertretungen des Lebens im Fluß der Vergebung waschen. Das Ego will sich nicht unzulänglich fühlen und nicht übersehen werden. Es ist wie eine kleine Person, welche die Aufmerksamkeit in einer großen Welt auf sich ziehen will. Das Denkmal legt Zeugnis darüber ab, gelebt zu haben, und wird daher von vielen Menschen als Symbol der Unsterblichkeit empfunden. Doch entspringt das Verlangen, in unvergeßlicher Erinnerung zu bleiben, der Angst vor dem Tod. Irgendeine Ehrung besonderer Art, ein Skandal oder eine Schlagzeile in der Zeitung bestätigt diesen Menschen, *gelebt* zu haben und für immer und ewig weiterzuleben.

Wir sind träge in unserem Nachdenken über die Menschheit, und unsere Schlußfolgerungen führen uns nicht immer zum Kern der Dinge. Wir grübeln darüber nach, wie es möglich ist, falls es einen Gott geben sollte, daß sich die Welt in einem derartig desolaten Zustand befindet, Der Mensch ist weder der Rivale noch der Verteidiger Gottes, sondern Gottes Ausdruck. Was wir mit unseren göttlichen Eigenschaften anfangen, ist nicht die Sache Gottes, sondern unsere eigene. Wenn wir die göttlichen Eigenschaften ignorieren oder falsch gebrauchen, müssen wir nicht Gott dafür anklagen, sondern uns selbst. Denken wir an das gebärende Gottwesen und an die Schönheit, Leben zu schenken, an die Freude der Schwangerschaft, mit der auch wir durch die Geburt unserer Kinder erleben, wie unsere Gleichheit Früchte trägt. Wollen wir allein die Eltern anklagen, wenn ihr Kind sich übel verhält? Die guten oder schlechten Handlungen des Kindes sind ein Resultat aus Folgen, die sowohl den elterlichen Anschauungen, ihren Forderungen und denen der Gesellschaft entstammen, als auch den angesammelten und kollektiven Vorstellungen aus den früheren Leben des Kindes. Die Angst des Kindes, nicht geliebt zu werden und auf Ablehnung der Eltern zu stoßen, ist ungeheuer groß, daher motiviert die Angst die Kinder, das Selbst zu verleugnen und die Lügen anderer zu leben. Da sie noch nicht fähig sind, das Selbst auszudrücken, kann die Ego-Persönlichkeit mit diesen Lügen weiterwachsen, und später werden die Lügen den anderen als die eigene Wahrheit verkauft. Da die Wahrheit der Seele nicht übereinstimmt mit den Wahrheiten der Gesellschaft und die Stimme der Seele nicht mehr gehört wird, wächst die Ego-Persönlichkeit in einem unproportionierten Verhältnis zur seelischen Wirklichkeit. Die Ego-Persönlichkeit wird geboren, wenn die Wahrheit der Seele nicht mehr gehört wird und der Mensch, um sich vor Zerstörung zu schützen, an den Lügen festhält. Weil die Seele unfähig ist zu lügen, entwickelt sich die Ego-Persönlichkeit als existentielles Selbst, und dies geschieht schon bald nach der Geburt, wo es bereits ums Überleben unter allen Umständen geht. Die Ego-Persönlichkeit wird die Lüge der Wahrheit immer vorziehen, wenn das Überleben damit gesichert werden kann. Die Getrenntheit entsteht, wenn die Wahrheit und die Lügen nebeneinander existieren sollen, daher beginnt das schizoide Denken bereits mit der Geburt.

Die natürliche Weisheit und Seligkeit verläßt das leidgeplagte Kind, das sich verloren und beunruhigt fühlt und seine Eltern nachahmt, weil es Angst hat, nicht akzeptiert zu werden und unversorgt zu bleiben. Jedes Kind wird als wissendes Wesen geboren. Das Unglück besteht darin, daß die Eltern *ihre* wahre Natur, *ihre* Weisheit und *ihre* Identität vergessen haben. Klagen wir nun Gott an? Oder die Eltern? Viele Kinder leben in Familien, die die Liebe und Integrität zugunsten der falschen Pflichten eines Muß-Monster-Daseins abgeschafft haben. Du mußt folgen! Du mußt alles tun, damit du so erfolgreich wirst wie andere! Aus dir muß etwas werden, damit du in unserer Gesellschaft zählst! Wann haben sich diese Anschauungen zum ersten Mal festgesetzt? Es geschah, als der Mensch erstmals die Erfahrung machte, daß er über andere Macht ausüben kann, und als er erlebte, wie der von ihm bedrängte Mensch sein Recht zu SEIN verteidigte.

Jedem menschlichen Wesen wohnt die Fähigkeit inne, ein Meister zu sein. Der Unterschied zwischen bewußten und unbewußten Menschen besteht darin, daß der Meister weiß, daß er alles hat, es ihm an nichts mangelt und es nichts gibt, dem nachzulaufen sich lohnte. Der unbewußte Mensch jagt hinter der Welt und den Dingen her, versucht sie zu beherrschen, er hält an ihnen fest und manipuliert sie. Der Meister sieht die äußere Welt nur als eine Projektion der Innenwelt, des inneren Mikrokosmos, und weiß, daß alles äußere Geschehen ein Abbild unseres Inneren ist. Der Meister unterstützt jene mit seiner Hilfe, die vergessen haben, wer und was sie sind. Die Jäger, die stets nach *etwas* suchen, sei es Liebe oder Besitz, haben ihre Selbst-Identität verloren, sie sind nicht mehr mit dem Selbst verbunden und beschreiten den Weg der Selbstverleugnung. Denken wir daran, daß uns Meister und Lehrer immer zur Verfügung stehen und immer gegenwärtig sind, wenn wir für die Erkenntnis offen sind, in der Lebensführung des Ego die Schädigung zu sehen, die wir uns selbst und der Erde in unserer Welt gegenseitiger Abhängigkeit zufügen. Haben wir diese Einsicht gewonnen, werden sich Meister und Lehrer einfinden, damit wir mit ihrer Hilfe den Zustand des Seins, den wir im ICH BIN finden, erforschen. Auch die Eltern müssen die *verlorene* Natur ihres Ursprungs, der Vollkommenheit ist, wiederfinden, unabhängig von ihrem genetischen Erbe und dem Modus ihrer Zellstruktur, denn das allen Lebewesen vererbte Gut ist der freie Wille. Wir können wählen, zu SEIN oder nicht zu SEIN, Weisheit zu bezeugen oder Torheit. Wählen wir die Weisheit!

Mit dem Konzept der Zeit und auf dem Hintergrund von Zeitplänen messen, wiegen und orchestrieren wir das Leben auf einer Bühne, der wir den Namen Erfolg gegeben haben. Um erfolgreich zu werden, stürmen wir gegen die Zeit an und lassen uns von ihr beherrschen. Statt mit der Zeit zu wirken, indem wir das Gleichgewicht, die Harmonie und Produktivität verstehen, mit der die Zeit uns unterstützt, laufen wir blindlings in einem Rennen mit, das versucht, die Zeit einzuholen, und unser Schlachtruf: »In welcher Zeit schaffe ich es, erfolgreich zu sein?« treibt uns voran. Bewerten wir das Leben nach anderen Maßstäben, liegt der Erfolg darin, in jedem Augenblick des Lebens zu SEIN. Erst dann heben wir die Zeit auf und verkörpern unsere eigene Unsterblichkeit, die wir im SEIN wahrnehmen, und finden nun Zeit für alles, was wir tun. Wir werden unser Wettrennen nach dem Erfolg beenden, wenn wir das fehlgeleitete Erfolgsstreben durchschauen und ins SEIN gelangen, das allumfassend und losgelöst von Zwängen ist. Außerhalb des Seins werden wir weder wahren Erfolg noch Zeitlosigkeit finden. Erkennen wir im Hinblick auf die Mechanismen der Zeitmaschine die Umstände, die uns in Illusionen führen, haben wir den ersten Schritt getan, die Zwänge aufzubrechen, die uns vom Sein abhalten. Mit befreitem Erkenntnisvermögen können wir nun unterscheiden, wann die Zeit zu handeln oder auch nicht zu handeln, angemessen und richtig ist, wann der Sinn einer Handlung in der richtigen Relation mit der Zeit und nicht gegen sie läuft. Die Zeituhr ist uns Feind, Täuschung, Tyrann und selbstgeschaffenes Monster geworden, und wenn wir aufhören, der Zeit nachzulaufen, schneiden wir uns von den Illusionen ab, mit denen wir uns an der Zeit festgemacht haben.

Was die Zeit kostbar macht, ist die in ihrem Rahmen entstehende Produktivität und Kreativität, und nicht die Ergebnisse des uns aufgezwungenen Leistungsdenkens. Die schulische Erziehung könnte, statt die mit dem fehlgeleiteten Erfolgsdenken verbundenen Leistungszwänge zu fördern, die Kinder lehren, wie sie Hindernisse überwinden, wie sie mit Schwierigkeiten fertig werden, wie sie bestimmte Ziele erreichen, sei es das Ziel einer guten Benotung in der Schule oder das einer harmonischen menschlichen Beziehung. Die Schulerziehung sollte nicht den Wettbewerb, sondern die Partnerschaft unterstützen, indem sie lehrt, ausdauernd und schöpferisch zu sein, zu forschen, zu überwinden oder Herausforderungen zu begegnen.

Die Zeit ist kein Stoff und kein Material, und sie kann nicht zu jedermanns Befriedigung gleichermaßen gemessen werden. Die Zeit ist ein Element, das in die Transmutation einer Vorstellung eingewoben ist, sei es die der Erziehung zur Ganzheitlichkeit oder der Erkenntnis, im eigenen Selbst einen Teil der Gemeinschaft zu sehen, ohne von der Gemeinschaft konsumiert zu werden.

Wenn wir den Wert einer Sache im Wettlauf gegen die Zeit abwägen und sie unter dem Aspekt betrachten, ob sie innerhalb einer bestimmten Zeit erfolgreich oder erfolglos sein wird, halten uns die eigenen Vorstellungen in Atem, und unser Denken wird grüblerisch. Obwohl die Vorstellung ursprünglich aus dem allwissenden Selbst gekommen war, nehmen wir ihm die Größe, indem wir die Umsetzung der Vorstellung dem kleinen Selbst überlassen, in dessen Hand der Entwurf dann den Weg der Anpassung an die Norm gehen wird. Die Konstruktionen des kleinen Selbst können die Vorstellungen des großen Selbst deformieren und sie zu kleinkarierten, begrenzten Ideen machen. Überlassen wir die Entwicklung der Vorstellung dem großen Selbst, wird sie in eine zeitungebundene ewigwährende Fülle geführt, wir erfahren in uns die Natur unseres schöpferischen Gottwesens und erlangen die Bewußtheit unseres Selbstwertes.

Alle Verhaltensmuster, die wir von anderen borgen, statt sie zu unserem eigenen Wohl aus dem Selbst zu erschaffen, verursachen in unseren Genen, die unsere Erbträger sind, zellulare Unzufriedenheit, die wir dann an unsere Kinder weitergeben. Wir kennen die Aussprüche: »Wie die Mutter, so die Tochter« oder: »Wie der Vater, so der Sohn.« Die Vererbung von Vorstellungen ist über die Verbreitung der elterlichen Gene an den Fötus möglich. Kultivieren die Eltern in bewußter Absicht befreiendes Denken, und fühlen sie sich erwachsen genug, ihre Entscheidungen aus dem Selbst zu treffen, wird über die Gene ihre Haltung positiv zur Befreiung des Bewußtseins des sich entwickelnden Fötus beitragen.

Die Entwicklung des Kindes ist zwar nicht unabhängig von der der Eltern, doch liegt die Gesamtverantwortung für den Reifeprozeß des Kindes nicht bei den Eltern allein. Jede Zelle des sich entwickelnden Fötus ist auch geprägt vom Ausdruck der Seele und den Eigenschaften der Persönlichkeit, die das Kind als Ergebnis seiner Vorstellungen aus früheren Leben mitbringt.

Außerdem beeinflussen äußere Ereignisse unterschiedlicher Art das noch ungeborene Kind, wie etwa Krieg, Hunger in der Familie und Hunger in der Welt; persönlicher Streß und der Streß der Welt, planetarische Konstellationen und die ökologischen Bedingungen der Mitwelt. Weder interne noch externe Bedingungen sind von der Entwicklung des Kindes zu trennen, und unabhängig ist nur der freie Wille. Die erhabenste aller Weltgeschichten ist Gottes Wahl, die Entwicklung des Selbst durch die Menschen zu vollziehen, und es gibt keine größere Sehnsucht als die Gottes nach dem Frieden, den wir durch die Erkenntnis unserer wahren Identität im Ausdruck des Gott-Selbst finden.

Die uns bindenden Gesetze stellen keine der Fantasie entsprungenen Projektionen dar. Es ist eine Tatsache, daß die Planeten und Elemente von Gesetzmäßigkeiten abhängen, und das trifft auch für die Planeten und Elemente in uns zu, da wir untrennbar mit allen verbunden sind. Von Gesetzen wird auch der Verstandkörper, der physische Körper, der Seelen- und Geistkörper geführt. Durch die Planeten, die Elemente und die vier Körper sind die Gesetze von Gott an uns gebunden. Wir stehen im Netzwerk all dessen, was ist, und entwickeln als Mensch das Gottwesen durch unsere vollkommene Bewußtheit zu seiner höchsten Potentialität. Die uns bindenden Gesetze haben den Zweck, unser Selbst als Eins mit Gott und alles als EINES verstehen zu lernen und in uns die Erfahrung zu machen, daß es jenseits des EINEN nichts Weiteres gibt.

Zu leben ist Freude, und unsere Freude an der Erkenntnis fördert unser Leben. Die Wahrheit ist die Grundlage für die Erfahrung und die Entfaltung des Lichts in uns und durch uns. Keine menschengemachten Gesetze können uns binden und einkerkern. Wir können unser Selbst befreien, indem wir uns als ICH BIN in allen Dingen verstehen und indem wir wahrhaftig sind in allem, was wir denken und tun.

Das SEIN ist Wirklichkeit, es ist kein Ort, keine Analogie und keine Theorie.

III. Teil

Übungen
für ein gesünderes
Leben

15. Kapitel

Zum besseren Verständnis der Übungsmethoden

Krankheit zu vermeiden, sollte das wichtigste Anliegen des Arztes oder Therapeuten sein. Für die meisten Krankheiten bestehen die größten Heilungschancen, wenn sie mit Hilfe der Natur von bewußten Therapeuten und bewußten Patienten behandelt werden. Wenn wir Patienten heilen, indem wir unsere natürlichen Sinne einsetzen, wie Sehen, Hören und Verstehen, und wenn wir das bewußte Leben lehren, werden wir auf Tabletten verzichten können.

Es ist ein sehr wichtiger Bestandteil des Glaubenssystems, wonach unsere unteilbare Natur aus Einem Gott/Einem Mann/Einer Frau/Einem Kosmos besteht, daß wir verstehen, wie wichtig es heute ist, unser Selbst und unseren Kosmos durch bewußtes Leben zu schützen. Bewußtes Leben *ist* für unser Selbst und den Kosmos sowohl heute als auch in Zukunft vorbeugende Medizin und ein Heilmittel gegen das Chaos.

Ehe wir beginnen, die ›Übungsmethoden für ein gesünderes Leben‹ zu praktizieren, empfiehlt es sich, uns gründlich mit den theoretischen Grundlagen für ihre Anwendung auseinanderzusetzen.

Damit wir heute und jeden Tag unseres Lebens Gesundheit im verstandlichen, körperlichen und geistigen Bereich erschaffen, sollten wir auf unsere eigenen natürlichen Ressourcen zurückgreifen. Dies erreichen wir, indem wir mehr und mehr verstehen, was unser Körper ist und wie wir die verschiedenen abgespaltenen Teile oder Einzelkörper wieder vereinigen und zu einem Ganzen zusammenfügen können, das harmonisch und liebevoll einem gemeinsamen Zweck, einem Du dient. Der physische Körper braucht bewußte Pflege. Weißt du, wie es ist, angespannt, müde, wütend oder furchtsam zu sein? Hast du schon einmal ein Trauma, physische oder mentale Schmerzen und Enttäuschungen erlitten oder Furcht, Hunger, Kälte oder Entbehrung erlebt? Wir alle kennen solche Erfahrungen. Wo sind diese alten und neuen Gefühle oder Emotionen geblieben? Sind sie im Lauf der Zeit und mit unseren neuen Erfahrungen verschwunden? Das ist die Frage. Woher kommt Krankheit?

Jeder einmal gedachte Gedanke, all unsere Erfahrungen, Emotionen und Schmerzen leben in unserem physischen und/oder verstandlichen Körper weiter, eingespeichert in Zellen, Muskeln und Gewebe, bis sie durch eine bewußte Anstrengung befreit werden. Organe bestehen aus Zellen, Muskeln und Gewebe. Hältst du ungesunde Erinnerungszellen fest, die in deinen Organen im Dauerschlaf liegen, Tag für Tag und Jahr für Jahr, bis sie in deinem Körper als Krankheit erwachen? Alte ungesunde Erinnerungen schwären, sie verwandeln sich in Gift und Verfallsstoffe und verursachen in unseren wertvollen Organen Krankheit und Atrophie.

Hast du das Gefühl, deine psychischen Probleme oder deine Emotionen hinsichtlich eines bestimmten Problems oder Vorfalls zu Ende gebracht zu haben? Das könnte sein. Wenn du diese Emotionen aus deinem verstandlich-emotionalen Körper befreit hast, kannst du dann sicher sein, daß du sie auch aus deinem physischen Körper entlassen hast?

Es ist nicht notwendig, an alten Emotionen festzuhalten. Durch die Anwendung *geeigneter Techniken* können wir Emotionen loslassen und all das, was unserem höchsten Potential nicht mehr dient. Es ist unsere *emotionale Bindung* an unsere Erfahrungen, die Schmerz, Krankheit und Leiden verursacht, nicht die Erfahrung an sich. Wir können unsere vergangenen Erfahrungen nicht gehen lassen, das wäre uns nicht möglich, selbst wenn wir es wollten. Was ungesund ist, ist die emotionale Bindung an diese Erfahrung. Unsere Erfahrungen und alles Erkennen, das wir als gut oder schlecht einstufen, können uns dienen. Lerne aus all deinen Erfahrungen, laß sie zu deinem Lehrmeister werden. Lerne dein Selbst bis ins Innerste kennen, und du wirst alles und alle anderen verstehen, du wirst begreifen, wer und was du bist. Liebe dein Selbst, du bist göttlich. Mit diesem Wissen verfügst du über das Potential, das dich heilt.

Die meisten Krankheiten verstandlicher oder körperlicher Art sind verursacht durch mangelnden Kontakt mit dem Selbst und fehlende Selbstintegration. Wann hast du das letzte Mal bewußt Kontakt mit deinen Körpern hergestellt? Was bedeutet Kontakt? Fühlen, zuhören, sich kümmern und wissen, daß ICH bereits vollkommen BIN und vergessen habe, diese Wahrheit zu leben. Empfinde, spüre und werde gewahr, wie bedeutend es ist, den verstandlichen, körperlichen, seelischen und geistigen Körper im Inneren zu vereinen. Die Verantwortung für unser verstandliches, körperliches und geistiges Wohlbefinden liegt nicht bei anderen, sie liegt bei uns selbst.

Werde gewahr, wie du bewußt oder unbewußt die Gesamtheit deiner Erfahrungen und deiner Körper in jedem Augenblick, Tag und Nacht, zum Ausdruck bringst. Jeder Körper ist in einem Miteinander der Körper verwoben. Vollkommenheit entsteht, wenn alle Körper zu einer wechselseitig voneinander abhängigen Einheit, einem untrennbaren Selbst vereint sind, das nicht vom Kosmos zu trennen ist. Die einzige Möglichkeit, in einer vollkommeneren Weit zu leben, besteht darin, selbst vollkommener zu sein. Der einzige Weg, den wir beschreiten können, um die Menschen unserer Umgebung und die Weit, in der wir leben, zu verändern, ist der Weg der Selbstveränderung.

Wie lernen wir, *zu sehen, zu hören und zu verstehen?* Manche Menschen glauben, diese Fähigkeiten seien nur Hellsichtigen oder Hellhörigen gegeben. Ich glaube, wir alle können unsere Sinne ausbilden, wenn wir uns der Liebe Gottes, die in uns allen wohnt, und unserer natürlichen göttlichen Natur erinnern. Es ist nichts Außergewöhnliches, zu sehen, zu hören und zu verstehen! Es ist außergewöhnlich, nicht zu sehen, zu hören und zu verstehen. Unser Naturzustand ist hellsichtig und hellhörig.

Meditation ist eine Methode, die Verstand und Körper zur Ruhe bringt, damit du sehen, hören und verstehen kannst. In der absoluten Stille liegt die absolute Wahrheit. Weißt du noch, WER du bist? Weißt du noch, WAS du bist und WORAUS du bestehst?

Meditation zielt darauf ab, das Bewußtsein zu erweitern und unser Unbewußtes und unser Bewußtes zu EINEM Bewußtsein zu vereinen. Meditation verbessert und stärkt unsere *sensorischen Antennen,* damit die Frequenz, auf der wir sehen, hören und verstehen, klar ist und ALLes umfaßt.

Viele meiner Übungsmethoden enthalten Visualisierungen. Ihren Zweck und Nutzen zu kennen, hilft uns verstehen, warum wir sie verwenden und weshalb sie erfolgreich sind. Ob du wirklich ›sehen‹ kannst, was dir zu visualisieren empfohlen wird, ist nicht ausschlaggebend. Es gibt viele formlose Arten des *Sehens.* Zu *›sehen‹* ist keine Fertigkeit, die sich mit unseren physischen Augen bewerkstelligen ließe. Wahres ›*Sehen*‹ ist ein Gewahrsein, ein Empfinden, ein Gefühl, das als Energie immer deiner Absicht folgt. Im herkömmlichen Sinne zu sehen, ist nicht erforderlich. Visualisierungen setzen Ideen oder Gedanken in Manifestation um. Was wir denken, erschaffen wir. Das Erschaffen ist ein Hauptzweck der Visualisierungsübungen. Wir verfügen über diese natürliche Fähigkeit und sollten lernen, sie mit größerer Bewußtheit einzusetzen, um sicherzugehen, daß wir manifestieren, was wir wünschen. Dank deiner schöpferischen Fähigkeit vermagst du Gesundheit, inneren Frieden oder ein förderndes Umfeld für deine Entwicklung zu erschaffen. Visualisierungen sind ein mächtiges schöpferisches Werkzeug.

Wenn du begonnen hast, mit dem ›Drei-Stufen-Programm‹ Atmen, Gebet und Meditation zu arbeiten und sich alte und gegenwärtige Probleme, Ängste und Selbsttäuschungen deutlicher zeigen, dann widme ihnen keine Aufmerksamkeit mehr. Wenn sie mit größerer Lebendigkeit in Erscheinung treten, so ist dies ein positives Signal. Es läßt dich wissen, daß unterdrückte alte und gegenwärtige Gefühle, Schmerzen, Sorgen, Traumata, mögliche Todeswünsche und Krankheitsprogramme, die auftauchen, zugänglich werden, damit du sie gehenlassen kannst. Dies ist eine Zeit, in der du dich freuen und dankbar sein kannst, denn du erreichst nun dein Ziel - verstandliches, körperliches und geistiges Wohlbefinden. Atme bewußt und lasse bewußt los, wenn diese Gedanken, Gefühle und Schmerzen sich verabschieden. In jedem Menschen leitet die Seele den Reinigungsprozeß. Sie läßt nicht zu, daß wir zu früh etwas gehenlassen, das uns noch dienen könnte, wie beispielsweise ein altes ungelöstes Problem, aus dem wir noch nicht gelernt haben, was wir lernen sollten, damit das Loslassen uns Vorteile bringen kann. Taucht ein ungelöstes Problem, das noch verstanden werden muß, in diesem Stadium unseres Prozesses des Loslassens auf, schenke ihm keine Beachtung, sondern bleibe beim Loslassen. Deine Losgelöstheit von dem Problem wird dir Gelegenheit geben, Abstand zu gewinnen, um es später genauer betrachten und verstehen zu können. Wenn du dich immer wieder von Emotionen gefangennehmen läßt, dann nährst und verstärkst du sie im Körper und im Verstand. Laß sie mit Liebe gehen.

Während du mit dem Prozeß des Loslassens beschäftigt bist, wirst du erfahren, daß ungesunde Emotionen, die immer und immer wieder auftauchen, bei jedem neuen Erscheinen schneller von dir erkannt werden. Du siehst, wie leicht es ist, sie bewußt loszulassen. Jedesmal, wenn Emotionen hochkommen, wirst du sie unverzüglich erkennen, wenn du deine Aufmerksamkeit geschult hast. Sowie mehr und mehr Probleme mit Liebe transformiert werden, läßt die Intensität nach, mit der du an Emotionen gebunden warst. Sie werden dich nicht länger festhalten, du wirst zum Meister der Transformation.

Die meisten Menschen atmen nicht richtig. Wenn du dich selbst und andere beobachtest, wirst du feststellen, wie flach dein Atem und der Atem anderer ist. Die meisten atmen in die Brust hinein, einige in den Bauchraum. Was wird aus dem unteren Teil des Körpers? Wir sind nicht zwei Hälften, sondern ein Ganzes. Auch der untere Körperteil braucht bewußte Aufmerksamkeit und Vitalität. Um zu überleben, braucht jede einzelne Körperzelle Sauerstoff und Vitalität. Es ist nicht richtig zu sagen, daß beim Atmen das Blut automatisch Sauerstoff in alle Zellen des Körpers befördert.

Wäre dies so, würden wir feststellen, daß Krankheit kein großes Thema, keine Krise für das heutige Leben darstellt. Hungere deine Zellen nicht aus. Verlangsamter Kreislauf und organische Probleme sind Symptome falscher Atemgewohnheiten. Mangelnde Fürsorge für den gesamten Menschen ist eine Hauptursache von Krankheit. Wenn wir die Atemtechnik ›Nase-bis-Zehen‹ anwenden, stellen wir sicher, daß der ganze Körper, daß alle Körper bewußt versorgt und gesund erhalten werden. Diese Übung sorgt dafür, daß *alle* Zellen mit dem notwendigen Sauerstoff und mit lebenserhaltender Vitalität ausgestattet werden.

Das Gebet regt unsere Hoffnungen auf eine bessere Zukunft an und stärkt unsere Kraft, unser höchstes Potential zu erreichen. Inspiration des Gottes im Inneren und des Gottes im Äußeren ist die natürliche Folge des Gebets, die wir in unserem täglichen Leben umsetzen können.

Es gibt einen großen Unterschied zwischen Gebet und Meditation, und doch ergänzen sich beide, wie Adam und Eva. Nach meiner Auffassung ist das Gebet ein Sprechen mit Gott, während Meditation bedeutet, still zu sein und zu hören, wie Gott spricht. Im Gebet kannst du deine Fragen stellen und sie in jedem Gebet so lange wiederholen, bis sie beantwortet sind. Ich glaube, Gott liebt den, der ernsthafte Fragen stellt. Die Antwort kommt nicht wie ein ›großer Paukenschlag‹, meist ist sie sehr subtil. Gott spricht durch unsere Stille, durch Wind und Sonne, durch unsere Freunde oder durch die Seiten eines Buches, das wir *zufällig* in die Hand nehmen.

Gott ist die Mutter, der Vater, Gott ist der Bruder, die Schwester, der Freund, der Liebende. Gott ist das Licht der Liebe, der Weisheit und des Verstehens, Gott ist, was wir alle suchen.

Gebete, die wir sprechen, ehe wir mit unseren täglichen Aktivitäten beginnen, und Gebete, die wir vor dem Schlafengehen sagen, bestimmen die Richtung und Schwungkraft unserer Gedanken. Wenn wir Gottes Gegenwart in uns spüren, wird das richtige Denken und Handeln den Gedanken folgen. Freude, Wohlbefinden und Selbsterkenntnis sind das Ergebnis bewußten Atmens, des Gebets und der Meditation.

Lernen wir, Betrachter zu sein, die dem Drama, das wir und andere geschaffen haben, um unsere Illusionen zu verstärken, nicht verhaftet sind. Bringen wir Weisheit zum Ausdruck, die in der Seele und im Herzchakra, dem Lichtpunkt im Zentrum der Brust, zu Hause ist. Das Herzchakra ist ein Energiezentrum und nicht mit dem körperlichen Herzen zu verwechseln.

Jede Zeit ist eine gute Zeit, um dem Selbst zu dienen. Wenn wir die Seele, den Heiler im Inneren anrufen, erhalten wir Zugang zu unserem Wissen und unserem wahren natürlichen Potential. Niemals ist die rechte Zeit ›später‹ oder ›zu spät‹. Jeder Augenblick gibt uns Gelegenheit:

1. Unser Potential heute zu manifestieren.
2. Zu sehen, zu hören und zu verstehen, was wir bisher nicht sehen, hören und verstehen konnten.
3. Ohne Angst, Wut, Frustration oder Verlangen, sondern mit Liebe, Weisheit und Verständnis zu leben. Wir treffen selbst die Entscheidung, welche Emotionen wir uns aneignen wollen.
4. Aufzuhören, blind umherzugehen, ohne zu ›sehen‹, wohin wir gehen.
5. Uns bewußt zu entscheiden, wie wir unsere Richtung, unser Schicksal ändern, wenn wir erkannt haben, daß unsere derzeitige Reise nicht unserem höchsten Potential dient.
6. Unser Bewußtsein für das rechte Denken zu erwecken, das zur rechten Einstellung führt und zur Kraft, die wir brauchen, wenn wir rechtes Handeln erschaffen wollen.

7. Aufzuhören, den anderen, den Umständen oder dem Schicksal die Schuld für unsere Probleme zu geben und die Verantwortung für unser Leben und unser Selbst wieder in die eigenen Hände zu nehmen.

8. Jede unserer Entscheidungen zur bewußten Entscheidung zu machen.

9. Alte Formen, alte Ideen, alte Moralvorstellungen und Dogmen loszulassen, die uns seit unserer Geburt auferlegt worden sind.

10. Uns selbst zu betrachten, unsere Gedanken, Taten, Fehler und Stärken bewußt wahrzunehmen.

11. Uns selbst so anzunehmen, wie wir sind. Uns selbst bedingungslos zu lieben, mit Freude zu verändern, was unser höchstes Potential nicht unterstützt und das ICH BIN ZU SEIN.

12. Eine Brücke zu schlagen vom Wissen und der Weisheit, die wir in unseren vergangenen Leben erworben haben, um bewußt an der Erschaffung unserer Zukunft mitzuwirken.

Ein weiterer wichtiger Schritt, mit dem wir uns auf der Erde verankern, besteht darin, unser Wohlbefinden zu sichern, während wir hier, um unsere Ausbildung zu erhalten, auf der Erde weilen.

Sorge auch für Bewußtheit in der Ernährung. Wir sollten das verlorene Bewußtsein über das Essen, über das, was wir brauchen und wie wir es zu uns nehmen, wieder in Erinnerung rufen. Es geht um unser Ziel, Gleichgewicht auf allen Ebenen und in allen Körpern zu finden. Achte auf deine *Sinne,* dann wirst du wissen, was deinen *Körpern* dient oder was sie beleidigt, krankmacht und zerstört. Die Ernährung ist ein wichtiger Aspekt das ganzheitlichen Lebensstils. Wir haben vier Körper, und alle müssen genährt werden. Führen wir dem physischen Körper Nahrung zu, nähren wir gleichzeitig den verstandlichen und den geistigen Körper, ob wir uns dessen bewußt sind oder nicht. Bedenke den unserer Seele und unserem Geist eigenen Wert der Einfühlsamkeit. Indem wir alle Körper nähren, steigern wir ihre aktive Gegenwärtigkeit. Mit Hilfe des ›Nahrungsmittel-Entdeckungsspiels‹ erforschen wir die Bedürfnisse unserer Körper. Dieses leicht durchzuführende Spiel wird zur Freude, es öffnet die Tür zu deinem Wissen, das dir sagt, was für dich gut ist und was nicht.

Wir können unser heutiges und morgiges Schicksal durch bewußtes Leben erschaffen. Dies erfordert Veränderung und Disziplin, das Loslassen alter Muster, die den Anschauungen anderer entstammen, und Gewähren. Wir schreiten fort, wenn wir uns einen Rhythmus gesunden Lebens ermöglichen, der sich auf uns auswirkt und auf die Welt, in der wir leben. Gestalte deinen Lebensstil, der *deinen* Hoffnungen auf eine bessere Zukunft und deinem besseren Du gerecht wird.

Eine goldene Regel für die Erhebung der Werte des Lebens besteht darin, eine Mitwelt und Umgebung zu schaffen und zu bewohnen, die deinen höchsten Interessen und deinem höchsten Potential förderlich ist. Die ›Übungen und Methoden für das gesündere Leben‹ sollten nicht schon nach einer Woche, einem Monat oder einem Jahr wieder aufgegeben werden. Die Übungen können uns das ganze Leben lang unterstützen, und das gilt nicht nur für die jetzige Inkarnation. In den Augen Gottes gibt es keinen Unterschied zwischen Himmel und Erde, das Leben ist ewig. Mit den Übungen dann aufzuhören, wenn wir uns besser fühlen, gesünder werden oder nachdem wir bestimmte Ziele erreicht haben, bedeutet Selbstverleugnung. Wenn wir beständig sind in unserem Zustand des Gewährens, entfalten wir unser wahres göttliches Selbst, das unsere Wirklichkeit ist.

16. Kapitel

Das tägliche Drei-Stufen-Programm: Atmen – Gebet – Meditation

Wenn du täglich mit diesem Programm erbeitest, erfährst du, wie dein Leben an Wert und Inhalt gewinnt, und du wirst gerne ein wenig Zeit und Disziplin aufwenden, um das ›tägliche Drei-Stufen-Programm‹ durchzuführen. Gönne dir eine Stunde pro Tag. Du benötigst nur wenige Sekunden für die Atemübungen, 20–30 Minuten für die Meditation und weitere 20 Minuten für die Erdungsvisualisierung. Eine Stunde liebevoller Fürsorge, die du über den Tag verteilst, kann dir viele gesunde und freudvolle weitere Lebensjahre bescheren. Nimm dir jetzt Zeit, und du wirst später über mehr Zeit verfügen. Auf diese Weise kannst du heute eine wertvolle Zukunft schaffen.

Die drei Stufen des Programms – bewußtes Atmen, Gebet und Meditation – zielen darauf ab, dir zu helfen, mit wenig Aufwand, Anstrengung und Widerstand dein verstandliches, körperliches und geistiges Potential optimal zu entfalten. Das Drei-Stufen-Programm ist so aufgebaut, daß du sanft in die Stille der Meditation und zu bewußtem Leben geführt wirst. Die Atemübungen versorgen deinen Körper mit Sauerstoff und Vitalität. Genährt und zufrieden hat er keinen Grund mehr, sich zu beklagen, wenn du betest und in der Stille meditierst. Das Gebet wirkt *inspirierend* und weckt in dir das Verlangen nach ruhiger Meditation. Während du meditierst, richten sich all deine Körper nach deiner Mitte aus und vereinigen ihre Kräfte, um Integration und vollkommene Harmonie zu erlangen.

Unsere Hirnwellen sind meßbar. Die folgende Zeichnung zeigt, wie sie auf das Drei-Stufen-Programm ansprechen. Es ist deutlich zu erkennen, daß wir mit jedem Schritt dem Ziel der absoluten Stille näherkommen, in der es nur das eine Göttliche gibt: Allmacht, Allgegenwart und Allwissenheit.

Normaler Wachzustand

Stufe 1: Während und nach der Atemübung

Stufe 2: Während und nach dem Gebet

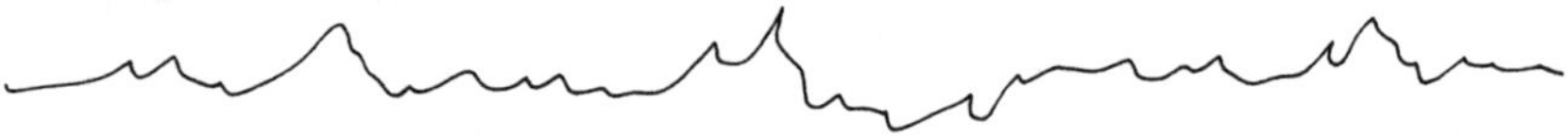

Stufe 3: Während der Meditation

Jeder Schritt des Programms lenkt dich behutsam und sanft, damit du das Ziel - absolute Stille - erreichst. In der Stille ist nur Göttlichkeit: Allmacht, Allgegenwart und Allwissenheit.

Allmählich läßt der Verstand von seiner Geschäftigkeit ab und findet zu einem Zustand der Vollkommenheit. Vollkommenheit ist erreicht, wenn der Verstand in absoluter Stille verweilt und Seele und Geist alle Körper zu Vollendung lenken. Wir müssen die Stille üben, uns ausdehnen, um diesen Idealzustand zu erreichen. Meditation hilft uns, alle Schichten der Unzufriedenheit und Illusion abzutragen, damit das Zentrum unserer Göttlichkeit frei wird und wir unsere wahre, unverfälschte innere Natur zum Ausdruck bringen können.

Erschaffe Gesundheit und wende die klar und präzise formulierten Visualisierungsübungen an, die auf der Grundlage der Naturgesetze entworfen wurden. Die Visualisierungen bestehen aus einer bestimmten Abfolge von Energiefrequenzen, die sich wie die vielen Noten einer Symphonie zu einer vollkommenen Komposition fügen. Jeder Visualisierungsschritt sendet eine Kombination von Signalen oder Frequenzen aus, die dazu bestimmt sind, dein inneres und dein äußeres Du - deine unmittelbare und mittelbare Umgebung und den Kosmos - zu unterstützen.

Reinigungsatem

Beginne jeden Tag mit dem ›Lebensatem‹. Nimm drei tiefe reinigende Atemzüge, wenn du am Morgen aufwachst und ehe du abends zu Bett gehst. Das erhöht den Sauerstoffgehalt des Blutes und beschleunigt den Kreislauf. Tiefes Atmen unterstützt das gesamte Nervensystem Alle Teile des Körpers erfahren dadurch eine Belebung. Atme tief durch die Nase ein und stoße den Atem durch den Mund aus. Sei dabei wirklich entschlossen, Vitalität aufzunehmen, und sei gleichermaßen entschlossen, alles loszulassen, was dir nicht mehr dient. Wiederhole den Zyklus des Reinigungsatmens dreimal.

Das tägliche Drei-Stufen-Programm

Ehe du mit den einzelnen Schritten des täglichen Drei-Stufen-Programms beginnst, ist es wichtig, dir klarzumachen, daß ein einmaliges Durchlesen der Anweisungen nicht ausreichend sein wird. Nimm dir also die Zeit, die du brauchst, um den Ablauf des täglichen Übungsprogramm auswendig zu lernen. Beginne mit dem ersten Schritt. Sobald du ein gutes Gefühl hast und glaubst, diesen Schritt zu beherrschen, fahre fort und erlerne den zweiten, dann den dritten Schritt.

Anfangs kannst du die Schritte zu jeder Tages- oder Nachtzeit üben. Du wirst dir vielleicht Notizen machen oder den Programmablauf auf Tonband aufzeichnen wollen, um dir das Lernen zu erleichtern. Sobald du das ganze tägliche Drei-Stufen-Programm ohne Hilfsmittel durchführen kannst, ist es an der Zeit, einen guten Stundenplan für dich und deine Familie zu finden und jeden Morgen mit dem Drei-Stufen-Programm zu arbeiten.

Stufe 1. Atmen:
Vitalität und Loslassen mit Liebe

Diese Übung kannst du in nur fünf Minuten erlernen. Sie ist einfach und mühelos durchzuführen und wird dir größten Nutzen bringen.

1. Setze dich auf einen bequemen Stuhl oder ein Sofa. Wähle einen Platz, an dem du jeden Tag dein tägliches Drei-Stufen-Programm durchführen willst. Wenn du immer an denselben Platz zurückkehrst und die gleiche Haltung einnimmst, kannst du dich schneller und leichter konzentrieren. Mache es zu deinem täglichen Ritual, auf einem bestimmten Stuhl oder Sofa Platz zu nehmen. Das hilft dir, sofort in die richtige innere Haltung zu kommen, und du schaffst eine gesunde, lebensfördernde Gewohnheit. Halte Rücken und Kopf gerade, sitze aber bequem, damit die Energien frei und schnell durch die Wirbelsäule fließen können.

2. Lege die Hände mit den Handflächen nach oben auf deinen Schoß. Du kannst die Handrücken auf den Oberschenkeln ruhen lassen oder sie vor deinem Unterleib verschränken, je nachdem, was du als angenehmer empfindest.

3. Stelle die Füße flach auf den Boden. Betreibst du Yoga, kannst du, wenn es bequem für dich ist, eine halbe oder ganze Yoga-Stellung einnehmen.

4. Beginne die Atemübung damit, daß du sanft deine Augen schließt. Richte bei geschlossenen Augenlidern deine Augen und deine Aufmerksamkeit auf die Nasenspitze. Während du *durch die Nase einatmest,* fühle den Sauerstoff, der an der Nasenspitze einströmt. Werde dir dieses Vorgangs gewahr.

5. Lenke ein Wort zu deiner Nasenspitze. Denn Gott erschuf die Welt mit einem Wort, und mit einem Wort kannst du Gesundheit erschaffen. Das Wort lautet *Vitalität.*

6. Projiziere das Wort *Vitalität* auf den Sauerstoff, den du durch die Nase einatmest. Du kannst buchstäblich die Eigenschaften des Sauerstoffs verändern, indem du dieses Wort *Vitalität* projizierst. Vitalität bedeutet Lebenskraft. Der Sauerstoff dringt tief in alle Teile des Körpers ein und wird absorbiert. Trägt der Sauerstoff die Zweckbestimmung ›Vitalität‹ in den Körper, haben wir uns Vitalität gleichsam wie ein Nahrungsmittel einverleibt. Mit dem Atmen haben wir die Körperkräfte so programmiert, daß alle Zellen Sauerstoff, Vitalität assimilieren. Wir sind auf dem Weg zu besserer Gesundheit. *Vitalität ist der wahre Jungbrunnen. Nie war der Jungbrunnen weiter von uns entfernt als unsere Nase. Der Lebensatem ist die Quelle der Vitalität.*

7. Atme den vitalisierten Sauerstoff tief durch die Nase ein und halte den Atem einen Augenblick an, während du dir vorstellst, wie dein ganzer Körper von der Spitze des Kopfes bis zu den Fußspitzen mit Vitalität getränkt wird.

8. Das *Ausatmen durch den Mund* ist immer eine Gelegenheit zur Befreiung. Du kannst Gifte - Toxine, Krankheit, Ängste, alte Programme und auch Karma gehen lassen. Atme bewußt durch den Mund aus und laß dein ganzes Selbst die Worte sprechen: »Ich lasse es mit Liebe gehen.« Löse dich von dem Bedürfnis, diesen Vorgang verstehen zu wollen, und Verständnis wird sich unmittelbar vor deinen Augen entfalten.

Versuchst du zu angestrengt zu verstehen, gehst du am *Sinn* des Ganzen vorbei. Dein Bemühen erzeugt Reibung, Hitze. Du kannst die Wahrheit nicht sehen, wenn das heftige Feuer des Verlangens in dir brennt. Laß die Wahrheit wirken, laß sie durch dich Ausdruck finden. Gib dieser Übung die Chance, dir ihren Wert zu beweisen.

Jedesmal, wenn du *durch die Nase einatmest und durch den Mund ausatmest,* durchläufst du einen Zyklus. Eine Übung umfaßt drei Zyklen, und diese drei zyklischen Atemzüge bilden den ersten Schritt des täglichen Drei-Stufen-Programms.

Stufe 2. Gebet

Du magst zu Gott beten oder der Göttlichkeit in allen Dingen, dein Gott kann ein ›höheres Bewußtsein‹, vielleicht dein höheres Bewußtsein sein. Der tägliche Kontakt verfeinert deine Sicht der Welt, deren Teil du bist, einer Welt, in der es keine Trennung gibt. Zweifle, wenn du willst, stelle Fragen, suche die Wahrheit, bleibe ausdauernd und unbeirrbar, finde heraus was ist und was nicht ist. Der einzig sichere Weg, um die Wahrheit zu erkennen ist, sie aus eigener Sicht zu sehen.

Wie betet man? Frage ich zehn Leute, wie sie zu Gott beten, kann es sein, daß jeder etwas anderer erzählt. Das Gebet ist etwas Besonderes, eine ›richtige‹ Methode gibt es nicht. Stelle ich aber zehn Leuten die Frage, wie sie sich fühlen, wenn sie beten, wird jeder von einer sehr persönlichen Empfindung berichten. Das Gebet ist etwas Persönliches zwischen dir und Gott. Die einzige Regel besteht darin, daß du aufrichtig und von Herzen beten solltest.

Ich kann nur einige Gebetsmethoden vorschlagen, die dir vielleicht helfen und dich eine Beziehung zu Gott finden lassen, beispielsweise:

1. Sprich mit dem Gottwesen, als wäre es Vater oder Mutter, nicht ein herablassender oder verurteilender Elternteil, sondern jemand, der dich so liebt, wie du bist und bereit ist, wenn du es willst, dich auf jede erdenkliche Weise in deiner ganzheitlichen Entwicklung zu unterstützen:
   a) körperlich, durch Gesundheit,
   b) verstandlich, durch Schulung und Lebenserziehung und
   c) geistig, durch eine Erziehung, bei und mit der du Zugang zu deinem Wissen findest.

2. Hattest du bisher keinen guten, intimen Freund, mit dem du deine Geheimnisse teilen und dem du Fragen stellen konntest, kann für dich jetzt die Gelegenheit kommen, eine solche Beziehung zu kultivieren.

Du kannst damit anfangen, deine Augen zu schließen und mit demütigem Herzen beginnen, zu Gott zu sprechen. Unwichtig ist, ob du die Worte an dich selbst oder den Himmel richtest, denke daran, daß Energie immer deiner Absicht folgt. Stelle Fragen, wenn du willst, erforsche die Beziehung, die zwischen euch besteht. Du kannst mit einem Gebet beginnen, das du schon kennst, du kannst frei formulieren oder mit dem Gottwesen sprechen, als wäre es dein liebster und bester Freund, dein Vater, deine Mutter oder die Natur. In deiner Sehnsucht nimmt das Gebet seinen Anfang, und Sehnsucht wird deine ersten Worte lenken.

Stufe 3. Meditation: Die ›Weiße-Wolke-Meditation‹

Die ›Weiße-Wolke-Meditation‹ zielt darauf ab, unser kreatives Potential zu aktivieren und einen sicheren Raum zu schaffen, in dem wir unsere Antennen ausfahren, unser Wissen erweitern können. Die drei Wolken, die in dieser Technik vorkommen, reinigen uns von den grobstofflichen Substanzen und Schmutzstoffen, die uns umgeben, und sorgen für eine klarere Konzentration und ein besseres Verständnis für unsere göttliche feinstoffliche Natur. Während die uns umgebende weiße Wolke unsere äußere Umgebung reinigt, wird das innere Licht immer feinstofflicher und säubert unsere innere Welt, unseren physischen Körper und unseren Verstand. Gewährend lassen wir geschehen, daß die Schleier der Illusion in uns fallen und die Perle unserer inneren Weisheit freigeben. Wie intelligent und schlau wir auch sein mögen, wenn wir durch schmutzige Fenster in die Weit hinaussehen, können wir nicht klar sehen. Wenn wir unsere feinstoffliche Natur spüren und bewußt wahrnehmen, kann unser Lehrer, der Meister im Inneren, die innere und äußere Welt in uns zur Harmonie führen. Wir fühlen uns nicht mehr abgetrennt oder anders als andere, unsere Konflikte lösen sich auf. Gott durchdringt alles, ist jederzeit allgegenwärtig. Baden und schmücken wir uns mit dem Duft unserer eigenen Göttlichkeit, und Gott manifestiert sich.

Setze dich bequem hin, und du bist bereit anzufangen. Lies den ersten Teil nochmals liebevoll durch und halte am Ende eines jeden Abschnitts (•) inne, um den nächsten Text zu lesen, ehe du fortfährst.

1. Schließe sanft deine Augen.

2. Stelle dir eine Wolke vor, die sich mindestens fünf Meter über dem Dach des Hauses oder Gebäudes befindet, in dem du dich gerade aufhältst.

3. *Sieh,* wie diese Wolke größer und größer, weißer und weißer wird.

4. Die Wolke senkt sich auf das gesamte Gebäude herab, bis du das Gebäude im Mittelpunkt der weißen Wolke sehen kannst. Die Wolke umschließt das Gebäude wie eine Eierschale, die den Dotter in ihrer Mitte birgt, ist aber flüssiger und fließender, wie die Wolken, die am Himmel ziehen.

• Ist dir der erste Teil geläufig, kannst du fortfahren. Fühlst du dich noch unsicher, oder konntest du noch nicht das gesamte Gebäude mit der Wolke umhüllen, gehe den Übungsteil noch mal durch, bis er dir vertraut geworden ist, jedoch nicht öfter als dreimal hintereinander, denn die Meditation ist sehr kraftvoll. Du könntest zu viel Energie um dich herum ansammeln und weißt vielleicht nicht, wie du damit umgehen sollst. Anfangs ist nicht jeder in der Lage, die weiße Wolke mit dem inneren Auge zu sehen. Mach dir keine Sorgen und bedenke, daß die Energie deiner Absicht folgt. Es gibt viele Wege des ›Sehens‹, auch das Fühlen zählt dazu.

5. Die Wolke kommt herein, durch Wände, Decken und Fußböden und läßt sich in dem Raum nieder, in dem du sitzet. Die Wolke umhüllt dich, dringt jedoch nicht in dich ein.

6. Die Wolke füllt den gesamten Raum aus.

7. Sieh dich selbst im Raum in der weißen Wolke sitzen; deine Füße berühren dabei den Boden.

8. Erspüre dich. Werde dir deiner selbst *gewahr.*

9. Nimm durch die Fußsohlen Kontakt mit dem Boden auf. Wenn du in einer halben oder ganzen Yoga-Stellung sitzt, vollziehe die Berührung der Füße mit dem Boden in deiner Vorstellung.

- Siehst du deine Füße flach auf dem Boden stehen, auch wenn du in einer halben oder ganzen Yoga-Stellung sitzt, bleibst du bei diesem Teil der Meditation geerdet, während feinstoffliche Energien alles wegräumen, was dir nicht mehr dient, deine Chakren unterstützen und deine Körper in eine gesunde Ausrichtung bringen. Hast du dich mit dem vorangegangenen Teil der Meditation vertraut gemacht, fahre fort und lies den nächsten Teil.

10. Richte deine Augen und deine Aufmerksamkeit auf die Nasenspitze und beobachte deinen Atem. Spüre, wie kühle Luft durch deine Nasenlöcher einströmt und warme Luft ausströmt. Folge zwei bis fünf Minuten lang deinem Atem, ohne ihn zu steuern. Diese Methode nennen wir ›*Bewußtes Atmen*‹.

11. Sieh dich im Raum in der weißen Wolke sitzen.

12. Erspüre dich.

13. Nimm über deine Fußsohlen Kontakt mit dem Boden auf.

- Sobald du dich mit dem vorangegangenen Teil der Meditation vertraut gemacht hast, fahre fort und lies den nächsten Teil.

14. *Lasse gewähren,* daß die weiße Wolke das Gebäude durch Wände, Decken und Fußböden verläßt. *Sieh* das Gebäude nochmal im Inneren der weißen Wolke.

15. Die weiße Wolke wird immer größer und größer, bis du den Planeten Erde im Mittelpunkt der weißen Wolke sehen kannst. Das ist unsere Art, der Erde liebevoll Heilung zuteil werden zu lassen und ihre Ozonschicht zu verstärken, während wir uns gleichzeitig selbst heilen.

16. Laß die weiße Wolke in den Kosmos schweben.

- Denke daran, daß allen Zahlen eine Kraft innewohnt. Wenn wir mit der Zahl drei arbeiten, bitten wir um Hilfe und erhalten die größtmögliche Unterstützung. Deshalb visualisieren wir in der Meditation die weiße Wolke dreimal, wobei es nur bei der dritten Wolke eine Abweichung gibt. Beginne also noch mal bei Ziffer 1 und gehe die gesamte Übung ein zweites Mal durch.

- Hast du die Meditation zum zweiten Mal beendet, kehre zum Anfang zurück und beginne von neuem. Nur bei Ziffer 10 mußt du folgende kleine *Änderung* beachten: Behalte das ›bewußte Atmen‹, die Beobachtung des Atems, mindestens fünf bis zwanzig Minuten lang bei. Danach kannst du fortfahren und die Meditation auf die gleiche Weise zu Ende führen wie beim ersten und zweiten Durchgang.

Fortgeschrittene Meditation

Wenn du mindestens drei bis sechs Monate mit dieser Meditation gearbeitet hast und dich für den nächsten Schritt reif fühlst, kannst du die Übung leicht abwandeln. Bei der fortgeschrittenen Übungsmethode ändert sich *nur die dritte Wolke.* Anstatt bei sanft geschlossenen Augen ›bewußt zu atmen‹, rollst du jetzt die Augäpfel nach oben zu dem Mittelpunkt zwischen den Augenbrauen und behältst diese Stellung mindestens 20 Minuten lang bei.

Den größtmöglichen Nutzen erzielst du, wenn du mindestens einmal pro Woche während der dritten Wolke eine Stunde lang bei dieser Augenhaltung bleibst.

Das ›tägliche Drei-Stufen-Programm‹, Atmen, Gebet und Meditation, solltest du jeden Morgen nach dem Aufwachen und wenn möglich jeden Abend durchführen. Es ist wichtig, daß du einen guten, für dich geeigneten Rhythmus und die rechte Zeit für die Stille findest.

Benutze während der ersten Übungswochen keine Hautcremes

oder Öle, damit die Poren während der Entgiftungsphase nicht verstopft sind. Deine Haut soll frei atmen können und durchlässig sein, damit die im Körper befindlichen Giftstoffe ausgeschieden werden können. Laß dich nicht entmutigen, wenn du in den ersten Übungswochen Hautprobleme bekommst und sich Pickel oder Ausschläge zeigen. Das ist ein sehr gutes Zeichen und zeigt dir, daß Giftstoffe den Körper verlassen. Die intensivste Entgiftungsphase dauert etwa drei bis vier Wochen. Danach kannst du ohne weiteres wieder Cremes verwenden.

Möge das Höhere Selbst in uns Ausdruck finden und Frieden und Licht in die Dunkelheit unserer Illusionen, Vorurteile und in unser kleines Selbst bringen. Mögen Verstand und Körper, Seele und Geist in Gesundheit erstrahlen und unser inneres Licht nach außen tragen.

17. Kapitel

Besondere Atemübungen

Bei jedem Atemzyklus, jedem Ein- und Ausatmen, wirken die Kräfte von Yin und Yang, Adam und Eva in unserer Natur, der Natur Gottes. Es kann gar nicht oft genug betont werden, wie wichtig das bewußte Atmen ist. Gebet und Meditation alleine können uns nicht die Gewähr bieten, daß Körper und Verstand gesund bleiben. Wird die Lebenskraft nicht ständig durch gesundheitsförderndes Atmen erneuert, werden alle Bemühungen, ›erfolgreich‹, gesund, aktiv und geistig rege zu sein, im Keim erstickt und müssen versagen. Aus diesem Grunde gebe ich dir drei Atemübungen, die das ursprüngliche, auf Vollkommenheit ausgerichtete Programm von Körper und Verstand bestärken und unsere Fähigkeit aktivieren, alles gehen zu lassen, was uns nicht mehr dient. Die Übungen werden die Vitalität wiederherstellen, die unsere Körperzellen zum Überleben brauchen. Sie folgen alle demselben Atemrhythmus: *Du atmest durch die Nase ein und durch den Mund aus.*

Atemübungen

Die folgenden drei Atemübungen helfen dir, dein Leben zu verbessern:

1. Reinigungsatemzüge. Die Anleitung findest du in Kapitel 16, ›Das tägliche Drei-Stufen-Programm‹.

2. Vitalität und Loslassen mit Liebe. Die Anleitung findest du ebenfalls in Kapitel 16, ›Das tägliche Drei-Stufen-Programm‹.

3. Die Übung ›Von der Nase zu den Zehen, von den Zehen zum Mund‹ wird im folgenden beschrieben.

Bei jeder der vorgestellten Atemübung versorgt das Einatmen den ganzen Körper und jede einzelne Zelle mit Sauerstoff. Das Ausatmen, befreit den Körper von Toxinen, Streß oder Programmen etc. Der Kreislauf wird angeregt, das körperliche und verstandliche Bewußtsein gefördert. Dein Körper erwacht in allen Teilen und macht sich daran, sein höchstes Potential zum Ausdruck zu bringen. Schließe beim Ausatmen durch den Mund in deine Vorstellung ein, daß alle Körperteile von Giftstoffen befreit werden. Oft vergessen wir unsere Arme und Beine, wenn wir den Atem hochholen und die Luft ausstoßen. Denke daran, daß du mit der Atemübung dem ganzen Körper dienen willst. Alle Körperteile sollten deshalb mit Sauerstoff versorgt und in den Prozeß der Reinigung einbezogen werden.

Von der Nase zu den Zehen, von den Zehen zum Mund

Die Atemübung ›Von der Nase zu den Zehen, von den Zehen zum Mund‹ kannst du jederzeit, Tag und Nacht, wann und wie oft du willst, durchführen.

Wiederhole den Satz VON DER NASE ZU DEN ZEHEN, VON DEN ZEHEN ZUM MUND wie ein Mantra oder eine Affirmation, und du wirst ihn nicht mehr vergessen. Achte am ersten Übungstag auf deine Körperreaktionen. Du wirst dich ruhiger, gesünder, glücklicher und belebter fühlen, weil du deinem ›ganzen‹ Körper die Unterstützung gibst, die du auch von ihm erwartest. Vergessen wir nicht, daß unsere Beine, Füße und Zehen den gesamten Körper tragen. Mit Liebe und einer bewußten Übungsmethode, der Atemtechnik ›Von der Nase zu den Zehen, von den Zehen zum Mund‹ können wir hier unterstützend wirken.

1. Atme langsam durch die Nase ein und stelle dir *bildlich* vor, wie der Atem von der Nase bis zu den Zehen hinunterfließt. Vergiß nicht, auch Arme und Kopf mit Atem anzufüllen. Halte die Luft so lange an, wie du brauchst, um zu *visualisieren* oder zu *fühlen*, wie der Atem sich von der Nase bis zu den Fußsohlen und in die Zehenspitzen hinein bewegt.

2. Atme sanft durch den Mund aus und *stelle* dir dabei *bildlich* vor,

wie der Atem von deinen Zehen hochsteigt, sich aus deinen Armen und deinem Kopf entleert und durch den Mund austritt.

- Wenn es dir schwerfällt, während der Atemübung konzentriert zu bleiben, kannst du dir mit einer anderen Methode behelfen: *Sieh*, wie dein Atem in Gestalt eines *weißen Lichts* durch die Nase einströmt und zu deinen Zehen fließt. Nachdem du das Atemlicht ein paar Sekunden lang gehalten hast, führe es wieder nach oben und lasse es durch den Mund ausströmen.

Wenn du Schwierigkeiten hast, dir den Atem bildlich vorzustellen oder ihn als weißes Licht durch die Nase einströmen und im Körper bis zu den Zehen fließen zu sehen, kannst du deine Hände zu Hilfe nehmen, um den Atem zu leiten. Auch wenn du gut visualisieren kannst, hilft dir diese Methode, den Atem bis zu den Zehen zu führen, ehe dir die Luft ausgeht. Halte beide Hände in einem Abstand von etwas 30–40 cm vor den Körper, richte die Handflächen auf dein Gesicht. Atme ein und laß den Atem der Bewegung deiner Hände folgen. Führe die Hände auf der Vorderseite des Körpers vom Gesicht bis zu den Beinen und Füßen nach unten in Richtung deiner Zehen. Wahre dabei immer Abstand und berühre deinen Körper nicht. Wende beim Ausatmen die gleiche Methode an. Laß deine Hände den Atem lenken, hole ihn hoch und laß ihn durch den Mund hinausströmen.

18. Kapitel

ERDUNGSVISUALISIERUNG

Als ›Erdung‹ bezeichnen wir eine Übungsmethode, die unsere menschlichen Moleküle und unseren astralen und ätherischen Körper vitalisiert, damit wir fortlaufend Nahrung aus der Erde aufnehmen können.

Wenn du dich aus der Erde nährst und die Erde mit der gleichen Liebe und Fürsorge behandelst, mit der sie dich behandelt, entsteht ein Gleichgewicht. Du wirst gesünder, und die Erde wird gesünder.

Die ›Erdungsvisualisierung‹ zeigt uns einen angenehmen Weg, zu geben und gleichzeitig zu empfangen.

Erdungsvisualisierung

Diese Übungsmethode setzt sich aus mehreren Schritten zusammen, die ich in Einzelsegmente aufgegliedert habe, um dir das Lernen zu erleichtern. Wenn du glaubst, zusätzliche Unterstützung zu benötigen, kannst du dir ein Hilfsmittel anfertigen und die Visualisierung erlernen, ohne ihren Ablauf unterbrechen und in deinen Aufzeichnungen nachsehen zu müssen. Sprich die Anleitung auf Band, und du verfügst über eine praktische Lernunterstützung und kannst dich entspannen, während du die Aufnahme abhörst und die Übung ohne Unterbrechung bis zum Ende durchführst. Du kannst die Erdungsvisualisierung jeden Tag beliebig oft durchführen, besonders in der Zeit, in der du dich mit ihr vertraut machst. Sie enthält nichts, was dir schaden könnte, ganz gleich, wie oft du sie wiederholst.

Denke aber daran, die Visualisierung nicht zur selben Zeit durchzuführen wie die Meditationsübung. Um den größten Nutzen zu erzielen, solltest du die Visualisierung zwei oder mehr Stunden vor oder nach der Meditation üben.

Ehe du beginnst, lies die ganze Visualisierung einmal bis zum Ende durch. Wiederhole dann den ersten Teil bis zur Markierungsstelle, die durch eine fettgedruckte Markierung (**•**) gekennzeichnet ist. Jetzt kann du mit der Visualisierung des ersten Teiles beginnen.

1. Sitze bequem. Nimm dieselbe Stellung ein, die du bei der Meditationsübung bevorzugst.

2. Sieh dich auf der Erde, auf dem Boden stehen, ohne Schuhe und Socken.

3. Spüre, wie deine Fußsohlen *Kontakt* mit dem Boden aufnehmen.

4. Reibe mit deinen Füßen am Boden hin und her, um einen intensiven Kontakt mit der Erde herzustellen. Kannst du die rauhen Kanten der kleinen Steine unter deinen Füßen *spüren?* Erst wenn du sie *spürst,* hast du wirklich *Kontakt* hergestellt. Kannst du nichts spüren? Dann reibe mit den Füßen so lange an den Steinen, bis du irgendeine Empfindung hast.

5. *Visualisiere* kleine Steine zwischen deinen Zehen. Bewege die Zehen so lange hin und her, bis du die Steine richtig *spüren* kannst.

• Wenn du den ersten Teil geübt und dich damit vertraut gemacht hast, kannst du zum nächsten Schritt übergehen. Bist du aber noch unsicher oder konntest du die Erde unter deinen Füßen oder die Steinchen zwischen deinen Zehen nicht ›spüren‹, wiederhole den ersten Teil so lange, bis deine inneren Bilder irgendeine körperliche Empfindung auslösen.

6. *Sieh* dich über eine grasbewachsene Fläche gehen. Spüre die kühlen Grashalme unter deinen Füßen.

7. Reibe die Füße auf dem Gras, bis du wirklich *Kontakt* mit dem Gras hergestellt hast. *Fühlt* sich das Gras unter dir kühler an als die Steine?

8. *Spüre* die Grashalme zwischen deinen Zehen. *Spüre,* wie die Grashalme zwischen den Zehen hindurchgleiten, wenn du die Füße einen nach dem anderen auf und ab bewegst.

• Fahre fort, sobald du dich mit dem vorhergehenden Schritt vertraut gemacht hast. Ist es dir noch nicht gelungen, einen intensiven Kontakt mit dem Gras herzustellen, wiederhole diesen Schritt so lange, bis du das Gras an deinen Fußsohlen wirklich spüren kannst. Wenn du soweit bist, lies im Text weiter.

9. Gehe weiter, bis du zu einem Moor- oder Sumpfgebiet gelangst. Steige bis zu den Knöcheln in den Schlamm hinein.

10. *Fühle,* wie der Schlamm zwischen deinen Zehen hindurchquillt. Bewege die Zehen hin und her. *Fühlst* du die sandige Beschaffenheit des Schlamms zischen den Zehen? Kannst du den Schlamm unter den Zehennägeln *spüren?*

11. Tritt im Schlamm auf und ab und stelle dabei einen spürbaren Kontakt zwischen deinen Füßen und dem Schlamm her.

12. Gehe tiefer in den Schlamm hinein, bis er dir zu den Knien reicht.

• Wenn du dich mit diesem Schritt vertraut gemacht hast, fahre fort.

13. Greife mit den Händen in den Schlamm und reibe deine Füße und Beine kräftig ein. Massiere die Haut unter leichtem Druck und *spüre* dabei die *Berührung* des Schlamms auf der Haut.

14. Nimm immer wieder Schlamm auf und massiere damit deinen ganzen Körper. Du solltest die sandige Beschaffenheit des Schlamms *spüren,* wenn du deine Haut berührst. Reibe ruhig kräftig, die Massage wirkt beruhigend und stimulierend. Denke auch an deinen Rücken, den Nacken, das Gesicht, die Ohren und die Achselhöhlen. Laß keine Körperstelle aus. Reibe auch dein Haar mit dem Schlamm ein.

15. Nimm eine zusätzliche Portion Schlamm auf und verteile sie entlang der Wirbelsäule auf deinem Rücken. Natürlich kannst du deinen Rücken erreichen. *Visualisieren* bedeutet erschaffen. Laß nicht zu, daß Zweifel dich einschränken. *Denke* ganzheitlich, und du wirst keinen Hindernissen begegnen. Trage Schlamm entlang der ganzen Wirbelsäule auf.

16. Reibe auch deinen Nacken und die Hinterseite deines Kopfes mit besonders viel Schlamm ein. Die Stelle am Hinterkopf, an der

Nacken und Kopf aufeinandertreffen, bezeichnet man als verlängertes Rückenmark oder auch als ›Gottesmund‹. Hier an der Basis des Gehirns laufen viele Nerven zusammen, die wichtige Körperfunktionen wie Atmung und Kreislauf regulieren.

17. Bedecke die oberste Stelle deines Kopfes, das Kronenchakra, ebenfalls mit einer Extraportion Schlamm.

18. *Sieh* dich voller Freude in die Erde hineinsinken, bis zu ihrem Mittelpunkt. Der Schlamm bleibt dabei auf deinem Körper.

- Ich habe die Erfahrung gemacht, daß viele Menschen es nicht wagen, in die Erde hineinzusinken, aus Angst zu ersticken oder von der Erde erdrückt zu werden. Die Visualisierung wirkt sich zwar auf den physischen Körper aus, doch nur der feinstoffliche ätherische Körper sinkt in den Schlamm hinein. Du kannst nicht wirklich ersticken oder erdrückt werden, dein materieller Körper verläßt zu keiner Zeit seinen Platz. Nach der Visualisierung kehrt dein Ätherkörper in den materiellen physischen Leib zurück und verbindet sich mit ihm. Genährt und energetisch aufgeladen stärkt der feinstoffliche Ätherkörper die natürliche Besonderheit des physischen Körpers, der aus den Elementen Erde, Luft, Wasser und Feuer zusammengesetzt ist. Ein Gefühl des Wohlbefindens und der Sicherheit stellt sich ein.

- Sobald du dich mit dem oben beschriebenen Schritt vertraut gemacht hast, kannst du die Übung fortsetzen.

19. Nun folgt ein besonderer Teil der Visualisierung. Bitte die Erde, dich zu unterstützen und zu nähren; wende dich an die Yin-Kraft – die nährende mütterliche Natur der Erde –, rufe sie an. Sprich zur Yang-Kraft – der väterlichen Natur der Erde –, und bitte um Sicherheit und Verwurzelung in der Erde. Vitamine und Mineralstoffe sind ein Geschenk der Erde. Sie ist die Urquelle, die deine Bedürfnisse stillen und dir Unterstützung geben kann. Bitte Mutter/Vater Erde, um alle Vitamine und Mineralstoffe, die du für dein körperliches Wohlbefinden brauchst. Bitte Mutter/Vater Erde, dein höchstes Potential auf verstandlicher, körperlicher und geistiger Ebene zu fördern. Sprich mit der Liebe und dem Respekt, den die Erde verdient. Sie ist göttlich.

20. Danke der Erde mit deinen eigenen Worten für ihre Hilfe. Die Energie wird deiner Absicht folgen. Die Erde vermag deine Worte nicht zu hören, sie *fühlt* sie. Wenn keine Aufrichtigkeit in deinen Worten liegt, hast du nicht wirklich gedankt.

21. *Richte deinen Blick* auf einen Lichtpunkt in der Mitte deiner Brust. Diesen Bereich bezeichnet man als Herzchakra. Es ist nicht das physische Herz. Rufe deine innere Göttlichkeit, das innere Gottwesen, an.

22. *Sieh,* wie sich das göttliche Licht ausbreitet und deinen ganzen Körper anfüllt.

23. *Sieh,* wie du das göttliche Licht in alle Richtungen aussendest. Die Strahlen treten aus Kopf und Körper, aus Armen und Beinen aus und erfüllen den Raum unter dir, über dir, neben dir, vor dir und hinter dir.

24. *Sieh,* wie dieses göttliche Licht aus jeder Pore deines Körpers strömt.

25. *Sieh,* wie das göttliche Licht immer strahlender wird.

26. *Sieh,* wie dein göttliches Licht das Innere der Erde erhellt und sich in alle Richtungen weiter nach außen bewegt. Das Licht scheint auch über die Erdoberfläche hinaus.

27. Bleibe ein oder zwei Minuten lang bei dieser Schwingung, diesem Bild.

Nach der Visualisierung waschen manche Leute in ihrer Vorstellung den Schlamm unter der Dusche ab. Das Element Erde erhält deine körperliche Konstitution – nutze deshalb seine stärkende Wirkung, die auch nach der Visualisierung noch lang anhält, und laß den Schlamm am Körper.

Wie könntest du der Erde besser danken, als deine göttliche Schwingung, dein Licht, mit ihr zu teilen. Die ›Erdungsübung‹ wirkt heilend. Sie harmonisiert und stärkt den verstandlichen, den physischen und den geistigen Körper. Die feine reinigende Lichtschwingung, die wir aussenden, schenkt auch der Erde Heilung.

Die Erdungsübung führt zu den besten Ergebnissen, wenn du sie mindestens einmal täglich durchführst. Hast du die Visualisierung einmal selbst geübt und deine Reaktion gespürt und genossen, wirst du sie immer öfter anwenden wollen.

Die Visualierung ist sicher und wirksam und kann beliebig oft angewendet werden. Bei verstandlicher oder körperlicher Krankheit sollte sie dreimal täglich praktiziert werden, um die schnelle Genesung zu unterstützen. Wenn jemand aus deiner Familie oder deinem Freundeskreis schwer krank ist und die Visualisierung nicht selbst durchführen kann, kannst du das für ihn übernehmen. Bitte vorher immer um Erlaubnis, es sei denn, der Kranke wäre nicht fähig zu antworten, weil er im Koma liegt oder die Situation es nicht erlaubt. In diesem Fall kannst du die Visualisierung eigenverantwortlich für den anderen durchführen und dir vorstellen, wie der andere die Übung Schritt für Schritt nachvollzieht.

Wenn du um Erlaubnis bittest, ehe du für einen anderen visualisierst, vermeidest du fehlzugehen oder das Recht des anderen auf seinen freien Willen zu verletzen. Wir dürfen einem anderen Gutes wünschen, wir dürfen jedoch nicht darauf beharren, daß er gesundet, um eigene Wünsche, die wir für ihn haben mögen, zu befriedigen. Du kannst für dienlich halten, was der andere gar nicht will oder braucht. Jeder Mensch hat das Recht, selbst zu entscheiden, ob er leben oder sterben möchte, auch wenn du ihn lieber am Leben sähst. Denken wir daran, mit rechter Geisteshaltung das höchste Potential in uns selbst und in *anderen* zu fördern.

19. Kapitel

Körperübungen

Es kann gar nicht genug betont werden, wie wichtig ein tägliches Körpertraining für die Gesundheit ist.

Um gesund bleiben und uns wohl fühlen zu können, brauchen wir ein ganzheitliches Körperbewußtsein und Übungen, die das Lungenvolumen vergrößern, den Kreislauf anregen und die Haltung verbessern. Für eine gute Haltung benötigen wir gesunde und starke Knochen, die uns ein Leben lang zu tragen vermögen.

Der Mangel an Körperbewußtsein und -pflege ist heute zu einer Hauptursache für den Herzinfarkt geworden, eine Erkrankung, die sich vermeiden ließe. Ein gesundes Herz trägt uns unschätzbare Vorteile ein und macht unser Leben wertvoller. Um das zu erreichen, benötigen wir ein ausgewogenes Fitneßprogramm, das bewußtes Leben, bewußte Ernährung und körperliche Übungen mit einschließt. Wollen wir die Krankheit namens Trägheit vermeiden, müssen wir aktiv bleiben.

Was immer wir tun, hat eine Auswirkung auf alle Körper. Zwischen geistiger Aufgewecktheit, nervlicher Gelöstheit und körperlicher Fitneß gibt es einen eindeutigen Zusammenhang. Ich schlage vor, die nachstehenden Übungen als gesunden Start in den Tag zu benutzen.

Übungen

Das bewußte Atmen ist ein wichtiger Bestandteil jedes Übungsprogramms. Am besten führst du die Bewegungsübungen am Morgen durch, nachdem du drei tiefe Reinigungsatemzüge gemacht hast und noch ehe du meditierst. Der Körper entspannt sich während des Trainings, und du wirst mehr von der Meditation profitieren.

Nach dem Aufwärmen – Übung 1 – solltest du die noch nicht beanspruchten Muskeln und Organe durch eine abwechslungsreiche Bewegungsabfolge stimulieren. Natürlich kannst du dem Übungsprogramm eigene Übungen hinzufügen oder eine Übung durch eine andere ersetzen, die auf die gleichen Körperteile einwirkt. Das Programm ist so zusammengestellt, daß die Muskeln gedehnt werden und genügend Energie freigesetzt wird, um den Kreislauf anzuregen, das Atemsystem und andere Funktionen zu kräftigen und so alle Körper wirksam zu ganzheitlicher Leistung anzuregen.

Übung 1. Aufwärmen

Um deinen Körper aufzuwärmen und den Kreislauf und das gesamte kardiovaskuläre System anzuregen, eröffnest du dein Programm am besten mit Übungen, die Spaß machen und gesund sind, wie radfahren auf dem Heimtrainer, Seilspringen oder Trampolinspringen. Dafür brauchst du nicht viel Platz. Auch in der kleinsten Wohnung kannst du dir mit einem Springseil für wenig Geld so viel Bewegung verschaffen, daß dein Herz angeregt und deine Lust auf weitere Übungen geweckt wird. Wenn du Anfänger bist, baue langsam auf. Mit täglich drei bis fünf Minuten Radfahren auf dem Heimtrainer, Seil- oder Trampolinspringen hast du deinen Tag auf gute Weise begonnen. Kommst du nach einer Weile bei deinem Trainingsquantum nicht mehr ins Schwitzen, ist es an der Zeit, die Übung um ein oder zwei Minuten zu verlängern.

Übung 2. Armschwünge

Stehe aufrecht, stelle die Füße etwa 30 cm auseinander. Strecke die Arme in Schulterhöhe zur Seite, beuge die Ellenbogen und führe die Unterarme vor die Brust, so daß sich die gestreckten Finger beider Hände fast berühren.

Halte die Ellenbogen in Schulterhöhe, laß sie nicht hängen.

Drücke die Ellenbogen nach hinten und bringe sie dann wieder in die Ausgangsstellung. Die Hände kommen dabei übereinander zu liegen. Atme während dieses Übungsabschnitts tief ein.

Schwinge beim Ausatmen die Hände und Arme in Schulterhöhe nach außen und so weit wie möglich nach hinten, so als wolltest du schwimmen.

Kehre in die Ausgangsstellung zurück.

Beginne mit zehn Armschwüngen und erhöhe die Zahl entsprechend deiner wachsenden Kondition.

Übung 3. Ellenbogenkreise

Stehe aufrecht, stelle die Füße etwa 30 cm auseinander. Beuge die nach vorne gestreckten Arme und berühre mit den Fingern die Schultern.

Halte die Ellenbogen in Schulterhöhe, laß sie nicht hängen. Die Fingerspitzen liegen nur leicht auf den Schultern auf.

Beschreibe mit den Ellenbogen Kreise, indem du sie zuerst vor dem Körper hoch- und gleichzeitig nach außen führst und sie dann so weit wie möglich nach hinten und unten ziehst. Laß die Ellenbogen zehnmal auf diese Weise kreisen.

Übung 4. Berührung der Zehen

Stehe aufrecht, stelle die Füße etwa 30 cm auseinander. Strecke die Arme nach oben.

Beuge dich nach vorne und berühre den Boden zwischen deinen Füßen. Stecke dabei die Knie nicht ganz durch. Kehre in die Ausgangsstellung zurück.

Ein Übungsdurchgang ist beendet, sobald du wieder in die Ausgangsstellung zurückgekehrt bist. Führe die Übung zunächst zehnmal durch und steigere die Zahl entsprechend deiner Fitneß.

Wenn du einige Wochen lang regelmäßig geübt hast und die Übung dir mühelos gelingt, kannst du zum nächsten Schwierigkeitsgrad übergehen:

Stehe aufrecht, stelle die Füße etwa 40 cm auseinander. Strecke die Arme nach oben.

Beuge dich nach vorne und berühre den Boden außerhalb deines linken Fußes. Richte dich abwechselnd auf und beuge dich wieder vor, wobei du zweimal mit deinen Hände den Boden zwischen den

Füßen auf dem Boden berührst und sie einmal außerhalb des rechten Fußes absetzt.

Kehre in die Ausgangsstellung zurück.

Damit hast du einen Durchgang abgeschlossen.

Übung 5. Heben der Knie

Stehe aufrecht, stelle die Füße nebeneinander, die Hände befinden sich seitlich des Körpers.

Hebe dein linkes Knie so hoch wie möglich und fasse Knie und Schienbein mit den Händen.

Ziehe das Bein an den Körper. Halte während der ganzen Übung den Rücken gerade. Setze das Bein wieder ab.

Wiederhole die Übung mit dem rechten Bein, dann abwechselnd. Hebe dabei erst das linke, dann das rechte Bein.

Ein Durchgang ist abgeschlossen, wenn du einmal mit dem rechten und einmal mit dem linken Knie geübt hast.

Übung 6. Seitliches Beugen

Stehe aufrecht, stelle die Füße etwa 30 cm auseinander, die Hände befinden sich seitlich des Körpers. Halte den Rücken gerade und beuge den Körper in der Taille nach links. Gleite dabei mit der linken Hand am Bein nach unten so weit es geht. Kehre in die Ausgangsstellung zurück und beuge dich abwechselnd nach rechts und links.

Ein Übungsdurchgang umfaßt immer eine Beuge nach rechts und eine Beuge nach links.

Wenn du einige Wochen lang regelmäßig geübt hast und dir die Übung mühelos gelingt, kannst du zum nächsten Schwierigkeitsgrad übergehen.

Stehe aufrecht, stelle die Füße etwa 30 cm auseinander, hebe den rechten Arm über den Körper und beuge den Ellenbogen.

Halte den Rücken gerade und beuge den Körper in der Taille nach links. Gleite dabei mit der linken Hand am Bein nach unten, so weit es geht. Richte dich ein paar Zentimeter weit auf und drücke noch mal nach links.

Kehre in die Ausgangsstellung zurück und hebe den anderen Arm.
Wiederhole die Übung zur rechten Seite.
Übe abwechselnd mit der rechten und der linken Seite.
Ein Übungsdurchgang umfaßt immer eine Beuge nach rechts und eine Beuge nach links.

Übung 7. Nackenbeugen

Gehe bei diesen Übungen sehr vorsichtig und behutsam vor, besonders dann, wenn du schon einmal Nackenbeschwerden hattest.

Setze dich bequem hin.
Beschreibe mit dem Kopf ganz langsam einen ganzen Kreis nach rechts und halte dabei den Rücken gerade. Wenn du beim Kreisen an bestimmten Stellen Verspannungen spürst, kannst du unterbrechen und dich leicht dehnen, ohne etwas zu erzwingen. Bleibe entspannt in einer Stellung, damit sich der verspannte Bereich allmählich lockern kann.
Kehre in die Ausgangsstellung zurück und beschreibe mit dem Kopf einen ganzen Kreis nach links. Halte an verspannten Stellen in der Bewegung inne, um die Muskeln allmählich weicher werden zu lassen.
Laß den Kopf abwechselnd nach rechts und nach links kreisen.
Ein Durchgang umfaßt einen ganzen Kreis.
Die Übung sollte drei- bis fünfmal in jeder Richtung durchgeführt werden.
Die Figuren sollten auch in die andere Richtung kreisend dargestellt werden.
Alle Figuren sollten gleich aussehen!

20. Kapitel

Das Nahrungsmittel-Entdeckungsspiel

Dein Ernährungsplan sollte so individuell und einzigartig sein wie deine Beziehung zu Gott. Nähren wir uns als Ganzheitsperson, so unterstützen wir damit nicht nur unseren physischen Körper, sondern alle unsere Körper und auch den Körper unseres Planeten Erde. Bewußt essen bedeutet, daß wir das zu uns nehmen, was uns dient und was ALLEN dient.

Alle unsere Gedanken und Taten erzeugen einen Hunger nach Nahrungsmitteln und Getränken, die auf der gleichen Frequenz schwingen. Manche Gedankenformen und Taten machen Hunger auf warme, wieder andere auf kalte Speisen. In beiden Fällen weist unser Verlangen nicht unbedingt darauf hin, daß die begehrte Nahrung den Bedürfnissen unserer Körper entspricht. Wir befriedigen die Wünsche und Disharmonien unseres Ego, wenn wir unsere Körper mit dem dazu passenden Essen vollstopfen und so den bestehenden Zustand aufrechterhalten. Essen wir auf diese Weise unbewußt, was wir wollen, können wir ein nachhaltiges Chaos in allen Körpern auslösen und damit unser Wohlbefinden beeinträchtigen.

Passive, kreative Yin-Typen sollten nicht nur Yin-Nahrungsmittel zu sich nehmen, die den passiv-kreativen Selbst-Ausdruck fördern; aggressive und aktive Menschen, die ihre Yang-Natur deutlich leben, sollten sich nicht nur an Nahrungsmittel halten, die Aggression und Aktion verstärken. Eine gesunde und ausgewogene Ernährung unterstützt die Yin- und Yangseite unserer Natur und hilft uns, unser Selbst auf ganzheitliche und vollkommenere Weise zum Ausdruck zu bringen. Wir können unverfälscht erleben, was unsere Körper in welchen Mengen brauchen, wenn wir sie direkt um Antwort bitten. Unsere Körper vermögen sich selbst aufzubauen und zu heilen und werden uns optimale Gesundheit schenken, wenn wir alle ihre Bedürfnisse befriedigen. Ich habe für diese Art der Selbstentdeckung ein einfaches Spiel entworfen, das ›Nahrungsmittel-Entdeckungsspiel‹.

Gedanken sind Yin, sie sind kalt und schwingen im Körper, bis sie zum Ausdruck gebracht werden. Die Äußerung unserer Gedanken ist Yang, ist Bewegung, ist aktiv und warm.

Ernähren wir uns so, daß es uns ständig nach einer ausgewogenen Kombination warmer und kalter Speisen verlangt, sorgen wir dafür, daß Yin und Yang, Kreativität und Ausdruck in ständigem Wechsel auftreten können.

Es sollte unser vorrangigstes Anliegen sein, unsere Körper zu harmonisieren. Bringen wir Ordnung ins Chaos, haben wir es leichter, in Gesundheit und Freude zu leben und unsere Selbstentdeckung voranzutreiben.

Es bedarf einer Zeit der Anpassung, bis wir vom verstandesgesteuerten Wissen oder Nichtwissen über die richtige Ernährungsweise für unseren Körper abkommen und ›hören‹, was er tatsächlich braucht. Die Zusammenstellung unseres Ernährungsplanes beginnt ganz praktisch damit, daß wir meditieren und das Nervensystem, das Herz und den geschäftigen Verstand ruhigstellen. Im Ruhezustand schwingen alle Körper zusammen und reagieren oft sehr heftig. Lassen wir etwas gehen, kommt es zuerst zu einer Entgiftung. Das gilt sowohl für die in den Körpern gespeicherten Gifte als auch für die Vorstellungen, die wir in unseren Körpern festhalten.

Um vital zu bleiben, benötigt das Herz andere Nahrung als die Leber. Jedes Organ schwingt mit einer bestimmten Frequenz, die sich von der anderer Organe unterscheidet. Alle Arten und Unterarten von Nahrungsmitteln schwingen ebenso wie unsere Organe mit einer bestimmten, individuellen Frequenz. Wenn wir uns klarmachen, daß eine *gesunde Ernährungsweise immer abwechslungsreich* sein muß, haben wir den ersten Schritt getan, um uns einer förderlichen Ernährungsform zuzuwenden, die der Ganzheitsperson dient. Wenn wir eine Vielfalt von Nahrungsmitteln zu uns nehmen, stellen wir sicher, daß innerhalb des Spektrums der zugeführten Schwingungsfrequenzen für jedes Organ oder System die passende, unterstützende Frequenz bereitgestellt wird. *Jede Mahlzeit sollte farbenfroh sein.* Farben haben besondere Schwingungsfrequenzen, die der Körper zu seiner ganzheitlichen Ernährung braucht.

Wichtig ist auch, wie wir essen. Zur Ernährung gehört wesentlich mehr als die Aufnahme von Nahrungsmitteln. Jeder Aspekt unseres

Denkens und Tuns beeinflußt unseren Ernährungszustand. Wenn wir in Eile essen oder uns nicht ›ansehen‹, was wir essen, berauben wir unsere Sensoren der Informationen, die sie benötigen, um die entsprechenden Signale ins Gehirn weiterleiten zu können.

SEI dein eigener Ernährungsforscher. Befreie dich von Krankheit und Unbehagen, indem du dir die richtige Einstellung zulegst und entsprechend handelst. SEI dein eigener Berater. Halte dich von den Vorstellungen anderer fern, gib deine konditionierte Denkweise auf und entdecke, daß deine Körper, nach ihren Bedürfnissen befragt, dir bereitwillig und liebevoll Auskunft geben. Erfahre selbst, ob bewußteres Essen dir hilft, deine Ziele zu erreichen und dem Frieden auf der Welt zu dienen.

Richtlinien für gesundes Essen

1. Wir alle haben schon sensitives Schauen erlebt, unseren Sinnen aber vielleicht nicht den nötigen Respekt gezollt oder die Gültigkeit des Geschauten nicht überprüft. Hast du schon einmal Abneigung gegen etwas verspürt, das du noch nie gekostet hast, oder hattest du das ›Gefühl‹, daß du etwas Bestimmtes nicht oder jetzt nicht essen solltest, obwohl du es eigentlich gerne magst? Diese Art von ›Gefühl‹ ist wie das ›Sehen‹, das dir zeigt, was für dich richtig ist und was nicht, was dir dient und was nicht. Wenn du dich wunderst, warum du eine bestimmte Speise nicht magst, und glaubst, es könnte sich dabei um eine konditionierte Reaktion oder Voreingenommenheit handeln, spiele das ›Nahrungsmittel-Entdeckungsspiel‹, um sicherzugehen.

2. Halte dich an einige gesundheitliche Grundregeln und iß, was du brauchst und nicht, ›was das ICH will‹.

3. Beziehe ein breites Spektrum von Farben in deine Ernährung mit ein und sorge bei der Auswahl der Nahrungsmittel für Vielfalt, um sicherzugehen, daß du alle Systeme deiner Körper unterstützt.

4. In unserer Gesellschaft ist es zur Gewohnheit geworden, das zu essen, was auf den Teller kommt, und sich für das wunderbare Essen zu bedanken. Dieser falsche Tribut an die Etikette läßt dir keine Gelegenheit, dein Unterscheidungsvermögen zu entwickeln und um das zu bitten und das zu bekommen, was du brauchst und nicht das, was

dir die Persönlichkeit zu essen rät, aus höflichem Respekt gegenüber deiner Gastgeberin oder deinem Gastgeber. Jedesmal, wenn du dir keinen Dienst erweist, erweist du auch anderen keinen Dienst. Vielleicht verhilfst du deinen Gastgebern zu einem neuen Verständnis von Selbstverantwortung, wenn du ihnen schon im voraus erzählst, daß du eine bestimmte Diät einhältst, die deinen Heilungsprozeß beschleunigt oder aus welchen Gründen auch immer Vegetarier geworden bist.

5. Ähnliche soziale Gepflogenheiten gelten für Alkohol. »Wenn du dich weigerst, bist du kein richtiger Mann.« »Du bist eine heikle Zimperliese, wenn du ablehnst.« Mit anderen Ansichten, denen du begegnen kannst, wenn du nicht mittrinken willst, ist noch schwerer umzugehen, etwa wenn es heißt: »Du bist unhöflich« oder: »Du magst mich nicht.« So wie ich dir geraten habe, nichts zu essen, was dir nicht gut tut, empfehle ich dir auch, keinen Alkohol zu trinken, wenn das gelegentliche Trinken, das Trinken in Gesellschaft oder das Trinken überhaupt dir nicht dienlich ist und dir nicht hilft, dein höchstes Potential zu erreichen.

6. Wenn du das ›Nahrungsmittel-Entdeckungsspiel‹ verwenden willst, um deine eigene Wahrheit zu irgendeinem Thema zu finden, kannst du den Spielablauf abwandeln und eine dein Leben betreffende Frage stellen. So wie du dein höheres Selbst bittest, deine Wahrheit über ein bestimmtes Nahrungsmittel zum Ausdruck zu bringen, kannst du auch um die Wahrheit im Hinblick auf jede beliebige andere Frage bitten. Richte dich nach der Spielanweisung und ersetze lediglich das Nahrungsmittel durch die Frage.

Das Nahrungsmittel-Entdeckungsspiel

Mit diesem Spiel kannst du auf wirksame und amüsante Weise feststellen, ob du das ißt, was du brauchst. Das Spiel ist einfach durchzuführen. Es sorgt dafür, daß alle Körper sich aktiv beteiligen und dich wissen lassen, was gut für dich ist. Sprich mit deinen Körpern, nimm dir Zeit dafür, damit du einen Ernährungsplan gestalten kannst, der dein Selbst unterstützt und für dich praktisch anwendbar ist.

Wende dich an deine Seele, wenn du den Körpern Fragen stellen willst, sie wird deine Fragen an alle Körper weiterleiten. Du brauchst das Wort Milch nicht für den Verstandkörper, den physischen Körper, den Seelenkörper und den Geistkörper zu wiederholen, die Energie, die Gedanken werden sich nach deiner Absicht richten! Die Energie folgt immer deiner Absicht. Vergiß nicht, wenn du ›Körper‹ denkst oder sagst, dich damit auf das Gesamtsystem aller vier Körper zu beziehen.

Mit deinem persönlichen Ernährungsplan, den du gestaltest, um für die Erreichung deines höchsten Potentials Unterstützung zu bekommen, erweist du auch unserem Planeten einen Dienst.

1. Ehe du mit dem Spiel beginnst, unterhalte dich mit deiner Seele und lege eine Methode fest, mit Hilfe derer du verstehen kannst, was dein höheres Selbst, deine Seele, zu sagen hat.

Erwarte nicht, daß Körper oder Seele dir mit JA oder NEIN antworten, zumindest nicht am Anfang. Du wirst auf ganz natürliche Weise die Kommunikation verfeinern lernen, wenn du die Beziehung pflegst. Du kannst Körper oder Seele bitten, dir ein Zeichen zu geben. Lautet die Antwort ›ja‹, könnte das ein Bedürfnis sein, tief zu atmen, ein prickelndes oder entspanntes Körpergefühl, eine Wärmeempfindung oder nur eine Welle des Wohlbefindens. Lautet die Antwort ›nein‹, könnte ein Gefühl von Festigkeit, Begrenzung, Atemnot, Spannung oder Unbehagen auftreten. Hast du einmal eine angenehme Kommunikationsmethode gefunden, findet dein höheres Selbst mehr Erfüllung, denn es kann sich durch deinen Körper, deine Gedanken, Einstellungen und täglichen Aktivitäten ausdrücken und dir helfen, dein höchstes Potential zu erreichen.

2. Hast du eine gute Möglichkeit des Austausches mit Körper und Seele gefunden, kannst du anfangen, Fragen zu stellen und Antworten zu empfangen.

Beginne mit einer Nahrungsmittelkategorie, zum Beispiel Milchprodukten, und arbeite sie durch. Willst du mit Milch anfangen, *gib das Wort oder Bild ›Milch‹ in deine Körper oder in dein Herzchakra.*

3. Achte auf deine Körperreaktion. Spürst du ein Prickeln oder Kratzen im Hals oder einem anderen Teil deines physischen Körpers? Spürst du Unbehagen oder Kälte in irgendeinem Körperteil? Das sind Möglichkeiten, wie die Seele dir über den Körper mitteilen kann, daß du eine Aversion gegen Milch hast. Die Antwortet lautet also ›nein‹, Milch ist nicht gut für dich. Fühlt sich dein Körper fit und wach an,

wenn du das Wort Milch in deine Körper hineingibst? Dann lautet die Antwort ›ja‹, Milch ist gut für dich. Bist du unsicher, vielleicht weil du dich zum Teil wohl, zum Teil unwohl fühlst, könnte das bedeuten, daß der Körper Milch unter Einschränkungen befürwortet. Vielleicht solltest du Milch nur in Verbindung mit anderen Nahrungsmitteln zu dir nehmen, vielleicht nur morgens und nicht abends oder umgekehrt.

4. ›Sieh‹ selbst, wie dein Körper reagiert, wenn du ihm eine bestimmte Nahrungsmittelkategorie zu einer bestimmten Tageszeit vorschlägst. Vielleicht ziehen es deine Körper vor, eine bestimmte Nahrungsmittelkategorie oder eine bestimmte Speise nur morgens und nicht abends zu genießen. Wir alle haben einen Lebensrhythmus, der so einzigartig ist wie wir selbst. Manche Menschen sind tagsüber intuitiver oder kreativer als am Abend oder umgekehrt. Was du ißt und wann du ißt, sollte sich nach diesem Rhythmus richten.

5. Die nächste Frage könnte also lauten: Milch am Morgen, Milch am Mittag, Milch am Abend? Die richtige Nahrung zur falschen Tageszeit genossen, tut dir nichts Gutes, die Nährstoffe werden in Abfallprodukte umgewandelt, und du hast nur leere Kalorien zu dir genommen.

6. Warte nach jeder Frage auf eine Antwort oder Reaktion. Gehe die Produkte einer Nahrungsmittelkategorie eines nach dem anderen durch. Hast du alle Kategorien, wie Milchprodukte, Gemüse, Obst und Hülsenfrüchte durchgespielt, experimentiere mit Nahrungsmittelkombinationen, wie Obst und Gemüse, Hülsenfrüchte und Gemüse.

7. Du wirst selbst ›spüren‹, ob die Nahrungsmittelkombination, die du gerade vorgeschlagen hast, eine komplette Mahlzeit abgibt, die ausgewogen an Nährstoffen ist.

8. Du kannst das Selbst auch fragen, ob der vorgeschlagenen Kombination etwas fehlt, was sie zu einer optimalen Mahlzeit machen würde, die gut für dich ist. Warte auf eine Antwort. Vielleicht kommt das Gefühl auf, daß ein Stück Obst die Nahrungsmittel ergänzen sollte, die du deiner Seele gerade vorgeschlagen hast.

9. Vergiß nicht, auch nach Getränken und Getränkekombinationen zu den Mahlzeiten zu fragen.

Der Vorgang ist nicht schwierig, braucht aber etwas Übung und Zeit. Deine Geduld wird durch eine gute innere Ausrichtung und festgegründete Lebenskraft belohnt – verstandliche, körperliche und geistige Gesundheit stellen sich ein, weil du durch intuitiv richtige Ernährung für alle Körper sorgst. Für deine Bemühungen wirst du Freude, Lebenswert und Langlebigkeit ernten. Diese Attribute wirst du in alle Richtungen ausstrahlen.

Gesund zu essen ist so individuell wie die Ebenen und Dimensionen, auf denen du existierst. Alle Dinge unterstehen den Naturgesetzen. Die Nahrungsmittel, die du zu dir nimmst, haben ein Bewußtsein, das dem deinen gar nicht so unähnlich ist. Prüfe anhand des ›Nahrungsmittel-Entdeckungsspiels‹, ob tierisches Fleisch für Körper und Verstand giftig ist oder ob es dich im Rahmen einer ganzheitlichen Ernährungsweise gesund erhalten kann. Hilft dir Fleisch, dein höchstes Potential zu erreichen?

Bei einer Ernährungsumstellung geschieht es häufig, daß Symptome auftreten, die dir den Eindruck vermitteln, als würden deine Körper zusammenbrechen, statt sich aufzubauen. Mit der Ernährungsumstellung änderst du auch deine Einstellung, und das Tempo, mit dem die Körper verdauen und Nährstoffe und Toxine verteilen, kann zunächst aus dem Gleichgewicht geraten. Wenn wir unsere Körper unterstützen und ihnen zuführen, was sie benötigen, können die Körper einem intensiven ›Hausputz‹ unterzogen und Giftstoffe und Abfallstoffe schneller und mit Hilfe der Mechanismen aller Körper ausgeschieden werden. Wir merken dies besonders an den Reaktionen des physischen Körpers und der schnellen Reaktion des Verstandkörpers. Mach dir keine Sorgen, wenn der Körper einen schlechten Geruch verströmt oder du im Gesicht oder an anderen Körperteilen Ausschläge bekommst. Wir alle kennen den Geruch von verdorbenem Essen, von Essen, das giftig geworden ist. Dein Körper kann ähnlich riechen, wenn er giftige Stoffe ausscheidet. Diese Entgiftung reinigt die Körper und bereitet sie auf eine gesundere Existenz vor. Wenn wir unseren Körpern hochwertige und geeignete Nahrung zuführen, stoßen die Gewebe, aus denen sie aufgebaut sind, minderwertige Stoffe und Bestandteile ab, um Platz zu schaffen für die wirkungsvolleren Substanzen, aus denen neues, gesundes Gewebe aufgebaut wird. Während des Reinigungsprozesses werden die Giftstoffe schneller durch die Haut ausgeschieden und unsere Körper gewinnen an Stärke. Würden wir die Giftstoffe zu lange in unseren Körpern speichern, könnten sie ernsthafte Krankheiten verursachen. Manche Menschen ziehen sich in den ersten Wochen nach der Ernährungsumstellung oder der Aufnahme der Meditations- und Erdungsübungen eine Erkältung zu. Bei den meisten Menschen stellen sich einige Tage lang äußere Symptome ein, bei anderen dauert es einige Wochen. Erschrick nicht darüber, sei dankbar, daß die Körper deine Bemühungen honorieren und alle ungesunden Stoffe ausscheiden – ein positives Ergebnis deiner liebevollen Bemühungen.

Nach einer Krankheit

Wenn du krank warst und dein Programm für ein gesünderes Leben mit einer intensiven Reinigung und Wiederherstellung einleiten willst, kann dir der folgende Ernährungswegweiser helfen, alle Körper in den Heilungsprozeß einzubeziehen. Die Heilung sollte niemals nur dem physischen Körper zugute kommen. Ein Leben in Gesundheit verlangt, daß wir allen Körpern Gutes tun.

Beginne jeden Tag mit einem Glas abgekochten Wassers, dem du, sobald es auf Trinktemperatur abgekühlt ist, etwas frisch gepreßten Zitronensaft hinzufügst und es danach sofort trinkst. Gib weder Zucker noch Honig dazu. Iß oder trink nichts anderes, ehe du das Zitronenwasser zu dir genommen hast. Der Kochvorgang bringt das Wasser in Bewegung und versetzt es in einen aggressiven Zustand. Wird nun frischer Zitronensaft in das abkühlende gekochte Wasser gegeben, findet eine molekulare Veränderung zwischen den beiden Substanzen statt. Wird die entstehende Verbindung auf die genannte Weise getrunken, kommt es im Körper zu kleinen, aber deutlichen Explosionen. Das vitalisierte Zitronenwasser wirkt als Lösungsmittel für Giftstoffe, Teer, Nikotin und andere fetthaltige Substanzen, die im Gewebe festsitzen und Krankheit oder Atrophie verursachen können.

Das Getränk hilft, Giftstoffe aus dem Körper auszuscheiden und Lunge, Bronchien, Gallenblase, Leber, Nieren, Magen und Darm zu reinigen und wiederherzustellen. Es enthält das lebensnotwendige Vitamin C, das der Körper täglich braucht, um seine Widerstandskraft zu festigen und das Muskelgewebe zu stärken.

Wenn du Zucker, Honig, Süßigkeiten aller Art, Weißbrot und Fleisch meidest und eine fettarme oder fettfreie Diät einhältst, hat der Körper mehr Zeit und Energie für seine Heilung und Verjüngung, weil er sich nicht mit dem Abbau von Fetten, Zucker und Giftstoffen beschäftigen muß und sich die lange Verdauungszeit spart, die er für die Zerlegung von Fleisch aufwenden müßte.

Das ›Schnellstart‹-Programm dauert etwa zwei Monate. Danach kannst du das ›Nahrungsmittel-Entdeckungsspiel‹ spielen und dir eine Ernährungsweise zusammenstellen, die alle deine Bedürfnisse befriedigt und das Gewahrsein deiner Sinne ihrem Potential gemäß erweckt.

Es reicht nicht aus zu wissen, was du nicht essen sollst, ebenso wichtig ist es zu wissen, was du essen kannst, um das Programm zu unterstützen. Sorge bei deiner täglichen Ernährung für genügend Eiweiß zum Zellaufbau und iß täglich Salat und eine Getreidemahlzeit deiner Wahl, um den Verdauungstrakt gesund zu erhalten. Die darin enthaltenen Nährstoffe wirken stabilisierend und erhalten Verstand und Körper. Du brauchst keine großen Eiweißmengen zu dir zu nehmen, solltest aber mindestens dreimal täglich Eiweiß in deine Mahlzeiten mit einbeziehen. In den ersten Monaten wäre es für deinen Körper gut, wenn du auch zwischen den Mahlzeiten Eiweiß zu dir nehmen würdest. Denke daran, für die Unterstützung des Heilungsprozesses kommt es nicht auf die Menge an. Ein halber Joghurt zwischen den Mahlzeiten, ein Eßlöffel Hüttenkäse oder ein kleines Stück von einem fettarmen Käse reichen aus, um deinem Ziel optimal zu dienen. Eiweißprodukte, die unsere Nahrung schmackhaft machen können, sind: fettarmer Joghurt, fettarme Milch, fettarmer Käse, fettarmer Hüttenkäse, Tofu und Fisch. Auch viele Getreidearten wie beispielsweise Hirse haben einen hohen Eiweißgehalt. Spiele das ›Nahrungsmittel-Entdeckungsspiel‹ und finde selbst heraus, ob diese Wahrheit, diese Diät für einen Schnellstart zur Gesundung deine eigene Wahrheit ist. Wenn du eine Bestätigung deines höheren Selbst bekommst, gibt dir dies eine zusätzliche Motivation durchzuhalten.

Versuche während der Entgiftungsphase nicht, deine Erkältung, deinen Hautausschlag oder andere Symptome zu ›behandeln‹. Hast du dich einmal entschieden, das Beste zu sein, was du sein kannst, sei gewährend und laß die erstaunliche göttliche Intelligenz, die in jeder Körperzelle wohnt, laß die Weisheit all deiner Körper ihr höchstes Potential manifestieren – Vollkommenheit. Das Gottwesen schuf uns nach seinem Abbild, schuf uns in Vollkommenheit. In jeder einzelnen Körperzelle ist ein vollkommenes Abbild Gottes enthalten.

Name: ANNA MARIE Datum:

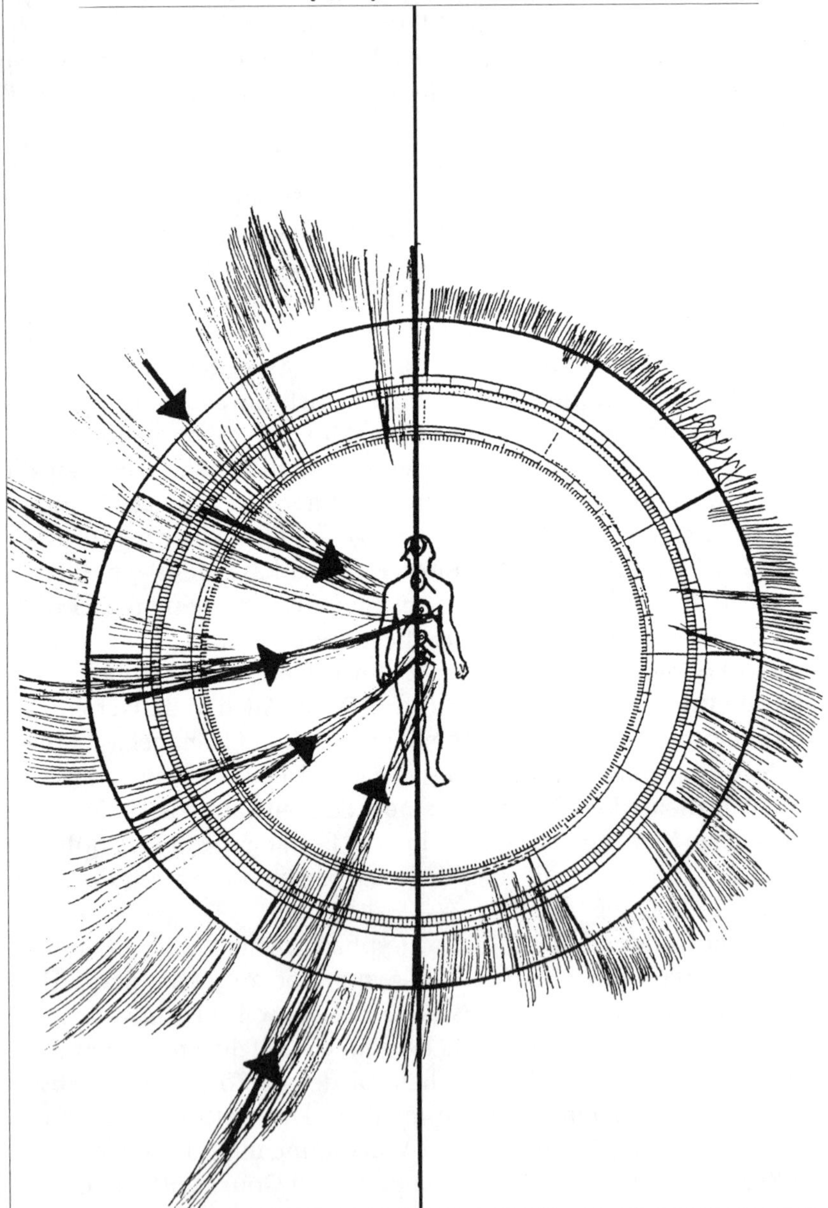

Name: KATHERINA Datum:

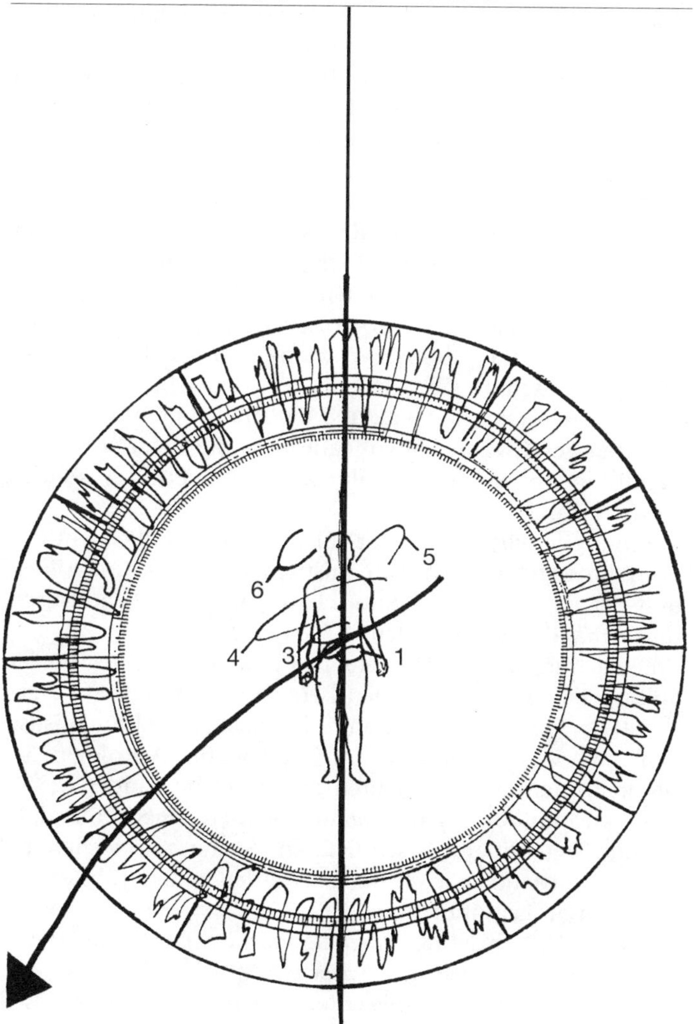

Biographie von Dr. Anita Furdek

Dr. Anita Furdek wurde in New York geboren und lebte später in Kalifornien. Nach Abschluß des Studiums der Betriebswirtschaft – mit dem Schwerpunkt Internationale Handels- und Wirtschaftsbeziehungen – und der Psychologie an der Sierra Universität machte sie ihren Magister in Psychologie und promovierte in Philosophie an der Summit Universität, Louisiana. Sie promovierte über klinische Physiopsychotherapie, einen medizinischen Fachbereich, der sich mit der Erforschung und Entwicklung einfühlsamer Diagnose- und Therapiemethoden befaßt. Die von ihr entwickelten Methoden werden von vielen Ärzten anerkannt und praktiziert und erweisen sich bei Krankenhauspatienten – gerade auch auf Intensivstationen – und in der Privatpraxis als äußerst wirksam. Nach vielen Jahren fruchtbarer Zusammenarbeit mit Ärzten und Therapeuten aller Richtungen, neben der sie noch Zeit fand, Studenten auszubilden, Vorträge zu halten und zahllose Wochen- und Wochenendschulungen durchzuführen, entschloß sie sich 1991, die deutsche ›Forschungsgesellschaft für Physio-Psychische Medizin e.V.‹, eine gemeinnützige medizinische Forschungsgesellschaft, mitzubegründen, die sich der Untersuchung und Behandlung ›unheilbarer‹ Krankheiten widmet und Ausbildungsprogramme durchführt.

Die Forschungsgesellschaft, der Frau Dr. Furdek als Präsidentin vorsteht, fördert und unterstützt ihren humanistischen Arbeits- und Forschungsansatz und befaßt sich mit der Entwicklung alternativer holistischer Diagnose- und Behandlungsmethoden.

Die Untersuchung von Energiefeldern im kollektiven, regionalen, rassischen, kulturellen und individuellen Bereich ist ein Schwerpunkt der Arbeit von Frau Dr. Furdek, die sie in ihrer Eigenschaft als humanistische Forscherin, medizinische Diagnostikerin, Therapeutin, Astrologin, Dozentin und Lehrerin in den letzten 8 Jahren in zahlreiche Länder wie Amerika, Hongkong, Singapur, Malaysia, Thailand, Ägypten, Griechenland, England, Australien und Deutschland reisen ließ. Die Suche nach weiteren Heilmethoden, die Gegenstand späterer Bücher werden sollen, führte sie schließlich vor 2½ Jahren nach Indien.

In den Jahren 1981 bis 1983 arbeitete Frau Dr. Furdek mit der von Stephen Schwartz, einem bekannten wissenschaftlichen Forscher und Autor auf dem Gebiet psychischer Fähigkeiten, geleiteten ›Mobius Gesellschaft‹ zusammen, die durch einige ihrer Projekte weltweites Aufsehen erregt und Anerkennung gefunden hat. Frau Dr. Furdek nahm an einigen Hellseh-Experimenten teil.

1983 war sie Mitbegründerin der kalifornischen ›Psychic Research Foundation‹, einer gemeinnützigen Organisation zur Erforschung parapsychologischer und metaphysischer Phänomene, die sie noch heute leitet.

AB 1. MAI 1996 IN DEUTSCHLAND

Ich freue mich schon darauf, am 1. Mai 1996 nach Deutschland zurückzukehren und die Arbeit in meiner Privatpraxis sowie in der Forschungsgesellschaft für Physio-Psychische Medizin e.V. wieder aufzunehmen.

Gerne möchte ich wieder Kunsttherapie-Seminare, Workshops, Horoskoplesungen und diagnostische und prognostische Beratungen durchführen, um Fragen aus allen Verstand, Körper und Geist berührenden Bereichen beantworten zu können. Dabei werde ich auch neuentwikkelte therapeutische Ansätze, die ich seit Jahren praktiziere, einbeziehen, wie energetische Massagen und meine sogenannte Energiearbeit, die sogar bei unheilbaren Krankheiten Schmerzen lindern und lebensverlängernd wirken kann. Soweit es therapeutisch angebracht ist, leite ich meine Patienten auch an, Erfahrungen vergangener Leben zu betrachten, um daraus Unterstützung für ihr gegenwärtiges und künftiges Leben zu beziehen.

Als hellsichtige und hellhörige Beraterin für mentale, physische und spirituelle Fragen erreiche ich mein höchstes Potential, wenn ich meinen Patienten diene. Alle belebte und unbelebte Natur ist in wechselseitiger Abhängigkeit miteinander verwoben, und so sind die Probleme der anderen auch die meinen. Ihr mentales, physisches oder spirituelles Leiden hat seinen Widerhall auch in mir, und umgekehrt. Wenn Sie also Fragen haben, wenn Sie genauer erfahren wollen, wer oder was Sie sind, wo Sie herkommen und wo Sie hingehen, bin ich gerne bereit, Ihnen zu helfen. Die Antworten können Ihr Schicksal, der vom Bewußtsein gesteuerte freie Wille kann die Existenz verändern. Wenn ich Ihnen helfen kann, Licht in die dunklen Ecken Ihres Lebens zu bringen, diene ich gleichzeitig mir selbst. Denn solange Sie mentale, physische oder spirituelle Qualen leiden, bin auch ich voller Schmerz.

Wegen weiterer Informationen über Seminartermine und individuelle Beratungen wenden Sie sich bitte an meine Mitarbeiterin Angelika Rinderle-Reichl in München unter der Rufnummer: 089/64 31 53.

Zu diesem Buch sind zwei Audiokassetten erschienen, die Anleitungen zur ›Weiße-Wolke-Meditation‹ und zur ›Erdungsvisualisierung‹ enthalten und über folgende Adresse bestellt werden können:

Dr. Anita Furdek
c/o Dr. Paul Meienberg
Forschungsgesellschaft für Physio-Psychische Medizin e.V.
Ainmillerstr. 13
80801 München
Deutschland

Bitte geben Sie bei der Bestellung Ihren vollständigen Namen, Ihre Anschrift und Telefonnummer und die Bezeichnung der gewünschten Kassette (›Weiße-Wolke-Meditation‹ oder ›Erdungsvisualisierung‹) an und legen Sie DM 33.– (einschließlich Porto und Verpackung) bei.

Durch Übersendung einer Postkarte mit Namen, Anschrift und Telefonnummer können Sie sich auch in die Interessentenliste von Frau Dr. Furdek und der Forschungsgesellschaft eintragen lassen. Wenn Sie ausführlichere Informationen und einen Satzungsauszug der Gesellschaft wünschen, legen Sie Ihrer Anfrage bitte einen frankierten Rückumschlag bei.

SO KÖNNEN SIE DIE ARBEIT DER FORSCHUNGSGESELLSCHAFT FÜR PHYSIO-PSYCHISCHE MEDIZIN E.V. UNTERSTÜTZEN

Auch Sie können einen Beitrag zur Forschungs- und Entwicklungsarbeit unserer Gesellschaft leisten, indem Sie uns einen schriftlichen Bericht über Ihre Erfahrungen bei Anwendung der in diesem Buch beschriebenen Methoden und die von Ihnen erzielten Ergebnisse zusenden oder uns mitteilen, wie Sie die Lektüre dieses Buches beeinflußt hat. In Fällen von Heilungen, die sich nach Anwendung der beschriebenen Methoden einstellen, wären wir dankbar, wenn Sie uns je einen Arztbericht vor und nach der Anwendung übersenden könnten. Alle Angaben werden vertraulich behandelt. Namen oder sonstige persönliche Daten werden in keinem Fall veröffentlicht. Ihre Ergebnisse können uns helfen, unser Forschungsprogramm weiterzuentwickeln, um den Menschen wirksamer und auf humanere Weise helfen zu können und gleichzeitig die Kosten für Patienten und Krankenkassen zu senken. Denken Sie daran, wir sind alle wechselseitig voneinander abhängig, sind ein Volk, das die Existenz auf unserem Planeten Erde miteinander teilt. Wenn wir uns getrennt voneinander fühlen, so führt das zu Leid und Verlust.

Bitte reichen Sie uns, wenn möglich, Ihren Bericht maschinenschriftlich ein, damit wir Lesefehler vermeiden können. Fügen Sie Namen und Anschrift bei, eine Beschreibung ihres früheren Problems, ärztliche Diagnosen und Prognosen und Ihre Kommentare zu den Reaktionen, die Sie bei Anwendung der Methoden für ein gesünderes Leben erfahren haben. Für die Forschungsgesellschaft wäre es auch wichtig, die Diagnosen und Prognosen zu erhalten, die Ihr Arzt nach Anwendung der Methoden aufgestellt hat.